극중지계 2

경제 편

극중지계 2
경제 편

1판 1쇄 발행 2021. 8. 23.
1판 2쇄 발행 2021. 9. 27.

지은이 정덕구 외 지음, 니어재단 편저

발행인 고세규
편집 임지숙 · 원소윤 디자인 정윤수 마케팅 정성준 홍보 박은경
발행처 김영사
등록 1979년 5월 17일(제406-2003-036호)
주소 경기도 파주시 문발로 197(문발동) 우편번호 10881
전화 마케팅부 031)955-3100, 편집부 031)955-3200 | 팩스 031)955-3111

값은 뒤표지에 있습니다.
ISBN 978-89-349-8489-4 04300 | 978-89-349-8487-0 (전2권)

홈페이지 www.gimmyoung.com 블로그 blog.naver.com/gybook
인스타그램 instagram.com/gimmyoung 이메일 bestbook@gimmyoung.com

좋은 독자가 좋은 책을 만듭니다.
김영사는 독자 여러분의 의견에 항상 귀 기울이고 있습니다.

한국의 거대 중국 극복하기

극중지계

克中之計

경제편

2

정덕구 외 지음
니어재단 편저

중국 경제의 용틀임과
한국의 생존 방정식

김영사

이제 중국을 매의 눈으로 바라본다

중국, 그 난해한 용틀임

중국 경제의 굴기와 함께 세계경제의 지각변동이 계속되는 가운데 한국 경제는 크게 영향을 받고 있다. 마치 거대한 빙하가 녹으며 흘러내리는 물이 주변을 적시고 파헤쳐 내려가면서 새로운 물길을 만들어내는 것 같다. 바로 인접한 한국의 산천은 그 물길의 각도와 궤적에 따라 가장 큰 영향을 받았다. 최근에는 그 물길을 미국이 가로막고 나섰다. 거센 물길이 세계를 뒤덮고 미국의 산천에까지 다다르고 있기 때문이다. 중국은 그 물길을 튼튼하게 방어하고자 거대한 사방공사沙防工事에 나서고 있다. 빙하는 계속 녹아내리고, 물살은 더 세지고, 물길은 더욱 가파르게 온 세상을 적시고 있다.

중국은 지금 용틀임하고 있다. 오랫동안 중국은 스스로 갇혀 있었다. 그리고 오랜 담금질 끝에 문을 열고 나서며 외치고 있다. 세계 속의 중국, 나아가 세계 리더 국가로 우뚝 서며 초강대국 미국의 세계 리더십을 위협하고 있다. 지금 우리는 중국의 현란하고 난해한 용틀임 앞에서 스스로의 자리매김에 부심하고 있다. 이제 중국의 팽창은 세계를 위협하고 부상 목표는 점점 높아지는데 그들의 설명 논리는 자못 난해하다. 이를 바라보는 한국의 시각도 점점 혼돈에 빠지고 있다. 한국은 앞으로 중국과 어떤 관계 방정식을 세울 것인가? 이러한 중국의 용틀임은 앞으로 얼마나 지속될 것인가? 어떤 함정이 기다리고 있는가?

19세기 초 나폴레옹Napoléon Bonaparte은 중국을 잠자는 큰 사자에 비유했다. "잠자는 중국을 깨우지 마라. 중국이 깨어나는 순간 세상이 뒤흔들릴 테니." 이제 중국은 잠에서 깨어났고 세상이 뒤흔들리기 시작했다.[1] 중국은 또 한 번 곰처럼 굴속에 들어가 겨울잠을 잤다. 마오쩌둥毛澤東의 중국 시대 그리고 동서 냉전 시대에 스스로 쳐놓은 죽竹의 장막에 갇혀 있으면서, 내적으로 중국공산당 통치 기반을 다졌다. 리처드 닉슨Richard M. Nixon 미국 대통령의 중국 방문 이후 중국은 세계를 바라보기 시작한다. 열쇠 구멍으로 바라보던 세상을 문을 열고 바라보기 시작했다. 그 후 덩샤오핑鄧小平 시대의 개혁개방을 거치며 중국이라는 빙하는 녹아내리기 시작했다. 닉슨은 말년에 측근에게 중국에 대해 회고하면서 "우리가 프랑켄슈타인을 만든 것인지도 모르겠네"라고 말했다. 혹여 괴물을 만들어낸 것 아닌가 하며 회한을 보였다.

닉슨의 회한대로 중국은 미국 앞에 고개를 들고 천하를 논하며 중국의 갈 길을 막지 말라고 대든다. 이제 시진핑習近平의 중국은 비행기, 심지어 우주선 위에서 세상을 조감하며 중화세계의 꿈을 꾸고 있다. 미국 등 서방세계는 엄청난 예측 오류, 추계 오류를 범했다. 나폴레옹의 조언을 기우라고 치부하며 중국의 개혁개방을 지원 및 후원했다. 중국의 굴기를 먼 훗날의 일로 예측하고 우선 중국 경제의 부흥이 세계경제 회복에 크게 기여할 것으로 보았다. 뒤늦게 미국은 모든 것이 오판이었다는 사실을 깨닫는다. 중국은 10년 이내에 미국의 경제력을 능가하는 경제 파워로 등장할 것이고 1인당 국민소득도 2만 달러에 다다를 전망이다. 미국은 중국을 봉쇄 및 억제하려 하나 중국은 시진핑식 중국 특색 사회주의 노선을 더욱 강화하며 과학기술 중국몽中國夢을 실현하기 위해 국가 차원의 총공세를 펴고 있다. 중국이 깨어났고 일어나서 세계를 호령하고 싶어 한다. 그러나 시진핑의 장기집권은 그리 만만치 않다. 지금부터 2023년 3연임 후 2028년까지 중국은 미중 신냉전 시대를 겪어야 한다.

더 멀어져가는 한중 간 국가 정체성의 거리와 중국의 복속주의

지난 수천 년의 역사 속에서 한국과 중국 사이에는 문화적·가치적 동질성과 이질성이 두텁게 쌓여왔다. 특히 전후 냉전 체제에서 중국은 대륙적인 국가로서 더 깊이 폐쇄회로 안에 갇힌 반면 한국은 해양국가가 되면서 더 열린 자유민주주의 체제에 편입되었다. 이 과정에서 양국 간 문화적·가치적 이질성이 더욱 커지고 바라보는 시선도 크게 달라졌다. 덩샤오핑 시대 이후 30여 년간 중국의 개혁개방이 급속히 진전되었고 중국공산당 지배체제는 연성화軟性化되었다. 이 과정에서 한중 두 나라 사이의 문화적·가치적 동질성이 일시적이나마 회복되기도 했다. 그러나 시진핑 시대에 이르러 시진핑식 중국 특색 사회주의 노선이 확립되어가는 과정에서 중국공산당의 정치체제는 더욱 경성화硬性化되고 1인 지배체제가 공고화되고 있다. 그리고 중국식 국가주의Statism와 국가자본주의State Capitalism가 확실히 정착되는 중이다. 이에 따라 한국과 중국 사이에는 국가 정체성과 가치의 거리가 크게 확대되어 서로 다른 곳을 바라보는 두 나라가 되었다.

이러한 가치와 정체성의 차이는 두 나라 사이의 보완적 생존관계의 발전을 어렵게 하고 문화적 교류나 학문의 공동연구에도 큰 벽을 만들고 있다. 더욱이 미중 간 전략적 경쟁이 패권경쟁의 양상을 띠고 신냉전으로 번져가면서 이제는 체제와 가치전쟁으로까지 확대되는 상황이다. 미국의 도널드 트럼프Donald J. Trump 대통령 정부에 이어 조 바이든Joe Biden 대통령 정부는 대중국 외교정책의 지향점을 자유국제질서의 수호에 두고 그 근본을 인류 보편적 가치, 법치와 시장경제로 설정했다. 따라서 이에 대한 위협을 제거 및 제압하는 과정에서 이념과 가치의 차이로 빚어지는 갈등은 더욱 극렬해질 수밖에 없다.

미중 간 가치전쟁이 계속되는 과정에서 중국의 팽창주의적 굴기는 우리에게 큰 위협이 될 수 있다. 미국적 패권질서에 편입되어 있는 우리의 기본질서를 위협하고 중국적 질서와 가치 그리고 중국의 국익을 우리에게 강요할 가능성이 커지기 때문이다. 이 과정에서 우리는 주권과 생존권을 크게 위협받기 쉽다. 특히 한중 간 국력의 비대칭성이 확대되는 과정에서 중국이 한국을 바라보는 태도와 자세가 고압적이 되고 그 특유의 복속주의적 인식이 수면 위로 부상할지 모른다. 그리고 한중 간의 외교는 기울어진 운동장에서 이루어지고 있다. 이러한 정체성의 거리 확대가 한중 간 경제관계에도 부정적 영향을 미칠 전망이다. 이를 뚫고 나가려면 철저한 실용적 상업주의, 장사꾼 정신이 필수적이고 한국 정부는 이를 뒷받침하기 위한 노력을 다해야 한다.

미국의 동맹 규합, 중국의 결사 항전 그리고 한국의 선택

바이든 대통령은 대중국 봉쇄정책에 동맹외교를 동원하고 있다. 미국의 힘에만 의존하려던 트럼프와 달리 동맹의 힘을 규합하고 중국의 고립을 추구한다. 그리고 중국의 취약점을 집중적으로 공격한다. 미국이 중국 제조업의 공급망을 무력화하려 하자 시진핑 공산당은 과학기술 중국몽으로 맞선다. 그런데 단기전은 미국이 압도할 것이다. 반도체 등 핵심부품 소재의 공급체제를 미국이 장악하면 중국은 숨통이 막힐 수 있다. 그러나 시진핑 주석은 이번 미중 충돌이 중국의 발흥을 위해 100년 만에 한 번 올까 말까 한 천재일우千載一遇의 기회라고 주장한다. 이러한 압박이 중국을 자력갱생의 길로 내몰고 있으니 과학기술 주도권 확보를 위해 모든 것을 걸고 결사 항전하자고 독려한다. 이를 위해 핵심기술의 자주적 통제와 혁신주도권, 발전주도권을 장악해야 한다고 강조한다. 중국은 장기전에 기대를 거는 것 같다. 그리고 시진핑의 장기집권 필요성을 이와 연결하려 한다.

미국은 시간이 흐를수록 미국의 국력이 약화될 것을 우려해 중국을 단단히 봉쇄하고 그들의 과학기술 중국몽을 차단하려 한다. 이제 시진핑의 중국과 미국은 마주 보고 달리는 기차처럼 위험천만한 충돌의 길을 가고 있다. 중국은 중국대로 미국은 미국대로 취약점이 많다. 중국공산당 체제가 가진 위험성과 중국 앞에 버티고 선 많은 함정이 있다. 미국은 혼자 힘으로 중국을 봉쇄하는 데 힘에 부치니 강력한 동맹의 틀을 공격 대형으로 세우려 하지만 동맹국들 사이의 결속력이 옛날만 못하다. 특히 동맹국들은 경제문제에 관한 한 미중 사이에서 자유로운 선택이 어렵다. 중국 경제가 코로나19COVID-19 재앙에서 충분히 회복되고 세계 각국으로부터 재화와 용역을 왕성히 수입한다면, 대중국 수출시장을 거부할 동맹국은 거의 없다고 볼 수 있다. 미국이 중국과 가치전쟁에 불을 붙이려 하자 중국은 미국의 실패한 민주주의를 거론하며 역공한다. 미국의 국내 정치 상황을 볼 때 바이든 행정부가 모든 국력을 대중국 봉쇄에만 쏟아부을 수 있을지 의문이다. 따라서 중국이나 미국이나 단기전으로 속전속결할 분위기가 아니다. 바로 미중 신냉전으로 진행되면서 장기전 양상을 띠게 될 것 같다.

이러한 미중 충돌과 신냉전이 한국 경제에 크나큰 위협이 될 것은 자명하다. 그리고 한국은 낀 존재가 되어 선택의 기로에 서게 될 것이다. 앞으로 이 상황이 기회가 될지 위기가 될지는 우리의 전략적 선택에 달렸다. 전략선택과 유연한 대응자세 그리고 정확한 국익 계산이 관건이 될 것이다. 문제는 한국과 중국 사이에 국력의 비대칭성이 확대되면서 그동안 유지해온 양국 간 보완적 생존관계와 산업관계의 유지가 점점 어려워질 것이라는 전망이다. 그리고 중국은 한국을 미국의 동맹외교에 있어서 가장 약한 고리로 보고 중국 쪽으로 강력하게 견인하려 할 것이다. 이러한 냉혹한 현실 앞에서 이제 우리는 중국의 힘과 생각 그리고 미래 전략을 있는 그대로 소상히 알아야 한다. 그리고 이에 대해 우리의 실상을 있는 그대로 투영해보고 생존전략을 재구성해야 한다.

한국 경제, 전환기에 서다

한국 경제는 발전단계상 추격기, 추월기를 넘어 오랜 정체기를 지나고 있다. 지난 1997년 외환위기, 2008년 글로벌 금융위기를 겪어내며 나름 내부 성숙 과정을 거쳤으나 국내 정치 및 사회 생태계의 극심한 침하 현상에 영향을 받고, 경제 생태계 내부에는 치유되지 못하고 천착되어온 병리현상이 뿌리를 내리고 있다. 정치의 과잉 이념화로 인해 진영 간 상호대치 상태가 지속되고 경제주체들의 자유로운 선택이 크게 제약받아왔다. 그 결과 사회갈등과 단층화 현상이 심화되고 노동과 자본, 가계와 기업의 대립구조가 심해졌다. 경제사회 양극화가 점점 고착화되고 저출산 고령화는 국가사회의 치유관리 능력범위를 훨씬 넘어서고 있다. 아직도 제조업 경쟁력이 근근이 수출을 뒷받침하나 산업기술 생태계가 역동성을 잃어가고 있다. 더욱이 가계부문은 가계수입(고용), 가계비용, 가계 자산/부채, 미래안심설계(연금 등) 4각의 링에 갇혀 점점 시들어간다. 이것을 일본화 현상이라고 설명하는 논리도 있으나 일본과는 달리 가계부문이 과잉 부채의 덫에 빠져 있다. 축소불균형 시대로 전환되고 장기 침체기에 진입하고 있다는 진단도 나온다.

이렇게 경제사회의 노화현상이 급격히 진행되는 가운데 코로나19 재앙이 전 세계를 강타하고 미중의 목숨 건cut throat 충돌 속에 미중 간 신냉전 시대가 도래하고 있다. 코로나19 재앙과 미중 충돌은 취약한 한국 경제를 전환 시대로 몰아가고 있다. 그동안 유지되어온 한중 간의 보완적 생존관계와 산업관계는 더 이상 지속되기 어렵고 새로운 관계 방정식으로 전환될 수밖에 없다. 미중 사이에서 한국이 금과옥조와 같이 받들어온 안미경중安美經中의 전략은 더 이상 유효하지 않다. 계속 확대되어온 한중 간 국력의 비대칭성은 중국과의 관계에 있어서 한국의 입장을 더욱 약화할 수 있다. 그리고 시진핑식 중국 특색 사회주의 노선에서 중국은 한국에 복속주의적 관계를 복원하려 할 것이다. 특히 시진핑 주석이 주도하는 과학기술 중국몽 드라이브와 미중 충돌에 대비한 쌍순환dual circulation 전략은 글로벌 가치사슬Global Value Chain, GVC 내부관계에서 한국의 위치를 크게 위축시킬 수 있다.

이러한 전환기적 상황에서 한국은 자강의 길에서 내몰리고 있고 정치, 외교, 산업, 기술 전방위적 전환 압력에 직면할 것이다. 자강의 길을 가더라도 한국 경제는 중국과의 공존의 길을 계속 모색해야 한다. 중국은 여러 가지 함정과 포위망 속에서도 세계경제의 강자로 계속 부상할 가능성이 크기 때문이다. 자강의 길은 한국의 내부기반을 혁신하는 데서 출발해야 한다. 포스트코로나19 시대, 미중 신냉전 시대가 요구하는 국가, 사회의 체제정비와 함께 경제 생태계의 역동성, 순환성의 회복 그리고 산업기술 혁신 생태계의 복원이 절실히 요구된다. 아울러 미중 간 기술 신냉전 과정을 새로운 기술혁신의 기회로 삼아 적극 활용해야 한다.

중국과 충돌, 예속, 공존의 생존 방정식

다시 중국을 생각한다. 그리고 한국의 미래 생존 방정식을 머릿속에 그려본다. 역사적으로 보아도 중국은 작은 나라를 비하한다. 강대국의 결정에 순종하기를 원한다. 또한 장삿속에는 예민하다. 그런 면에서 매우 이익 추구형이고 이기적인 나라라고 볼 수 있다.

따라서 중국과의 충돌은 재앙적이고 중국에의 예속은 처참하고 굴욕적이다. 그리고 그 굴욕은 다음 세대에 그대로 상속된다. 가치와 국력의 차이로 중국과의 공존은 점점 어려워진다. 충돌은 방지되어야 하고 예속은 결사적으로 막아야 한다. 충돌 방지를 위해 두 나라가 넘어서면 안 되는 레드라인Red Line이라도 설치하고 준수하는 것이 어떨까? 레드라인에는 정경분리 원칙도 포함해야 할 것이다. 중국 경제에 대한 예속을 피하려면 중국 없이도 생존할 수 있는 만큼의 독자 생존력을 갖춰야 하고 중국이 우리를 함부로 대하지 못할 만큼 한국이 중국의 필수국가가 되어야 한다. 그리고 국가 정체성을 확고히 지키고 도덕적·윤리적 우월성을 확보해야 한다. 비록 국력은 상대적으로 작아도 국격은 중국보다 높게 대우받는 나라가 되어야 한다.

공존의 조건은 자강론이다. 우리도 결사 항전해야 한다. 심화되는 국력의 차이를 군사력·외교력·경제력 보강으로 어느 정도 막아나가면서, 깃털이 같은 새끼리 동맹하고 연합하여 대응해야 한다. 무엇보다도 경제 면에서 기술력, 생산성을 중국보다 어느 정도 격차를 높게 유지하지 않으면 중국과 공존할 수 없다. 그러나 이러한 자강의 길은 험난하다. 중국에 예속되는 것을 불가피하다고 생각하는 지식인들도 있다. 나라보다 자신과 가족의 안위가 최우선인 사람도 많다. 그래서 자강의 1차 조건은 국가 리더십이다. 그리고 국민의 생각이다. 이것을 바꾸지 못하면 자강론은 허망한 외침에 불과하다. 좋은 지도자가 나올 때 한국은 융성했다. 무능한 지도

자가 나오면 국난을 경험하기도 했다. 국민의 생각이 흩어지고 혼미할 때 국난을 막지 못해 굴욕을 겪고 국민정신이 굳건할 때 위기가 기회로 바뀌었다.

우리의 미래에 나쁜 신호만 있는 것은 아니다. 포스트코로나19의 전환 시대에 있어서 한국 국민은 기질적으로 높은 적응력을 발휘할 것이다. 새로운 디지털 혁명 속에서 문명사적 전환 시대가 본격적으로 태동할 때 한국은 태생적 우월성을 갖게 될 것이다. 일본은 아날로그적 잔재가 그들의 미래를 힘들게 하고 중국은 하드파워 민족주의가 발목을 잡을 것이다. 이것이 우리가 중국을 극복하고 일본을 따돌릴 수 있는 천재일우의 기회일지도 모른다. 그러나 그러한 시기에 다다를 때까지 우리는 미국, 중국, 일본 어느 나라와도 협력해야 하고 어느 누구와도 적이 되어서는 안 된다. 그러면서 매의 눈으로 그들의 움직임을 예리하게 주시하고 스스로 담금질해야 한다.

이제 중국에 대한 두려움에서 벗어나야 하고 우리의 정체성과 주권, 생존권을 지켜야 한다. 그러나 지금 흉물스럽게 무너져 내리는 국가 리더십하에서 선진국이면서도 선진도상국증후군先進途上國症候群에 휩싸여 도처에서 후진적 잔재로 뒷덜미를 잡고 있는 정치·사회 생태계를 최대한 빨리 혁신해야 한다. 이것을 변화시키지 않으면 국력이 쇠퇴하고 중국으로의 예속이 점점 가까워질 수도 있다. 지금 한참 격류에 휩쓸리는 국제 정세 속에서 시진핑 주석의 돌출적 강변 속에 감춰진 야망, 그로 인한 근심 덩어리들, 바이든 대통령의 얼굴에 파여 있는 주름살만큼이나 주름진 미국 민주주의의 위기를 꿰뚫어 보며 우리의 위치 선정을 고뇌하는 큰 바위 얼굴을 모두가 기다린다. 국민의 마음을 하나로 동여매는 단단한 끈이 될 만한 큰 인물을 학수고대한다.

보다 균형 있고 국적 있는 중국 연구가 필요할 때

중국의 내면세계는 베일에 싸여 있고 의사결정 구조는 수직적이다. 따라서 중국을 깊이 아는 것은 매우 어렵고 오랜 세월이 필요하다. 그 베일을 벗겨내고 수직적 의사결정 구조를 파고드는 것이 중국 연구의 사명인데 우리의 현실은 그렇지 못하다. 특히 시진핑 시대에 이르러 중국은 과학기술 중국몽의 기치 아래 기술 굴기를 국가 목표로 삼고 공격적으로 추진하고 있다. 이러한 과학기술의 발전에 힘입어 군사산업 분야뿐 아니라 국가관리, 국내정치 통제 수단으로 소프트웨어 기술을 최대한 활용하는 중이다. 이 과정에서 국가의 내밀한 정보나 지식을 철저히 통제하고 일반 학자나 지식인의 접근을 막고 있다. 결국 중국이 공개한 자료나 미국 등 선진국의 중국 연구 결과에 의존하다 보니 우리의 중국 연구는 중국의 속내나 내면의 세계보다는 표피의 문제, 면과 입체의 문제보다는 점의 문제에 머무르게 된다. 그리고 중국의 내면세계와의 접근성 여부에 따라 정보의 비대칭성이 심화되고 개인별 성향에 따라

연구 결과가 파편화 현상을 보여왔다. 이는 국가적 차원에서 중국에 대한 연구나 정보의 집적이 거의 없었기 때문이기도 하다.

중국이 공격적이고 팽창주의적 굴기를 계속하고 한국과의 국력 비대칭성이 확대될수록 우리는 중국을 보다 깊이 있고 정확하게 알아야 한다. 중국에 대한 정보와 지식의 파편화 현상을 막고 국론을 통일적으로 결집해나가려면 국가 차원의 중국 연구를 조직화하는 노력이 필요하다.

NEAR재단이 중국 연구에 몰두해온 지난 15년 동안 그 어깨에 올려진 무거운 짐은 국적 있는 중국 연구를 집대성하는 것이었다. 이 책은 모든 난관을 극복해가면서 중국을 입체적·동태적으로 바라보며 그들의 본심을 파고든다. 시진핑식 중국 특색 사회주의 노선이 우리의 주권과 생존권을 어떻게 흔들어놓을지 매의 눈을 가지고 주시한다. 그러면서도 한중 간의 교집합을 찾아 국익을 극대화할 공생의 관계 방정식을 찾아간다. 이 과정에서 점을 넘어 선을 이루고 선을 면으로 다시 입체로 집대성하려고 최선을 다했다. 그러나 그것은 지난한 과업이었다. 지난 1년간 당대 최고의 중국 전문가들이 그 과업을 위해 분투했다. 수많은 내부 세미나를 거치고 종합 및 재정리하여 그 결과를 두 권의 책으로 묶었다. 하나는《극중지계 1: 정치·외교·안보 편》으로, 또 하나는《극중지계 2: 경제 편》으로 이름을 붙였다. 이 책은 그중 경제 편이다. 한국 경제가 중국 경제의 파고를 어떻게 극복하며 공존의 생존 방정식을 만들어 낼 것인지에 대한 비방서祕方書이다.

이 책이 완성되는 과정에서 많은 분의 희생과 노력이 있었다. 특히 총괄을 맡았던 왕윤종 박사의 노고에 감사하며 그의 희생에 경의를 표한다. 또한 NEAR재단이 공중투하한 난해한 질문지들을 큰 불평 없이 소화하며 이 책의 핵심 부분을 집필해주신 필자 여러분께 감사드린다. 특히 이분들의 인내심, 지적 상상력과 학문적 헌신을 높이 평가한다. 그리고 대중국 생존전략과 관련하여 핵심적 쟁점을 세워주고 논쟁에 참여해주신 석학 김진현 전 과학기술부장관 등 우리 사회의 현인 여러분께 감사의 말씀을 드린다. 마지막으로 복잡한 원고를 좋은 책으로 엮어 출판해주신 김영사의 고세규 대표 및 임직원들에게 심심한 감사의 말씀을 드린다. 아울러 불철주야 노력해준 NEAR재단 직원 여러분에게 큰 빚을 지었다. 특별히 이 책을 위한 모든 작업은 소이문화원素怡文化院(이사장 이규성 전 재무부장관, 재정경제부장관)의 거액 기부로 이루어졌음을 밝힌다.

2021년 8월

정덕구 NEAR재단 이사장

집필에 참여하신 분들

정덕구 NEAR재단 이사장(chair)

왕윤종 동덕여대 국제경영학과 교수(총괄, 체제, 금융)

이근 서울대학교 경제학부 교수(중국 경제)

지만수 한국금융연구원 선임연구위원(중국 경제)

정철 대외경제정책연구원 선임연구위원(산업)

최필수 세종대학교 국제학부 교수(산업)

김동원 전 고려대학교 경제학과 초빙 교수(산업)

김도훈 전 산업연구원 원장(산업)

양평섭 대외경제정책연구원 선임연구위원(무역)

이재민 서울대학교 법학대학원 교수(무역)

박승록 한성대학교 미래융합사회과학대 교수(무역)

강태수 카이스트 경영공학부 초빙 교수(금융)

남수중 공주대학교 경제통상학부 교수(금융)

홍승제 전 한국투자공사 부사장(금융)

차례

2부

미국은 중국 경제 굴기를 막을 수 있을까

3부

중국 특색 국가자본주의의 등장과 커지는 한중 간 거리

프롤로그

중국 경제의 용틀임과 한국의 생존 방정식

중국 경제의 미래 예측

중국 경제는 미래에도 계속 순항할 것인가? 중국의 굴기는 미중 충돌, 미국과 동맹국들의 견제와 포위망을 뚫고 계속 전진할 것인가? 시진핑 시대 중국 특색 사회주의는 중국 경제를 발전시키고 중국을 강성한 나라로 이끌기 위한 이념적 기초가 될 것인가? 중국식 국가자본주의는 높은 생산성과 분배 정의를 실현할 것인가? 과연 시진핑식 과학기술 중국몽은 중국을 세계 1위의 과학기술력을 가진 나라로 발전시키고 미국과의 과학기술 신냉전을 승리로 이끌 것인가? 시진핑 주석의 리더십이 미중 간 신냉전을 극복하고 중국의 발전단계상 불가피하게 넘어서야 할 함정들을 무난히 넘어설 수 있을 것인가? 이 과정에서 중국 인민들은 고통을 감내하고 애국심으로 모든 것을 극복할 의지가 있는가? 이상과 같은 많은 질문 속에 중국 경제의 미래가 담겨 있다. 이들 질문에 대한 답은 앞으로 10년 내의 중단기적 시각에서 찾을 수 있는 것도 있을 것이고, 20~30년의 장기적 시각에서 예측 오차와 추계 오차를 감안하여 찾을 수 있는 불안정한 답도 있을 것이다.

중국 경제의 미래를 예측하는 데 있어 예측 오차를 얼마나 줄일 수 있을 것인가? 그리고 중국 경제와 한국 경제의 교집합과 차집합의 요인은 무엇이고 양국 경제가 공존할 수 있는 조건은 무엇인가? 또한 중국 경제에 한국 경제가 예속될 수 있는 시나리오는 무엇이고 정치적 충돌 요인과 함께 경제적 경쟁 격화로 인한 충돌 요인은 무엇인가? 이 책은 이러한 난해하고 지난한 질문에 대한 답을 계속 추적해나갈 것이다.

중국이 넘어야 할 4개의 함정과 체제 위험

중국 경제가 세계경제 리더로 올라서려면 여러 개의 함정을 벗어나고 통과해야 한다. 먼저 중진국 함정Middle Income Trap을 벗어나는 일이 만만치 않을 것이다. 부수되는 내부 함정도 있다. 국민의 자유와 욕구를 제약하는 대신 시진핑 정권이 이를 보상해주기 위해서는 경제적 성과를 내야 하고 시진핑 체제가 약속했던 것들을 이룸으로써 인민들의 신뢰를 확보해야 한다. 내부적으로 타키투스 함정Tacitus Trap에서 벗어나는 것이다. 또한 신흥 후발 세력인 중국이 미중 충돌, 신냉전에서 미국과 동맹국들의 공격을 방어 및 제어하려면 외부적으로 투키디데스 함정Thucydides Trap을 극복해야 한다. 미중 충돌과정에서 미국은 경제문제를 안보 문제화하며 매우 거세고 파상적인 공세를 취하고 있기 때문에 중국 경제는 그 취약성이 크게 노출될 것이다. 지금부터 중국은 미국 등과 전방위적 소모전을 펴야 하고 장기전을 버틸 힘과 국민의 인내심을 도출해내야 한다. 따라서 중국 경제가 시진핑 주석이 추구하는 중국 특색 사회주의의 길로 지속해서 나가는 데 큰 장애를 맞닥뜨릴 가능성이 크다. 미국과의 장기전에서 이기더라도 중국이 국제사회에서 책임 있는 이해당사자responsible stakeholder로서 해야 할 응분의 역할과 기여를 하지 못한다면 국제 정치·경제는 다시 큰 혼란에 빠질 것이다. 바로 킨들버거 함정Kindleberger Trap에 빠지는 것이다. 중국이 이들 함정을 잘 극복해야만 시진핑의 중국몽이 성공하고 미중 간 전략적 경쟁에서 승리하여 패권국으로서의 위상을 얻게 될 것이다. 그러지 못할 경우에는 또 한 번의 재앙에 빠질 것이다. 그 귀결은 어떻게 될 것인가?

이것은 중국이 하기에 달렸다. 중국의 미래를 좌우할 문제는 중국 내부에서 싹트고 있다. 그것은 경제사회적 발전 정체에 의한 중진국 함정을 어떻게 잘 넘길 것인가의 문제와 시진핑의 열정과 추동력이 얼마나 오래 지속될 수 있을 것인가의 문제로 요약될 수 있다. 중국 경제가 향후 10년간 5% 이상 성장을 계속해야 중진국 함정에서 벗어나고 성숙경제로 이행할 것이라는 전망이다. 투키디데스 함정에 의한 지체가 있더라도 시진핑식 과학기술몽이 성과를 얻는다면 중성장 경제를 이루며 중진국 함정을 무난히 넘어설 것이다. 현재로선 미국의 대중국 압박에 따른 반사효과와 코로나19 재앙을 조기에 수습하고 경제를 빠르게 회복시켰다는 업적이 어우러져 2023년 시진핑 주석의 3연임까지는 무난할 전망이다. 그러나 2029년 이후는 미리 짐작하기 어렵다. 앞으로 7년간 시진핑 주석의 리더십과 업적에 달려 있고, 미국의 공세와 압박을 여하히 극복하느냐가 관건일 것이다.

체제의 함정, 소득효과와 대체효과

이렇게 여러 개의 함정을 넘어서야 하는 시진핑 체제의 앞길은 험난할 것이다. 이에 더하여 중국 경제의 미래를 추정 및 예측하는 데 있어서는 시진핑식 중국 특색 사회주의 노선과 국가자본주의 경제체제가 중국 경제의 장기 잠재성장력을 어떻게 변동시킬지가 중요한 함수가 될 것이다. 이른바 체제의 강점과 체제의 위험이 시간이 흐를수록 경제 내부에 어떻게 반영되고 그 위험을 국가 사회가 어떻게 헤징할 수 있을지의 문제인 것이다. 바로 체제의 함정이 포인트이다. 체제의 함정과 관련한 또 하나의 논점이 있다. 중국에서 앞으로 얼마나 오랫동안 소위 소득효과와 대체효과가 작동되지 않고 낮은 욕구체계에 머무를 수 있을지에 대한 논쟁이다. 한국의 경우 1인당 국내총생산GDP이 7,000~8,000달러를 넘어서면서 국민의 욕구체계가 상승하기 시작하여 1만 달러 수준에서 민주화가 상당히 진전되었다. 국민의 소득이 늘면 빵의 문제 등 생리적 욕구단계를 넘어 가치와 자존의 욕구체계로 상향된다는 정치·경제학적 가설이 성립되는 것이다. 그러나 중국의 경우 1만 달러를 넘어섰는데도 국민의식 변화는 크게 나타나지 않고 있다. 앞으로 10년 후 2만 달러 시대가 도래했을 때 중국 국민의 욕구체계는 어떻게 움직일 것인지가 중요한 변수가 될 전망이다. 이것은 시진핑식 중국 특색 사회주의 실험 그리고 미중 충돌의 장기화 과정에서 국민의 인내심을 약화할 수 있는 결정적 요인이 될 수 있다. 이러한 정치·경제적 요인들을 반영하여 시진핑 체제하의 중국 경제 미래를 최대한 추정하는 것은 한국의 대응전략을 세우는 기초가 된다.

중국의 국가자본주의와 과학기술 중국몽

최근 들어 미국식 자유자본주의가 한계에 달했다는 인식과 함께 국가자본주의에 대한 관심이 커지고 있다. 특히 미국이 민주주의의 위기에 직면하여 자본주의 종주국으로서의 위상이 흔들리면서 미국 내에서조차 국가자본주의적 요소가 배합된 새로운 형태의 자본주의 체제 연구가 한창이다. 자유자본주의의 중심이 자율·창의·경쟁에 의한 소득과 부의 격차를 전제로 하기 때문에 그 귀결로 구조적 양극화 현상이 나타날 것이다. 이를 시정하기 위한 국가의 역할이 얼마만큼 필요한지 논의가 활발하다. 이와 관련하여 중국식 국가자본주의가 보여주는 높은 생산성과 분배개선 효과에 관심이 높아지고 있다. 그러나 여기에는 많은 의문도 제기된다. 중국의 국가자본주의가 시장체제를 전제로 하는 데다, 비록 국유기업이 주체가 된다 하더라도 경쟁요소를 포용해야 하므로 국가의 통제관리가 높은 생산성을 지속 가능하게 할 것인지에 대한 의문이다. 또한 중국의 소득과 부의 분배 상황이 악화되고 있다는 분석 결과가 발표되면서 국가자본주의의 효과에 대한 의문이 더욱 커지고 있다. 중국공산당이 자본을 통제하고 투자를 기획 및 관리하는 면에서는 국가자본주의라 칭하지만 그것이 소득과 부의 균점을 가져오지 못하고 있기 때문에 서방세계에서 바라보는 국가자본주의 효과와는 일정한 거리가 있다. 더욱이 국가자본주의가 부패의 함정에 빠지기 쉬운 면도 감안해야 할 요소이다. 그럼에도 시진핑 정부 들어 국가자본주의는 더욱 강화되고 있어, 이는 상당 기간 중국의 경제체제로 유지될 전망이다.

시진핑 시대에 이르러 괄목할 만한 발전을 이루고 있는 분야가 과학기술이다. 시진핑 주석은 스스로 이공계 출신의 과학도임을 내세우며 미국을 능가하는 과학기술 역량을 확보하기 위해 전투적으로 매달리고 있다. 아직 군사적으로 미국에 훨씬 뒤처지는 중국이 미중 패권 전쟁에서의 승부처로 과학기술 중국몽을 내세운 것이다. 결국 시진핑 시대의 핵심주제는 국가자본주의를 바탕으로 국가의 모든 역량을 과학기술 역량 축적에 집중함으로써 세계 제1의 기술 강국이 되는 것이다. 2018년 시진핑 주석은 집권 2기에 들어서면서 기술발전 영역을 확대하고 인공지능AI과 생명공학 분야에서 미국을 능가하는 최선진국으로 도약할 것을 천명했다. 더불어 과학기술 연구 분야에서도 세계 1위 선진국이 되도록 모든 역량을 집중하고 있다.

이에 대응하여 미국은 중국이 도저히 추격할 수 없는 수준의 과학기술 발전을 국가적으로 주도하면서 방대한 자원을 투입하고 있다. 또 미국의 동맹외교를 과학기술동맹으로까지 확대 발전시키고 있다. 바야흐로 국가자본주의와 자유자본주의의 대결 속에 중국의 과학기술 중국몽과 미국의 과학기술동맹이 맞부딪치는 과학기술 신냉전 시대가 도래했다. 이러한 여건과 환경 속에서 한국의 과학기술 생태계는 어떻게 혁신되어야 하고, 세계적인 신기술 혁신 추세에 어떻게 대응하여 기술 강국의 위치를 확보할 것인지가 국정의 핵심주제로 떠오르고 있다. 이 과정에서 국가, 정부의 적극적인 역할과 기능에 대해서도 깊이 고뇌해야 할 때이다.

중국 경제의 시진핑 효과와 리스크

중국 경제는 지금 용틀임하며 마치 장마철 황허黃河의 흙탕물처럼 대지를 휩쓸고 있다. 국가자본주의라는 큰 강은 중국 대지를 적시고 할퀴어 지도를 바꾸며 도도히 흘러간다. 중국의 미래, 중국공산당의 미래, 그 뒤로 늘어선 중국 국민의 미래를 모두 함께 싣고 큰 바다로 나아간다. 그래도 중국 경제 내부에는 도처에 지뢰가 산재하고 여러 개의 함정이 도사리고 있다. 오래전 중국 경제당국 고위인사와 오찬을 함께하면서 당분간 미국과 싸우지 말고 OECD에 가입하지도 말며 중진국 함정에서 현명하게 빠져나와야 한다고 조언한 적이 있다. 그는 당시 잠이 잘 오지 않는다고 말했었다. 중국 경제가 덩치만 커지고 속이 덜 찬 배추처럼 단단하지 않다면서, 만일 중국 경제가 중병에 걸리면 이 환자를 누일 병상이 없어 치료가 불가능할 것이라는 농담 섞인 걱정을 토로했다.

그동안 중국 경제는 과도하리만큼 빨리 발전한 부문도 있고 천천히 가며 뒤처진 부문도 있다. 이러한 불균형 성장이 중국의 어두운 부분이다. 그리고 정치·사회체제의 위험요소는 통합·결속이라는 긍정적 요소와 더불어 많은 암세포를 키우며 함께 굴러가고 있다. 모든 정치·사회적 갈등 요소를 품에 안고 시진핑 주석은 미국과 결사 항전을 독려하며 스스로 장기집권을 꾀하고 있다. 그 결과는 쉽게 예측할 수 없다. 그러나 중국이 대응하기에 따라 중국 경제는 엄청난 내상을 입고 뒤뚱거릴 수 있다. 과연 시진핑 체제는 거대 중국을 어떻게 바꾸어놓을 것인가?

많은 예측 오차가 존재하겠지만 시진핑 체제가 오래 지속될수록 중국이 지난 40여 년간 추구해온 중국의 새로운 길, 즉 대륙국가에서 해양국가로, 하드파워 국가에서 소프트파워 국가로 이행하는 중국의 방향성은 주춤거리게 될 것이다. 그리고 다시 대륙적 하드파워 국가로 갇히게 될 가능성이 크다. 분명한 것은 중국의 주체는 공산당이며 이미 연성체제에서 경성체제로 굳어가고 있다는 점이다. 국민이 국가의 주체에서 객체로 완전히 내려앉고 있는 것이다. 또한 국가자본주의가 부패와 부실을 만연하게 하고 분배는 더욱 악화되며 인권 상황은 최악의 수준으로 내려앉을 것이라는 전망도 있다. 무엇보다도 미래 중국이 넘어서야 할 4개의 함정을 벗어나야 하는 시진핑의 중국은 더 높은 허들을 만나며 어려움을 겪을 수 있다. 물론 미국의 대중국 봉쇄 포위압박 전략이 얼마나 성공적으로 시진핑 체제를 흔들어놓을지는 앞으로 많은 변수가 작용될 문제이기 때문에 체계 있는 분석이 필요할 것이다.

시진핑 체제의 내부에는 많은 모순적 요인이 엇물려 작동되고 있다. 중국공산당, 중국 경제, 중국 국민은 서로 다른 곳을 쳐다보며 같은 방향으로 걸음을 걷는 모순적 집합체이다. 시진핑의 카리스마는 그 모순 때문에 시간이 흐를수록 점점 약화되고 공산당은 안으로부터 곪아가며 스스로 주저앉을 수도 있다는 논자들도 많다. 지금도 중국의 거대 성공기업가들이 소위 양봉음위죄陽奉陰違罪라는 괘씸죄로 사업을 축소당하거나 접는 일이 많이 발생한다. 이 모습이 중국 경제의 모순적 상황을 대표한다고 생각한다.

그러나 중국의 또 다른 면이 투영되고 있다. 2021년 7월 1일 시진핑 주석의 중국공산당 창당 100주년 기념사는 중국 체제의 정당성을 앞세우며 서방세계에 정면대결을 선언한 것이었다. "중국을 괴롭히면 피를 흘리게 될 것"이라는 표현은 중국 국민에게 결사 항전을 독려한 극단적인 선언이었다. 이에 대해 중국 국민, 특히 젊은

층의 환호는 폭발적이었다. 이처럼 미중 충돌은 중국의 국내정치를 예상 밖의 방향으로 몰아가고 있다. 그리고 시진핑은 이러한 이중적 요소를 뒤얽어가며 어디론가 중국을 강력하게 견인해가고 있다. 시진핑의 중국은 이미 루비콘강을 건넜다고 생각한다. 예전으로 쉽게 돌아가기 어려울 것이다. 그리고 국제정치적으로 고립의 길을 가면서 중국 경제에 엄청난 비용을 부담시킬 것이다. 그러나 시진핑 효과와 리스크의 귀결은 좀 더 시간이 지나면서 판명될 것이다.

미중 충돌 극복을 위한 우리의 선택

미중 경쟁과 충돌이 장기화되면서 한국은 기존의 대중국 전략이라 칭하는 안미경중의 자세를 바꾸도록 강요받고 있다. 이제 원칙을 세우며 선택을 하고, 상황을 유연하게 관리할 수밖에 없다.

중국은 한미동맹하의 한국을 회유하고 견인하여 한국이 미국이 이끄는 동맹외교 라인 중 가장 약한 고리로 남도록 계속 관리하려 할 것이다. 최근 미국이 대중국 봉쇄정책의 일환으로 반도체 등 전략물자를 미국에서 생산하도록 압박하고 있다. 이와 관련하여 중국은 한국이 미중 사이에서 적절한 처신을 하도록 압박과 회유를 지속할 것이다. 이 과정에서 한국은 미중 사이에 낀 존재가 될 수 있다. 이 상태에서 빨리 빠져나와 선택의 자유를 최대한 확보해야 한다. 또한 중단기적으로는 미국의 세계 영향력이 유지되겠지만 장기적으로 중국이 세계 경제대국으로 뻗어나갈 때, 한국의 주권과 생존권을 어떻게 지키고 확장해나갈 것인지에 대한 통렬한 고민을 하지 않을 수 없다. 한국의 지정학·지경학적 위치를 고려할 때 한국이 어느 한 국가의 힘에 지나치게 경도되거나 다른 한 나라와 심각할 정도로 불편한 관계를 유지하는 것은 바람직하지 못하다. 더욱이 한중 간에 유지되어온 보완적 생존관계와 산업관계를 잘 유지하는 것은 대한민국의 미래를 위해 필수적이다. 그렇다 하더라도 한국이 오랫동안 확고히 정립해온 자유민주주의, 시장경제, 인권존중이라는 가치 그리고 인류 보편적·지구적 가치는 무엇과도 바꿀 수 없다. 중국과 어떤 딜을 하든지 이러한 가치적 문제는 절대로 양보의 대상이 아니다.

과거 30여 년간 중국은 한미동맹이라든지 체제의 차이, 가치의 차이 문제에 대해 상대국의 입장을 사실상 존중해왔다. 그러나 시진핑 집권 이후 시진핑식 중국 특색 사회주의 이념과 국가자본주의 그리고 강력한 과학기술 중국몽의 돌관적突貫的 추진 과정에서 보여준 신마오이즘과 공격성은 이제까지 유지해온 중국의 노선에서 크게 변화, 변질되고 있는 것이다. 더욱이 미중 가치 충돌이 장기화되는 과정에서 중국은 한국에 대한 복속주의 인식을 되살리며 그들의 가치 준거를 강요 및 회유할 가능성도 있다. 한국은 이와 관련하여 많은 경우에 중국과 새로운 갈등요소를 갖게 될 수 있다. 따라서 안미경중이라는 편한 자세는 더 이상 유지될 수 없다. 구체적 사안마다 선택의 기로에 서게 될 것이다.

격류 속의 한중 관계, 시진핑 주석이 바라보는 한국

한동안 한중 관계가 어느 정도 순항하는 듯하더니 시진핑 시대에 들어서면서 보기 민망한 일들이 계속 일어나고 있다. 바로 중국의 강한 발톱과 거친 언행이 위협감을 주기 때문이다. 이제 한중 관계는 모든 것에 의문부호가 붙고 불확실성이 커지기 시작했다. 한때 한국을 롤 모델처럼 바라보던 그들의 마음은 변심한 것인가, 아니면 숨겨왔던 본심이 표면화된 것인가? 바로 말하면 시진핑의 중국은 변심한 애인인가, 아니면 이것이 그들의 민모습인가? 좀 더 솔직히 말하면 서로가 필요했지만 지금은 더 이상 그렇지 않다는 뜻일지도 모른다.

그런데 지금 왜 한국만 중국을 필요로 하며 짝사랑하는 것일까? 북한 때문일까? 경제 때문일까? 안보 때문일까? 역사적으로 중국은 한국을 작은 나라로 여기며 복속의식이 강했다. 한국은 중국과 긴밀했지만 항상 그들에 대하여 강한 경계심을 대비하고 있었다. 개혁개방 후 한국 경제의 고도성장은 중국 경제에 교과서 같은 존재였다. 그러나 한국의 민주화 과정은 중국공산당 체제유지에 위험요소였다. 그래도 경제발전 이익을 위해 정경분리 원칙을 내세우며 한국과 보완적 산업관계를 설정했다. 이 과정에서 중국은 제조업의 융성기를 만들어냈다. 그들이 보기에 이제는 더 이상 한국에게서 배울 것이 없어졌다. 충분히 추격했고 상당히 추월했다. 반도체 등 몇몇 핵심부문을 제외하고 중국은 한국에 크게 아쉬울 것이 없어졌다. 시진핑 체제에 들어서면서 민주화된 한국 정치와 사회, K-문화, 예술은 중국 특색 사회주의 노선 앞에서 눈엣가시가 되고 강력한 공산주의 통치에 걸림돌이 되고 있다. 더욱이 미중 충돌이 심화되고 미국의 동맹외교가 강화되면서 한국은 미국의 대중국 포위망의 전진기지처럼 되어가고 있다. 그동안 미국의 동맹체제 중 한국을 가장 약한 고리로 길들여온 시진핑의 중국은 한국을 더욱 유효하게 압박할 수단이 필요했다. 사드THAAD(고고도미사일방어체계) 이후 중국은 한국을 더욱 조이며 압박해왔고 한국의 3불不 입장(한국에 사드 추가 배치 금지, 미국 미사일방어체제 미편입, 한미일 군사동맹 없음) 제시 이후에도 완전히 마음을 풀지 않고 있다. 중국은 필요한 나라에만 우호적이며, 필요하지 않은 나라에는 냉랭하고 계산적인 행동규범을 보이는 것을 알 수 있다. 가치적 유대가 없으면 이익추구형 관계에 불과한 것이다. 이 또한 한국에게는 중요한 학습과정이 될 것이다. 중국 국력의 무제한 팽창 이후 한중 간 국력의 비대칭성은 중국의 한국에 대한 인식을 더욱 기울어지게 했다.

토니 블링컨Tony Blinken 미국 국무장관이 말한 대로 21세기 들어 최대 규모의 지정학 실험이 진행되고 있다. 결과 또한 예단하기 힘들다. 실험실 내에서는 팔을 걷어붙인 미국과 중국이 쟁패하고 있다. 그리고 중국은 간간이 한국을 째려보고 있다.

미국이 자유세계의 파수로서 지불했던 엄청난 비용을 더 이상 지불하지 않기로 했으니, 이제 한국이 스스로 부담할 비용도 커질 것이다. 미국이 확실한 최종대부자가 될 수 없는 상황에서 중국은 숨겨진 발톱을 내보이며 으르렁거린다.

미국이 약해질수록 중국은 한국을 더욱 압박하고 복속시키려 할 것이다. 한국의 지정학·지경학적 위치 때문에 더욱 그렇다. 앞으로 확실한 국가자본주의의 중국, 확실한 자유자본주의의 미국 사이에 체제 싸움이 크게 번져나갈 것이다. 그 속에서 경쟁하며 5천만 국민을 먹이고 행복을 보장해야 할 한국의 경제 생태계는 시들시들 말라가고 있다. 이제 확실한 경제노선을 세우고 건강한 생태계로 복원해야 한다. 그러지 않으면 용틀임하는 중국 경제의 탁류에 휩쓸리며 야망의 밥이 될 수도 있다. 자강론이 가장 확실한 답일 것이다.

큰 원칙·냉철한 현실감·유연한 상황 대응력

우리 자신과 중국을 정확히 아는 것이야말로 중국과의 생존관계, 평화적 국가관계를 만들기 위한 대전제이고 출발점이다. 현재 새로운 국면으로 치닫는 미중 간의 갈등과 충돌 그리고 이에 따른 한국의 지정학·지경학적 위험을 헤징하면서 중국의 용틀임 궤적을 면밀히 추적해야 한다. 디지털공산주의, 중화민족주의, 과학기술 중국몽을 실체로 하는 새로운 패러다임의 중국에, 지리적으로 가장 근접한 한국은 어떤 차원에서 어떤 전략으로 대응할 것인가?

이제부터 한국은 미중 마찰을 진영 논리로 보지 말고, 사안별로 위험과 기회를 최대한 객관적으로 분석할 필요가 있다. 미중 양국으로부터 선택의 압박에 직면한 우리는 더 이상 전략적 모호성과 침묵으로 버틸 수 없는 상황이다. 철저한 대응원칙을 세워야 한다. 미중 마찰 현안에 대해 △ 국익 우선 및 피해 최소화 원칙 △ 공정한 시장경제 원칙 △ 보편적 가치 존중 △ 다자주의 원칙에 근거하여 사안별로 우리의 입장을 재정립할 필요가 있다. 이 과정에서 한국 경제에 대한 중국의 영향력, 중국 시장의 미래 잠재성, 협력 가능성 등을 종합적으로 판단하여 대중국 전략을 재정립해야 한다. 미중 마찰에도 불구하고 시장으로서 중국의 중요성, 안보동맹으로서 미국의 중요성에는 큰 변화가 없다. 다만 경제적으로 중국이 협력자에서 경쟁자로 빠르게 전환되어간다는 점에서 한중 경제관계의 성격이 근본적으로 달라지고 있다는 것에 주목해야 한다.

한국으로서는 미중 충돌 자체가 위기 요인이라기보다는 미중 충돌에 대비해 자강론을 선택한 중국이 고기술 국산화를 천명한 쌍순환 전략이 더 큰 위기 요인이다. 한국 제품들이 아직 중국 소비재 내수시장에서 확고하게 자리를 잡지 못한 상태에서 국내 산업간 연결고리를 강화하겠다는 '내부순환 강화전략'은 중국이 더 이상 한국 산업의 손쉬운 수요처로만 남는 것을 허락하지 않겠다는 의지를 보여준다. 더욱이 중국이 '일대일로一帶一路 전략'의 연장선상으로 추진하는 '국제순환 전략'은 주변의 많은 개발도상국 시장을 중국 산업의 수요처로 만들겠다는 의미이다. 따라서 우리 산업이 그동안 힘을 기울여온 개발도상국 시장 진출의 강력한 장벽으로 대두할 가능성이 매우 커지게 되었다.

그렇지만 중국이 그동안 형성해온 이른바 '세계의 공장'과 'GVC의 중심' 역할은 여전히 한국 산업에 매력적 요소이다. 한국 주력산업의 대부분이 이 가치사슬 구조에 효율적으로 적응하면서 그 실력을 키워왔고, 앞으로도 한동안 이 구조를 활용하지 않을 수 없을 것이다. 이미 중국 내 산업생태계 속으로 깊이 진출하고 중국을 중심으로 한 동아시아, 즉 특히 한중일을 중심으로 한 산업생태계의 효율성을 가장 잘 활용해온 존재가 바로 한국 산업이기 때문이다. 그런 의미에서 미중 갈등은 한국 산업에 또 하나의 숙제를 던지고 있다. 중국에 진출하여 생산한 많은 제품(반도체를 비롯한 전기·전자 제품들)이 미국으로 수출되는 상황임을 감안하면 참으로 어려운 문제에 부딪히고 있는 것이다. 이처럼 미중 마찰은 미국과 중국에 대한 의존도가 높은 한국에게는 기회인 동시에 위협이 될 수 있다. 단기적으로 중국이 대외개방도와 투명성을 높이고, 내수 중심의 성장전략을 취할 경우 우리에게 새로운 기회를 될 수 있다. 그러나 미국의 대중국 압박 과정에서 가치사슬에 엮인 우리 기업들의 대중 수출이 어려움을 겪을 수 있다. 또한 사안에 따라 미국과 중국으로부터 선택의 압박을 받게 되면 사드 사태 같은 압박이 재현될 가능성도 있다.

우리 정부는 중국과의 협력 방안을 논의하는 과정에서 정경분리 원칙을 확고히 정립해야 한다. 이것은 미래 극중경제지계克中經濟之計의 대원칙이고 대전제이다. 중장기적으로는 중국이 독자적 기술의 자립자강으로 대응하면서 수입대체로 이어지는 경우 우리에게 위협이 될 수 있다. 그러나 중국이 개방과 신산업 분야에서 주변국과의 협력을 확대한다면 우리에게는 새로운 협력의 기회가 될 수도 있다.

한국은 미중 마찰이 장기화할 경우에 따른 위협과 기회를 판단하고, 이에 대한 대응전략을 마련해야 한다. 우선 중국 시장에 대한 의존도가 적절한지도 고민해야 하고, 미중 탈동조화decoupling에 따른 GVC 안정화 노력이 시급하다. 또한 21세기 지역경제 구도 재편에서 가장 중요한 지역으로 부상하는 인도·태평양 지역(인태 지역)에 대한 전략을 구체화하고, 이 지역을 둘러싼 미국과 중국으로부터의 협력 요청에 대비해야 한다. 이제 한국의 주력산업은 전략적 선택의 순간을 맞이하고 있다. 산업구조의 고도화만이 살길이다.

정경분리와 정경일체의 이중 구조를 헤쳐나가야

국가자본주의를 굳건히 확립한 중국이 그동안 내걸었던 정경분리 원칙을 그대로 지키기는 어려울 것이다. 중국은 지금 디지털공산주의, 중화민족주의를 바탕에 두고, 시진핑식 중국 특색 사회주의 이념을 강화하고 있다. 미국과의 충돌을 극복하기 위해 과학기술 중국몽을 국가 주도로 펼치며 자력갱생의 길을 가고 있다. 미중 간 생존을 걸고 패권경쟁을 하는 가운데 대외경제 관계에 정경분리 원칙을 적용하는 것은 선택적일 것이다. 중국에 유리할 때는 정경분리를 내세우며 투자유치, 기업합작을 도모하지만 정치적 분쟁이 있을 때는 경제를 보복의 수단으로 이용하는 것이다. 우리는 사드 보복 사태에서 이것을 확실히 목격했다. 중국공산당은 국내 통치 기반을 굳건히 하기 위해 사실상 정경일체 원칙을 일반화하고 있다. 최근 마윈馬雲의 가택연금설 같은 예가 대표적이다. 그리고 디지털공산주의하에서 국내통치 수단으로 디지털 빅데이터Big Data가 이용되며, 국가 주도 정보독점을 통해 정치와 경제가 하나가 되어간다. 많은 국가가 덩샤오핑 당시 내걸었던 정경분리 원칙을 믿고 중국의 방대한 내수를 바라보며 중국에 투자를 확대하고 협력을 강화해왔다. 그런데 지금 정경분리와 정경일체의 모호한 이중 구조하에서 한중 경제관계는 흔들리고 있다. 중국의 국력이 팽창하고 한중 간 국력의 비대칭성이 급격히 확대되는 상황에서 중국 당국은 그들이 하고 싶은 대로 많은 일을 처리할 것이다. 더욱이 양국관계의 상호보완성이 약화되고 경쟁성이 커지며 기술경쟁력의 역전현상마저 현실화되는 이때, 중국 당국이 정경분리 원칙을 지키기를 기대하는 것은 다소 순진한 생각일 것이다. 우리 기업이 중국에 접근할 경우 정경분리보다는 국가자본주의하에서 정경일체 체제가 일반화된다는 사실을 명심해야 한다.

미중 충돌이 과학기술 신냉전으로 확대되는 상황에서 한미동맹 속에 미국과 결속하고 있는 한국을 바라보는 중국 당국의 생각은 분명하다. 중국에게 필요한 것을 공급하는 한국 기업에는 국가 차원의 우대가 있겠으나, 중국 기업과 경쟁관계에 있는 한국 기업은 중국 당국이 매서운 눈초리로 감시할 것이다. 따라서 앞으로 중국 경제에 진출할 경우 정치적 위험이 커지는 것은 물론 그들의 의사

결정 메커니즘이 매우 단선 일방적이기 때문에 미래에 대한 불확실성은 더 커질 전망이다.

이러한 상황을 고려할 때 한국 정부가 중국과의 교섭에서 중시해야 할 주안점은 북중 관계, 북한 비핵화 문제 이상으로 우리 기업들의 중국 진출이나 활동에 정경분리 원칙이 철저히 지켜지도록 방어하고 교섭하는 일이다. 이것을 못 하면 제2, 제3의 사드 보복이 일어날 것이 분명하다. 이런 점에 비추어 중국의 내수시장에 파고들어 14억 중국인에게 필요한 소득 탄력적 생필품을 공급하는 일은 지난한 과정이 될 것이다. 중국 당국의 보이는, 그리고 보이지 않는 손이 이를 강력히 통제할 것이다.

최근 중국의 과학기술 중국몽에 대응해 미국의 과학기술동맹(QTE 등) 강화 움직임이 뚜렷해지고 있다. 한국이 두 과학기술혁신 프레임 사이에서 어떤 태도를 보이느냐에 따라 중국의 보복 여부가 결정될 것이다. 또한 미국 등 많은 주요국이 과학기술 혁신산업, 무역진흥을 적극 수행하고 있어 정경분리에 앞으로 많은 수정이 있을 것으로 예상된다. 한국 정부가 이러한 흐름에 어떻게 대응할 것인지 많은 고민이 필요하고 정부와 민간기업의 관계를 새롭게 정립하는 것이 시급한 과제이다. 이에 대한 많은 생각의 변화가 필요한 때이다.

정덕구 NEAR재단 이사장

克中之計

1부

미중 간 신냉전 속 한국 경제의 생존 방정식[2]

1장

미중 간 신냉전, 미중 패권경쟁

1. 중국의 부상, 미국의 중국 때리기

제2차 세계대전 이후 냉전 기간 전 세계는 자본주의 진영과 공산주의 진영으로 양분되어 체제경쟁을 경험한 바 있다. 한반도는 남북으로 갈려 체제경쟁의 실험장이 되었다. 그러나 1972년 리처드 닉슨과 마오쩌둥의 만남으로 미국의 중국 포용정책이 시작되었고, 1979년 미국은 중국과 수교했다. 10년 후 베를린 장벽의 붕괴를 신호탄으로 독일 통일, 구소련의 해체로 냉전체제는 종식되었다. 이념과 체제의 경쟁은 자본주의의 승리로 끝난 것처럼 보였다. 중국과 러시아를 비롯한 과거 공산 진영의 대부분이 미국 중심의 국제금융체제인 국제통화기금IMF과 세계은행IBRD의 회원국이 되었다. 또한 중국은 2001년, 러시아는 2012년 WTO에 가입했다. 글로벌 공급망에 편입된 중국, 베트남 등 공산 국가들은 세계화의 최대 수

혜국이 되었다. 2008년 글로벌 금융위기를 비교적 순탄하게 극복한 중국은 베이징 올림픽 개최에 이어 상하이 엑스포를 개최하여 화려하게 국제무대에 등장했으며, 2019년 1인당 국민소득이 1만 달러를 넘었다.

그런데 중국이 너무 강해진 것일까? 강국몽强國夢을 꿈꾸는 중국의 지도자는 미국의 중국 견제에 거부반응을 보이기 시작했고, 미국과 중국의 동반자 관계는 점차 불편하고 불안한 관계로 변화하기 시작했다. 미국의 트럼프 대통령은 노골적으로 중국 때리기에 나섰다. 2018년 봄부터 미국이 중국산 수입품에 대해 관세 폭탄을 투입하면서 미중 무역분쟁이 시작되었다. 일대일로에 대한 노골적 반대와 비판, 국가 주도적 기업체제 및 산업지원에 대한 견제, 반도체 기업에 대한 제재, 첨단기술 이전 차단, 5G망 확산 저지 등 중국의 산업고도화와 경제성장을 억제할 수 있는 정책들이 잇달아 시행되었다.

2020년 7월 23일, 마이크 폼페이오Mike Pompeo 미국 국무장관은 닉슨도서관 연설에서 중국에 대해 더 이상 포용정책은 없다고 선언했다. 그의 연설은 단지 트럼프 행정부의 대중 외교정책의 전환을 선언한 데 그친 것이 아니다. 바로 중국의 체제 전환을 겨냥했다는 점에 주목해야 한다. 또한 이를 미국의 신성하고 명백한 의무로 간주했다. 그는 중국의 정치체제를 공산당 일당독재로 규정하고 홍콩 보안법 제정, 위구르 소수민족에 대한 인권탄압 등 중국을 폭정을 일삼는 전체주의 국가로 규정했다. 닉슨 이후 중국의 변화를 기대했던 미국의 포용정책은 완전히 실패로 끝났고, 미국은 중국에 속았으며, 중국은 전체주의의 길을 가고 있다고 강변했다.

2. 미국식 자유자본주의 대 중국식 국가자본주의

브랑코 밀라노비치Branko Milanović는 《홀로 선 자본주의Capitalism Alone》(2019)에서 중국은 의심할 바 없는 자본주의 체제라고 규정했다. 그는 미중 체제 갈등과 대립을 미국의 자유성과(능력)주의적 자본주의Liberal Meritocratic Capitalism와 중국의 국가자본주의Political Capitalism로 구분하고 있다. 즉 중국의 국가자본주의는 마오쩌둥 시대의 사회주의 실험이 실패로 끝나면서 출현한 사회주의의 변종變種이라는 것이다.

계보학적으로 1978년 덩샤오핑의 개혁개방이 시작되면서 중국의 국가자본주의는 시작됐다. 개혁개방 초기 중국은 존재감이 없었고 미국에 전혀 위협이 되지 않았다. 그러나 점차 중국이 부상하면서 존재감은 커졌고, 미국은 중국을 경쟁자로 인식하기에 이르렀다. 따라서 작금의 미중 체제경쟁은 세계 유일의 지배체제인 자본주의 내에서 미국식 자유자본주의와 중국식 국가자본주의의 패권경쟁으로 볼 수 있다. 미국과 중국의 서로 다른 체제가 경쟁, 대립, 충돌로 이어지고 있다. 아직 열전熱戰의 양상이 아니기에 새로운 냉전新冷戰이라고 볼 수 있다. 사실 탈냉전 이후 체제경쟁은 외견상 사라졌고 글로벌 의제에 미국과 중국은 협력하는 모습을 보이기도 했다. 그러나 미중 간 전략적 경쟁이 바야흐로 신냉전 시기로 돌입하고 있다. 미국의 포위압박 공세에 대항해 중국의 반격이 지속적으로 맞부딪치고 있다.

3. 시진핑식 중국 특색 사회주의 경제운영 체제

중국은 2013년 시진핑 등장 이후 정치 이념체제 면에서는 '중국 특색 사회주의' 노선을, 경제체제 면에서는 국가자본주의를 각각 내세우면서 체제, 이념, 수단 면에서 그들만의 길을 찾아 나서고 있다. 정치적으로 디지털공산주의, 중화민족주의를 바탕에 두고 시진핑식 중국 특색 사회주의 이념을 강화하는 등 강성 권위주의 체제로 돌아가고 경제적으로 국가자본주의 체제를 운영한다. 그 과정에서 자유와 민주주의, 인권 등의 보편적 가치가 경시되고 국가의 단결과 안정이라는 이른바 '대일통大一統'이 최고의 가치로 작동하고 있다. 그리고 수단으로서 대외정책은 일대일로로, 대내적으로는 미국과의 충돌을 극복하기 위해 과학기술 중국몽을 당-국가 주도로 펼치며 자력갱생의 길을 가는 중이다.

이런 '국가주의 체제'는 정부 통제의 강화에도 불구하고 부패 심화와 분배 악화 문제를 여전히 해결하지 못하고 있다. 그리고 시장경제의 발전을 통해 세계화를 추진하지만 동시에 국유기업의 주도적 역할과 권위주의 체제의 경제적 개입을 결합하여 이른바 정경일체를 추구한다. 중국은 덩샤오핑 체제 이후 오랫동안 대외적으로 정경분리 원칙을 내세우고 있으나, 시진핑 체제가 들어서면서 미중 간 생존을 걸고 패권경쟁을 하는 상황에서 정경분리 원칙을 자국의 이익 여부에 따라 선택적으로 적용하고 있다. 중국에 유리할 때는 정경분리를 내세우며 투자유치, 기업합작을 도모하지만 정치적 분쟁이 있을 때는 경제를 보복의 수단으로 이용한다.

중국식 국가자본주의 체제는, 정치적으로 공산당 일당독재의 권위주의 체제를 뒷받침하고, 경제적으로 국가의 개입이 아직도 상당히 많은 기능을 수행하는 불완전한 시장경제체제이다. 즉 중국은 정치적으로 공산당이 지배하는 상부구조를 갖고 있는 한편, 경제적으로 자본주의라는 외투를 입고 세계경제에 깊숙이 편입되어 있다. 국가자본주의에서는 국민 개개인의 이익보다 국가의 이익이 우선하고, 공산당 일당독재체제의 유지가 최우선이다. 시장경제를 도입하고 법과 제도화를 추진하지만, 시장은 철저히 통제된다. 표면적 정경분리와 현실적 정경일체가 혼합된 이중구조라 할 것이다. 이것은 우리 기업들의 정치 리스크를 키우고 불확실성을 극대화한다.

4. 미국과 중국의 충돌 지점

미국이 제기하는 이슈는 크게 중국 제도의 투명성, 중국의 기술적 추격 위협, 중국의 지역 영향력 확대, 미국이 중시하는 민주주의와 보편적 가치에 기초한 갈등 문제로 나눠볼 수 있다.

첫째, 1단계 무역합의에도 불구하고 미국이 제기하는 중국의 '구조적 문제'를 둘러싸고 미중 갈등은 장기화할 것으로 전망된다. 새로운 교역체제(또는 새로운 다자주의 체제)에서 미국이 전력을 기울여 새롭게 도입하고자 하는 규범은 그간 중국 부상의 핵심적 역할을 담당해온 보조금, 지식재산권, 개도국 지위, 사이버 안보, 환경 이슈 등의 영역이 될 것이다. 이러한 분야에서 중국의 제도와 시스템을 근본적으로 바꾸려는 미국의 공격과 중국의 시간 벌기가 충돌하면서 미중 마찰이 새로운 국면으로 진입할 가능성이 있다.

둘째, 미중 마찰은 기술패권 전쟁 또는 미중 간의 기술적 탈동조화이다. 미중 기술패권 경쟁은 △ 중국의 '중국제조 2025'로 대표되는 제조 강국 전략을 둘러싼 충돌, △ 중국의 군민융합Military-Civil Fusion, MCF 발전 전략에 대한 미국의 견제, △ '중국표준 2035' 전략을 통해 표준의 수용자standards taker에서 표준의 제정자standards maker로 탈바꿈하려는 중국에 대한 견제, △ 중국 통신장비, 인터넷 기업을 규제하는 것을 핵심으로 하는 청정 네트워크 프로그램Clean Network Program, CNP 경쟁이다.

셋째, 아시아·태평양 지역(아태 지역)에 대한 영향력 확대 전략으로 인식되는 '일대일로'에 대한 견제이다. 미국은 일대일로 전략이 미국의 경제적 도전인 동시에 안보 분야 도전의 하나라고 인식하고, 인도·태평양 전략(인태 전략)을 추구함으로써 중국의 영향력 확대를 견제하고 있다.

넷째, 보편적 가치관에 입각한 중국에 대한 압박이다. 미국은 중국의 당-국가 체제, 민주, 인권, 종교, 남중국해 항해 자율권 문제를 이슈화함으로써 중국에 대한 압박을 확대하고 있다. 미국이 미중 마찰을 단순한 경제제도의 경쟁을 넘어서 사회주의와 시장경제의 체제경쟁, 이데올로기의 경쟁으로 다루려 한다는 점에서 향후 미중 마찰이 복잡다기화할 것으로 예상한다.

2021년 들어서도 이어지는 미중 갈등은 단순히 미국과 중국의 특정 연도, 특정 품목에 대한 교역상의 불만으로 인해 비롯된 것이 아니다. 미국은 1983년 이래 중국에 대해 쌍무적 무역수지에서 단 한 번도 흑자를 기록한 적이 없다. 무역수지 적자를 줄일 수 있는 방편으로 선택할 수 있는 옵션은 그리 많지도 않고, 실제로 효과도 크지 않다. 미국국제무역위원회US International Trade Commission, USITC의 반덤핑 및 상계관세 부과 등 무역구제조치 중 중국에 대한 제소 건수가 가장 많은 것은 이미 잘 알려진 사실이다.[3] 미중 무역마찰은 글로벌 금융위기 직후인 2010년부터 이미 본격적으로 시작되었다. 당시 버락 오바마Barack Obama 행정부의 선택 역시 무역수지 규모 자체를 줄이는 것이 아니었다. 중국에 대한 포용정책 대신에 봉쇄정책을 검토하기 시작했다. 오바마 행정부의 국무장관이었던 힐

러리 클린턴Hillary R. Clinton이 중시했던 것은 미국이 태평양 국가라는 정체성을 강조하는 것이었다. 이는 아시아 회귀전략, 재균형 정책 등으로 명명되었으나, 실제로는 중국에 대한 봉쇄정책이었다. 지금 바이든 행정부의 토니 블링컨 국무장관과 제이크 설리번Jake Sullivan 백악관 국가안보보좌관이 당시의 대중국 봉쇄정책을 설계했던 인물들이다. 트럼프처럼 호들갑을 떨지는 않지만, 동맹과 함께 군사적·외교적·경제적으로 서서히 중국을 봉쇄하는 그런 방식이다. 따라서 중국이 미국 물품 구매를 늘린다거나 대미 흑자를 줄인다고 해서, 중국에 대한 봉쇄가 풀릴 가능성은 전혀 없다. 민주당이 트럼프의 1단계 미중 무역협정에 대해 비판한 것도 같은 맥락이다. 중국이 2천억 달러의 미국산 제품 구매 선물을 제공한 것을 성공한 협정이 아닌 실패한 협정으로 단정한 것도 미중 갈등은 무역갈등이 아니라는 점을 분명히 한 것이다.[4] 트럼프가 무대에서 사라지고 새롭게 등장한 바이든 행정부는 '미국 우선주의America First' 대신에 이념과 가치를 공유하는 동맹과 공동의 전선을 구축하고 체제경쟁을 지속할 것이다. 그것도 더욱 강하게 추진할 것이다.

2장

초강수로 치닫는 미중 마찰, 중국은 4개의 함정을 극복할 수 있을까

1. 중국 경제는 미국 경제를 추월할 수 있을까

2017년 기준으로 미국 대비 중국의 GDP는 60% 정도였다. 2020년 추산으로는 거의 70%에 달한다. 이 비율은 트럼프 등장 이전 20년 동안 5년마다 10%씩, 특히 미국의 금융위기 시기인 2008~2010년 단 2년 사이에는 30%에서 40%로 증가하여, '상대방의 위기가 나에게는 기회'라는 추격론의 명제가 타당성을 지님을 다시 한번 보여주었다. 이런 명제는 코로나19 위기에도 또다시 작동할 가능성이 있다.[5]

코로나19 이전 시기인 2010년 중후반기만을 보면, 중국의 미국 추격 추세가 꺾이거나 정체되어 있었음에 주목할 필요가 있다. 즉 미국 대비 중국의 GDP 비율이 조금이나마 하락하는 현상이 최초로 나타났다. 2015년에 62%를 넘었다가 그 이후 하락하여 60%까지 떨어졌다. 지금까지 이런 현상이 나타난 적이 없었다는 점에서 매우 의미 있는 현상이다. 그러나 이후 중국은 다시 추격을 지속하여 2018년 65%에 도달한다. 이에 추가하여 코로나19 사태가 다시 이 추격을 점화시키는 역할을 할 것으로 보인다. 2020년 미국 경제는 마이너스 성장을 기록했지만, 중국은 플러스 성장을 기록했기 때문이다. IMF의 전망치로 계산하면, 2020년에 중국은 미국의 68.4%가 되는 식으로 추격을 다시 가속하고 있다([그림 1]).

미국의 경제 규모를 추월하는 시점을 전망하는 관건은 향후 중국의 성장률이 얼마나 빠른 속도로 둔화할 것이냐에 달려 있다. 그런데 장기성장률 혹은 잠재성장률은 각국의 노동과 자본의 투입이나 생산성에 대해 어떤 가정을 하느냐에 따라 매우 다른 결과가 나

그림 1 중국은 미국을 추월할 것인가: 미국 GDP 대비 중국의 크기

자료: IMF 통계(이근 재구성)

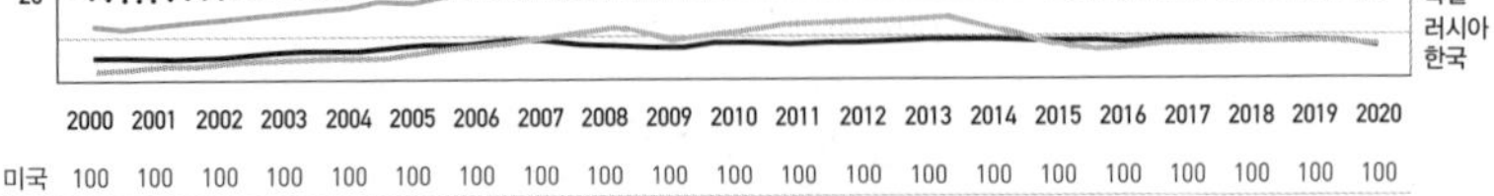

	2000	2001	2002	2003	2004	2005	2006	2007	2008	2009	2010	2011	2012	2013	2014	2015	2016	2017	2018	2019	2020
미국	100	100	100	100	100	100	100	100	100	100	100	100	100	100	100	100	100	100	100	100	100
중국	11.9	12.7	13.5	14.6	16.1	17.7	20.1	24.7	31.3	35.4	40.5	48.4	52.9	57.4	60.1	61.6	60.0	61.8	65.0	66.0	68.4
일본	47.7	40.7	37.6	38.8	39.4	36.5	32.8	31.2	34.2	36.2	38.0	39.6	38.3	30.7	27.7	24.1	26.3	24.9	24.2	24.0	24.3
독일	19.0	18.4	19.0	21.8	23.0	21.8	21.7	23.7	25.5	23.6	22.7	24.1	21.8	22.2	22.2	18.4	18.5	18.8	19.2	18.0	17.8
러시아	2.7	3.1	3.4	4.0	5.2	6.3	7.7	9.6	12.1	9.0	10.9	13.2	13.5	13.7	11.7	7.4	6.8	8.1	8.1	7.6	7.4
한국	5.6	5.2	5.7	6.1	6.5	7.2	7.6	8.1	7.1	6.5	7.6	8.1	7.9	8.2	8.5	8.0	8.0	8.3	8.4	7.6	7.3

타난다.

이에 관한 브루킹스연구소의 최근 연구(China 2049)에서는 중국의 경제성장률이 2025년까지 6.58%를 유지하고 이후 5년간 2030년까지 5.86%, 2035년까지는 4.97% 수준으로 떨어지리라 전망했다.[6] 만일 미국이 지난 2000~2019년간의 평균 성장률(2.09%)을 유지하고 중국의 성장률이 이 전망에 따른 추세를 보인다면 미국과 중국의 경제 규모는 2030년에 역전된다. 반면 영국의 싱크탱크인 CEBR Centre for Economics and Business Research이 내놓은 중국의 성장률 전망은 브루킹스연구소에 비해 낮다(2025년까지 5.7%, 2030년까지 4.5%). 이 전망을 적용할 경우 그 역전이 2034년으로 늦춰질 수도 있다.[7]

향후 미국 달러와 중국 위안화의 환율이 어떻게 변하느냐도 역전 시점에 영향을 끼친다. 일본 노무라증권은 만일 위안화 절상추세가 지속되어 달러당 6위안 수준이 유지될 경우 달러화로 표시된 중국의 경제 규모가 미국을 추월하는 시점이 2026년으로 앞당겨질 수도 있다는 분석을 내놓았다.[8] 반대로 위안화 약세가 나타나면 그 시점은 지연된다. 따라서 다양한 가정에 근거해서 미국과 중국의 경제 규모가 역전되는 시기를 추측해보는 일은 사실 어떤 가정을 채택하느냐의 문제이지 경제적·정치적으로는 큰 의미가 없다. 즉 대체로 2030년대 초반의 어느 시점에 그러한 역전이 나타날 가능성이 크지만, 그렇다고 그때부터 바로 중국이 투키디데스 함정을 극복하고 미국을 대체하는 새로운 패권국이 되는 것도 아니다.

또한 중국 경제가 안고 있는 다양한 문제점이 일거에 해소되는 것도 아니다.

미국이 영국보다 경제 규모가 커진 시기가 1872년이다. 만일 2040년대의 중간인 2045년에 중국의 경제 규모가 미국을 추월한다면, 173년 만에 세계 1등 국가가 바뀌는 셈이다. 또한 미국이 영국보다 경제 규모가 커진 이후 그 차이가 압도적으로 커지는 데 50년 정도의 추가 시간이 걸렸음을 고려하면, 중국이 실제로 막강한 제일 대국으로 되기까지는 엄청나게 긴 세월이 필요할 것이다. 따라서 21세기 후반은 미국과 중국 두 나라의 양강 체제가 유지될 것으로 예상할 수 있다. 즉 실제로 미국의 정치 및 경제적 힘이 영국을 넘어서 완전히 세계 1등으로 바뀌게 된 것이 1944년 이후이기 때문에, 단순히 경제 규모의 순위가 바뀐다고 해서 중국이 바로 세계 1등 국가가 된다고 볼 수는 없다. 미국을 압도할 수 있을 정도로 경제 규모 차이가 매우 크게 나야만 팍스 시니카Pax Sinica로 나아갈 수 있다. 그러기 위해서는 더 많은 시간이 필요할 것이다. 규모 면에서 2030년대에 1등 국가가 바뀌더라도 영향 측면에서는 한참 더 시간이 걸릴 것이라고 예상할 수 있다.

미국과 중국의 상품 수출이 차지하는 전 세계 수출에서의 비중을 살펴보면, 중국이 조금 높기는 하지만 대체로 양국이 차지하는 비중이 10% 수준으로 비슷하다. 그러나 서비스 수출을 고려하면 미국은 15%인데 반해 중국은 5% 정도에 불과하다.[9] 아직도 격차가 크다. 고정자산 투자를 보면 중국이 25%, 미국이 20%로 중국

우위이다. 연구개발 투자는 양국이 각각 40%로 비슷하다([그림 2]). 최근 중국의 상품 수출이 차지하는 비중은 정체 또는 감소하는 반면, 연구개발 투자는 계속 증가 추세이다. 이는 중국의 추격이 수출에서 기술혁신으로 넘어가고 있음을 시사한다.

종합적으로 판단해볼 때, 중국은 미국을 추월하는 데 필요한 물적 기반을 갖추어가고 있다. 그러나 무형 자산에 기반한 서비스 분야 및 첨단산업에서 아직 미중 간에 격차가 존재한다. 여기에 미

그림 2 미중의 전 세계 고정자본 형성과 연구개발 비중

자료: World Bank, Economic Indicators(이근 재구성)

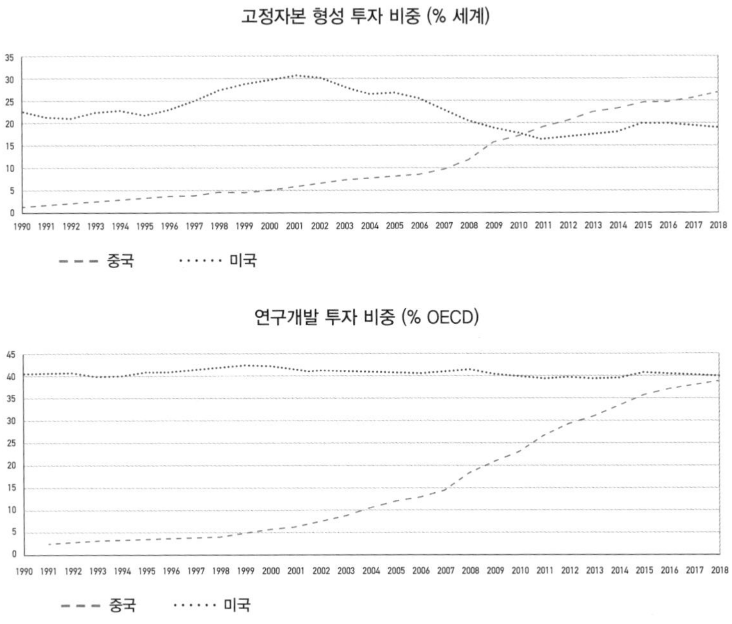

국의 대중 견제가 여러 방면에서 본격적으로 진행되면, 중국의 미국 기술추격은 상당히 영향을 받을 것이다. 가령, 반도체 분야에서 중국의 추격을 따돌리는 가장 손쉬운 방법은 반도체 생산에 필요한 핵심장비를 미국이나 서방 기업이 중국에 공급하지 않는 것이다. 한국이 메모리 분야 반도체 생산 대국으로 추격하던 시절에는 이런 식으로 반도체 장비의 공급을 제한하는 일은 벌어지지 않았다. 중국이 가장 두려워하는 일은 중국의 공급망을 해체하는 일이 될 것이다. 만약 이러한 대중 압박과 견제가 성공한다면 중국이 2030년 초중반에 미국을 추월하게 된다는 추정은 모두 물거품이 될 것이다. 트럼프가 방아쇠를 당겼고, 바이든은 트럼프의 정책을 이어가고 있다. 아니 트럼프보다 더 강력한 압박과 견제를 시도하고 있다.

2. 투키디데스 함정과 팍스 시니카

2017년 말, '미국 우선주의'를 선언한 트럼프의 등장은 미중 관계에 질적 변화를 가져왔다. 즉 미국의 대중 무역적자를 줄인다는 표면적 이유로 시작된 미중 무역분쟁으로 인해 중국과 같은 신흥대국은 기존 강대국과 충돌한다는 소위 투키디데스 함정론이 본격화되었다. 미중 무역갈등은 과거 미일 통상 분쟁처럼 어느 한쪽의 결정적 양보로 단기간에 정리될 수 있는 성격의 것이 아니다. 통상

분쟁 차원을 넘어 근본적으로 양 강대국 간의 패권경쟁이기에 상당 기간 계속될 신냉전의 시작이라고 볼 수 있다. 직접적 무력 충돌 가능성이 적다는 점에서 차가운 평화라고 주장하는 이들도 있는데, 이는 언어의 유희에 불과하다. 중국은 분명히 그레이엄 앨리슨Graham Allison이 지적한 투키디데스 함정의 도전에 직면하고 있다. 2015년 9월 방미 당시 시진핑 주석은 지구상에 투키디데스 함정은 존재하지 않는다고 강변했고, 오바마 대통령 역시 투키디데스 함정을 반박했다. 미중 양국은 최대한 서로 간의 충돌을 피하고자 노력할 것이라고 응답하기도 했다.[10] 그러나 투키디데스 함정이 숙명적 전쟁으로 이어질 필요는 없다. 앨리슨 교수의 분석에 따르면 갈등이 전쟁으로 이어질 확률은 75%이다. 나머지 25%의 가능성을 찾아야 할 것이다.

그런데 중국이 미국의 본격적 견제, 즉 투키디데스 함정을 극복하고 안정적 경제성장을 지속해야만 중진국 함정[11]도 극복할 수 있다. 또한 이 과정에서 중국이 미국의 경제 규모를 추월하게 되면 투키디데스 함정 혹은 미국의 중국 견제에 대한 대항력도 강화될 것이다. 중국은 2020년 미국 GDP의 68.5% 수준에 도달했는데, 미국이 코로나19 이전의 장기성장률 수준(2.09%)을 유지하고 중국이 2030년까지 평균 6% 이상(2025년까지 6.6%, 2030년까지 5.9%)의 성장률을 유지한다면 미국과 중국의 경제 규모는 2030년에 역전된다.[12] 하지만 단순히 경제 규모의 순위가 바뀐다고 해서 세계경제의 주도권이 바뀌는 것은 아니다. 미국을 압도할 수 있을 정도로 경제 규모 차이가 크게 나고 첨단산업이나 서비스 분야 등에서 나타나는 현격한 격차를 극복해야만 팍스 시니카로 나아갈 수 있다. 그러기 위해서는 더 많은 시간이 필요할 것이다.

미중 분쟁 개시 직후인 2018년 하반기 중국 경제의 양상은 주가 폭락, 경기침체 등 상당히 불안한 모습을 보였다. 더구나 기업의 높은 부채율, 과도한 그림자금융, 부동산 버블이라는 3대 위험 요소(소위 3대 회색 코뿔소)를 안고 있었다. 따라서 미국의 중국에 대한 견제와 압박은 기저질환을 앓고 있는 중국에 일정 정도의 타격을 줄 것으로 기대되었다. 중국이 투키디데스 함정을 헤쳐나갈지가 앞으로 중국 경제의 향방을 결정할 것이다. 중국이 이 함정을 극복할 수 있는 대응력이 얼마나 되는가가 중요하다.

3. 중진국 함정

한편 중국의 성장 속도가 둔화하면서 1인당 국민소득이 미국의 20~40% 선에서 정체하는 이른바 중진국 함정에 빠질 가능성에 관한 논쟁이 점화되기에 이르렀다. 멕시코, 브라질, 남아공, 인도네시아 등 많은 나라가 한때 고도성장을 기록했으나, 선진국으로 도약하지 못하고 여전히 중진국 함정에 빠져 있는 것으로 분석되고 있다.[13] 중국은 다른 중진국보다 가파른 추격세를 나타내고 있어 미국 대비 40% 수준을 돌파할 것이라는 예상도 있지만, 최근 이런 추세가 더디어져 아직 중국이 중진국 함정에서 완전히 벗어난다고 보기는 어려운 실정이다.

중국이 '중진국 함정을 벗어날 수 있는가'라는 질문에 답을 찾기 위해 기술혁신, 초우량 대기업의 수, 분배의 형평성이라는 세 가지 기준에서 검토해보자.[14] 이 기준에서 가장 중요시하는 것은 기술혁신이다. 선진국형 성장으로 가기 위해서는 무엇보다도 혁신이 성장의 핵심적 기여 요인으로 작용해야 하기 때문이다. 즉 중국이 얼마나 혁신적인지를 살펴봐야 하는 것이다. 실제로 서방 학자들은 중국식 권위주의 체제와 혁신은 양립 불가능하다고 단정하는 경향이 있다. 권위주의 체제에서 창의성이 억압을 받고 있어 혁신이 상당히 어려울 것이라는 속단과 예측이다. 그러나 관료화된 대기업 집단에서 지속적으로 혁신역량이 나타날 수 있다. 혁신을 위해서는 대규모 투자가 필요하다는 점을 생각하면 창의성과 함께 혁신을 실제로 뒷받침할 수 있는 자금지원 역량도 고려되어야 한다. 지난 10년간 중국은 권위주의 체제를 유지하면서도 매우 혁신적 성과를 내고 있어 이런 예측을 무색하게 하고 있다. 물론 단숨에 혁신역량이 만들어지는 것은 아니다. 상당 기간 역량 축적을 위한 시간이 필요하다. 중국은 그동안 혁신역량을 축적하면서 충분히 준비해왔다고 볼 수 있다.

다음 기준으로 중국이 세계 초우량 기업의 기준인 포천Fortune 500대 기업을 얼마나 가졌는지도 중요하다. 중진국 함정에 빠진 많은 나라는 세계 초우량 기업을 거의 보유하고 있지 않은 데 반해,

중국은 이미 120개 이상을 만들어냈고 미국을 넘어서려고 하고 있다. 중진국 함정에 빠진 터키나 타이완 같은 나라들은 초우량 기업이 1개이거나 전혀 없는 상황이다. 반면 브릭스BRICS[15]가 보유한 초우량 기업의 수는 계속 증가하고 있고, 유럽 선진국은 30~40개 정도 된다. 당연히 국가의 경제 규모가 커지면 초우량 기업이 많을 수밖에 없지만, 그 국가의 경제 규모에 비례해 더 많은 수의 초우량 기업을 창출한 국가만이 중진국 함정을 넘어서 고소득 경제로 갈 수 있다.

마지막 기준으로 분배 측면에서 성장과 분배의 양립 가능성이 중진국을 넘어서는 하나의 기준이라고 할 수 있다. 중국은 분배 구조가 대단히 열악한 국가로 지목되기도 했다. 하지만 시진핑 정부 들어서 크게 개선되고 있다는 점에 주목할 필요가 있다. 분배 기준으로 루이스 전환점Lewis turning point과 쿠즈네츠 곡선Kuznetz Curve을 살펴보기로 하자. 루이스 전환점이란 도시와 농촌으로 이원화된 경제구조를 가진 후진국에서 농촌 지역의 인구가 도시로 이동하면서 무제한의 잉여노동 공급이 멈추게 되는 시점을 말한다. 즉 도시 임금이 본격적으로 상승하는 시점을 지칭한다. 한편 쿠즈네츠 곡선은 성장 초기에는 분배가 악화하다가 나중에 분배가 호전된다는 가설을 말한다. 이는 통상적으로 지니계수를 이용해 분배 상황을 측정하는데 지니계수가 상승하다가 일정 시점을 지난 후 떨어지는 현상을 설명한다. 한국은 1970년대까지 지니계수가 0.4를 넘어 분배가 악화했다가, 1970년대 이후 경제성장이 임금을 계속 상승시켜 외환위기 전까지 꾸준히 지니계수가 하락하는 소위 성장과 분배가 함께 가는 모범적 성장을 보여줬다. 중국도 그동안 분배가 계속 나빠졌는데 이제 정점에 도달한 것으로 보인다.

4. 체제의 위험: 타키투스 함정과 킨들버거 함정

제논Zenon의 역설이 얘기하는 것처럼 후발자는 선발자의 뒤만 계속 쫓아가서는 영원히 추월하지 못한다. 즉 "추격만 해서는 추격할 수 없다You cannot catch up if you just keep catching-up"는 추격의 역설이다.[16] 앞의 추격은 추월이란 의미이고 뒤에 추격은 모방한다는 얘기이다. 모방만 해서는 추격할 수 없다는 것이다. 결국은 중국도 미국과 다른 체제, 다른 무언가를 창출해야만 미국을 추월할 수 있다. 시진핑 주석도 뉴노멀New Normal, 중국의 길, 중국 특색 사회주의라는 새로운 비전을 제시하면서 미국을 단순히 쫓아가지 않고 중국 특색의 사회를 건설하겠다고 선언한 바 있다.

그러나 문제는 정치적으로 권위주의 체제를 유지하고 경제적으로 일종의 국가자본주의 체제를 구축하려는 중국의 이러한 선택이 국내적으로는 부패의 심화와 분배의 악화로 연결되고, 대외적으로는 미국 등 선진국의 중국에 대한 견제를 유발한다는 것이다.

대내적으로 시진핑 정권은 인민들에게 약속했던 것들을 반드시 달성하여 인민들의 신뢰를 확보해야 한다. 그러지 못하면 바로 인민들로부터 신뢰를 잃어버리는 타키투스 함정에 빠질 수 있다. 따라서 중국 경제가 시진핑 주석이 추구하는 중국 특색 사회주의의 길로 지속해서 나가는 데 어려움을 겪을 가능성이 크다. 타키투스 함정은 단순히 경제적 영역에만 국한되지 않는다. 인민의 경제적 삶의 질이 개선되더라도 정치적 욕구를 아울러 충족시켜주어야 한다. 1989년 톈안먼天安門 사건은 중국공산당으로서는 악몽이었다. 무엇보다도 톈안먼 사건의 재발을 방지하기 위해 중국공산당 지도부는 계속 인민으로부터 신뢰와 지지를 받아야 할 것이다. 홍콩 민주화 운동에 중국공산당 지도부가 민감하게 대응할 수밖에 없었던 것도 같은 맥락에서 이해할 수 있다.

타키투스 함정이 대내적 신뢰의 확보를 강조하는 것이라면 킨들버거 함정은 대외적 신뢰와 관련이 있다. 고립주의 미국을 제2차 세계대전 이후 자유민주주의의 보루로 만든 것은 MIT 교수였던 찰스 킨들버거Charles P. Kindleberger가 설계한 마셜 플랜Marshall Plan이다. 그는 브레턴우즈 체제를 통해 미국 중심의 안정적 경제체제 구축이 세계경제의 안정에 얼마나 중요한지를 강조했던 인물이다. 그의 이름을 따서 킨들버거 함정이라는 용어를 만든 하버드대학의 조지프 나이Joseph S. Nye, Jr.는 미국의 대표적 자유주의 국제정치학자이다.[17] 1970년대 로버트 코헤인Robert O. Keohane과 함께 조지프 나이는 미국이 다자주의 체제의 구축에 힘써야 하고 책임을 다할 것을 요구했다. 소프트파워라는 인구에 널리 회자되는 용어의 창시자이기도 한 그는 미국과 달리 중국은 결코 그런 책임 있는 역할을 하지 못할 것이라고 하면서 킨들버거 함정을 제시했다. 경제적·군사적으로 부상하더라도 소프트파워가 부족한 중국은 국제사회에서 담당해야 할 합당한 역할과 기여를 보이지 못할 것이고 킨들버거 함정에 빠질 위험이 있다는 것이다. 그의 주장대로, 중국이 진정한 의미에서 글로벌 공공재를 공급하는 책임 있는 역할을 회피하고, 오로지 개도국 지위만을 강조하는 모습을 보인다면, 국제사회로부터의 신뢰를 확보하지 못하고 국제사회의 진정한 리더의 지위를 차지하지 못할 것이다. 2021년 4월 기후변화협약 정상회의에서도 선진국의 책임만을 지적하면서 2030년까지 탄소배출 수정 목표치를 제시하지 못하는 중국은 여전히 킨들버거 함정에 빠져 있다고 볼 수 있다. 따라서 체제의 독자성을 유지하는 것이 미국을 추월하는 데 필요한 선택일 수 있지만, 그것이 거꾸로 내부의 갈등을 심화시키고 대외적 견제를 유발할 수 있다는 것이 중국이 직면한 또 하나의 함정이자 딜레마이다.

그렇다면 과연 중국은 체제의 함정을 극복할 수 있을까?

우선 중국공산당의 가장 큰 정치적 과제이자 불확실성은 중국이 과연 서구식 민주주의와는 다른 자기만의 민주주의 모델, 혹은 지속 가능한 정치모델을 창출할 수 있는가이다. 결국 민주화가 중국에 남은 최대의 불확실성이자 핵심 쟁점이 될 것이다.[18] 이런 측면은 밀라노비치(2019)가 제시한 자본주의의 두 유형론의 관점에서 조망할 수 있다.[19]

밀라노비치는 자본주의를 서구식 자유민주주의와 그 반대인 권

위주의적 국가자본주의로 나누고 중국과 베트남, 미얀마 등을 후자의 그룹으로 분류했다. 중국식 국가자본주의는 자율성을 부여받은 기술적 관료 엘리트 집단의 능력에 의존하여 일정한 성과를 낼 수 있지만, 내부 모순에 직면한다. 즉 법치가 아닌 당 관료에 의한 자의적 통치는 필연적으로 부정부패를 초래할 수밖에 없고, 통치의 정당성 차원에서 부정부패를 일정 수준으로 통제하기가 쉽지 않다. 이런 상황에서 후진타오胡錦濤는 당 관료들을 일정한 규제 속에 통제하려고 했으나 실패했다. 반대로 시진핑 정부는 직접 당 관료의 부패를 줄이는 접근을 시도했다. 부패문제는 빈부격차의 새로운 원인으로 연결된다는 것이 밀라노비치의 분석이다. 국가자본주의가 '부패의 함정'을 어떻게 극복할 것인가 역시 중국이 안고 있는 과제이다.

소득분배 면에서 중국은 쿠즈네츠 곡선의 예측대로 2010년대 중반에 이르러서는 분배 악화가 일정 정도 통제되는 조짐이 보이기도 했다. 그러나 2010년대 후반 들어 다시 지니계수도 악화하고, 특히 노동소득이 아닌 자본소득에 의한 분배 악화가 나타나고 있다. 밀라노비치는 분배의 악화를 정치체제 및 부패문제와 연결하여 해석한다. 즉 자본소득은 대개 부정부패와 연관되어 있다고 보고, 중국의 상위 1%의 경우 이미 소득의 37%가 자본소득에서 나오고 있다는 점에 주목했다. 이런 정도는 미국의 35%와 비견할 만한 높은 수준이라고 볼 수 있다.

한국의 경우 국가자본주의의 내재적 모순을 법의 지배 강화, 즉 관료의 자의성을 축소하는 민주화를 통해 어느 정도 극복했다. 실제로, 법의 지배rule of law 정도를 표시하는 지표를 보면, 중국의 2016년도 값은 1인당 소득수준이 비슷한 다른 국가들에 비해서도 낮고, 1996년도 한국의 지수 값보다 낮다(Dollar, 2020, 378쪽). 1996년과 2016년이라는 20년간의 세월을 놓고 보면 개선 정도도 매우 느리다. 이런 면에서 중국이 앞으로 내재적 모순을 어떻게 극복해나갈 것인지, 즉 어떤 체제적 변환을 할 수 있을지 불확실하다. 중국식 국가자본주의는 밀라노비치의 표현대로 불안한 균형에 처해 있다고 볼 수 있다.

또 하나의 문제는 중국의 독자적 경제체제 구축 노력이나 공세적 대외경제정책이 중국을 봉쇄하려는 미국과 마찰·충돌을 유발하게 되었다는 점이다. 트럼프 행정부는, 중국이 미국이 지원한 개혁개방과 WTO 가입 이후에 서구의 정치·경제 체제에 수렴하게 될 것이라는 기대와 달리, 국가 주도의 경제체제를 유지하면서 미국의 기존 질서에 도전하고 있다고 보았다. 실제로 시진핑 정부의 중국 특색 사회주의 건설 선언은 사실상 서구의 정치·경제 체제로의 수렴을 멈추고 사회주의적 성격을 강하게 유지하는 중국 나름의 체제를 추구하겠다는 것이다.

그런데 이는 필연적으로 기존의 세계경제 질서와 충돌하게 된다. 자유무역을 통해 공정한 국제거래가 이루어지기 위해서는 각국이 평평한 운동장 혹은 유사한 경제체제를 가지고 있어야 한다. 그런데 중국의 경제주체들은 국내적으로 '중국 특색 사회주의'라는 이름을 가진 다른 나라와 다른 경제 환경을 누리면서 해외시장에서 경쟁하게 된다. 일례로 이미 2020년 포천 500대 기업 중 중국 기업이 124개에 달하면서 미국을 추월한 상황이다. 그런데 그중 70% 이상이 국유기업이다. 직간접적으로 국가의 지원과 보증을 받는 중국의 국유기업은 세계시장에서 다른 나라의 민간기업들과 대등한 조건에서 경쟁하고 있다고 보기 어렵다.

이를 글로벌 통상질서에 대한 교란이자 자신에 대한 도전으로 인식한 미국은 중국에 대한 전면 견제에 나서고 있다. 중국 내부적으로 공산당의 장기집권과 시장경제를 조화시키기 위해 선택한 '중국 특색의 길'이 미중 간 체제대결의 원인을 제공하고 있다. 나아가 세계경제에 막대한 영향력을 끼치는 중국의 사회주의 체제를 기존의 글로벌 시장경제 질서가 어떤 방식으로 수용해야 할 것인가라는 근본적 질문을 던지게 만든다.

3장

중국의 급부상과 기로에 선 한국 경제

장기적 관점에서 국제질서는 결국 '미국 편에 설 것인가, 아니면 중국 편에 설 것인가'로 양분화될 것이다. 미중 관계의 미래에 대해 불확실성이 있지만, 미국이 중국과 기존의 관계를 그대로 이어갈 수는 없다는 생각이 미국 내에서 지배적이기 때문이다. 이 경우 미중 관계가 새롭게 정립되기 전까지는 세계가 미국과 중국으로 나뉘어 대립하는 '양극화' 시대가 상당 기간 지속될 가능성이 크다. 그것은 동등한 두 슈퍼파워의 양립이라기보다는 미국의 국력이 중국보다 우월한 상황에서 여전히 미국이 우세한 형국의 '비대칭 양극화' 세계가 될 가능성이 유력해 보인다. 가장 중요한 화두는 '변화하는 미중 관계에 한국이 제대로 대처하고 있는가'일 것이다.

미중 관계 악화로 한국은 입지가 가장 어려운 국가가 될 수 있다. 역사적으로 한반도는 주변 강대국의 '세력 전이' 과정에서 취약했다. 중국 또한 장기전을 준비한다는 것은, 일반의 예측과 달리 중국은 항복하지 않으리라는 것을 의미한다. 무역전쟁 초기 많은 전문가가 중국의 조기 항복을 예상했다. 이는 시진핑의 '중국몽' 야망을 제대로 이해하지 못했기 때문이다. 중국은 미국을 여전히 기울고 있는 패권국으로, 현재를 미국 추월의 '전략적 기회의 시기'로 바라보고 있다. 지금 세계가 '100년 만의 대변혁기'에 있다는 시진핑의 말에는 미국의 압박과 포위를 계기로 이를 '국운 상승'의 기회로 삼아 국내에서 총궐기하고 세계질서의 흐름을 확실히 중국 쪽으로 추동하려는 의지가 담겨 있다. 중국은 무역전쟁에서 단기적으로는 밀리겠지만, 장기적으로 '시간은 우리 편'이라 믿고 있다.

1. 한국의 3가지 생존전략 시나리오

중국이 급부상하는 세력 전이 과정에서 한국은 앞으로 어떤 생존전략을 모색해야 할 것인가? 총론적으로 말하자면 미중 간 전략적 경쟁과 코로나19 사태 이후 세계경제의 지각 변동에 따른 세 가지 경로가 어떻게 전개될 것인가를 예의주시하면서 동북아 평화체제와 경제적 번영을 담보할 수 있는 세부 전략을 마련해야 한다. 세 가지 경로는 한중 간 ① 공존 ② 충돌과 갈등 ③ 예속의 시나리오로 구분할 수 있다. 그리고 미중 사이의 선택은 한중 관계에 직접 영향을 미치면서 위험과 비용이 크고 선택에 따른 이익은 한참 후 나타날 것이다.

첫 번째 공존의 시나리오는 1992년 한중 수교가 체결되면서 현재까지 한중 관계를 규정하는 기본 틀이라고 볼 수 있다. 체제를 달리하는 한국과 중국이 공존할 수 있었던 것은 세계사적으로 냉전의 종식과 맞물려 있고, 중국이 개혁개방의 길로 나섰기 때문이다. 한국과 중국은 서로에게 필요한 존재였고, 이념적 대립보다는 경제적 실익을 추구했다. 앞으로도 이러한 공존 시나리오가 계속 유효할 것인가? 아니면 안보적 갈등을 넘어서 경제적 충돌과 갈등이 빈번하게 발생하는 두 번째 시나리오가 더 현실적일까? 아니면 세 번째 시나리오로, 중국의 부상을 기정사실로 하고 천하 제패를 노리는 중국의 중화주의에 복속하는 것이 해답일까?

공존의 시나리오: 안미경중 원칙의 취약성

1992년 수교 이후 한중 관계는 안보와 경제를 분리한 실용주의적 관점에서 대체로 세 번에 걸쳐 격상되었다. 최초 외교관계의 정상화가 이루어진 이후, 1998년 아시아 금융위기에 함께 고통을 나눈 경험을 공유하며 '협력동반자 관계'를 구축했다. 2003년에는 '전면적 협력동반자 관계'에 이어, 2008년 '전략적 협력동반자 관계'로 발전했다. 이어서 한중 경제협력 및 통상관계는 2014년 11월 중국 베이징에서 개최된 APEC 정상회담에 참석한 양국 정상이 한중 FTA의 공식 타결을 선포하면서 최고조로 올라갔다. 2015년 6월

정식 서명을 거쳐 국회 비준을 통과했고, 동년 12월 발효되었다. 심지어 2015년 9월 시진핑 주석의 톈안먼 초청장에 응답한 박근혜 대통령은 중국의 항일 전승절 기념행사인 열병식에 참여해 시진핑 주석과 나란히 톈안먼 망루에 올랐다.

사실상 박근혜 정부는 한중 FTA 체결뿐만 아니라 대외적으로 중국 우호적 행보를 보였다. 미국과 일본이 주도하는 환태평양경제동반자협정Trans-Pacific Strategic Economic Partnership, TPP에는 참여하지 않았다. 미국이 주도한 TPP가 의도적으로 중국을 배제하려는 협정이라는 점은 잘 알려진 사실이었고, 한국이 중국 눈치를 보기 때문이라는 주장에 대해 반론도 가능하지만 어쨌든 외견상 박근혜 정부는 중국과 깊은 관계를 유지하면서 한중 FTA 체결에 주력했다. 중국 입장에서도 한중 FTA는 부담이었다. 중국 내부의 반대 또한 심했다. 아직 한국 기업 대비 경쟁력이 밀리고 있는 분야에서 중국은 최대한 높은 관세 및 비관세장벽으로 자국 기업을 보호하고자 했다. 당시 선진국과는 전혀 FTA를 체결하지 않은 중국으로서는 선진국 문턱에 다다른 한국에 대해 관세장벽을 낮추는 것에 신중할 수밖에 없었다. 특히 중국은 한국에 대해 무역수지 적자를 보고 있었다. 투자와 서비스 분야에서 통 큰 개방을 약속한다면 어려움이 가중될 형편이었다.

이런 점에서 한중 FTA를 조기에 타결하는 데 주력한 양국 정부는 대외적으로는 높은 수준의 협정이라고 평가하면서도 실제로 보면 초기 개방을 최대한 낮은 수준으로 정하는 타협점을 찾았다. 즉

시 관세인하 품목은 12%에 불과했다. 5년 내 철폐 20.5%, 10년 내 철폐 31%, 15~20년 19%, 나머지 초민감 품목은 양허 제외로 보호하기로 했다. 여기에 더해 투자와 서비스 분야는 실질적으로 아무런 개방조치도 취하지 않고 후속 협상의 과제로 남겨두었다. 이처럼 한국이 체결한 기존 FTA 협정 중 가장 낮은 수준의 반쪽짜리 협정이었지만 한중 간에는 전략적 이해가 맞았다. 중국이 원하는 것은 낮은 단계의 통합이었고, 한국도 큰 부담이 없었다. 그러나 외교적으로 보면 중국은 미국 주도의 TPP를 견제하는 데 한국을 활용하려고 했던 것이고, 박근혜 정부는 중국의 장단에 춤췄다는 평가가 있다. 거대 중국을 선점하자는 과욕과 친중 행보로 북한을 견제하자는 순진한 외교적 발상으로 덥석 중국과 손을 잡은 것이다.

한국 정부는 사드 배치에 대해 중국이 어떤 반응을 보일 것인지 잘 알고 있었기 때문에 고민에 빠졌다. 특히 2015년 6월 한중 FTA 협정에 공식 서명한 이후 중국은 한국이 사드 배치를 하지 않을 것이라고 철석같이 믿었던 것으로 보인다. 결과적으로 한국 정부의 전략적 모호성은 최악의 외교적 결과를 초래했다.[20] 드디어 2016년 7월 한미 양국 국방부는 사드 배치 결정을 선언했다. 한중 관계는 최악의 상황으로 반전되었다. 양국 간 모든 경제협력 채널은 마비되었다. 중국은 한국에 대해 보복 조치를 했다. 한중 FTA 협정은 양국 통상마찰의 방패막이 되지 못했다.

전략적 자산을 비장의 무기로

미중 간 전략적 경쟁이 가속화되는 상황에서 중국과의 공존이 과연 가능할 것인가? 미중 간 전략적 경쟁이 가속화될수록 한국은 미국과 보조를 맞출 일도 있지만, 아울러 한중 관계가 최악으로 치닫지 않도록 관리해나가는 능력을 보여주어야 한다.

한국은 중국이 가장 아쉬워하는 전략적 자산을 보유하고 있다. 중국이 아직 독자 생산이 불가능한 중국 공급망의 아킬레스건을 한국이 갖고 있다. 바로 반도체이다. 물론 한국산 말고 마이크론이 공급하는 미국산도 있다. 중국이 미국산을 쉽게 공급받지 못하는 상황에서 만약 한국산마저 원활히 공급되지 않는다면 중국의 공장은 멈추게 될 것이다. 물론 한국도 중국에 반도체를 공급하지 못하게 되면 기업의 수익이 감소하는 어려운 상황에 직면하게 된다. 중국이 아직 반도체 굴기에 성공하지 못한 상황에서, 자신의 공급망을 안정적으로 관리하려면 한국의 협력이 절대적이라는 점을 잘 알고 있다.

바이든 행정부는 출범 직후인 2월 24일 반도체, 배터리, 희토류, 바이오의약품 등 4개 품목에 대해 100일간 공급망 조사를 지시하는 행정명령에 서명했다. 그 결과가 6월 4일 발표되었다. 상무부가 주관한 반도체 공급망 조사 결과는 한마디로, 반도체야말로 미국 산업의 미래를 결정하는 핵심적 자산이라는 점이었다. 미국이 반도체 설계와 장비 부문에서 여전히 강점을 보이지만, 실제 사용되는 반도체를 제조하는 역량은 부족하고, 한국과 타이완 등 동아시아 국가로부터의 수입에 의존한다는 점을 지적하고 있다. 바이든 행정부는 타이완의 TSMC, 한국의 삼성전자에게 미국에 직접 생산 공장을 설립할 것을 요청했다. 반도체 생산 부문의 최강자인 두 회사는 엄청난 대접과 혜택을 받으면서 최고급 기술에 기반한 파운드리를 건설할 예정이다. 타이완과 한국이 이처럼 대접을 받을 수 있는 것은 단지 미국이 주창하는 가치에 동참하기 때문이 아니다. 바로 미국이 부러워하는 전략적 자산을 보유한 덕분이다. 이 점은 중국도 잘 알고 있기에 한국을 홀대할 수 없는 것이다. 반도체 말고도 한국은 중국이 아쉬워하는 전략적 자산을 많이 보유하는 것이 절대적으로 중요하다. 골리앗 중국을 공략하려면 비장의 무기를 보유해야만 한다. 그래야 중국에 당당할 수 있다. 지렛대 효과를 발휘할 수 있다.

공허한 미래지향적 협력

문재인 정부 출범 이후 한중 관계는 사드 배치의 앙금이 남아 있었기 때문에 서먹서먹했다. 2017년 한중 수교 25주년을 맞이했음에도 불구하고, 사드 배치 이후 양국 간 외교·안보적 갈등과 국민적 불신이 고조된 한 해였다. 무역·투자·관광 등 양국 간 경제교류 역시 크게 경색되었다. 중국이 우리의 입장과 처지를 잘 이해해 줄 것으로 기대하는 것은 헛된 희망일 뿐이었다. 그러던 중 2017년 11월 베트남에서 개최된 APEC 정상회담에서 자리를 같이한 문재인 대통령과 시진핑 주석은 '미래지향적 협력관계'를 도모해야 한다는 수사법으로 공감을 표시하면서 경색 국면을 수습 국면으로 전환할 계기를 찾기로 했다.

2018년 2월 제15차 한중 경제장관회의가 개최되었고, 비로소 경제 분야에서 양국 간 고위급 협의 채널이 다시 가동되기 시작했다. 한중 양국 간에는 다양한 소통 채널이 존재하고 있다. 경제장관회의는 우리나라 경제부처의 수장인 부총리가 참여한다는 점에서 상징성이 크다. 그러나 경제장관회의는 아직도 정례화, 제도화되어 있지 못하다. 암묵적으로 매년 1회 정도 개최하기로 되어 있을 뿐이다. 서울에서 열리기로 한 제16차 한중 경제장관회의는 코로나19 사태로 연기되다가 2020년 10월 16일 마침내 화상회의로 개최되었다. 오랜 기간 지체된 원인은 그만큼 한중 간에 긴밀히 협력할 만한 경제적 의제가 없었기 때문이다. 한중 경제장관회의에 참석하는 중국 측 부처는 국가발전개혁위원회로 재무부, 상무부 등 타 부처의 참여가 없다. 범부처적 성격을 갖지 못하고 있는 것이다. 양국 간 구속력 없는 형식적 양해각서Memorandum of Understanding, MOU 체결에 그치며 구체적 성과로 이어지지 못했다.

제16차 회의의 주요 논의사항을 살펴보면, 코로나19 위기 속에 양국 모두 양호한 경제성과를 보였다는 공감대를 형성했다는 점을 알 수 있다. 또한 한국의 신북방-신남방 정책과 중국의 일대일로 전략 간 연계 협력을 지속하기로 했다. 특히 한중 기업의 제3국 공동진출을 활성화하기 위해 협력 채널을 강화하기로 했다지만 과연 어떤 성과를 도출할 수 있을지는 회의적이다. 한국 기업은 중국의 일대일로 사업에 전혀 참여하고 있지 못하다. 제3국 공동진출은 2년 전에도 논의되었으나 성과가 전혀 없다. 더욱이 이제 한류는 중국에서 천대받고 있다. 한류의 대명사로 전 지구촌에서 환영을 받는 BTS가 중국 네티즌으로부터 공격을 받고 있다. 한국전쟁 70주년을 맞아 한미동맹의 중요성을 강조한 BTS 일원에 대한 중국 네티즌의 감정적 대응에 한국은 침묵으로 일관하고 있을 뿐이다. 2021~2022년을 한중 문화교류의 해로 지정해서 한중 간 문화 및 관광교류를 활성화하기로 했다지만 과연 얼마나 한류가 예전만큼 환영받을 수 있을지 의문이다.

한중 관계의 복원과 관련해서 그나마 희소식이 있다면, 2018년 3월 한중 FTA 서비스·투자 후속 협상이 개시되었다는 점이다. 이는 서비스무역(8장), 금융서비스(9장), 투자(12장)의 협정문 개정과 유보목록의 포지티브 리스트 방식을 네거티브 방식으로 전환하면서 양국 간 서비스·투자 분야의 자유화 수준을 높이는 데 목적이 있다. 앞서 지적했듯이 2015년에 체결된 한중 FTA 협정은 서비스 분야의 개방도가 대단히 미진하다. 중국이 WTO의 서비스교역에 관한일반협정General Agreement on Trade in Services, GATS에 양허한 총 84개 업종 중 제한 사항이 조금이라도 개선된 것을 포함하면 16개에 불과하다. 우리가 관심을 보이는 건설서비스, 관광서비스 분야에 대해서는 후속 협상의 과제로 남겨두었다. 따라서 한국으로서는 후속 협상이 최소한 서비스 분야에서 한중 FTA의 수준을 높일 수 있는 기회로 볼 수 있다.[21] 동 협상은 협상 개시 후 2년 안에 마무리하게 되어 있었다. 그러나 미중 무역갈등이 고조되고 실질적으로 중국은 미국과의 1단계 협상에 매달리면서 한중 FTA 후속 협상 역시 진도가 충분히 나아가지 못했다. 다행히 코로나19 사태에도 불구하고 화상 협상이 진행되었으니 계속 좋은 결과가 나오길 기대한다. 중국이 EU와 체결한 투자협정을 꼼꼼히 참고하면서 한중 FTA의 질적 수준을 충분히 높여야 할 것이다.

충돌과 갈등의 시나리오

강력한 동맹을 통한 봉쇄

바이든 시대에 미중 간 전략적 경쟁이 더욱 노골적으로 전개될 가능성에 주의를 기울일 필요가 있다. 이 시나리오에서 선의의 경쟁은 사라진다. 바이든 행정부가 트럼프의 일방주의와 달리 다자주의와 동맹외교를 선호한다는 것은 중국에 부담이 될 수 있다. 다자주의와 동맹외교는 명분과 이익이 동맹국 간에 공유되어야 한다. 트럼프의 일방주의에 미국과 오랜 기간 동맹관계를 형성해왔던 국가들이 드러내놓고 반기를 들지는 못했어도 못마땅한 점이 많았을 것이다. 그러나 동맹국이 충분히 공유할 수 있는 명분과 이익이 제시될 경우 미국의 반중 노선은 더욱 강한 힘을 발휘할 수 있다. 인권과 민주주의의 가치를 강조하고 노동, 환경, 불공정한 무역관행에 대해 높은 국제규범을 요구한다면, 중국으로서는 트럼프 행정부가 오히려 편안한 상대였다고 생각하게 될 것이다. 한국 정부로서도 트럼프의 일방주의가 편했을 수 있다. 그저 관중으로 지켜보고만 있으면 됐기 때문이다. 그러나 동맹외교를 강조하는 바이든 행정부는 미국의 노선을 지지하고 함께 가자며 강하게 견인하고 있다. 한국 정부가 미국의 이런 요구에 어정쩡한 친중 행보를 보인다면 박근혜 정부 시절의 충돌과 갈등이 재현될 가능성이 크다.

다음과 같은 바이든의 유명한 일화가 바로 한국과의 동맹관계를 보는 시각을 나타낸다. 2013년 12월 바이든은 부통령 신분으로 한국을 방문해 박근혜 대통령을 면담했다. 당시 박근혜 대통령은 친중 행보를 보였다. 바이든은 면담 자리에서 외교적 언사로는 상당히 부적절한 "미국의 반대편에 서는 것은 좋은 베팅이 아니다It's never been a good bet to bet against America"라는 발언을 했다. 그러고 나서 그는 한국에 계속 베팅하겠다고도 말했다. 과연 한국 정부의 친중 행보를 보면서 대통령의 신분으로 돌아온 바이든이 똑같은 말을 할까? 한국에 계속 베팅할까? 중국은 내심 친중 행보를 보이는 한국 정부에 미소를 지을 것이다. 그리고 중국과 함께 지구전을 펼치자고 말할 것이다. 그러나 이는 새로운 갈등의 시작이 될 뿐이다. 미중 갈등이 바로 한미 갈등으로 증폭되면서 더욱 걷잡을 수 없는 소용돌이에 빠질 것이다. 박근혜 정부 시절의 친중 행보는 지금과 같은 미중 갈등이 없는 상황에서 벌어졌다. 그러나 지금은 미중 갈등이 곳곳에서 표면화되고 있다. 한국 정부도 한미동맹의 중요성을 거듭 말하고 있지만, 미국은 과연 얼마나 진정성이 있는지 파악하려고 할 것이다. 다행히도 2021년 5월 21일 워싱턴 D.C.에서 성공적으로 개최된 한미 정상회담은 미국 정부와 미국의 조야에 퍼져 있던 한미동맹 관계에 대한 일말의 불안감을 대부분 해소하는 데 크게 기여했다. 앞으로 미중 충돌이 더욱 거세지면 한미동맹은 새로운 스트레스 테스트에 직면하게 될 것이다.

중국의 생존조건: 한국·일본 껴안기

중국은 미중 간 전략적 경쟁이 장기화될 것에 대비해서 이미 지구전에 돌입했다. '14.5 규획'에서 목표 연도로 설정한 해는 2035년이다. 향후 15년 동안 일관되게 중국은 미국과 일정한 거리를 두면서 완전한 탈동조화는 아니더라도 산업구조의 고도화와 첨단기술의 자립화를 통해 '사회주의 현대화'를 완성하기 위해 매진할 것이다. 미국의 방역 실패는 트럼프를 권좌에서 물러나게 했다. 하지만 시진핑은 방역 성과를 선전하면서 내수內需 중심의 쌍순환 전략을 통해 지속성장의 기반을 다질 것이다. 여기서 쌍순환 전략의 핵심은 내수시장의 확대가 아니다. 우리는 중국의 내수시장이 폭발적으로 확대되고 개방될 것이라는 착각과 환상을 버려야 한다. 쌍순환 전략은 미국 없이 버티기 전략이다. 대외적으로는 개방을 천명하고 있지만, 미국의 압박과 통제로 고급 첨단기술을 확보하기 어려운 상황에서 자력갱생해서라도 기술자립을 완성하겠다는 것이다. 그런데 중국 정부는 안정적 공급망의 확보가 아직은 혼자 힘으로 가능하지 않다는 것을 너무나도 잘 알고 있다. 따라서 한편으로

EU와의 투자협정으로 유럽 기업들을 껴안고, 동아시아에서 일본과 한국을 자신의 공급망에 엮어보려는 것이 속셈이다. 바이든의 동맹외교를 방해하려면 바로 일본과 한국을 자기편으로 만들어야 하기 때문이다.

일본도 아베 신조安倍晉三 총리 정부 이후 극우세력이 득세하는 가운데 대외팽창정책을 쓰며 분전했으나 지도력의 부재 속에 갈팡질팡했다. 그 후 스가 요시히데菅義偉 총리가 자리를 이었으나 존재감 없이 표류하고 있다. 일본도 백신을 제대로 확보하지 못해 관중도 없는 최악의 도쿄 올림픽을 개최해야 하는 상황에서 스가 총리에게 힘을 실어준 사람은 바로 바이든 대통령이다. 2021년 4월 미일 정상회담에서 일본은 외교적으로 초조한 기색을 보였지만, 확실히 미국 편에 서겠다는 뜻을 천명했다. 미국이 원하는 쿼드Quad 동맹의 가장 중요한 축이 일본이다. 일본은 중국이 훼방 놓고자 하는 미국의 동맹외교에서 약한 고리가 아님을 분명히 했다. 심지어 중국의 심사를 거스르는 타이완 문제를 미일 정상회담에서 언급했다는 점은 시사하는 바가 크다. 따라서 중국이 주창하는 한중일 FTA는 이제 완전히 물 건너갔다고 보면 된다. 일본이 요지부동으로 참여하지 않을 것이기 때문이다. 일본은 중국의 일대일로를 견제하기 위해 미국과의 인프라 협력에 참여하기로 했다. 아베 수상이 2018년 10월 베이징을 방문하면서 민간 차원이긴 하지만 중국의 일대일로 전략에 합류하여 일본의 개발금융기관이 공동으로 제3국 진출에 참여하겠다고 밝힌 것과는 완전히 다른 행보라고 보아야 할 것이다. 앞으로 인태 전략이 경제 분야에서 본격적으로 확대되고, 그 핵심축의 하나로 인프라 협력이 가시화될 전망이다. 2021년 6월 11~13일에 영국 콘월에서 개최된 G7 정상회담에서 바이든 대통령은 '더 나은 세계 재건B3W-Build Back Better World' 계획을 밝히면서 저개발국 인프라 투자에 선진국의 참여를 요구했다. 단지 인태 전략 차원에서 중국의 일대일로를 저지하는 것이 아니라, G7+ 차원에서 포용적 성장의 주도권을 잡겠다는 포부를 밝힌 것이다.

미중 간 커지는 선택 비용과 헤징

미중 갈등은 바야흐로 인권과 민주주의라는 가치를 두고 양 진영으로 갈리게 될 것이다. 경제동맹보다 더 파괴력 있는 가치체계의 분열이다. 미국의 시각으로 보면 중국은 반인권, 비민주주의 국가이다. 미국과 전통적으로 가치체계를 공유하는 유럽 국가들은 대부분 미국 편에 설 것이다. 지난 6월에 개최된 확대 G7 정상회담과 NATO 회의에서 유럽은 미국과 하나임을 보여주었다. 아시아에서 민주주의를 꽃피운 일본과 한국의 입지가 가장 모호할 수 있다. 단언컨대 일본은 인권과 민주주의라는 가치에 분명히 동참할 것이다. 바이든 행정부는 트럼프처럼 엄청난 방위비 부담을 요구하지도 않을 것이다. 또한 2019년 미일 무역협정의 체결로 미국은 상당한 실속을 챙겼다. 2020년부터 일본은 미국산 농산물과 공산품에 대한 관세를 TPP 수준으로 낮추고, 양국은 400억 달러 규모의 디지털 제품의 관세를 철폐했다. 바이든 행정부는 통상 문제로 일본을 압박하기보다는 오히려 동맹 강화에 주력할 것이다. 한미일 협조체제가 강화되면서 일본은 미국의 입장을 적극 지지할 것이다. 그리고 미국은 바이든 행정부 이후 처음으로 맞는 한미 정상회담을 통해 한미동맹 강화와 함께 견해 차이를 상당히 해소하려고 노력했고 어느 정도 성공했다는 평가이다. 그러나 미중 충돌이라는 상황 전개는 한국을 두 나라 사이에서 양다리 걸치도록 방관하지 않을 것이다.

일본과 달리 한국 정부는 여전히 중국의 눈치를 보고 있다. 단지 경제적 이유 때문만은 아니다. 중국의 사회주의 체제를 지지하고 있기 때문도 아니다. 중국의 국가자본주의가 매력적이기 때문은 더욱 아니다. 시진핑 주석이 주창하는 인류운명공동체人類運命共同體에 대한 감동과 열광 때문은 더더욱 아니다. 한국 외교가 한반도 평화외교에 집착할수록 한국은 중국에 경사된 외교의 함정에 빠지고 중국이 북한 문제를 해결해줄 수 있다는 중국의 압박과 보복에 대한 잘못된 환상과 공포심Phobia이 한국 외교를 기울어진 운동장에서 헤매게 만든다.

국민 여론이 미국과의 동맹을 지지하고 있음에도 불구하고 문재인 정부의 친중 행보는 계속되어왔으나 2021년 5월 21일 한미 정상회담을 계기로 문재인 정부의 대외정책은 한미동맹 강화 쪽으로 크게 클릭click 조정이 이루어졌다. 미중 간 첨예한 전략경쟁 속에서 드러내놓고 반미를 주창하지는 않더라도 친중 행보를 보인다는 것 자체가 반미로 인식될 것이다. 그런 상황에서 한국의 입지는 점점 더 좁아질 것이다. 만약 친중 행보를 보이다가 갑자기 친미-반중 행보로 전환한다면 아마도 문재인 정부는 박근혜 정부 이상으로 중국의 보복에 시달릴 것이다. 중국은 바이든 정부의 동맹외교 라인 중 한국을 가장 약한 고리로 보고 집중 공략할 것이다. 그리고 조금이라도 시진핑 권위에 도전하는 서방의 행동에 우리 정부가 동참하는 모습을 보이면 사드 보복 이상의 조치를 취할 가능성이 있다. 중국 정부와 인민은 한목소리로 한국을 비난할 것이다. 바로 이러한 전체주의적 행태 때문에 중국이 두려운 것이다.

인도·태평양 전략 동참에 따른 이익과 비용

앞으로 바이든 시대에 미중 간 전략적 경쟁이 치열하게 전개될 영역과 다른 한편으로 협력의 공간이 제시될 영역을 파악하는 것이 중요하다. 우선 군사·안보 차원에서는 미중 간에 팽팽한 긴장 관계가 지속될 것이다. 항행의 자유를 주창하는 미국과 해양영유권을 주창하는 중국은 당분간 타협점을 찾기가 어려울 것이다. 한국 정부는 원칙적으로 항행의 자유를 지지하면서도 중국의 남중국해 영유권 주장에 대해서는 입을 다물고 있다. 이른바 중국의 핵심이익과 관련된 너무나도 민감한 이슈이기 때문이다. 굳이 중국을 자극할 발언은 할 필요가 없다. 항행의 자유를 지지한다는 원칙을 밝히는 것으로 충분하다.

바이든 행정부는 중국을 견제하는 다양한 조합을 모색 중이다. 쿼드와 쿼드 플러스, G7을 통한 연대, 인권과 민주주의를 지향하는 선진국 리그(민주주의 10국) 등이다. 특히 안보 문제에 있어서 미국과 동맹 관계를 맺고 있는 한국과 일본이 서로 반목하는 현상에 대해 미국은 대단히 안타깝게 생각한다. 박근혜 정부 당시 부통령이었던 바이든은 동아시아에서 자유민주주의와 시장경제를 지향한다는 한국과 일본이 과거사 문제로 끝없이 타협하지 않고 적대감을 드러내는 것을 생생하게 목격했다. 특히 문재인 정부는 한미동맹을 한미일 안보동맹으로 발전시키지 않는다는 3불 입장을 공식화했다. 사드 배치로 홍역을 치렀던 경험에 비추어볼 때 문재인 정부는 바이든 정부가 한미일 안보협력을 요구하더라도 수용하지 않을 가능성이 클 것으로 보인다. 중국은 한미일로 엮이는 동맹에 대해 반대하면서 가장 약한 고리로 보고 있는 한국이 한미일 동맹에 참여하는 것을 중국 봉쇄로 인식하고 있다.

한국 정부는 2020년 10월 제5차 한미 고위급 경제대화에서 인태 전략과 신남방정책을 연계하기로 합의했다. 이는 한국 정부가 인태 전략 중 경제적 협력 분야에만 참여하겠다는 의사를 표명한 것이다. 물론 미국의 인태 전략은 기본적으로 군사전략과 맞물려 있다. 2019년 6월 발표된 〈인도·태평양 전략 보고서〉의 발간 주체는 미국 국방부이다. 다만 인태 전략이 군사전략에만 머물지 않고, 중국의 일대일로 전략에 대응하여 '수준 높은 인프라 건설'을 표방한다는 점에서 경제전략으로 확대되고 있다. 특히 2019년 11월 미국, 일본, 오스트레일리아 3국의 개발금융 담당기구와 부처가 공동으로 개발협력을 위한 프로젝트인 BDN Blue Dot Network을 출범시켰다.[22] 2021년 4월 미일 정상회담에서도 강조되었던 내용이다. 정부, 민간 부문, 시민사회가 함께 참여하는 대안적 공급사슬과 고품질 인프라 건설 프로젝트를 지향한다는 점에서 한국 정부도 참여를 고려하는 것으로 보인다. 또한 쿼드 플러스 역시 코로나19에 대한 방역협력과 같은 비군사적 협력에 참여하는 것을 고려하고 있다. 미국의 입장에서는 북한과 대치하는 상황에서 한국이 일본, 오스트레일리아, 인도에 비해 너무나도 소극적인 태도를 보인다고 생각할 것이다. 그러나 미국은 한국이 처한 지정학·지경학적 위치의 특수성을 이해해야 한다. 바이든 행정부는 결국 인태 전략의 핵심국가로 쿼드 플러스를 추진하면서 한국 대신 영국을 선택할 것으로 보인다. 영국은 중국 봉쇄를 위한 '민주주의 10국D-10' 모임을 제안하면서 미국과 함께 가치동맹을 주도하고 있다. G7에 인도, 오스트레일리아, 한국을 초청하는 민주주의 동맹이다. 6월에 개최된 확대 G7 정상회담은 남아프리카공화국까지 초대되어 민주주의를 위한 정상회담 면모를 보여주었다. 한국은 군사동맹을 제외한 쿼드 플러스와 D-10에 적극적으로 참여하는 모습을 보여야 한다.

북한 문제의 해법을 놓고 미국은 중국과 갈등을 보일 수 있다. 아니면 오바마 시대의 전략적 인내와 무시가 재현될 가능성도 있다. 당분간 바이든의 외교적 행보는 신중한 모습을 보일 것이다. 그러나 바이든은 오랜 정치 생활을 경험한 노련한 정치인이다. 상원의원으로 외교 분야에서 많은 경험을 쌓았고, 오바마 행정부에서 부통령으로 8년의 기간을 보내면서 시진핑과 친분도 쌓았다. 따라서 미국과

가치동맹의 틀을 확고히 유지하면서 한미동맹의 공고화와 함께 한중 전략적 협력동반자 관계를 존중하는 모습을 보여야 한다. 미국과 가치의 거리를 좁히되, 중국과는 이익의 거리를 유지해야 한다. 이러한 입장을 한마디로 요약하면 원칙을 세우고 지키되 사안별로 유연한 대응자세를 유지하는 것이 한국의 국익에 맞는다는 것이다.

예속과 복속의 시나리오

중국의 배로 옮겨타라는 중국의 요구

아마도 한국의 불가항력적 선택이 예속의 시나리오로 간다고 해도 한국이 중국에 완전히 복속되는 상황은 없을 것이다. 동아시아에 근대화의 바람이 불기 이전까지 한국은 왕조를 바꿔가면서 중화질서 속에서 중화제국과 조공 관계를 맺어왔다. 이는 국가 간 대등한 관계는 아니었지만, 그렇다고 제국주의 국가에 의한 착취적 식민지 구조도 아니었다. 21세기 중화주의의 부활이 주변국 외교를 통해 발현되는 과정에서 중국 역시 과거와 같은 중화질서의 복귀를 희망하지는 않을 것이다. 아니 그렇게 될 수도 없다. 적어도 중국이 내세우는 '인류운명공동체' 속에 한국은 주변국으로서 중국과 대립하지 않고 협력하는 방식이 될 것이다. 그러나 예속과 복속의 시나리오에서 중국은 경제적 영역을 넘어 한미동맹 관계의 재설정을 요구할 가능성이 있다. 미국의 배에서 중국의 배로 갈아타자는 것이 중국의 요구가 될 것이다.

중국이 '인류운명공동체'를 강조하는 이유는, 중국의 부상이 위협과 도전이 아니라는 점을 국제사회에 설득하기 위한 것이다. 더 나아가 전 지구적 차원에서 중국을 지지하는 우방 국가를 더 많이 확보하기 위한 것이다. 단지 추상적 담론과 수사에 그치는 것이 아니다. 문재인 정부는 한국이 중국의 '인류운명공동체'에 참여한다는 오해를 사기에 충분한 발언을 했다. 바로 중국과 운명을 같이하겠다는 맹세로 여겨지는 대목이다. 중국과 한배를 타겠다는 것이고, 미국과 거리를 두겠다는 반대해석이 가능하다. 바로 이 점에서 중국에의 예속과 복속의 의미로 여겨지는 외교적 수사는 극히 자제해야 한다.

2008년 글로벌 금융위기를 비교적 순탄하게 극복한 중국은 베이징 올림픽에 이어 상하이 엑스포를 개최하여 국제무대에 화려하게 등장했다. 나아가 2022년 베이징 동계올림픽을 준비하고 있다. 이러한 가운데 미국이 베이징 동계올림픽에 코로나19 확산 등으로 인한 선수의 안전문제와 중국의 인권문제 등을 거론하며 보이콧을 한다면 한국은 어떤 선택을 해야 할까? 과연 미국과 동맹관계를 단절하고 중국과 운명을 같이하겠다는 시나리오가 가능할 것인가? 그러나 한국에 그렇게 생각하는 사람들이 있다는 것을 부인할 수 없다. 집권세력에 따라서는 대다수 국민의 뜻과 달리 반미-친중 노선을 노골적으로 드러낼 가능성도 있다. 미국에 동조하지 않고 스포츠정신을 존중하면서 중국의 입장을 지지한다면 미국과의 관계가 소원해질 것은 분명하다. 이러한 선택은 동맹관계를 중시하는 미국의 대외전략 앞에서는 비용을 수반할 수밖에 없다. 이렇게 미국과 중국 어느 나라에 전적으로 기우는 것은 충돌비용을 극대화할 것이기 때문에, 불가피하게 그런 선택을 하더라도 충돌비용을 최소화할 대응전략이 필요하다. 예속과 복속은 최악의 시나리오이다. 비용 최소화를 위해 우리의 정체성과 국익을 중심으로 냉철하게 판단해야 한다. 그러나 어떤 상황에서도 우리의 국가 정체성은 확고히 견지해나가야 한다.

미중 간 선택의 비용을 줄이기 위한 선제적 전략 확보

중견국인 한국이 미중 사이에서 선택에 대해 지나친 강박감을 지닐 필요는 없다. 하지만 예속과 복속의 시나리오에 말려 들어가지 않으려면 역사적 경험에서 교훈을 찾아야 한다. 선제적·전략적 고려와 대응책도 염두에 두고 있어야 할 것이다. 그리고 현재까지 진행된 미중 갈등 사안에 한국이 휘말린 사례들도 복기해 그것에서 교훈을 찾아야 한다. 한국은 정책 실패에 대한 복기를 잘 하지 않는다. 그러나 지금같이 선택의 비용이 큰 세력 전이기에는 반드시 실패에서 교훈을 찾아야 한다. 사드나 화웨이가 그 대표적 예이다. 미국은 화웨이를 '수출제한 블랙리스트'에 올린 이후, 한국 정부에도 화웨이 제재에 동참해달라고 요청했다. 반대로 중국은 화웨이 설비수입을 한국이 중단하면 한국 기업의 손실은 수십억 달러에 이를 것이라고 엄포를 놓았다.

과거 사드 문제 때와 마찬가지로 한국은 미중 사이에서 선택을 강요받는 형국이었다. 사드 배치 문제로 중국과 갈등을 빚었을 때 한국은 1년 넘게 결정을 못 하며 혼란 속에 우유부단한 자세를 보였다. 한국은 그로 인해 큰 대가를 지불했다. 이런 태도는 동맹인 미국으로 하여금 고개를 갸우뚱하게 했을 뿐 아니라, 중국 측의 한국 인식도 더 악화시켰다는 점에 주목해야 한다. 중국은 한국이 미중 사이에서 '기회주의적으로' 행동하고 있다고 느꼈을 것이다.

국제관계의 현실정치에서 기회주의적으로 행동하는 것도 종종 유익하다. 한국은 미중 갈등 사이에서 종종 취한 '기회주의적 균형opportunistic balancing' 전략에 대한 리뷰를 할 필요가 있다. 그리고 예를 들어 중국이 이를 어떻게 생각하고 있는지도 알아야 한다. 왜냐하면 외교는 상대가 있는 행위이기 때문이다. 미중 경쟁이 심화되는 가운데 중국은 주변국을 3개 카테고리로 나누었다. 첫 번째 그룹은 일본과 같은 미국의 확연한 우방국들이다. 중국은 이런 나라들을 '비즈니스적인' 태도로 냉담하게 대한다. 최소한의 접촉을 유지하면서 자신의 이익에 부합할 때는 관계개선도 마다하지 않는다. 일본을 '투명인간' 취급했던 중국이 7년 만에 일본과 정상회담을 연 이유이다. 두 번째 그룹은 미중 경쟁 와중에 중국 편향을 보이는 필리핀과 같은 '친중 국가'이다. 중국은 그들에게 경제적 이익을 제공하여 중국 편으로 묶어두려 한다. 세 번째 그룹은 한국같이 미중 사이에서 '줄타기 외교'를 하는 국가들이다. 중국은 경제적 이익으로 그들을 유인하기는커녕 오히려 혼쭐을 낸다. 사드 보복은 그 첫 '시범 케이스'였다. 중국의 의지에 반하는 행동을 할 때 어떻게 되는지를 한국을 본보기 삼아 주변 국가들에게 보여준 것이다. 한국에 대해 보복하지 않으면 역내 다른 나라들도 향후 유사한 사건이 발생할 때 중국의 경고를 무시할 수 있기 때문이다. "원숭이를 겁주기 위해 닭을 죽인다殺雞儆猴"는 고전적인 전술이다. 사드 사태 당시 한국 정부는 중국의 이러한 전략적 속내를 읽지 못한 듯하다.

문재인 정부는 사드 사태를 전임 정부로부터 물려받으며 출범했다. 그 후 다시 화웨이 사건을 놓고 한국은 미중 사이에서 어떤 선택을 할 것인지 입장 정리를 해야 할 도전에 직면했다. 미국과 중국 모두 이 민감한 사안에 대해 한국이 자기편을 들어줄 것을 요구했다. 한국 정부는 미중 어느 편도 들지 않고 '가능한 한 낮은 키low-key 모드로' 대처했다. 그러면서 이 문제는 "기업이 자율적으로 결정할 일"이라고 거리를 두었다.[23] 문제는 이러한 전략이 효과를 볼 수 있느냐 하는 것이다. 이 발표를 청와대 인사가 했다. 미국과 중국은 이를 결국 한국 정부의 결정으로 이해했다. 미국은 한국이 "동맹국처럼 행동하지 않는다"고 불쾌해했다.[24] 주목할 것은 중국의 태도이다. 중국은 미국의 동맹인 한국이 미중 다툼에서 '중립'을 취한 것이 사실상 중국 편향임을 인정하면서도[25] 이에 반색하기는커녕 오히려 당연지사로 여겼다. 미국 주도의 쿼드에 한국이 가입하는 문제에 대해서도 강경화 외교부 장관이 "다른 국가의 이익을 자동으로 배제하는 협력체는 그 어떤 것도 좋은 아이디어가 아니라고 생각한다"고 사실상 완곡한 거부 표시를 하며[26] 중국 편을 들어주는 모습을 보인 후에도 마찬가지였다. 이를 감사하게 여기기는커녕 한국이 당연히 중국 편을 들어야 한다는 태도를 보였다. 문제는 한국이 중국 편향을 할수록 중국이 이를 당연시하는 태도이다. 중국은 상대방이 굴종적으로 나올 경우 더욱 압박하는 경향이 있다. 그런 중국은 한국이 미국 편을 드는 것은 엄벌 대상이라고 본다. 한국의 주권적 문제임에도 말이다. 화웨이 사태 때에도 한국이 미국 편을 들 경우에 '후과後果'가 있을 것이라고 경고했다.

미중 관계 논의에서 한국의 선의가 중국에 어떻게 받아들여지는가에 대한 연구는 부족한 형편이다. 이는 최근 전반적인 중국의 대한국 관계의 '하향 조정'과도 맥락이 연결된다. 최근 시진핑 주석의 방한이 불발된 것이 비록 코로나19 때문이라 하지만 2017년 12월 문재인 대통령이 그에게 한국을 방문해달라는 뜻을 처음 천명한 후, 현재까지 4년간이나 미루어진 것의 함의도 되짚어볼 여지가 있다. 사실 방문할 기회는 많았다. 정말 코로나19 때문이라면 중국이 요즘 다른 국가들과 여는 화상 회의라도 할 수 있었을 것이다. 이처럼 한국은 미중 사이에서 포지셔닝의 문제뿐만 아니라 한미 관계, 한중 관계 역학에 있어서 자신의 전략적 가치에 '조정'을 받고 있는지도 잘 살펴야 한다. 관계는 상대적이기 때문이다. 분명히 한국은 미국과 중국 양쪽에서 러브콜을 받고 있는 상황이 아니다.

장기전에 대비한 상황별·단계별 매뉴얼 구축 필요

미중 갈등은 단순히 무역분쟁이 아니라, 근본적 이념과 가치관 대립으로 확대되는 등 장기전이 될 전망이다. 이에 대비한 상황별·단계별 대응 매뉴얼 구축의 필요성을 2000년 마늘 파동 사태를 통해 살펴보자. 당시 한국 정부는 농가보호 차원에서 중국산 냉동 및 초산 마늘의 관세율을 10배 이상 올렸다. 그러자 중국은 즉각 휴대전화와 폴리에틸렌 수입 전면 금지로 맞불을 놓았다. 한국 정부는 중국과 이해관계가 충돌할 때마다 거대 중국 시장을 이유로, 중국의 북한에 대한 영향력 등을 고려하여 양보하고 '쉬쉬'하는 데 급급했다. 한중 관계에서 외교·안보와 경제의 극단적 불균형이 일어난 책임은 중국의 패권적 일방주의에도 있었지만, 우리가 중국의 신기루만 보고 중국을 이해하고 판단하는 경향에서도 찾을 수 있다. 예를 들면 ① 한반도 통일에서 중국의 역할이 결정적일 것이다. ② 북한의 비핵화에서 중국의 역할은 매우 중요하다. ③ 중국 시장은 지속 가능한 발전을 위해 절대 상실해선 안 될 존재이다. 이러한 프레임은 중국 역할론에 대한 우리만의 환상이 되었고, '신화myth'처럼 여전히 작동하고 있다.

한국 정부는 이러한 신화로부터 벗어나기 위해 ① 중국과의 경제문제가 터지면 강경하게 정경분리를 주장하고 나서야 한다. ② WTO협정, FTA 분쟁조정 장치 등을 적극 활용해야 한다. 우리의 잘못이 있다면 정정당당하게 부담하고 그렇지 않을 경우는 정부가 나서 국제기구에 제소해야 한다. ③ 북한 비핵화 문제는 원칙적 체계를 갖춰 경제문제 해결에 방해가 되지 않도록 함으로써 경제 이슈가 '공포의 협상'을 통해 해결되지 않도록 해야 한다.

한중 사드 합의 과정에서 밝힌 3불 입장은 한미동맹 관계를 약화하는 등 많은 것을 잃게 했다. 경제문제는 민간기업이 경제 내에서 일차로 해결하도록 정부는 외곽에서 도와주고 인내하며 기다려야 한다. 아울러 중국과 정당 간, 정부 간 상시 대화 채널을 구축하여 양국 간 불미스러운 일이 발생할 때 정부 차원에서 먼저 사전 조정 수단으로 활용할 수 있어야 한다. 나아가 민간기업의 피해를 최소화해주는 동시에 한중 양국 간 민간기업 등 이익집단 간 네트워크가 촉진되도록 지원하는 메커니즘으로 작동되어야 한다.

2. 중국 경제와의 공존적 장기 발전체제

이제까지 한국은 때로 굴욕적이고 낮은 자세의 외교로 중국과의 충돌을 피하고 공존의 길을 찾아보려고 애써왔다. 그러나 한중 간 경제적·군사적 힘의 비대칭성이 심화되면서 점점 중국의 영향력과 함정에 빠져드는 형국이다. 여기에 미중 간 충돌 격화가 장기화되고 시진핑 시대에 들어서면서 경성화된 중국 특색 사회주의 통치체제가 다시 강화되고 있다. 점차 외교뿐만 아니라 경제 면에서도 중국과의 충돌과 예속의 가능성이 커지고 있다.

그런데 강대국과는 충돌과 예속을 피하면서 공존의 길을 찾아가는 것이 현명하다. 이를 위해 이제 보다 현실적인 접근방법으로 중국과의 충돌방지 장치를 만들어나가야 한다. 그리고 이를 통해 우리의 주권과 생존권을 지켜나가야 한다. 이는 중국과 한국이 서로 넘지 말아야 할 정치·외교·안보적 레드라인(마지노선)을 설정하고, 이를 지켜나감으로써 달성할 수 있는 목표이다. 중국이 한국에 지켜야 할 레드라인은 우리의 주권과 생존권을 침해하지 못하도록 설정한 마지노선이다. 한국이 중국에 지켜주어야 할 레드라인은 주로 중국의 핵심이익과 관련되는 사안이다. 그러나 중국의 핵심이라는 개념이 굉장히 모호하고 확장적이기 때문에 그 모든 것을 다 레드라인으로 지켜주기는 힘들다. 따라서 우리가 넘지 말아야 할 대중국 마지노선은 중국의 핵심이익 중 우리의 국익과 직접 배치되지 않는 범위 내에서 설정되어야 할 것이다.

한중 간 공존을 위한 조건

한중 간 경제적 충돌을 피하기 위해서는, 양국 간 핵심 국가이익의 침범을 경계하고 소통을 강화해야 한다. 그리고 마지노선과 같은 충돌방지 장치를 사전에 설정하여 지켜나가야 한다. 그러나 중국의 부상과 이에 따른 힘의 비대칭성은 더욱 심화될 것이다. 중국과의 가치체계 및 체제의 상이함은 양국 간 반복된 충돌을 야기할 것이다. 이러한 흐름은 한국에 경제적 측면에서도 예속의 길을 강요하고, 상호 공존의 길과 생존 방정식 모색을 어렵게 만들 것이다.

지난 30여 년간 양국은 서로 필요성을 충족하면서 보완적 생존관계를 형성해왔다. 한국과 중국은 동양 문화와 역사적 동질성을 공유하고 있다. 여기에 양국 모두 가난한 나라에서 신흥국으로 거듭나면서 제조업 및 수출 중심 국가로 성장해왔다. 그 과정에서 양국의 산업구조는 서로의 필요성에 의해 보완적 생존관계를 유지하고 발전시켜왔다. 그러나 최근 20여 년간 중국의 경제적 추격이 세계공급망 내부관계에서 성공을 거두면서 양국 간 경쟁이 치열해졌다. 특히 2000년대 들어 중국은 세계경제에 편입되어 고도성장을 이루며 욱일승천해온 반면 한국은 성장잠재력이 약화되어 GVC 내부구조에서 치열한 경쟁구도가 형성되고 있는 것이 이미 확연히 나타나고 있다.

앞으로 양국의 경제적 기술 및 생산성 격차가 역전될 경우 그간 어렵게 형성되어온 한중 경제의 보완적 생존관계가 빠르게 약화할 것이다. 하지만 한국은 미중 간 기술 패권경쟁이 격화되는 상황에서 기술동맹을 통해 제조업의 생산성과 경쟁력을 제고할 기회를 맞이하면서, 다시 한번 중국의 추격을 이겨낼 전기를 마련하고 있다. 결국 한중 간 공존관계의 복원은 한국이 지난 20여 년간 유지해온 중국과의 기술격차를 반도체 분야 등에서 어떻게 벌리고 유지하느냐에 달려 있다.

양국 간 서로가 보완적 생존관계를 복원하고 공존하기 위해서는 다음 세 가지 요건을 충족해나가야 한다. ① 양국은 서로 레드라인을 지키면서 충돌을 피하는 것이 바람직하다. ② 우리는 자유민주적 가치를 지키면서 경제적 주권과 생존권을 보존하기 위해 자강의 길을 걸어야 한다. 자강력은 쉽게 길러지는 것이 아니다. 우리 나름대로 결사 항전하듯 각 분야에 걸쳐 혁신하는 노력이 필요하고 새로운 길을 선택해야 한다. ③ 심화되는 힘의 비대칭성을 군사력·외교력 강화 및 동맹의 힘을 통해 최대한 메워나가야 한다. 경제력 면에서도 기술력과 생산성에서 중국과 일정 격차를 유지하여 중국에 필요한 국가로 거듭나야 한다.

한중 간 공존을 위한 전략선택 매트릭스

금세기 들어 미중 간 전략적 경쟁이 본격화되면서 가장 부각되는 담론 중 하나가 바로 체제경쟁이다.[27] 미국과 중국의 서로 다른 체제가 경쟁, 대립, 충돌로 이어지고 있는 것이다. 트럼프가 무대에서 사라졌지만 뒤이어 등장한 바이든 행정부는 '미국 우선주의' 대신에 이념과 가치를 공유하는 동맹과 공동의 전선을 구축하고 체제경쟁을 지속하고 있다. 미중 체제경쟁은 결코 가볍게 보아서는 안 되는 문제이다. 대한민국의 운명이 걸려 있기 때문이다. 앞으로 바이든 행정부는 동맹관계 부활을 통해 중국 압박을 더욱 강화하는 한편, 중국은 시진핑식 중국 특색 사회주의 노선을 통해 한국에 복속주의적 관계를 복원하려 할 것이다. 이러한 전환기적 상황에서 한국은 자강의 길로 내몰리고 정치, 외교, 산업, 기술 등 전방위적 전환 압력에 직면하고 있다.

미중 간 패권경쟁에서 한중 간 충돌 · 예속 · 공존의 시나리오

대상국	한국의 선택과 경사 비용		
	미국 편향적	중국 편향적	국익 차원 전략적 선택
중국	충돌	예속(공존)	선택의 이익과 비용이 혼재
미국	안전보장, 공존이익	충돌 동맹이익 상실	

그렇다면 공존, 충돌, 예속의 시나리오로 진입할 가능성은 무엇으로 판단해야 하는가? 그 기준은 다음과 같은 세 가지 측면에서 접근해야 한다. ① 정치·외교에서 한국은 친중으로 기우는 경우 거대 중국에 예속될 가능성이 커지는 동시에 한미동맹 관계도 불안정해져 충돌의 길로 들어설 수 있다. ② 기술력 측면에서도 한국의 과학기술 능력이 중국에 비해 열세가 되면 예속될 가능성이 커질 것이다. 또한 미국이 주도하는 기술동맹에 가입하여 중국의 과학기술 중국몽과 대치하면 한중 간 충돌이 불가피해질 것이다. ③ 체제와 가치 면에서 한국이 중국의 인권문제와 사회주의 체제에 대한 미국의 비판적 견해에 동조하지 않으면 미국과 충돌하고, 침묵하거나 동조하면 중국에 접근 예속될 가능성이 커진다.

이러한 면에서 한국이 미중의 패권경쟁 속에서 중국과의 충돌과 예속의 길을 피하고 공존의 길을 모색하는 일은 고난도 게임이 될 것이다. 미중 사이 극단의 선택지는 충돌과 예속의 길을 재촉할 것이다. 한중 관계는 복잡 미묘한 미궁에 빠질 가능성이 커진다. 한국 경제는 자강의 길을 가더라도 중국과의 공존의 길을 계속 모색해야 한다. 중국은 여러 가지 함정과 포위망 속에서도 세계경제의 강자로 계속 부상할 가능성이 크기 때문이다. 자강의 길은 정치적 의사결정 프로세스 등 한국의 내부기반을 혁신하는 데서 출발해야 한다. 나아가 체제나 가치의 문제에 있어서는 우리의 입장을 분명히 할 필요가 있다. 그러나 우리가 전략적 선택을 강요받고 있다는 점에서 한중 간에는 어느 정도의 충돌이 불가피할 것으로 예상된다.

이러한 점에서 어느 한쪽의 극단적 선택을 피하고 충돌 비용을 최소화하면서 우리의 주권과 생존권 및 정체성과 국익을 지키는 외교·안보전략을 세워야 한다. 아울러 과학기술 면에서도 대중국 우위 분야를 최대한 확보해나가면서 양국 간 보완적 산업기술 관계를 구축 및 유지해나가야 한다.

미중 사이 편향적 선택의 경우 분야별 영향

	한국의 입장		
	정치 · 외교 · 안보 (한미동맹)	경제 (기술동맹)	체제 (가치동맹)
중국 편향적	• 미국과 충돌 • 동맹 연대이익 상실 • 외교적 소외	· 미국의 신기술협력 배제 · 중국 경제에 예속	· 자유민주체제 정통성과 자주권 위축
미국 편향적	• 중국과 긴장, 충돌	· 중국으로부터 경제보복 가능성 · 기술동맹의 이익	· 체제 정통성 유지

시진핑 주석이 주도하는 과학기술 중국몽 드라이브와 미중 충돌에 대비한 쌍순환 전략은 GVC 내부관계에서 한국의 위치를 크게 위축시킬 수 있다. 이를 방지하거나 피해를 최소화하려면 중국의 생존에 한국이 꼭 필요한 나라가 되어야 한다. 포스트코로나19 시대, 미중 신냉전 시대가 요구하는 국가, 사회의 체제정비와 함께 외교·안보전략 메커니즘을 다층적으로 보강하고 발전시켜야 한다. 아울러 미중 간 기술 신냉전 과정을 새로운 기술혁신의 기회로 삼아 적극 활용하면서 경제 생태계의 역동성 및 순환성을 회복시키고 산업기술혁신 생태계를 복원하는 것이 절실히 요구된다.

克中之計

2부

미국은 중국 경제 굴기를 막을 수 있을까

1장

다자주의 체제의 재편: 미국의 중국 중심 무역질서 해체 압박

1. WTO 체제 약화와 다자간 블록의 강화[28]

돌파구가 보이지 않는 다자무역 체제

2021년 2월 기준 세계무역기구WTO로 대표되는 다자주의 국제교역 체제는 여전히 최악의 상황에서 빠져나오지 못하고 있다. 안타깝지만 현재로서는 새로운 돌파구도 보이지 않는 상황이다. 아직은 성급한 논의이지만 이러한 현실을 인정하고 새로운 국제기구를 모색해야 하는 것은 아닌가 하는 목소리도 일부에서 조심스레 흘러나오고 있다.

혹시 조만간 대타협이 이루어져 현재의 WTO 체제가 그대로 유지된다고 하더라도 그 역할과 의미는 크게 바뀔 것으로 보인다. 분쟁해결 절차를 비롯한 그간의 핵심 기제가 대폭 수정된 새로운 형태의 WTO(소위 WTO 2.0)가 시작될 가능성이 크다. 요컨대 현재 상황이 이어지면 머지않아 다자주의 체제가 고사枯死할 가능성은 물론, 설사 표면적으로 유지된다고 하더라도 그간 우리가 알고 있는 다자주의 체제와는 근본적 차이를 보이는 새로운 움직임으로 이어질 것이다. 그간 다자주의 체제에서 급속한 경제발전과 번영을 누려온 우리에게는 안타까운 현실이 아닐 수 없다.

물론 여러 국가가 그간 손을 놓고 있었던 것은 아니다. 다급한 대로 2018년 이후 다자주의 체제의 부활을 위해 다양한 노력이 전개되고 있다. 그러나 그 성과는 여전히 미미하다. 앞으로 결정적 국면전환이 이루어지지 않는다면, 다자주의 체제가 아닌 새로운 체제의 출범 내지 간신히 외관만 유지하는 명목상의 다자주의로 귀결될 가능성이 크다. 2020년 들어, 7월 1일 미국-멕시코-캐나다협정US-Mexico-Canada Agreement, USMCA이 발효되고, 11월 15일 역내포괄적경제동반자협정Regional Comprehensive Economic Partnership, RCEP이 아시아 지역 15개국에 의해 서명되는 등 주목할 만한 움직임이 있었다. 그러나 이들은 다자주의 체제의 미작동에 대응하기 위한 역내 국가들의 교역 블록 형성 움직임이다. 지금 우리가 희망하고 있는 원래 의미의 다자주의 체제와는 거리가 있다.

상황이 이러하다면 일단 파국으로 이어지는 최악의 시나리오는 피하는 것이 현명할 것이다. 여러모로 후퇴한 모습에도 불구하고 일단은 외관상 다자주의 체제라도 유지하는 것이 현실적 대안이다. 나쁘게 보면 현실과의 타협이고, 좋게 보면 '2보 전진을 위한

1보 후퇴'로 볼 수 있다. 2016년 이후 지금까지 WTO가 처한 상황을 보면, 현 다자주의 체제를 명목상으로라도 유지하려면 일단 미국의 WTO 체제로의 복귀를 유도하는 것이 그 첫걸음이라는 데 공감대가 형성되어 있는 분위기이다. 물론 미국은 WTO를 탈퇴한 바 없고 여전히 이 체제의 일원이다. 그러나 그간 미국은 자신들의 요구가 관철되지 않으면, WTO 체제의 마비를 지속시킬 것임을 분명히 했다. 나아가 WTO 체제로부터 이탈도 단행할 것이라는 신호도 보냈다. 2021년 1월 바이든 행정부 출범 이후 WTO 사무총장 선임에 합의하는 등 유화적 제스처가 흘러나오고 있지만, 아직 미국 정부의 대 WTO 정책이 본질에서 바뀌었다는 신호로 보기는 어렵다.

WTO 체제의 재가동을 통한 다자주의 체제의 회복은 미국이 요구하는 바를 상당 부분 수용할 수밖에 없다는 '불편한 진실'에 우리는 직면해 있다. 여기에 딜레마가 있다. 미국이 요구하는 내용은 사실상 지금의 다자주의 체제의 본질적 변화를 전제하는 것이기 때문이다.

어떻게 타협책을 모색할 것인가

처음에는 미국의 요구를 WTO 협정의 기본원칙과 정신에 부합하지 않는 것으로 무시하던 EU, 캐나다, 중국 등 주요 국가들도 타협책 모색에 나서고 있다. 이제는 미국이 WTO 부활에 특별한 관심이 없음을 읽고, 미국의 불만을 무마하기 위한 다양한 방안을 찾고 있다. 미국의 요구를 모두 받아들이기는 어렵지만, 핵심적 사안(가령 분쟁해결제도 개편, 보조금 규범 강화 등)에 대해서는 수용할 수 있다는 분위기이다. 이들은 처음에는 미국의 요구가 기존 협정에 부합하지 않거나 WTO 항소기구 판정례 등과 충돌한다는 입장이었다. 기존의 다자주의 체제 내에서 파악한다면 미국의 요구는 설득력이 없다. 협정 위반 판정이 이어지자, 이제 그러한 협정을 개정하자는 논거였다. 그렇다 보니 다른 나라들이 이를 수용하기는 힘들었다. 그런데 미국이 이에 대한 대항 카드로 아예 그러한 협정과 체제에서 탈퇴하겠다는 뜻을 내놓을 것으로는 생각하지 못했다. 이제 그러한 움직임이 현실화하자, 결국 미국의 요구 중 일부를 수용하는 방안을 다양하게 모색하게 되었다. 미국의 '벼랑 끝 전술'에 대한 다른 국가들의 '울며 겨자 먹기 식 반응'이라 볼 수 있다.

주요국의 이러한 움직임은 과거 미국에 대한 성토 일변도였던 목소리와 확연한 온도차가 있다. 어떤 식으로 포장을 하더라도 새로운 형태의(사실은 진정한 다자주의라기보다는 퇴보 내지 약화된 형태의) 다자주의 모색을 위한 논의가 본격화되고 있다. 다자주의 체제에서 발전과 번영을 이루어온 우리로서는 안타까운 현상이다. 그러나 이러한 흐름을 되돌릴 수 없다면 그 타격을 최소화하는 것이 그다음으로 생각해볼 수 있는 현실적 대안이다.

이제 남은 과제는 어느 정도까지 미국의 요구를 수용할 수 있느냐 하는 점이다. 2020년 하반기 진행된 WTO 사무총장 선거 과정에서도 후보들은 앞으로 어떻게 WTO를 재가동할 것인지에 대해 원칙론적 입장만 제시했을 뿐 실제로 회원국 대다수로부터 지지를 받을 수 있는 구체적 방안을 제시하지 못했다. 대부분의 사무총장 후보는 "미국, 중국 등 주요국의 입장을 조율하여 타협책을 찾는 데 노력하겠다"라는 밋밋한 언급만을 했을 따름이다. WTO 차원에서 주도적으로 타결책을 모색하는 것은 불가능하다는 점을 시인하고 있다. 이러한 상황에서는 새로운 전기를 마련하기가 실로 어려운 여건이다.

미국이 요구하는 바의 골격은 ① 보조금 협정을 개편하여 정부의 기업에 대한 지원을 더욱 철저히 차단하고 ② 국유기업에 대한 통제를 강화하는 새로운 규범을 도입하고 ③ 내국민대우 조항 등 그간 그 적용 범위가 확대되어온 통상협정 규범을 재정비하여 각국의 정책 주권을 강화하며 ④ 국가위기 상황에 대응하기 위한 '국가안보 예외'의 적용 가능성을 키우고 ⑤ 분쟁해결 절차를 통해 WTO 패널이나 항소기구가 각국의 법령이나 조치에 대한 직접적 평가를 하는 기제를 약화하는 것이다. 이를 모두 수용하기는 어려울 것이나 일부 사항에 대해서는 어느 정도 수용 분위기도 퍼지고 있다. 가령 보조금 규범을 강화하고 분쟁해결 절차를 약화하려는 움직임에 대해서는 다른 국가들도 마뜩잖지만 수용하고자 하는 분위기이다. EU와 일본의 경우 미국의 입장과 유사하게 보조금 규범 강화를 위한 자체 개혁안을 적극적으로 제시하고 있다. 항소기구 위상 약화에 대해서는 이미 EU, 캐나다, 오스트레일리아 등이 원칙적인 수용 입장을 시사하고 있다.

2021년 1월 20일 새롭게 출범한 바이든 행정부는 아직 통상정책 측면에서는 조심스러운 행보를 보여주고 있다. 기본적으로 기존 정책의 본질은 그대로 유지할 것으로 많은 사람이 관측하고 있다. 현 다자주의 체제에 대한 미국의 불만은 트럼프 행정부 4년이 아닌 근 20여 년에 걸쳐 축적되어온 결과이기 때문이다. 특히 과거 오바마 행정부에서 중국에 대한 견제 움직임이 구체적으로 표면화된 점을 참작하면 바이든 행정부의 출범 이후 미중 관계에 새로운 돌파구가 마련되기는 어려울 것이다. 지난 4년간 트럼프 행정부 시절에 보아온 정면충돌은 아니더라도, 다양한 방식과 경로를 통한 체계적이고 정교한 방식으로 미국의 국익을 관철하기 위한 노력은 오히려 배가될 것으로 보인다.

'연성화'된 다자주의 체제로의 이행 가능성

그간 미국 정부의 인식에는 다자주의의 부활과 재가동이 국익에는 반드시 도움이 되지 않는다는 미국 내 광범위한 시각이 깔린 것으로 볼 수 있다.[29] 현재 미국이 주창하는 다자주의는 미국의 국익이 보장된, 그리고 중국을 견제할 수 있는 체제가 마련된 제도이다. 그간 운용해온 자유무역 지상주의의 WTO 체제를 다시 가동한다는 의미와는 거리가 있다. 미국의 이러한 자국중심주의 입장은 다른 국가에도 상당한 영향을 끼치고 있다. 미국의 자국중심주의는 다자주의의 미래에 대한 의구심이 확산되는 결과를 가져오며, 결국 각국은 각자도생의 길로 매진할 수밖에 없을 것이다.

그렇다면 작금의 이러한 현실은 오로지 미국의 책임인가? 자신이 구축한 다자주의를 외면하고 붕괴를 조장하는 미국의 태도는 비난받아 마땅하다. 여러 쟁점에서 자국의 요구사항 관철만을 내세우는 미국의 입장은 세계 리더로서의 자질을 의심케 하는 처사이다. 그러나 미국에 대한 비난과는 별도로 현재의 위기 상황이 단지 미국 때문에 발생한 것으로 보는 시각도 적절하지 않다. 기본적으로 지난 20여 년에 걸친 자국중심주의가 점진적으로 확산된 결과이다. 동시에 전 세계적으로 민족주의가 주류적 정치 흐름으로 대두하고 그 움직임이 더욱 빨라진 결과이다. 이를 통해 다자주의를 유지하는 핵심요소인 '상호 신뢰'가 붕괴한 까닭이다. 상호 신뢰 붕괴에는 모든 국가가 나름의 책임이 있다.

상호 신뢰가 붕괴한 상황에서 국제협정은 오히려 위험하다. 협정이 분쟁의 해결 도구가 아니라 분쟁 제기의 빌미가 되기 때문이다. 이미 WTO 협정에 포함된 상세한 규범은 남용 및 악용되어 새로운 분쟁만 창출하는 수단으로 전락하게 되었다. 협정상 문구에 대해 서로 다른 이해와 상충되는 입장을 개진하는 상황에서는 진정한 협력과 공동의 목표 추구를 기대하기 어렵다. 그러므로 이러한 상호 신뢰가 새롭게 회복되지 않으면 현재 WTO 협정이 원래대로 가동되는 것은 요원하다. 다자주의가 포지티브섬positive sum을 만들지 못하고 제로섬zero sum 경쟁으로 치닫게 된다.

이제 어떤 방식으로든 다자주의 체제의 재편은 불가피한 실정이다. 아마 현재의 다자주의 체제가 상당히 퇴보한, 연성화된 다자주의 체제soft multilateral regime로 재구성될 가능성이 크다. 만약 이러한 움직임을 되돌릴 수 없다면 이 재편 과정에서 우리가 제한적이나마 중요한 임무를 수행하는 방안을 찾는 것이 중요하다. 이를 통해 우리가 관심을 두는 핵심 사안에 대해 우리 목소리나 의견을 일부라도 반영할 수 있도록 전략을 모색해야 한다. 안타깝지만 지금 시점에서 단순히 기존에 우리가 알고 있던 다자주의 체제의 부활을 고대하고, 보호무역주의의 패퇴를 기원하는 것은 현실적이지 않다. 이제 보호무역주의 조치는 하나의 상수常數가 되었다. 그렇다면 이를 법적으로 문제가 있다고 비난만 할 것이 아니라, 그중 우리가 어떤 조치는 극복할 수 있고 어떤 조치는 극복할 수 없는지 판단하여, 후자에 초점을 두고 외교적 협상과 규범 협상, 대안 모색에 나서야 할 것이다.

다자주의 체제의 이완과 미중 분쟁

미중 갈등은 다자주의 체제의 이완이라는 맥락에서 이해할 필요가 있다. 양자는 동전의 앞뒷면과 같다. 다자주의 체제의 이완이 미중 분쟁으로 이어졌고, 미중 분쟁이 다시 다자주의 체제의 이완을 이끌었다. 미국과 중국이 특정 연도에 특정 품목에 대한 교역상의 불만으로 인해 현재의 갈등이 촉발했다고 보는 것은 단견이다. 따라서 중국이 미국 물품 구매를 늘린다거나 대미 흑자를 줄인다고 해서 현재의 미중 갈등이 깔끔히 해결될 것으로 기대하기는 어렵다. 2020년 1월, 미중 양국이 합의한 1단계 무역협정이 성공적으로 이행되기도 쉽지 않지만, 설사 이행된다고 하더라도 양국 간 분쟁 해결로 이어지기는 힘들다. 마찬가지로 새로 출범한 바이든 행정부가 중국과 새로운 합의에 이른다고 하더라도 미봉책에 그칠 가능성이 크다.

미국은 지금의 다자주의 체제가 그간 중국의 부상을 지원했으므로, 이 체제를 대폭 변경해야 한다고 생각한다. 미국의 이러한 시각은 이미 오래전에 형성되었고, 어느 특정 정당의 주장이 아니다. 국내 문제에 있어서 첨예한 대립을 보이면서도 유독 중국에 대해서는 공화당이나 민주당 모두 공통된 시각을 갖고 있다. 트럼프 행정부와 바이든 행정부 모두 중국은 미국의 국익에 위협이 되는 존재이다. 미국은 중국이 2001년 WTO 가입 이후 다자무역 체제를 최대한 이용한 반면, 다자무역 체제에 어떤 도움을 주었는지 반문하고 있다. 이는 분명히 미국의 편향된 시각이다. 중국이 다자무역 체제에 참여하여 글로벌 공급망에서 중요한 역할을 한 결과 세계는 중국이 공급하는 저가의 상품을 소비하여 소비자 잉여를 늘릴 수 있었다. 그렇지만 미국은 공정무역이라는 잣대로 중국을 평가하며 중국이 국제규범의 성실한 준수자였는지 묻고 있다. 그러나 최소한 국제교역 분야에서 미국 역시 국제규범을 항상 충실히 이행했는지 의문이다.

개도국 특혜, 중국에 어울리나

미국의 시각이 옳든 그렇지 않든 미국의 시각이 그대로 유지되는 한 양국 간 갈등은 이어질 수밖에 없다. 특히 중국이 느슨한 협정문(특히 개도국 우대 조항)을 최대한 이용하여 성과를 거두었으므로 차제에 이러한 부분을 대거 손봐야 한다고 미국은 주장하고 있다. 적어도 중국은 더는 개도국 지위에 의존해서는 안 되며 자신의 위상에 맞는 책임을 져야 한다는 것이다. 반면에 중국은 그간 협정상 의무를 모두 이행했고, 오히려 미국과 서방국가들이 그간 협정의 빈틈을 이용해 중국 수출품에 상당한 제약을 가하고 있다고 주장한다.[30] 미국이야말로 일방적으로 다자무역 질서를 훼손하는 조치를 거침없이 취하고 있으므로 이를 당장 그만두어야 한다는 것이다.

다자주의 체제에 대한 미국의 불만이 미중 무역분쟁으로 이어졌고, 이러한 미국의 공세를 다자주의 체제의 틀 내에서 중국이 반박하는 모습으로 전개되면서, 다시 미국은 지금의 다자주의 체제에 대한 불만을 더욱 확인하는 악순환이 이어지고 있다. 이를 지켜보는 다른 나라들의 다자주의 체제에 대한 신뢰 역시 급속히 무너져 내렸다. 다자주의 체제의 유지·변경과 미중 분쟁의 소강·격화는 동전의 양면과 같다. 서로의 원인이며 동시에 결과이기도 하다.

'신뢰 저하'와 '규범 공백'의 상승작용

미중 갈등은 다자주의 체제에 대한 신뢰의 저하와 다자주의 체제를 지탱하는 주요 규범의 공백이 서로 상승작용을 일으키는 과정에서 급속히 증폭되었다. 다자주의 체제에 대한 신뢰의 저하는 지난 20여 년에 걸쳐 꾸준히 진행되었다. 특히 2008년 글로벌 금융위기 이후 그러한 움직임은 더욱 현저해졌다. 동시에 1986~1988년 기간 동안 골격을 갖춘 현재의 WTO 협정은 지난 35여 년을 지나면서 나타난 새로운 경제적 변화를 적절히 반영하지 못하고 있다. 여러 곳에서 규범의 공백 내지 모호함이 산재한 상황이다. 미국은 이러한 공백을 자국에 유리하게 활용하고 있고, 중국 역시 마찬가지이다. 이러한 문제점이 상대방에 대한 불신과 불만 제기로 이어졌고, 결국에는 분쟁해결 절차 회부로 이어졌다. 나아가 WTO 패널이나 항소기구 판정이 내려진 이후에도 만족할 만한 해결이 이루어지지 않자, 미국과 중국의 서로에 대한 불신과 불만은 더욱 증폭되는 상황으로 이어졌다.

이제 미중 양국은 새로운 규범을 어떻게 도입할 것인지 아닌지에 사활을 걸게 되었다. 이는 기존의 규범을 담고 있던 WTO 체제가 한계에 봉착했으며, 설사 WTO 체제가 다시 가동되더라도 새로운 규범을 대거 도입하여 운용될 예정이기 때문이다. 새로운 다자주의 체제에서 미국이 전력을 기울여 새롭게 도입하고자 하는 규범은 그간 중국 부상의 핵심적 기제 역할을 해온 보조금, 정부연관기업, 지식재산권, 분쟁해결 절차, 개도국 지위 등의 영역에 대한 것이다.[31] 미국은 이들 분야의 규범을 단순히 개정하는 것이 아니라 근본적으로 바꾸겠다는 의도를 밝히고 있다. 특히 미국이 제시하는 여러 안들은 기존의 WTO 패널 및 항소기구 판정에 정면으로 배치되는 부분들도 상당수 있다. 기존의 법리로부터 해방되기 위해서는 새로운 법률의 도입이 필요하다는 것이 미국의 입장이다. 새로운 조항을 협정에 명문화하여 자신들의 의도를 관철하겠다는 것이다.

이러한 이유로 새로운 다자주의 체제는 지금의 다자주의 체제와는 이름만 같고 본질은 다른 체제이다. 특히 미국의 전방위적 압박에도 불구하고 '중국제조 2025' 계획 등 중국의 발전 전략이 지속되자, 이를 제어하기 위한 기존 제도의 근본적 변경을 구체화하고 있다.[32] 중국 견제에 대한 미국의 이러한 입장은 공화당과 민주당 모두에 공감대가 형성되어 있다. 따라서 바이든 행정부 역시 이러한 대중 정책 기조를 근본적으로 바꿀 것으로 보기는 힘들다.

그렇다면 중국은 새로운 규범과 관련하여 어떻게 대응하고 있는가? 중국으로서는 가능하면 현재의 체제를 유지하는 것이 유리하므로 현상 유지 또는 변화의 폭을 최소화하는 데 초점을 두고 있다. 또한 현재의 규범에서 애매한 부분을 구체화하여 자국 기업의 대응에 대한 예측 가능성을 키우는 데 방점을 두고 있다. 즉 미국이 기본골격을 바꾸고자 하는 것이라면 중국은 기존 제도 내에서 세부조정 작업을 진행하는 데 초점을 두고 있다.

중국 견제를 위한 협력체제 구상

유념할 부분은 현재 미국이 제시하는 규범 관련 쟁점 중 일부는 다른 나라들도 중국에 대한 견제 차원에서 검토하고 있는 사안이라는 점이다. 예를 들어 미국, EU, 일본은 공동으로 보조금 규범 강화 방안을 2020년 1월 제안한 바 있다.[33] EU는 이를 토대로 2020년 6월 중국을 겨냥하는 새로운 보조금 및 독점금지법 규범 초안을 제시했고, 2021년 중 EU 차원에서 입법을 준비하고 있다.[34] 새로운 미국 행정부하에서 미국과 EU는 양국 간 분쟁을 중지하고 중국 견제를 위한 협력체제를 구상하는 움직임도 감지되고 있다. 이러한 일련의 움직임은 지금 국제사회에서 형성되는 기류가 미중 간 대결구도로만이 아니라 서방국가와 중국 간의 대결구도의 성격도 아울러 갖는다는 점에서 주목이 필요하다는 사실을 시사한다.

이러한 동향을 감안할 때 미중 무역전쟁을 단지 미중 간의 갈등으로만 보는 것은 편협한 시각이다. 우리나라가 마치 미중 양쪽 사이에서 선택을 강요받는 상황이라기보다는 미국의 입장에 동조하는 국가와 그 반대쪽에 있는 중국과의 갈등 속에서 우리가 어느 입장에 설 것이냐의 성격도 아울러 갖는다. 가령 현재 새로이 검토되고 있는 EU 보조금과 독점금지법 규범에 따르면 중국과 상당히 밀접한 연관성을 갖는 우리 기업에 대해서도 EU 차원에서 제재할 수 있다는 점을 고려할 필요가 있다. 미중 분쟁의 흐름을 파악하기 위해서는 동시에 EU 등 다른 국가들과 중국 간의 갈등도 함께 살펴야 한다.

전례 없는 초강수로 치닫는 미중 분쟁

앞으로 미중 분쟁은 어떤 방식으로 전개될 것인가? 2020년 7월 미국 정부의 휴스턴 주재 중국 총영사관 폐쇄는 미중 분쟁의 상징적 사건이다. 이는 설사 미국 국내법 또는 국제법적으로는 문제가 없다 하더라도 그 전례를 찾기 힘들 정도의 이례적 초강수이다. 외교공관의 일방적 폐쇄는 과거 같으면 군사충돌 직전에 발생하는 현상이다. 이에 더해 2020년 7월 24일 마이크 폼페이오 국무장관은 중국을 프랑켄슈타인에 비유하고 앞으로 중국공산당 지도체제의 변경을 위해 미국 정부가 노력할 것이라고 공식적으로 선언하기도 했다. 이 역시 유례를 찾아보기 힘든 상대국에 대한 공격적 발언이다.

이러한 언급이 단지 정치적 수사에만 그치는 것이 아니라 실무상으로도 전례 없는 조치가 취해지고 있다. 가령 정부 통제하에 있는 중국 기업의 미국 증시 퇴출, 중국 기업의 미국 송배전망 접근 금지, 미국 공무원 연기금의 중국 기업 투자 금지, 중국공산당원의 미국 입국 금지 등이 그러한 예이다. 이들도 그 전례를 찾아보기 어려운 적대적 조치들이다. 이러한 조치들은 바이든 행정부에서도 유지되고 있다. 과연 중국이 어디까지 이러한 공세를 그대로 받아들일 수 있을지 의문이다. 일단 이에 맞서 중국 역시 미국에 맞대응하고 있다.

양국 간 관계는 설사 무력충돌로 이어지지는 않는다고 하더라도 과거로의 회귀는 어려울 것이다.[35] 서로 잃을 것이 많으므로 결국에 타협할 것이라는 시각은 상황을 지나치게 낙관적으로 보는 것이 아닌가 싶다. 충돌이 잠시 소강상태로 유지될 수는 있으나 미국 또는 중국의 입장이 획기적으로 바뀌지 않는 한 지금의 갈등구조는 첨예한 대립으로 이어질 것으로 보이기 때문이다.

미중 분쟁에서 드러난 양국의 정책 목표

현재 중국이 추구하는 기본목표는 일종의 '과학기술 사회주의'로 볼 수 있다. 특히 디지털 시대의 사회주의를 구현하여 새로운 경제체제에서 더욱 발전하기 위한 토대를 구축하는 것이다. 일종의 디지털 경제의 사회주의적 구현으로 볼 수 있다. 이를 대표하는 사업이 바로 '중국제조 2025'이다. 그리고 이러한 목표를 뒷받침하는 물적 인프라가 반도체와 통신장비이다. 화웨이가 미중 분쟁의 핵심 대상으로 등장한 데에는 이러한 배경이 자리 잡고 있다.

이러한 점을 파악한 미국은 중국을 디지털 기술 측면에서 압박하고 고립시키기 위해 전방위적 노력을 기울이고 있다. 미국은 중국기업이 최첨단 기술에 쉽게 접근할 수 있었던 경로를 차단하고자, 외국기업에 대한 기술이전 강제를 금지하고 지식재산권 보호를 강화하고 있다. 나아가 정보통신 분야에서 중국 기업과 외국 기업 간 협업 체제를 견제하여 새로운 기술의 개발과 습득을 차단하고자 한다. 중국 기업들이 미국에 투자하거나 진출하는 것 역시 제한하고자 한다. 이러한 일련의 압박 정책을 통해 중국의 기술발전을 막거나 늦추고자 하고 있다. 디지털 경제와 4차 산업에서 중국이 앞서 나갈 수 있는 길목을 막겠다는 것이다.

이에 맞서 중국은 민관협력 내지 민관일체형 산업구조를 지속적으로 유지하여 국제교역체제에 참여하는 것을 기본목표로 하고 있다. 중앙정부·지방정부와 금융기관·민간기업이 서로 인력과 자원을 공유하고 최대의 시너지 효과를 창출하면서 중국식 국가자본주의 경제체제를 유지하고 교역에 참여하는 것이다. 지금까지 이러한 협업 체제가 중국 경제의 성공 원동력이 되었으므로 앞으로도 계속 추진하겠다는 것이다. 이는 중국식 국가자본주의의 특징을 가장 두드러지게 보여준다. 중국은 이러한 기본전략을 수정할 생각이 전혀 없다. 특히 정치적으로 중국이 사회주의 체제를 유지하는 한 미국식 시장경제체제를 그대로 수용할 수 없다는 점은 자명하다.

중국의 이러한 전략은 정부와 민간의 역할을 분리하고 정부의 시장 개입을 최소화하는 것을 덕목으로 생각하는 서방의 사고방식에 부합하지 않는다. 바로 이러한 이유로 미국은 중국 정부 또는 공적 분야와 민간 분야를 서로 떼어놓기 위한 다양한 도구와 방안을 제시하고 있다. 정부연관기업 규제를 위한 새로운 규범을 도입하고, 정부의 거시경제정책을 통상협정 적용대상으로 가져오며, 정부의 민간 분야에 대한 다양한 지원을 제한하는 규범을 도입하는 것이 대표적이다. 이러한 미국의 정책과 요구는 중국이 자신의 특수한 정체성을 포기하라는 것으로 볼 수 있으므로, 중국은 이를 결코 수용할 수 없는 주권침해로 인식하고 있다. 현재 양국 분쟁의 쟁점은 중국의 경제 및 정책 운용 방식의 본질과 관련된 부분이다. 따라서 양국 간 타협이 쉽게 이루어지기 어렵다. 미국은 중국에 대해 사회체제와 경제체제의 본질을 바꾸라고 요구하고 있는 셈인데 이를 중국이 수용하기란 현실적으로 불가능하다. 이는 푸틴의 러시아, 김정은의 북한에 대해서 체제 전환을 하라는 것과 같은 맥락으로 이해할 수 있다.

바이든 행정부에서 미중 분쟁은 증폭될 것인가

현재 미중 분쟁은 비단 통상 분야에만 국한되어 있지 않다. 양국은 해양, 환경, 보건, 인권 분야 등 국제관계 전 분야에 걸쳐 첨예한 대립 구도를 이어가고 있다. 여러 분야에서의 갈등은 양국 간 헤게모니를 둘러싼 다툼으로 볼 수 있다. 이 중 대결 양상이 가장 쉽게 관찰되는 것이 교역 부분이다. 실상은 교역 문제 그 자체가 근본 이유가 아닌데도 실제로 제재는 교역과 관련된 것으로 나타나고 있다. 본질에서 국가안보와 관련된 이슈도 경제 및 통상과 연계되어 나타나고, 또한 제재에서도 경제 및 통상과 관련된 수단이 활용되고 있다. 따라서 양국의 대립이 교역과 통상 문제 자체에만 기인하는 것이 아님에도 불구하고, 다른 영역에서의 갈등이 교역과 통상 문제라는 경로를 통하여 표출되고 있다. 이 역시 양국 갈등의 구조적 측면을 보여준다. 동시에 교역관계의 조정만으로는 양국 통상 분쟁이 해결되기 어렵다는 점을 시사한다.

바이든 행정부하에서도 이러한 전방위적 미중 갈등은 더욱 증폭될 것으로 보인다. 이 과정에서 양국은 여러 분야의 국제규범을 적극적으로 활용하여 자국 입장을 수립하고, 상대방과의 공방에 나설 것이다. 기존의 국제규범을 가능한 한 자국 입장에 유리하게 해석하여 적용하는 것은 물론이고 자국에 유리한 새로운 규범을 도입하기 위해 노력할 것이다. 이러한 '규범' 동원 현상은 국제규범을 준수하여 소위 '법의 지배'를 구현한다는 정신에 따른 것이 아니라 국제규범을 자국의 전략적 목표를 달성하기 위한 하나의 도구로 활용하고 있다는 점에서 우려스러운 상황으로 볼 수 있다. 이는 다자주의 체제를 더욱 해체하고 이에 대한 신뢰를 침식하는 주요 요인으로 작용할 가능성이 있다. 군사적 충돌이나 물리적 대결이 현실적으로 어렵다는 측면에서 그 대안으로 규범을 둘러싼 연성적 충돌이 발생하고 있는 것으로 이해할 수 있다.

다자주의 체제의 미래: 새로운 역내 블록 형성

그렇다면 앞으로 새로이 도입될 다자주의 체제는 어떤 모습일까? 현재 논의되는 상황을 보면 대체로 다음의 모습을 띨 것으로 보인다. 가령 대폭 약화된 분쟁해결 절차, 반면 일층 강화된 반덤핑 및 상계관세 조사절차, 적극적 국가안보 예외조항의 도입, 디지털 교역과 정보의 자유 이동 보장, 정부연관기업의 영업활동 제한, 정부의 기업 지원조치 제한, 환율 및 금융 제재의 강화 등을 들 수 있다. 아울러 환경과 노동 관련 무역규범 제정을 본격화할 가능성도 있다. 이는 기존 규범의 대폭적 변경과 새로운 규범의 도입을 요구한다. 다양한 협정들을 통해 실험적으로 서서히 도입되고 있어 머지않아 기존 규범과는 상당한 차이를 보이는 새로운 규범들이 도입될 것이다.

한편 핵심 가치를 공유하는 국가 간 새로운 역내 블록이 형성될 가능성이 크다.[36] 미국과 중국은 각각 자국과 가까운 국가들을 중심으로 별도의 공급망을 형성하고, 비교우위에 기반을 둔 개방형 교역과는 달리 공급망 내부의 폐쇄형 교역을 추진하기 위한 전략을 채택할 것으로 보인다. 그 전략을 추진하는 수단이 국가 간 지역무역협정이 될 수도 있고, 기업 간 공급망이 될 수도 있을 것이다. 이를 통해 '글로벌 가치사슬GVC' 개념도 재정립될 듯하다. 지금까지 GVC에서 '가치'란 상품과 서비스에 포함되는 부품과 구성요소 등 경제적 측면의 부가가치를 의미했으나, 이제는 여기에 정치적·안보적 가치도 아울러 포함하는 개념으로 확장될 수 있다. 이처럼 새로운 의미의 가치 개념이 도입되고 미중 양국은 자국의 영향권에 있는 국가들을 중심으로 각각의 가치동맹을 운용하고자 시도할 것으로 예측된다. 미중 양국은 완전한 탈동조화까지 이르지는 않더라도 별도로 작동하는 가치동맹체계를 운용할 가능성이 있다. 일부 국가나 기업은 양측에 모두 참여할 수도 있을 것이다. 양측에 모두 참여하는 것이 설령 가능하더라도 이에 대한 비용과 반대급부는 상당하여 지속적 압박 요소로 작용할 것이다.

인도 · 태평양 전략 대 일대일로

트럼프 행정부는 인태 전략의 테두리 내에서 경제번영네트워크Economic Prosperity Network, EPN 구상을 내세웠다. 그러나 바이든 행정부에서는 인태 전략을 이어가면서도 EPN 구상은 구체화하지 않고 있다. 그 대신에 중국을 견제하기 위한 새로운 체제의 도입을 위해서는 동맹국과의 협조가 필요하다는 점을 인식하고, 그러한 협조를 '제도화'할 수 있는 틀을 구축하고자 노력하고 있다. 그 명칭이 무엇이든 현재 바이든 행정부는 인도·태평양 지역에서 새로운 동맹 네트워크 구축을 위해 심혈을 기울이고 있다. 백신 접종으로 코로나19 사태가 어느 정도 진정세로 돌아서면 바이든 행정부는 동맹 네트워크 구축을 위해 본격적 외교 기제를 가동할 것이다. 우리 스스로 미국의 '드라이브'에 대응하기 위한 내적 준비작업을 진행해야 할 이유이다.

현 상황에서 미국으로서는 일본, 한국과의 동맹 강화가 상당히 중요한 의미를 띠게 되었다. 토니 블링컨 국무장관의 아시아 방문에 있어 일본과 한국은 한 묶음이다. 일본과 한국이 미국과 중국 사이에서 어떤 포지션을 취할지가 동아시아의 지경학적 판도에 상당히 중요하기 때문이다. 중국을 확실히 견제할 수 있는 국가들로 한국과 일본만큼 중요한 국가도 없다. 이는 동맹외교를 중시하고 강화하고자 하는 바이든 행정부에서 일본과 한국의 전략적 가치가 그만큼 높아질 수 있다는 의미이기도 하다. 이미 바이든 행정부는 취임 초부터 한미일 동맹 강화에 공을 들이는 발언을 수차례 한 바 있다. 앞으로도 이러한 입장을 기조로 하여 우리나라에 대한 요구와 요청의 수위는 계속 높아질 것이다. 일본은 확실히 바이든 행정부의 입장을 지지하고 있지만, 한국은 그렇지 않다. 바이든 행정부 역시 이를 잘 알고 있다.

중국 역시 자국에 우호적 국가 규합에 적극적으로 나서고 있다. 중국은 미국과 같이 동맹국이라고 부를 수 있는 국가가 제한적이다. 북한, 러시아, 이란, 파키스탄이 중국 진영에 선 국가들이다. 2013년 이래 추진된 일대일로 정책의 성과와 코로나19 바이러스 관련 개도국 지원조치 확대의 결과로 중국 진영에 서는 국가들이 늘어나고 있다. 최근 중국은 우선 일대일로 정책을 다소 낮은 자세로 가져가고 있다. 이 정책의 성과를 적극적으로 홍보하고 있기는 하나, 대외적으로 내세우는 강도는 약해졌다. 이는 일대일로 정책에 대한 변경을 의미한다기보다 이에 대한 국제적 비판과 견제를 의식한 숨 고르기로 볼 수 있다.

중국 정부는 애초 남남협력을 통한 인프라 구축을 명분으로 파키스탄, 스리랑카 등 해상 실크로드의 전략적 거점 확보에 성공했고, 중앙아시아 지역으로의 진출에도 상당한 성과를 거두었다. 이들 지역으로 중국의 잉여 자본재 수출을 통해 소기의 목적을 어느 정도 달성한 것으로 판단하고 있다. 이들이 중국 입장에 반드시 동조하는 것으로 보기는 힘들지만, 전체적으로 우호적인 국가들을 늘렸다. 미국과의 갈등에서 어려움을 겪고 있는 중국 입장에서 긴요한 외교적 자산이다. 중국은 이렇게 구축된 일대일로 네트워크를 앞으로도 적극적으로 활용할 것으로 보인다. 향후 일대일로의 핵심은 중국형 5G 기반의 디지털 인프라 확산과 이 영역 내에서 미국과 분절된 공급망 구축에 놓일 것으로 보인다. 일대일로 참여

국들의 역량이 아직은 제한적이라는 점에서 단기적으로 중국이 구상하는 공급망 구축은 쉽지는 않을 것이다. 그러나 중국이 여러 측면에서 다양한 선택지를 모색하는 출발점은 될 수 있다. 안정적 공급망 구축 측면에서, 2020년 11월 15일 RCEP 서명은 중국의 중요한 성과로 볼 수 있다.

그간의 미중 갈등 대립구도가 미국과 중국의 대립이었다면, 앞으로의 구도는 미국 블록과 중국 블록 간의 대립 양상을 띠게 될 가능성이 크다. 미중 갈등이 양국뿐 아니라 타국의 영역 내로도 그 효과가 침습하는 상황이 이를 시사한다. 이미 '약화'된 WTO 체제의 테두리 내에서 미중 양국은 '강화'된 다자간 블록을 각각 운용하며 상대방을 견제 내지 배격하는 형태로 국제교역체제가 자리 잡아갈 가능성이 크다. 서로 역내 블록 국가 간 결속을 강화하며 상대방 블록에 대한 견제에 나서고 전체적으로는 느슨한 WTO의 울타리 내에서 서로 공방을 주고받는 모습이 될 것이다. 이러한 양국의 블록 형성은 관세및무역에관한일반협정General Agreement on Tariffs and Trade, GATT 제24조가 허용하는 기존의 지역무역협정과는 성격이 다른 일종의 경제와 안보가 결합된 동맹 네트워크로 자리 잡게 될 것이다. 따라서 이들이 과연 현재의 GATT 제24조나 GATS 제5조의 요건을 충족할 것인지 여부는 향후 새로운 쟁점으로 부각될 가능성이 있다. 기존의 통상협정이 미처 상정하지 못한 새로운 형태의 협정 내지 체제이기 때문이다. 그 자체의 법적 성격이 문제가 되는 것은 물론이고, 이들 네트워크가 각각 상대방에 대해 채택하는 다양한 조치는 WTO 협정의 여러 조항에 위반될 가능성도 커지게 될 것이다. 그러나 이미 구심력을 잃어버린 WTO는 이러한 새로운 체제를 규범적으로 통제하기에는 힘에 벅찬 상황이다. 특히 WTO 개혁 움직임으로 연성화된 다자주의 체제가 도입되는 경우 통제는 더욱 힘들어지게 된다. 앞으로의 국제환경에서는 기존의 통상규범에서 벗어나는 다양한 수출입 규제조치와 비관세 무역장벽이 늘어날 것임을 시사하는 또 다른 단서라 할 수 있다.

2. 중국 중심 글로벌 가치사슬의 부상과 미국의 압박[37]

중국, 글로벌 가치사슬의 중심으로

GVC는 전 세계적으로 연결된 제품 생산의 공급체계를 말한다. 어떤 제품의 중간재를 국내에서 조달하지 않고, 전 세계에서 가장 저비용으로 조달하여 생산하는 체계이며, 생산의 세계화 지표라고 볼 수 있다. GVC는 1990년대 이후 세계화의 진전과 함께 급격히 확대되기 시작했다. 이 시기는 소위 국제무역의 황금기로 일컬어진다. 무역자유화의 진전과 함께 평균 관세율이 하락하고 세계교역이 급증하면서 세계경제의 성장을 견인했다. 그 중심에 GVC의 확대가 있다. 더욱이 2001년 중국이 WTO에 회원국으로 가입하면서 세계경제에 본격적으로 편입된 이후 세계의 공장이 된 중국 중심의 GVC가 심화되는 현상이 나타났다.

중국이 WTO 회원국으로 가입한 2001년만 해도 IMF 교역통계 데이터베이스IMF DOTS에 있는 국가의 80% 이상이 미국과 더 많은 교역을 하고 있었다.[38] 그러나 2018년이 되면 데이터베이스에 포함된 국가 198개 중 3분의 2 이상인 128개국에서 미국보다 중국과의 교역 비중이 더 높은 것으로 나타났다. 중국보다 미국과의 교역이 더 많은 국가는 30%에 불과했다. 이들 통계는 지난 20여 년간 세계 교역에서 중국의 비중이 급격히 늘어났을 뿐 아니라 특히 중국 중심의 GVC가 부상했음을 여실히 보여준다. [그림 3]은 2000년과 2020년에 전 세계 국가들의 교역 상대국으로서 미국과 중국 중 어느 나라의 교역 비중이 더 큰지를 시각화한 것으로 중국의 부상

그림 3　전 세계 상품교역에서 미국 및 중국과의 교역 비중(%)

자료: IMF, Economist(2021.7) "America's China policy"

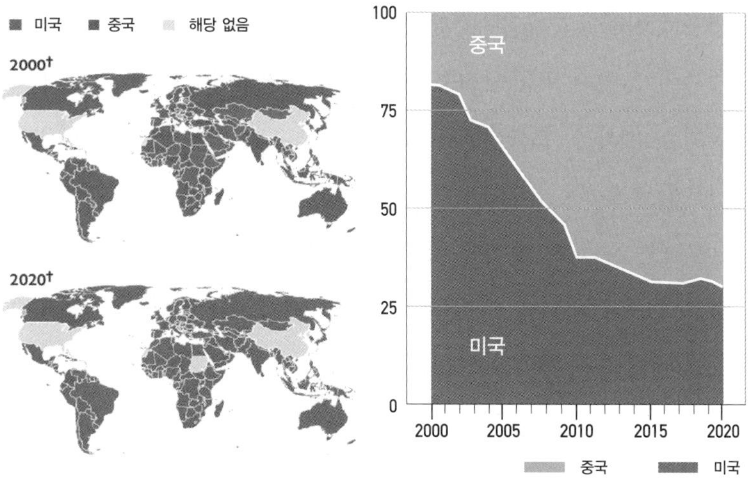

을 한눈에 살펴볼 수 있다.

GVC의 구체적 측정은 전방 공급망과 후방 공급망으로 나눌 수 있다. 중간재를 수입해서 가공·조립한 완제품을 수출하는 방식으로 성장해온 동아시아 국가의 경우, GVC 참여 정도를 보여주는 중요한 지표가 총수출 중에서 외국산 중간재가 차지하는 비중을 나타내는 후방연결지표backward linkage이다. 즉 GVC에 참여 정도가 높을수록 이 비율도 커진다. 여기서 핵심적 과정이 바로 외국산 중간재를 국산화하는 단계이고, 이를 성공적으로 수행한 한국, 타이완만이 중진국 함정에서 벗어났다. 반면에 이에 실패한 남미나 동남아는 여전히 벗어나지 못하고 있다.

똑같은 기준을 중국에 적용해보면, 2000년대 10년간 중국은 중간재를 국산화하는 과정을 거쳤고, 국산화 비율이 증가하는 성공적 한국형 패턴이 그대로 나타나고 있다.[39] 즉 중국이 외국산 중간재를 국산화하면서 중국 주도의 GVC를 구축하고 있다. 2000년대 이후 국산화율의 증가는 중국이 저부가가치 제품의 생산은 해외로 내보내고, 고부가가치 제품 위주로 국내에서 생산하는 GVC의 고급화, 세계화를 추진하고 있음을 보여준다. 그것의 한 표현이 일대일로라고 볼 수 있다.

문제는 GVC의 중심에 미국이 아닌 중국이 서서히 자리 잡기 시작하면서, 중국은 GVC를 통해 세계경제에 대한 영향력을 높임으로써 미국의 국익과 위상을 위협하고 있다는 데 있다. 미국의 중국 견제가 추구하고자 하는 최종 목표는 바로 중국 주도의 GVC가 완성되는 것을 저지하고, 미국 중심의 GVC를 새롭게 복원하는 것이었다. 적어도 중국을 GVC의 핵심이 아닌 주변부 또는 부가가치가 낮은 부분에 종속시키자는 것이 미국의 복심이다.

미국의 대중 GVC 압박

미중 관세전쟁

2016년 트럼프 대통령이 당선되면서 미국 정부는 중국에 대해 강도 높은 정책을 추진할 것을 천명했다. 2018년부터 본격화된 미중 무역분쟁으로 미국의 대중국 평균 관세율이 2018년 초 3.1%에서 2020년 양국 간 1단계 합의 이전까지 24%대로 인상됨에 따라 미국을 시장으로 하는 중국 제품의 가격경쟁력에 부정적 영향을 미쳤다. 이에 대한 보복으로 중국의 미국 상품에 대한 평균 관세율도 2018년 7.5%에서 2020년 24%대까지 올라가는 결과를 낳았다.[40] 그 결과 미국 수입시장에서 중국의 비중이 감소세로 전환했고, 반면에 ASEAN의 비중이 증가했다. 미국 수입시장에서 중국의 비중은 2017년 21.6%에서 2019년 18.1%로 감소했다. 이는 트럼프 정부가 중국 수입품에 부과한 관세의 영향이 작용했기 때문이다. 한편 미중 무역분쟁이 관세전쟁에 그치는 것이 아니라, 기술 패권경쟁의 양상을 보이면서 중국 중심의 GVC에 충격을 주고 있다. 더욱이 2020년 코로나19 팬데믹을 겪으면서 세계경제의 중국 의존도는 오히려 더욱 높아졌다. 아직은 세계 경제 규모 1위인 미국의 대중국 압박은 더욱 강해질 수밖에 없는 상황에서, 중국 중심 GVC의 변화 또는 와해에 대한 관심이 고조되고 있다.

북미 지역의 가치사슬 지역화[41]

2020년 7월 1일 발효된 USMCA는 북미 지역의 가치사슬 지역화를 더욱 촉진하면서 중국 중심의 GVC를 축소할 것으로 전망된다. 미국은 USMCA 협정문에 비시장국non-market country 조항을 추가하여 중국과의 FTA 체결을 제약함으로써 중국을 견제하고 중국의 대미 우회수출 가능성을 차단했다. 향후 미국이 반중국 무역동맹을 추진할 가능성도 있다. USMCA에서는 원산지규정 강화를 통해 북미 지역, 특히 미국 시장에서 판매되는 차량의 역내산 가치 비중(특히 미국산과 캐나다산)을 높이는 방향으로 기존 북미자유무역협정North American Free Trade Agreement, NAFTA을 개정했다.

예를 들어 역내 생산에 따른 무관세 혜택을 받기 위해서는 역내가치비율Regional Value Content, RVC이 75% 이상이 되어야 하는 것으로 상향 조정했다. 또한 노동가치비율Labor Value Content, LVC이라는 새로운 개념을 도입하여 승용차의 40%(경량·중량트럭은 45%)는 시간당 16달러 이상의 임금을 받는 노동자가 만든 부품을 사용해야 무관세 혜택 대상이 되고 협정 발효 3년 후까지 4단계에 걸쳐 40%까지 순차적으로 인상할 것을 합의했다. 이는 북미 지역 중심의 가치사슬 구축을 모색하는 한편 GVC에서 중국을 배제하기 위한 것으로 볼 수 있다.

미국 중심의 탈중국화 현상

미중 무역분쟁의 심화와 함께 미국 중심의 탈중국화(중국과의 탈동조화) 추진과 각국의 리쇼어링reshoring 정책의 확산 등으로 중국의 수출이 정체되고 해외직접투자FDI의 증가율도 둔화되고 있다. 2010년대 중반 이후 GVC의 확산세가 정체를 보이고 GVC 재편 움직임이 나타나면서 중국은 일대일로를 통해 중국 중심의 가치사슬 구축을 모색하는 한편 '중국제조 2025'를 통한 기술 굴기를 내세웠다. 이는 GVC의 정체현상을 돌파하는 동시에 중국 경제의 새로운 성장동력을 확보하기 위한 전략이다. 그러나 중국 정부의 내수 중심 정책, 즉 자급률(국산화율) 확대와 자국 산업에 대한 지원이 강화되면서 중국 시장을 겨냥했던 기업 중 일부가 철수하는 현상이 나타나기도 했다. 이는 비단 경제적 요인에 의한 것이 아니라 다양한 정치·외교적 요인도 작용했던 것으로 보인다. 중국 내 외자계 기업들의 중국 탈출 가능성도 거론된다.

예를 들어 애플의 인도 공장 설립계획 발표와 TSMC의 미국 공장 설립 발표 등이 있다. 코로나19의 확산 및 재확산으로 인해 중국 산업의 주요 수출처인 선진국 경제의 회복이 지연되는 한편 보호무역주의가 강화되고 미중 무역전쟁이 더욱 심화될 경우 중국의 수출형 GVC에는 부정적 영향이 클 것이다. 2021년 새로 출범한 바이든 정부의 중국에 대한 통상정책 기조가 트럼프 정부에 비해 더 강경해질 것으로 점쳐지는 가운데 이는 중국에 진출한 외자 기업의 탈출 유인을 높일 가능성이 있다.

반면 중국을 여전히 중요한 소비시장으로 여기는 기업들은 관망세를 유지하고 있다. 이미 중국 중심의 GVC가 세계적으로 여러 지역 및 다수 산업에 걸쳐 상당히 구축된 상황에서 단기적으로는 탈중국화에 한계가 있으며 중장기적으로는 중국 내수시장 진출을 포기해야 하는 문제와 연결된다는 점도 고려해야 한다. 일본이 미국과의 동맹을 강화하면서도 일본의 도요타 자동차가 중국 내수시장을 포기할 가능성은 희박하다. 심지어 미국의 테슬라와 GM, 포드 등도 중국 내수시장을 포기하지 않을 것이다. 세계경제의 중국 의존도, 중국 내수시장의 규모와 성장잠재력 등을 고려할 때 선진국의 다국적기업들이 중국 시장을 쉽게 포기할 것으로 기대하기 어렵다. 미국이 동맹국들과 성공적으로 연대를 강화하고 효과적 방식으로 대중국 압박에 나설 때 탈중국화의 진전이 이루어지고 세계의 공장으로서 중국의 역할이 약해질 수는 있으나 이는 급격한 진전이 아니라 점진적일 것이며, 완전한 탈중국화는 거의 불가능할 것이다.

하지만 미국기업연구소American Enterprise Institute, AEI의 연구처럼 탈중국화가 미국 경제에 비용을 유발하고 완전한 탈중국화가 불가능할지라도 부분적 탈중국화 정책을 추진해야 한다는 주장도 있다.[42] 중국의 지식재산권 위반과 경쟁 저해와 같은 '약탈적' 경제행위가 미국 경제는 물론 세계경제에 중장기적 위협 요인이기 때문이다. 이에 가격 상승이나 매출 감소, 투자 이익 축소 등 단기적 비용을 감수하더라도 중국 정부의 산업보조금에 대한 단호한 조치와 수출규제 및 투자 제한 등 탈중국화에 필요한 정책을 추진해야 한다는 것이다. 그러나 이러한 정책이 기업들을 미국으로 복귀시킬 가능성은 여전히 낮으며, 이 경우 오히려 국내 정치적으로 상당한 부담이 될 가능성도 있다.

중국의 기술탈취 방어와 외국인 투자 제한

미국, EU, 일본 등 주요 선진국들은 외국인 투자 심사제도를 강화하여 중국의 투자를 제한하며 중국의 글로벌 영향력 확대와 기술패권을 경계하고 있다. 특히 미국은 지식재산권 위반과 기술탈취 문제로 중국을 압박하며 동맹국들의 지지를 요청하고 있다. 일대일로와 '중국제조 2025'에서 드러난 중국의 야심은 선진국들이 중국의 해외투자에 대한 경계심을 높이는 계기가 되기도 했다. 선진국들은 첨단기술을 보유한 자국 기업에 대한 외국, 특히 중국의 인수합병M&A을 방지하기 위해 외국인 투자 심사제도를 강화하는 추세이다. 그 결과 중국의 해외기업 M&A 건수 및 금액이 감소하고 있다.[43]

미국의 대중 제재의 의미

중국 중심 GVC 구조의 위험성이 부각되고 기술패권을 둘러싼 미중 경쟁이 심화하면서 GVC의 탈중국화는 더욱 가속화될 전망이다. 미국은 코로나19 중국 책임론을 제기하고, 안보 위협을 이유로 미래기술과 관련된 GVC 재편을 가속화하고 있다. 2018년 8월 미국 의회는 미국 정부기관의 화웨이와 중싱통신ZTE 장비 사용을 금지하는 '국방수권법National Defense Authorization Act, NDAA'을 통과시켰으며 트럼프 대통령의 서명으로 2019년 8월 발효되었다. 또한 '외국기업책임법Holding Foreign Companies Accountable Act'을 통해 미국 증시에서 중국 기업의 퇴출 가능성을 키웠다. 이는 미중 간 전략적 경쟁의 근간에 기술 관련 군사·안보 문제가 있으며 향후 GVC 재편에서 중대한 역할을 수행할 것임을 시사한다.

미국의 퓨리서치센터Pew Research Center가 수행한 조사는 최근 몇 년간 미국인의 중국에 대한 인식이 악화되었음을 보여준다. 조사에 따르면 미국인의 중국에 대한 부정평가는 2002년 35%에서 2020년 73%로 급증했는데, 특히 트럼프 행정부가 집권한 지난 4년간 중국에 대한 부정평가는 20%포인트 상승한 것으로 나타났다. 이처럼 중국에 대한 미국 내 여론이 악화하고 의회에서도 여야를 막론하고 대중국 강경책이 초당적 지지를 얻는 상황이다. 트럼프 정부와의 차별성을 강조하는 바이든 정부에서도 미국의 대중 압박 기조가 더욱 강화될 가능성이 큰 이유이다.

트럼프 정부가 중국에 대해 실시했던 주요 견제 및 제재들의 경제적 의미를 평가해보면, 중국을 2001년 WTO 가입 이전으로 돌려서 중국이 GVC를 예전처럼 쉽게 활용하기 어렵게 하거나 미국의 첨단기술 등에 접근하여 GVC 내에서의 위상을 높이기 어렵게 만들겠다는 방향임을 알 수 있다. 즉 중국산 제품에 대한 고율의 관세부과, 일대일로에 대한 노골적 반대와 비판, 국가 주도적 기업체제 및 산업지원에 대한 견제, 반도체 기업에 대한 제재, 첨단기술 이전 차단, 5G망 확산 저지 등 미국이 활용했던 다양한 조치들은 중국이 GVC를 활용하는 주요 통로들을 차단하거나 견제함으로써 중국의 산업고도화와 경제성장을 억제할 수 있는 정책들이라고 볼 수 있다. 미국의 대중 견제조치들을 조립가공형 수출제조업, 자본집약적 장치산업, 신기술 신산업 분야로 나누어 살펴보면 그 의미가 더 잘 드러난다.

조립가공형 제조업

이 업종은 개혁개방 이후 중국이 저렴한 노동력을 활용하여 선진국의 자본과 기술을 유치하고 주요 수출국으로 부상할 수 있었던 핵심이었다. 동시에 중국의 소득증가와 산업고도화에 따라 점차 중국보다 더 임금이 싼 제3국으로 이전되고 있는 업종이기도 하다. 중국이 추진하는 일대일로 전략은 인프라 건설을 매개로 중국이 경쟁력을 잃은 노동집약적 산업을 이전할 수 있는 신규 해외생산기지를 개발하고, 여기에 중국산 자본재와 중간재를 판매하여 중국이 주도하는 제조업 GVC를 형성하기 위한 전략이라고도 볼 수 있다.

미국은 2018년 이후 미중 무역분쟁 과정에서 중국 공산품 전반에 대해 25% 내외의 추가 관세를 부과하고 있다. 조립제조업 분야에서 중국이 가지고 있는 가격경쟁력을 약화시켜 관련 산업과 투자의 탈중국화를 유도하는 조치이다. 동시에 일대일로에 대해서도 반대 견해를 명확히 표시함으로써 노동집약적 조립가공업 분야에서 포스트 차이나Post China 생산기지가 중국 주도로 형성되는 것을 저지하고 있다.

다만 중국산 제품에 대한 관세부과를 통해 조립가공 업종에서 중국 산업의 경쟁력을 제한하는 것을 미국의 전략적 목표라고 보기는 어렵다. 오히려 그 반대이다. 전략적 관점에서 보면 중국 산업이 고도화를 달성하지 못하고 조립가공 산업 수준에 머물면서 미국 시장에 값싼 최종재를 제공하는 역할을 하도록 하는 것이야말로 미국의 희망 사항이기도 하다.

자본집약적 장치산업

중국이 추진하는 산업고도화의 주력 분야라고 볼 수 있는 자본집약적 장치산업은 전략적으로 미국의 중국 산업에 대한 견제가 집중될 분야이다. 미국은 자국의 첨단기술을 포함한 선진국 기술이 중국으로 직접 이전되거나 관련 선진국 기업이 중국에 투자하거나 중국에 첨단장비를 판매해서 결과적으로 기술이 유출되는 것을 막고자 한다. 중국의 자본집약적 장치산업의 성장 속도를 둔화시키자는 것이다.

그런데 이 산업은 주로 중국의 대형 국유기업들에 의해 운영되고 있다. 중국이 '중국제조 2025' 등 장기비전 속에서 국가의 대대적 지원과 보조를 통해 고도화 속도를 높이고 있다. 이 때문에 미국은 중국의 국유기업 체제를 중심으로 한 국가 주도적 산업정책 전반을 국제 통상 체제 내에서 불공정한 산업지원정책으로 판단하고 있다. 일본과 EU 등 자본집약적 장치산업에서 중국의 빠른 추격에 직면한 선진국들과 공조하여 국가의 기업에 대한 각종 지원 및 보조금을 차단하기 위해 노력하고 있다. 즉 2020년 1월 14일 미국, EU, 일본 통상장관은 WTO 산업보조금 규제 강화를 요구하는 3자 공동성명을 발표했다. 이는 WTO의 산업보조금 규정을 강화하여 좀비기업 지원, 과잉설비를 유발하는 정책적 투자, 정부의 무제한 보증 등 중국 정부의 다양한 국유기업 지원 관행을 봉쇄하는 데 초점을 맞추고 있다.

차세대 신산업의 글로벌 플랫폼

미국은 5G, 전기차, 신에너지, 사물인터넷Internet of Things, IoT 등 신산업 분야에서 글로벌 플랫폼을 중국이 주도하지 못하도록 억제하고 있다. 특히 5G 통신망 구축을 위한 장비생산에서 이미 글로벌 경쟁력을 갖춘 화웨이를 수출제한 업체 명단에 올려 관련 5G 장비 생산에 필요한 반도체 등을 아예 구매하기 어렵게 만들고 있다. 이

뿐만 아니라 각국이 5G망을 구축할 때 화웨이 장비를 사용하지 말라는 외교적 압력까지 동원하고 있다.

사실 미래산업에서의 주도권 확보야말로 미중 패권경쟁의 중요한 승부처이다. 이 때문에 신기술·신산업 영역에서 중국이 먼저 생태계와 플랫폼을 형성하여 주도권을 잡는 것을 초기부터 저지하겠다는 것이 미국의 생각이다. 다만 이 분야는 자본집약적 장치산업에서와 같이 선진국이 이미 주도하고 있는 시장을 중국이 추격하는 양상이 아니라는 점이 중요하다. 상당수의 신기술 신산업 분야에서 미국과 중국은 기술적으로 대등하게 경쟁하고 있다. 기존의 가치사슬이나 시장이 아직 제대로 형성되지 않았기 때문에 기존 체제를 전환하는 데 큰 문턱이 있는 것도 아니다. 즉 미국이라고 해도 기존의 압도적 시장지배력을 바탕으로 새로운 진입자의 부상을 견제할 수 있는 것은 아니다.

이 때문에 향후 신기술 분야에서는 미국과 중국이 주도하는 2개의 시장과 산업생태계로 분리되어 경쟁하는 이른바 블록화가 이루어질 가능성이 크다. 이때 블록화에 대한 미중의 이해가 일치할 수도 있다는 데 유의해야 한다. 미국은 전략적 중국 견제 및 자국 기술 유출 방지 차원에서 블록화를 추구할 동기가 강하다. 중국으로서도 국내시장에서 미국과 경쟁하지 않고 중국 기업들이 시장을 독점할 수 있다. 이는 미래 블록화를 더욱 촉진하는 요인으로 작동할 전망이다.

코로나19 팬데믹과 중국 중심 GVC의 와해 가능성

2020년 본격적으로 확산된 코로나19 팬데믹은 세계경제에 큰 충격을 주었다. 생명과 건강을 위협하는 보건 위험의 급격한 상승은 인적 이동에 따른 바이러스와 위험 요인의 전파에 대한 두려움을 증폭시키면서 국경 간은 물론 국경 내에서의 이동조차 금지하는 봉쇄조치로 이어졌다. 이러한 이동성의 제한으로 인해 가장 크게 영향을 받은 것이 국제무역과 통상 분야이다. 또한 세계화 시대의 산물인 산업생산의 GVC에도 새로운 변화가 일고 있다.

당초 투명성이나 복원력보다 효율성 및 시장 근접성에 초점을 맞추어 설계된 중국 중심의 GVC가 이번 코로나19로 인해 취약성을 드러냈다. GVC에 대한 외부 충격은 더욱 빈번하고 심화되는 추세이다. 데이터, 금융 및 인력의 국경 이동을 동반하는 가치사슬은 가치사슬 내에서 위험 발생 확률을 높이고, 위험이 연쇄적으로 파급되는 효과에 취약할 수밖에 없다.

세계화는 제품 생산의 공정을 여러 나라로 다변화시켜 GVC를 확대하기도 하지만 일부 분야에서는 오히려 지리적으로 더 집중하기도 한다. 그러나 가치사슬이 확대된 경우에도 핵심부품의 생산은 더욱 집중될 수 있다. 맥킨지McKinsey의 조사에 의하면 180개 제품의 가치사슬에서 한 나라의 수출이 70% 이상을 차지해 병목현상의 원인이 되기도 한다.[44] 이는 화학제품 분야에서 흔히 나타나는 현상이다. 그러나 가치사슬의 집중화 및 전문화는 외부 충격 발생 시 취약점으로 작용할 가능성이 있다.

코로나19 이후 중국 중심의 GVC가 와해될 가능성은 존재한다. 코로나19로 인해 중국의 시스템에 대한 신뢰 문제가 제기되는 한편 GVC의 안전성과 안정성에 대한 수요가 급격히 커졌기 때문이다. 코로나19 초기인 2020년 2월 중국에서 조달하던 자동차 부품인 와이어링 하니스가 제때 공급되지 못하면서 현대자동차가 수일간 생산을 중단한 사례가 있다. 이는 GVC에 기반을 둔 산업생산이 보건 위험에 얼마나 취약한가를 보여주는 것으로 세간의 주목을 받았다. 이후 양국 정부와 기업들의 적극적 노력과 협조로 공급이 원활해지면서 생산중단 사태는 일단락되었지만, 2만 개 이상의 자동차 부품 중 단순한 것 하나만 없어도 공정에 차질을 빚을 수 있다는 점에서 기존의 중국 중심 GVC가 외부 충격에 얼마나 취약한지에 대해 생생한 교훈을 주었다.

코로나19를 계기로 GVC의 위험성이 민낯을 드러내면서 중국 중심의 GVC에 대한 불신과 불안감이 증폭되었다. 아울러 중국의 국가위험을 가치사슬 설계에 반영하려는 움직임도 나타났다. GVC 증가세의 정체현상과 함께 보호무역주의 확산과 미중 무역전쟁 등으로 인해 중국 내 수출형 GVC에는 코로나19 이전부터 이미 변화의 조짐이 있었다. 다만 코로나19를 계기로 기존의 가치사슬이 더 빠르게 와해될 가능성이 제기된 것이다.

리쇼어링과 아웃소싱 방식의 변화

코로나19로 촉발된 GVC 재편 논의에서 보건 위험과 리쇼어링 정책을 빼놓을 수 없다. 과거 GVC의 확대 배경에는 기술발전에 따른 운송비 및 통신비의 감축으로 생산지와 최종소비지 간의 거리를 단축시키려는 의도가 있었다. 그에 따라 기업들은 생산공정 일부를 떼어 세계 어디든 생산비용이 낮은 곳에서 중간재를 생산하는 아웃소싱을 국내외로 확대하면서 GVC의 확산이 이루어졌다. 기업의 가치사슬 설계에서 최저생산비용과 적시just in time 공급체계가 생산 입지 선정의 중요한 척도였다.[45] [그림 4]의 '지난 35년간 아웃소싱 방식의 변화'는 이러한 GVC의 확대 경로를 보여준다.

그림 4 제조업 아웃소싱 방식의 변화와 GVC 재편

자료: 류주한(2020)

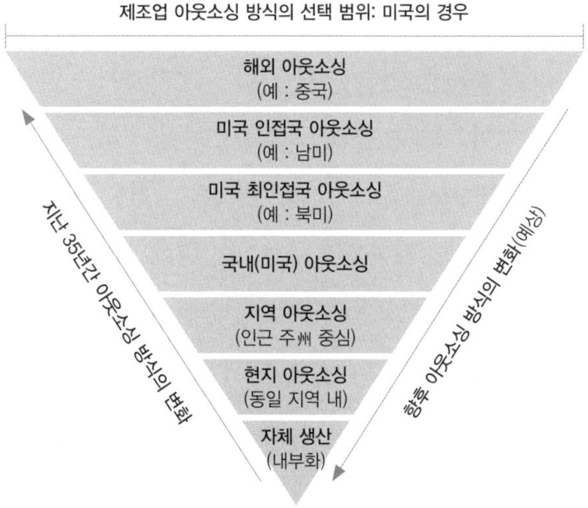

그러나 최근 미중 무역전쟁과 보호무역주의 부상에 따른 리쇼어링 정책, 코로나19와 같은 보건 위험 등 경제 외적 충격이 빈발할 가능성이 커지면서 아웃소싱 방식이 과거와 반대 방향으로 움직일 것으로 예상된다. 외부 충격으로 인해 GVC 관련 불확실성이 높아지면, 저렴한 인건비와 낮은 생산단가에만 의존해 설계된 GVC가 실제로 기업의 비용을 절감하기보다 오히려 더 큰 비용으로 돌아올 수 있기 때문이다. 기업들은 이제 이러한 외부 충격의 발생 확률과 기대손익을 생산비용에 포함하여 비교하고, 가치사슬 설계에 반영할 것이다.[46] 기본적 방향은 인건비와 지대rent 등 생산에 필요한 직접 비용에 기초한 효율성이 아니라 코로나19 보건 위험과 같은 외부 충격에 따른 잠재적 비용을 내재화한, 보다 포괄적 의미의 효율성에 기초한 가치사슬로의 재편이다.[47]

미국을 비롯하여 세계 각국 정부가 추진하는 리쇼어링 정책은 기본적으로 자국우선주의 정책의 성격을 지닌다. 국내 정치적으로 민감한 일자리 창출을 중시하기 때문이다. 기업으로서는 리쇼어링 정책에 따른 유인이 커지는 한편, 중국을 포함한 해외 생산거점의 인건비 상승과 혜택 축소 등 사업 환경 변화를 고려할 때 국내로 복귀하거나 [그림 4]의 '향후 아웃소싱 방식의 변화', 즉 과거와 반대 방향으로 가치사슬을 재편할 가능성이 생겼다. 리쇼어링은 생산을 해외에서 국내로 대체하여 GVC를 축소하는 대신 국경 간 인력이동의 제한 등 외부 충격에 대한 GVC의 취약성을 개선하는 효과가 있다.

그러나 리쇼어링 정책의 성과에 대해 논란이 존재하고 기업으로서 장단점이 있기 때문에 비용 감소와 위험 감축 등 리쇼어링에 따른 GVC 변화를 평가할 때 기회비용의 개념을 감안해야 한다. 코로나19 대응으로 바이든 행정부가 추진하는 '미국산 구매정책'은 의료용품의 GVC에 대한 의존도를 낮추기 위해 정부조달 물품을 미국산으로 제한하는 행정명령이다. 그러나 이러한 정책의 맹점은 가격경쟁력의 손실이다. 경제학에서 이미 잘 알려진 바와 같이 수입대체정책과 리쇼어링, 정부 구매 시 외국산 배제의 경우 비용 상승효과가 있다. 결국 세금 인상으로 이어져 자국민에게 도움이 되기보다 오히려 부담이 커질 것이라는 우려가 제기된다.[48]

한편 희토류와 같은 원자재의 경우는 리쇼어링이 불가능하다는 점도 GVC 재편에서 중요한 고려사항이다. 특히 미중 무역전쟁이 심화될 경우 전 세계 희토류 생산의 85%를 담당하는 중국이 반도체 제품에 필수적인 희토류의 수출통제를 통해 무기화할 가능성도 제기된다.[49] 트럼프 대통령은 희토류의 미국 내 생산을 확대하라는 행정명령을 내린 바 있다. 바이든 대통령도 희토류와 반도체, 대용량 배터리, 의약품 등의 공급사슬을 검토하도록 지시한 상태이다. 행정명령에 명시하지는 않았지만, 결국 미국 경제와 군사 분야의 핵심 품목이 얼마나 중국 중심의 GVC에 의존하는지를 조사하는 것이다. 단기간 내에 미국이 이들 핵심 품목에서 완전히 중국을 배제하기는 어렵지만, 이들 품목의 국내 생산 가능성을 모색하고 동맹국과의 가치사슬을 구축함으로써 탈중국화를 추진하려는 것이라는 해석이다.

가치사슬의 국경 간 이동 가능성

맥킨지 보고서에서 GVC의 재편과 관련하여 가치사슬의 국경 간 이동 가능성은 얼마나 될 것인지에 대한 질문을 분석한 결과, 전체 수출의 약 16~26% 정도가 이동 가능성이 있는 것으로 추정된다.[50] 이는 2018년 기준 약 2조 9천만~4조 6천만 달러에 해당한다. 주요 선진국들은 위기에 대한 복원력을 높이기 위해 리쇼어링을 통한 자국 내 생산의 확대를 원하고 있다. 또는 니어쇼어링near-shoring을 통해 최소한 자국과 가까운 곳에서 생산과 공급이 이루어지기를 희망하고 있다.

그러나 가치사슬 특유의 상호 연결성이나 규모의 경제 등을 감안할 때 물리적 생산 장소의 대규모 이전은 매우 제한적일 수밖에 없다. 미국이 추구하는 GVC의 탈중국화가 일정 부분 이상으로 확대되기 어려운 이유이다. GVC의 탈중국화도 개별 산업 및 기업의 특성에 따라 다양성이 존재한다. 일례로 2015년에서 2018년 기간 동안 3대 의류 수출국의 무역비중은 감소한 반면 반도체와 휴대전화 3대 수출국의 비중은 급증했다. 반도체나 통신, 항공우주, 기계처럼 혁신 범주에 드는 산업은 고부가가치를 창출하는 첨단기술 분야이며 국가경쟁력을 이유로 가치사슬과 관련하여 정부가 개입할 개연성이 높다. 그러나 중국이나 인도처럼 시장이 큰 개도국에 생산기지를 구축한 다국적기업은 단지 비용 절감만이 목적이 아니라, 현지 소비시장도 겨냥하기 때문에 쉽게 이전하기 어렵다. 더욱이 가치사슬이 자본집약적이거나 지식집약적일수록 이전이 쉽지 않다. 고정자본 투자와 규모의 경제 등의 요인을 감안할 때 이전에 따른 비용이 크게 발생하기 때문이다. 한편 지식집약적 가치사슬의 경우에는 특정 지역에 이 부분에 특화된 생태계가 발전했을 가능성이 크고 그 안에서 인재에 대한 수요와 공급이 이루어지는 구조가 만들어지기 때문에 지역 간 이동성이 높지 않다. 현지 시장접근이 중요한 경우에도 생산기지의 이전이 어렵다. 중국에 진출한 한국 기업 중 현지 매출 비중이 낮은 컴퓨터, 석유제품, 섬유 등에서는 탈중국화 가능성이 큰 반면, 자동차, 철강, 화학, 식음료, 의약품, 고무 플라스틱 등은 현지 매출 비중이 70% 이상을 차지해 중국 내에서의 생산 유인이 크다는 점을 들어 탈중국화 가능성이 낮다고 진단한다.[51]

가치사슬의 지역화

가치사슬의 지역화 현상은 GVC 구조의 주목할 만한 변화가 될 것이다. 바로 이 점에서 한중일 3국의 가치사슬 구조가 어떤 방향으로 새롭게 재편될 것인가는 대단히 중요한 이슈이다. 미중 무역전쟁으로 미국은 중국을 배제하는 가치사슬을 목표로 하고 있다. 그런 와중에 한중일 3국을 중심으로 한 FTA가 본격적으로 체결된다면 동북아의 안보동맹과 통상동맹 사이에 심각한 부조화 현상이 나타날 가능성이 있다. 일본마저도 안미경중의 노선을 취하게 될 수 있기 때문이다. 분명히 중국은 동북아에서 성장하는 시장이고, 동북아 3국이 안정적 무역구조를 형성하고 역내 무역을 활성화하는 것은 경제적 효과 측면에서 바람직하다. 이 점은 부인할 수 없다. 그러나 미중 무역전쟁이 단순히 무역전쟁이 아니라 패권경쟁이라는 점을 감안한다면 한국과 일본의 선택은 대단히 신중할 필요가 있다.

가치사슬의 지역화 현상에 있어서도 산업별로 차별화된 선택이 이루어질 것이다. 가구, 섬유, 의복과 같이 노동집약적 가치사슬의 국경 간 이동 가능성은 크다. 하지만 반도체, 자동차, 우주항공, 기계, 통신, 제약과 같은 첨단기술 분야와 혁신적 가치가 높아 국가경쟁력에 지대한 영향을 미치는 분야의 이동은 정부의 개입으로 제한적일 수밖에 없다. 물론 한국의 전략적 산업인 반도체의 경우 삼성전자와 SK하이닉스가 중국 내에서 상당한 규모의 생산 공장을 가동 중이다. 중국으로서는 반도체 굴기에 나서고 있지만, 메모리 반도체 분야에 있어서 좀처럼 한국을 따라잡지 못하고 있는 실정이다. 그러나 중국은 추격을 위해 더 많은 투자를 계속할 것으로 보인다. 이에 한국 반도체 기업은 그 추격을 벗어나기 위해 초격차의 기술전략을 강구해야 한다. 이미 미국의 화웨이에 대한 규제조치로 한국 기업의 화웨이에 대한 반도체 공급은 중단되었다. 바로 이러한 점을 감안할 때 동북아 3국을 중심으로 한 가치사슬의 지역화는 미중 분쟁이 지속되는 한 가장 뜨거운 이슈가 될 전망이다.

디지털 전환 가속화에 따른 GVC 재편 움직임

코로나19 팬데믹은 기존에 진행되어오던 디지털 전환이 가속화되는 계기가 되었다. 산업생산은 물론 일상생활에서 비대면 서비스와 디지털 기술이 더 빠르고 다양하게 활용되고 있기 때문이다. 디지털 기술의 발전과 함께 코로나19 팬데믹과 같은 보건 위험, 안보, 테러 예방 등 다양한 이유로 국경 간 인적 이동이 제한될 경우 디지털 무역이 더욱 빠르게 기존의 전통적 무역을 대체할 것으로 예상된다. GVC 역시 이러한 변화를 반영하게 될 것이다. 디지털 플랫폼의 활용 등을 포함하여 급증하는 디지털 무역에 최적화된 방향으로 발전할 것이다. 자동화와 AI, 로봇 등 디지털 신기술 활용으로 GVC의 길이가 더욱 단축될 가능성이 커졌다. 동시에 디지털 플랫폼, 국경 간 데이터 이동 등 개인정보보호와 데이터 보안에 대한 우려가 증폭되면서, 미중 간 패권경쟁이 군사·안보 분야로 확대될 가능성이 농후하다. 이는 GVC 재편에도 영향을 미칠 것이다.

다만 현시점에서 디지털 기술의 발전이 GVC에 미치는 영향을 예측하기는 쉽지 않다. 디지털 기술 발전은 해외생산의 조율 또는 조정 비용을 감축시켜 GVC가 확대되는 방향으로 기여할 수도 있고, 오히려 리쇼어링을 촉진하여 해외 생산기지의 국내 복귀를 통해 GVC가 축소되는 방향으로 재편될 수도 있기 때문이다.

디지털화는 5G, AI, 빅데이터, 블록체인기술, IoT 등 디지털 기술을 생산활동에 접목함으로써, 자본집약적이고 기술집약적이며 노동절약적 생산을 가능케 한다. 따라서 디지털 전환의 가속화는 자본과 기술에 비교우위가 있는 국가에서 생산활동이 더 활발해질 가능성을 열어준다. 일반적으로 선진국이 자본과 기술에 비교우위가 있기 때문에 GVC의 재편도 선진국 중심으로 이루어질 가능성이 있다. 다만 중국 같은 개도국 중에서도 디지털 기술 수준이 높고 내수시장의 규모가 큰 경우 입지 측면에서 유리한 위치를 점할 수 있기 때문에 디지털 전환으로 인한 GVC 재편 방향에 대해 섣불리 예측하기 어렵다.

3. 심화되는 미국의 대중국 압박과 중국의 대응전략[52]

미중 마찰은 '미국 우선주의'와 '중국몽'의 충돌이라 할 수 있다. 2012년 출범한 시진핑 지도부는 경제·군사적 대국에서 강국으로 전환한다는 '중국몽'을 제시했다. 5년 후 2017년 트럼프 행정부가 출범하면서 '미국 우선주의'에 입각한 대외전략을 추구했다. 특히 시진핑 집권 2기가 시작되는 2017년 말에 개최된 중국공산당 제19차 전당대회에서 발표된 시진핑의 보고는 '시진핑 신시대 사회주의 현대화 강국' 실현을 목표로 제시했다. 2020년부터 2035년까지 1단계에서 중국의 경제력과 과학기술 수준을 높여 혁신형 모델을 구축하는 '사회주의 현대화'를 실현하고, 2035년부터 2050년까지 2단계에서 미국과 견줄 수 있는 세계 강국으로 부상한다는 것이다. 그리고 사회주의 현대화 강국의 모습으로 제조 강국, 과학기술 강국, 품질 강국, 우주항공 강국, 인터넷 강국, 교통 강국, 디지털 중국, 스마트 사회, 무역 강국, 사회주의 문화 강국, 중국 특색 강군의 길과 군민 융합의 심도 있는 발전 구도, 일대일로 국제협력 등을 제시했다.

중국몽과 미중 마찰

미국 행정부는 '중국몽'을 자국에 대한 위협으로 인식했고 즉시 대응전략을 모색했다. 먼저 시진핑 지도부의 야심 찬 중장기 발전 목표 제시를 미국의 경제 및 기술 패권에 대한 도전으로 인식했고, 중국에 대한 압박을 강화하기 시작했다. 특히 '중국제조 2025'를 필두로 하는 중국의 제조 강국 전략을 미국의 기술패권에 대한 도전으로 인식했다. 동시에 5G 시대의 주도권과 표준 경쟁에서 시작하여 미국의 안보를 명분으로 반도체와 AI에 이어 '청정 네트워크Clean Network' 구축 등 미래산업을 주도하는 신산업 분야에서 중국 포위 및 배제 전략을 구사했다. 군민융합전략에 대해서는 강군 건설을 위한 기술적 지원 전략으로 이해했으며, 일대일로는 인도·태평양 지역에서 중국의 영향력을 확대하려는 전략으로 파악하고 압박을 가하고 있다. 또한 홍콩의 송환법과 홍콩안전법 제정에 따른 홍콩의 민주화 억압, 남중국해에서의 중국의 영향력 확대, 신장 웨이우얼과 티베트의 소수민족 억압 및 강제 노동 문제를 보편적 가치(민주, 인권, 자유항해 등)에 대한 도전으로 인식하고 강경한 입장을 유지하고 있다.

미국의 압박에 대해 중국은 핵심이익인 영토, 주권 및 발전권 저해 기도로 인식하고 강경하게 대응하고 있다. 이러한 입장에서 중국공산당 제19기 제5차 중앙위원회 전체전회(제19기 5중전회)에서 향후 5년과 15년의 비전을 담은 '제14차 5개년 규획과 2035년 비전에 관한 건의'[53](이하 '14.5 규획 건의')를 채택하고 미국의 압박에 대해 지구전으로 대응하고, 중국의 길을 계속 가겠다는 입장을 재확인했다. 2035년까지 문화 강국, 교육 강국, 인재 강국, 체육 강국, 건강 중국을 건설하고, 국방과 군대의 현대화를 기본적으로 실현한다는 목표를 제시했다. 또한 2025년까지 과학기술 강국, 제조 강국, 품질 강국, 인터넷 강국, 디지털 중국, 해양 강국, 사회주의 문화 강국, 일대일로의 고품질 발전, 국방과 군대의 현대화를 추진해간다는 계획을 제시했다.

미국의 대중국 인식: 전략적 경쟁자

중국의 굴기에 대한 미국의 압박은 행정부와 의회를 중심으로 전면적으로 이루어지고 있다. 또한 2020년 1월 체결된 1단계 무역협정에도 불구하고 트럼프 행정부의 중국 공격은 동시다발적으로 진행되었다. 단계별로 성과를 보면서 공격을 하는 것이 아니라, 군사

행동 말고 할 수 있는 것은 다 하겠다는 식이었다.

트럼프 행정부는 2020년 5월에 발표한 〈대중국 전략적 접근 보고서United States Strategic Approach to The People's Republic of China〉에서 종합적인 중국 전략을 제시했다. 이 외에도 네트워크 안보Network Security, 청정 네트워크, 인태 전략 등을 연이어 발표하면서 중국에 대한 압박을 강화하고 있다.

전면적 경쟁과 위협으로 인식해 대응하는 미국

그렇다면 행정부와 의회를 중심으로 전면적으로 이루어지고 있는 미국의 대중국 전략은 무엇일까? 미국의 주요 보고서를 통해 살펴보면 다음과 같다. 첫째, 〈대중국 전략적 접근 보고서〉를 통해 트럼프 행정부는 미중의 경쟁을 두 체제 간의 장기적 전략경쟁으로 정의하고 중국에 대한 '경쟁적 접근'을 선언했다. 동 보고서는 경제, 가치관, 국가안보 세 가지 측면에서 중국의 위협을 제시하고, 이에 대해 자국민 보호, 국익증진, 평화유지, 미국의 영향력 확대라는 네 가지 방향에서 중국에 대한 전방위 압박을 가할 것임을 예고했다. 또한 중국이 그동안 개도국 지위를 이용하여 미국과 WTO 회원국의 이익을 침해하고, 일대일로 전략을 통해 국제적으로 자국 기업과 자국의 영향력을 강화했다고 지적하고 있다. 특히 미국은 전략 목표 달성을 위해 동맹국과의 협력을 강화하는 동시에 미국의 이러한 노력을 저해하려는 중국의 시도를 저지할 계획이라고 선언하고 있다.

둘째, 미국 대선 종료 이후 미국 국무부가 2020년 11월 발표한 〈중국 도전의 요소 보고서The Elements of the China Challenge〉에서도 미국과 세계는 중국공산당이 야기하고 있는 '거대한 파워의 경쟁'의 신시대에 직면해 있다고 규정하고 있다. 중국의 행동은 마르크스-레닌주의와 극단적 민족주의에 근거를 두고 있다고 지적하고, 시진핑은 공산주의와 중화주의를 복합화한 행동을 보인다고 지적했다. 또한 중국의 행동으로 인해 나타나고 있는 도전 요인으로 △ 종교, 민족, 홍콩의 민주화, 남중국해 문제, 타이완 문제 등에서 보여준 중국공산당의 권위주의에 따른 도전 △ 지식재산권 침해, GVC에 대한 중국의 지배, 신산업에서의 우위를 점하려는 중국의 전략 등 경제적 도전 △ 중국의 세계적 수준의 강군 추구에 따른 군사적 도전 △ 지역 및 국제기구에서 중국의 영향력 확대 도전을 제시하고 있다. 동 보고서는 비록 트럼프 행정부에서 발표되었지만 대선 이후 발표되었다는 점에서 향후 바이든 행정부의 대중 정책의 방향과도 크게 다르지 않을 것임을 시사하고 있다.

셋째, 2020년 12월에 발표된 미국 의회 보고서에서도 국제기구, 지역(아프리카, 홍콩, 타이완)에서 중국이 힘과 영향력 확대를 통해 추진하고 있는 미국과의 '전략적 경쟁'을 지적하고 있다. 중국의 영향력 확대는 미국 내는 물론 UN 산하의 국제기구, 일대일로 지역과 아프리카 지역에서 중국 모델의 수출 등 다양한 형태로 이루어지고 있다고 지적했다. 경제 면에서는 첨단산업과 표준 분야에서의 영향력 확대와 각종 보조금 문제 등을 제시하고 있다.

위 보고서에서 나타난 바와 같이 미국은 중국을 전략적 경쟁자 또는 세계질서의 수정주의자로 규정하고 있다. 중국의 부상을 미국에 대한 위협 또는 도전으로 인식하고 있으며, 경쟁의 대상이 중국 정부를 넘어서 중국공산당과 인민해방군으로 확대되고 있다. 미국이 제기하고 있는 이슈 역시 경제적 위협을 넘어서 제도적 위협으로 인식하고 있으며, 국제사회에서 중국의 영향력 확대 등 전면적 경쟁으로 바라보고 있다. 바이든 대통령이 언론과의 인터뷰에서, 중국은 미국으로부터 '극도의 경쟁'에 직면하게 될 것이라고 언급한 것은 이러한 미국의 입장을 잘 대변해주고 있다.

4가지 주요 쟁점에 대한 미국 대 중국

트럼프 행정부 말기에 들어서 미중 갈등은 기술패권 경쟁과 전략경쟁 차원을 넘어서 이데올로기 전쟁, 미국의 중국공산당에 대한 공격으로 확산되는 경향으로 나타났다. 이는 바이든 행정부 들어서도 미국의 주요 싱크탱크를 중심으로 더욱 강화되는 모습을 보이고 있다. 특히 행정부 못지않게 미국 의회를 중심으로 대중 압박을 강화하고 있다는 점 역시 미중 마찰이 간단히 해결될 사안이 아니라는 점을 방증한다. 미국이 제기하고 있는 이슈는 중국 제도의 투명성, 중국의 기술적 추격 위협, 중국의 지역 영향력 확대, 미국이 중시하고 있는 민주주의와 보편적 가치에 기반을 둔 갈등 문제로 크게 나눠볼 수 있다.

중국의 제도 개혁 이슈

1단계 무역합의에도 불구하고, 미국이 제기하는 중국의 '구조적 문제'를 둘러싸고 미중 갈등은 장기화할 것이다. 새로운 다자주의 체제에서 미국이 전력을 기울여 새롭게 도입하고자 하는 규범은 그간 중국 부상의 핵심적 역할을 담당해온 보조금, 지식재산권, 개도국 지위, 사이버 안보 환경 이슈 등의 영역이 될 것이다. 이러한 분야에서 중국의 제도와 시스템을 근본적으로 바꾸려는 미국의 공격과 중국의 시간 벌기가 충돌하면서 미중 마찰이 새로운 국면으로 진입할 가능성이 있다.

바이든은 후보 시절 선거 캠페인 과정에서, 자신의 지지기반인 금속노조와의 인터뷰를 통해 중국의 불공정한 무역관행을 해결하겠다고 강조한 바 있다. 공정한 무역, 핵심 인프라 보호, 국가안보를 위해서는 어떤 행동도 취할 것이며, 그것을 달성하기 위한 핵심 전략은 동맹국들과의 공조라고 밝혔다. 특히 바이든은 트럼프 행정부가 타결한 미중 1단계 무역협정이 보조금, 국유기업 문제, 불공정 무역행위 등에서 중국으로부터 아무런 성과도 거두지 못하고 미국의 전략적 협상 카드만 낭비했다고 비판했다. 경제적 측면에서 환율조작, 불법적 보조금, 지식재산권 도용으로부터 미국 노동자를 강력히 보호해야 한다는 의견을 밝혔다.

환경 이슈와 관련해서도 미중 간 갈등이 확산될 가능성이 크다. 미국은 중국이 세계 최대 환경 가스 배출 국가인 동시에 세계 최대 해양 플라스틱 오염 배출원이지만, 모호한 배출가스 감축 계획을 제시하고 있다고 지적했다. 바이든 행정부는 탄소배출 저감 분야에서 중국과 필요한 경우 협력할 것이라는 입장을 보이고 있으나, 환경 문제를 둘러싼 갈등은 지속될 것으로 예상된다. 2021년 4월 개최된 기후변화협약 정상회의에서도 중국이 여전히 모호한 탄소배출 감축 계획을 밝힌 점에 대해 미국은 못마땅하게 생각하고 있다. 미국은 2030년까지 좀 더 과감한 탄소배출 감축 계획을 발표하면서 다자협력체제에서 새로운 리더십을 보이고 있다.

기술 갈등 이슈

미중 마찰을 기술패권 전쟁 또는 미중 간의 기술적 탈동조화 전쟁으로 정의하고 있다는 점에서, 미국이 제기하고 있는 쟁점을 중심으로 미국과 중국의 견해 차이를 살펴보기로 하자.

첫째, 중국의 '중국제조 2025'로 대표되는 제조 강국 전략을 둘러싼 충돌이다. 중국은 2015년 '중국제조 2025' 전략을 제기하여 2025년까지 공업과 IT 융합을 추진하고, 다국적기업과 산업 클러스터를 적극적으로 육성함으로써 GVC 구조에서 상위권(한국 수준)으로 도약하고, 2035년까지는 글로벌 제조 강국 내 중간 수준(독일, 일본 등)에 진입하고, 2045년까지는 미국과 어깨를 나란히 하는 글로벌 제조업 선도 국가가 되겠다는 최종 목표를 제시했다. '중국제조 2025'에 대해 트럼프 대통령은 중국공산당이 로봇, 생명과학, AI 등 첨단산업에서 전 세계 90%를 점유하려는 전략이라고 비판했다. 미국무역대표부USTR의 〈301조 조사 보고서〉, 〈국가별 무역장벽 보고서〉(2020), 〈제니퍼 힐먼Jennifer Hillman 청문회 보고서〉 등 다양한 보고서를 통해 '중국제조 2025' 전략의 문제점이 지적되었다. '중국제조 2025'의 이름 아래 이루어지는 불공정 행위, 강제적 기술이전, 미국의 기술 도용, 정부 보조금, 글로벌 과잉유발, 정부가 주도하는 해외투자 등 불공정 행위가 폭넓게 이루어지고 있을 뿐 아니라, 이는 미국의 안보와 군사적 위협이라고 지적했다.

둘째, 군민융합MCF 발전 전략에 대한 미국의 견제이다. 중국은 방위 및 민수 부문은 상생의 관계로 서로의 경쟁력 강화를 뒷받침하기 위해 군민 기술 협력과 융합을 강조해왔다. 미국은 군민융합 전략이 국방기술의 선진화를 목적으로 민간 연구기관, 기업, 군과 국방산업 간의 장벽을 없애는 것을 목적으로 중국공산당이 매우 공격적으로 추진하는 국가 전략으로서 인식하고 있다. 특히 자체의 기술 개발뿐 아니라 세계의 최첨단 기술을 획득(도용 포함)하여 군사 부문에 적용하기 위한 전략이라고 평가했다. MCF는 2049년까지 중국 인민해방군을 세계적 수준의 군대로 만들기 위한 중국공산당의 국가전략으로 인식되고 있다.

특히 군민융합 전략에서 목표로 하는 기술은 양자컴퓨팅, 빅데이터, 반도체, 5G, 선진 원자력, 우주항공, AI 등 겸용이 가능한 기술들이라고 정의하고 이에 대한 대응 필요성을 강조했다. 이러한 입장에서 미국은 군민융합 전략에 대한 압박으로 44개 군 관련 기업을 지정하고, 이에 대한 미국 자본의 투입을 제한하는 조치를 하는 동시에 인민해방군과 연계된 대학과의 인적 교류를 제한했다.

셋째, 새로운 산업에서의 표준경쟁이다. 미국은 중국이 '중국표준 2035' 전략을 통해 표준의 수용자에서 표준의 제정자로 탈바꿈하려 한다고 판단하고, 이에 대한 압박을 강화하고 있다. 중국은 2018년 3월 '중국제조 2025'의 2단계 종료 시점인 2035년까지 중국 내 첨단산업의 기술표준을 국제표준으로 만들겠다는 '중국표준 2035' 전략 시행을 예고했다. 2020년 1월에는 '국가표준화발전전략연구National Standardization Development Strategy Research' 프로그램을 시작했으며, 2020년 3월에는 IoT, 클라우드 컴퓨팅, 빅데이터, 5G, AI 분야 표준 개발에 중점을 둔 '2020년 국가 표준화 작업의 주요 내용'을 발표했다. '중국표준 2035'에 대해 미국은, 중국이 글로벌 표준에 부합하지 않은 표준으로 외국 기업의 시장진입을 제한하고 있고, 다른 한편으로는 인민해방군의 무기 개발의 기초로 사용한다고 인식하고 있다. 〈제니퍼 힐먼 청문회 보고서〉에서는 '중국제조 2025'의 차별적 기술표준이 외자기업의 진입을 제한한다고 지적하고 있다. 특히 일대일로 전략을 활용하여 세계시장의 주요 기술 분야에서 중국의 산업표준 활용을 확대하려 한다고 지적하고, 미국은 동맹 및 파트너와의 협력을 통해 차별적 산업표준이 글로벌 표준이 될 수 없다는 점을 확고히 해야 한다고 지적했다.

넷째, 청정 네트워크 경쟁이다. 미국 국무부는 2020년 8월 '뜻을 같이하는 국가'와 연대하여 중국 통신장비, 인터넷 기업을 규제하는 것을 핵심으로 하는 CNP를 발표했다. 데이터 프라이버시, 안보, 인권에 대한 침해 행위로부터 자유로운 세계를 구축하는 것을 목표로 하지만, 궁극적으로는 중국공산당으로부터 중요한 데이터와 네트워크의 안전을 지키는 데 목표를 두고 있다. 이에 근거한 미국의 중국에 대한 압박은 5G(화웨이)와 중국 IT 서비스 벤더(틱톡, 위챗 등), 통신사업자에 대한 규제로 이어지고 있다. 세계 5G 네트워크를 화웨이로부터 분리하는 것이다. 이에 대해 중국은 미국이 국가안전 보호를 구실로 중국 하이테크 기업에 대해 압력과 통제를 가하고 있다고 비판했다. 미국이 하이테크 산업에서 독점적 지위를 유지하기 위해 취하고 있는 이와 같은 압박은 시장원칙과 국제무역 규범에도 어긋나는 행위로서 GVC의 안전을 위협하는 전형적 패권 행위라고 비판했다. 미국의 CNP에 대한 대항조치로서 2020년 9월 8일 왕이王毅 외교부장은 '글로벌 데이터 안전 이니셔티브'를 제기했다.

일대일로에 대한 견제

중국은 2013년 '일대일로' 전략을 제시하고 인도·태평양 지역에서 영향력을 확대해왔다. 일대일로 전략은 경제적으로는 중국의 새로운 시장이자 중국 기업의 해외 생산거점을 구축하는 동시에 해당국의 중국에 대한 경제적 의존도를 높임으로써 비경제적 영향력까지 확대하려는 전략이다. 일대일로 전략에서 중국은 FTA 네트워크 구축, 위안화 국제화, 아시아인프라투자은행AIIB을 통한 국제금융시장에서의 중국 위상 강화, 중국 기업의 해외 진출과 글로벌 산업장비 제조 협력 강화 등 다양한 목표를 설정했다. 그러나 일대일로 사업에 대한 부패문제, 부채의 덫, 환경문제 등이 제기되면서, 이제는 일대일로를 내세우기보다는 정보 실크로드 협력을 강화하고 있다.

디지털 실크로드는 일대일로에 대한 비판을 무마하려는 새로운 전환이다. 일대일로 사업의 추진에 있어서도 중국이 직접 나서기보다는 다른 나라와의 공동진출을 강조하고 있다. 그러나 그동안 실속을 충분히 챙긴 중국이 제3국 진출에 있어 다른 나라와의 협력에 적극적으로 나설 가능성은 희박하다. 아울러 돈벌이가 되는 공동사업은 사실상 찾아보기 힘들 것으로 전망된다.

한편 미국은 일대일로 전략이 미국의 경제적 도전인 동시에 안보 분야 도전의 하나라고 인식하고 부정적 효과를 들어 비판했다. 일대일로는 중국의 이해와 비전에 따라 국제적 규정, 표준, 네트워크를 재구축하려는 우산umbrella이라고 평가했다. 중국이 경제적 수단을 이용하여 상대국에 대한 정치적 양보를 얻어내는 수단으로 활용하고 있으며, 일대일로 프로젝트가 부당한 정치적 영향력과 군사적 접근 수단으로 이용된다고 지적했다. 또한 일대일로 아래 추진되고 있는 인프라 건설 사업에 대해 '부채의 덫'과 환경 파괴 문제 등을 제기하며 비판하고, 2019년 6월에 개최된 오사카 G20 정상회담에서는 '고품질의 인프라 건설 원칙'을 이끌어내기도 했다. 트럼프 행정부는 일대일로 전략에 대한 대응으로 인태 전략을 추구함으로써 중국의 영향력 확대를 견제했다. 2019년에는 인프라 네트워크 구축 계획, 인도·태평양 지역의 에너지 협력프로그램Asia EDGE 등을 통한 EPN 구축을 제시했다. 바이든 행정부 역시 태평양 세력Pacific power으로서 태평양 지역의 동맹국 및 파트너와 미국의 번영, 안보, 가치를 공유하는 태평양 시대 구축을 제시하고 있다. EPN이라는 명칭은 그대로 사용하지 않지만 사실상 내용은 트럼프 행정부와 판박이이다. 바이든 행정부는 일본, 한국, 오스트레일리아 등 아태 지역 핵심 동맹과의 관계를 강화하고, 타이 및 필리핀 등 우방과의 가치를 공유한다는 입장이다. 또한 ASEAN과 같은 지역 다자기구 협력을 활성화함으로써 태평양 양안 지역에서 법에 의한 지속 가능한 포용적 경제성장을 촉진하고, 떠오르는 아태 지역 세력인 인도와의 전략적 파트너십에 기초한 투자를 강화할 것이라고 밝히고 있다.

표 1 미중 마찰의 주요 쟁점

자료: 양평섭 정리(2021)

분야	미국의 입장	중국의 입장
중국제조 2025	• 공산당이 로봇, 생명과학, AI 등 첨단산업에서 전 세계 90%를 컨트롤 하려는 전략 • '중국제조 2025' 전략하의 불정공 행위: 미국 기술 탈취, 과잉유발, 산업보조금, 강제 기술이전, 차별적 기술표준, 정부 지원하의 미국 첨단기술 기업 및 자산 인수 목적의 해외투자, 외자기업 진입 제한(USTR의 〈301조 조사 보고서〉) • 군사 및 안보 위협	• 중국 핵심이익의 하나인 발전권에 대한 침해로 인식하고 강경 대응 • 기술이전 강제조항 삭제, 지식재산권법 개정 • 중국판 거래제한 기업명단 규제, '수출관제법' 제정: 대중국 수출통제 남용 국가와 기업에 대해 보복조치 발동 가능 • '중국제조 2025'를 삭제하고, 전략성신흥산업 강화로 대응(14.5 규획)

군민융합	• 중국 군사 굴기가 미국과 동맹국의 국가 안보에 위협, 글로벌 상업 및 공급체인에 복합적 도전 • MCF 전략을 통한 PLA의 자유로운 민간(국유기업, 민영기업, 연구소, 대학) 선진기술 이용 • 불투명한 MCF 연계로 미국 및 동맹국의 dual-use 기술이 중국 군사개발로 유입: 중국공산당의 국내 반대파 탄압, 외국 위협 능력 강화, 중국 군기업 지정(35개) 및 동 기업에 대한 미국 자본의 투자 제한 행정명령	• MCF 전략에 대한 중상모략이며, 국가 안전을 이유로 하는 중국 특정기업에 대한 압박(중국 외교부) • 미국의 다국적기업은 대부분 민간물품과 군수물자 생산
청정 네트워크	• CNP로 중국 기업 배제, 중국통신사의 미국 통신 네트워크 연결금지, 중국앱 사용 금지, 중국 클라우드 사용 금지, 해저 케이블 금지 등 6 Clean • 중국의 불공정한 사이버법을 통한 글로벌 정보 및 통신 지배 추구 • 중국공산당으로의 정보 제공: 중국 기업(화웨이, ZTE)의 해외활동에서 중국의 안보를 위한 서비스 협력 강요와 그로 인한 중국 벤더의 정비와 서비스 사용에 따른 안보 불확실성 초래	• 미국의 CNP는 전형적 패권 행위 • 다자주의, 공평주의, 안전 발전의 Global Initiative on Data Security 제기
중국표준 2035	• 중국이 표준 수용자에서 표준 제정자로 탈바꿈 기도 • 중국이 글로벌 표준에 부합하지 않은 표준으로 외국 기업의 시장진입을 제한 • 인민해방군의 무기 개발의 기초로 사용 • 일대일로를 통한 주요 기술 분야에서 중국 산업표준 활용 확대 • 동맹/파트너와 협력으로 차별적 산업표준이 글로벌 표준이 되는 것의 방지 필요 ※중국 표준이 국제표준을 따르는 비중도 2010년 35%에서 2019년에는 24%로 낮아짐(USCBC)	• '중국표준 2035' 전략 시행 예고(2018.3): 5G, AI 분야의 국제표준을 선점 *중국공정원: 5G, IoT, 클라우딩 컴퓨팅, 빅데이터, AI 등 중국표준 제정 및 국제표준 연계 • '국가표준화발전전략연구 프로그램' 개시(2020.1) 및 '2020년 국가표준화 작업의 주요 내용' 발표(2020.3) *IoT, 클라우드 컴퓨팅, 빅데이터, 5G, AI 표준 개발 중점

아태 지역 경쟁	• 일대일로는 중국의 국제적 영향력 확대를 통한 경제, 군사, 안보 위협 • 태평양 시대 미국의 '태평양 세력' 구축 *Indo-Pacific Strategy Report, A Free and Open Indo-Pacific: Advancing a Shared Vision(2019.11) →Economic Prosperity Network (EPN) *Indo-Pacific Business Forum(IPBF, 2019~), BDN(고품질 인프라, 1조 달러), ENERGY(Asia EDGE), Digital Partnership Program, 인적자본에 대한 투자 확대 *신남방, 신남향, 인도, 일본, 오스트레일리아, ASEAN 연계 *CPTPP(2017년 탈퇴) / TPP *협력 파트너: 일본, 오스트레일리아, 인도, ASEAN, 한국, 타이완	• 실크로드 경제벨트와 21세기 해상 실크로드 비전과 행동(2013.5) → 인류운명공동체 *BRI 정상 및 국제 포럼(격년): 주요 지역별 협력 플랫폼, 국가전략연계 MOU (125개 국가 및 국제기구), 인프라(항구, 도로 전략), 해외산업단지 건설, 변경경제협력구, 디지털실크로드 건설 *AIIB 설립 *인문유대강화, 공자학원, 유학생 지원 *6대 경제회랑 건설+1(동북아경제회랑) *RCEP 거명(2020.11.15.), CPTPP 가입 추진 *제3국 공동진출(1+1+1)3 원칙): 프랑스, 영국, 이탈리아, 한국, 일본

보편적 가치관에 입각한 대중 압박

미국이 중국의 당-국가 체제, 홍콩보안법 시행(민주, 인권), 타이완 문제, 남중국해 항해 자율권, 인권 및 종교 문제를 이슈화함으로써 미중 갈등은 복잡다단해질 것이다. 특히 이러한 비경제적 요인들이 홍콩 문제에서 보이듯이 경제문제와 연계되어 나타날 가능성이 크다. 예컨대 지금은 홍콩보안법을 둘러싸고 미국은 홍콩을 규제하는 조치를 취하고 있으나, 향후 중국 대륙을 타깃으로 경제적 제재로 이어질 가능성도 배제할 수 없다.

미국은 〈대중국 전략적 접근 보고서〉의 결론에서, 미중 경쟁을 '두 체제 간의 장기적 전략경쟁'이라고 규정했고, 〈중국 도전의 요소 보고서〉에서는 중국공산당이 야기하고 있는 미국 및 세계와의

'거대한 파워경쟁'으로 규정하고 있다. 또한 미국의 가치관에 대한 도전의 하나로 중국공산당이 서구와 이념경쟁을 추구하고 있다고 지적했다. 이러한 측면에서 미국은 중국의 당-국가 체제 차원에서 공산당과의 대결, 군사 강국화에 대한 압박으로 군민융합 전략에 대한 공격을 확대하고 있다. 또한 경제적으로는 비시장적 정부주도의 경제구조 등을 사회주의와 자본주의 경쟁으로 규정하고 중국의 WTO 내 개도국 지위 박탈 등을 추진하고 있다. 이러한 입장에서 최근 미국은 중국 공산당원에 대한 미국 입국 비자를 제한하는 조치를 취했다.

이 외에도 홍콩의 민주화, 타이완과의 갈등, 남중국해에서의 항해자유를 둘러싼 갈등도 지속될 것으로 보인다. 첫째, 홍콩의 민주화, 홍콩의 자율권 등을 둘러싼 미중 갈등이 계속되면서 홍콩과 대륙에 대한 금융 및 경제제재로 이어질 가능성이 있다. 둘째, 미국·타이완 간 무역·경제 관계 심화, 타이완의 국제기구 가입 지원, 미국의 타이완에 대한 무기 판매 확대, 타이완의 국제관계 강화 지원을 둘러싼 미중의 대립이다. 셋째, 신장웨이우얼 강제수용 문제, 티베트의 종교자유의 문제, 언론 및 인적 교류 통제 등 기본적 가치를 둘러싼 미중 마찰이다. 넷째, 언론의 관치화를 둘러싼 미중 갈등이다. 미국은 중국의 당-국가의 선전 매체 통제를 이유로 중국 언론기관의 미국 내 활동을 제한하고 있고, 중국도 상응하는 조치를 취하고 있다. 다섯째, 종교자유의 충돌이다. 미국은 중국을 '악랄한 종교 학대 국가'로 규정하고 중국에 대한 압박을 강화하고 있다. 중국은 공산당

이념에 부합하지 않는 모든 형태의 신념과 믿음을 뿌리 뽑으려 한다고 비판하고 있다. 여섯째, 신장웨이우얼 인권탄압(위구르인 수용소 운영)을 근거로 하는 미국의 중국에 대한 압박이다. 마지막으로 미국은 코로나19를 지속적으로 '중국 바이러스', '우한 바이러스'라는 표현을 의도적으로 사용하면서 심지어 코로나바이러스가 우한의 연구소에서 나왔다는 중대한 증거가 있다고 중국에 대한 공세를 펼쳐왔다. 미국 정부 부처, 정치지도자, 언론은 중국의 코로나19 대처 실패 원인을 언론통제, 대외 정보공개 불투명성, 수직적 권력구조라는 중국의 체제와 제도적 요인에 있음을 강조해왔다.

미국의 압박에 대한 중국의 대응

미국의 압박에 대해 중국은 '전쟁을 원하지 않지만, 전쟁도 두렵지 않으며, 필요시에는 부득이 싸울 수밖에 없다不願打, 不怕打, 不得不打'는 기본 입장을 견지하고 있다. 중국은 '미중 경제관계 안정이 미중관계의 시금석'이라는 입장에서 다음의 세 가지 측면에서 미국의 압박에 대응하고 있다.

첫째, 무역 불균형 문제 등 중국의 양보로 해결할 수 있는 문제에 대해서는 협상으로 해결하려 한다. 미중 협상 과정에서 미국산 농산물 수입 확대 조치를 취하고 1단계 무역협상에서 2년간 2,000억 달러 규모의 수입을 확대하기로 한 합의는 이러한 입장이 반영된 결과이다.

둘째, 미중 마찰을 국내의 개혁과 개방의 기회로 삼는다는 입장이다. 중국의 지식재산권, 보조금, 거버넌스 관련 등 중국의 제도와 관련된 사안에 대해서는 개혁과 개방을 통해 대응한다는 것이다. 즉 미국의 중국 압박이 시작되었던 초기에 미중 마찰을 '제2의 WTO 가입'으로 인식하고, 오히려 중국의 개혁과 개방을 업그레이드하는 기회로 활용해야 한다는 내부의 입장도 적지 않았다. 다만 제도적 개혁과 개방을 위해서는 시간이 필요하다는 입장에서 점진적 해결을 주장했다. 그러나 미중 마찰이 경제외적 요인으로 확산되면서 이제 이러한 입장은 크게 후퇴했다.

셋째, 국가주권과 핵심이익 침해는 강경하게 맞대응하고 전쟁도 불사한다는 입장이다. 발전권(중국제조 2025), 영토 주권(홍콩, 타이완, 신장웨이우얼 등), 외교 주권(영사관 폐쇄 등) 등 국가주권과 핵심이익에 대한 도전은 강경하게 대응하고 있다. 중국은 2011년 9월에 국무원 신문판공실이 발표한 《중국의 평화발전中國的和平發展》 백서에서 중국이 반드시 지켜내야 할 핵심이익으로 국가주권, 국가안전, 영토완성과 국가통일, 중국 헌법이 보장한 국가정치제도와 전반적 사회 안정, 경제와 사회의 지속 가능한 발전의 기본적 보장을 제시하고 있다.

중국의 지구전 대응전략: 쌍순환

중국은 미중 마찰을 자국의 발전권에 대한 도전으로 인식하고, 미국 대선 결과와 관계없이 장기화할 것이라는 판단 아래 지구전을 선언했다. 장기적 대응의 기본 방향으로 국내 산업의 공급망 안정과 고도화를 통해 탈중국화에 대응하고 국제적 영향력도 지속시키려는 의지를 강하게 보이고 있다. 이러한 대내외적 압력에 대한 종합적 대응전략으로 '14.5 규획 건의'에서 국내대순환을 우선으로 하고, 국내와 국제순환을 상호 추동하는 쌍순환 전략을 제시했다. 국내대순환(또는 내순환)은 △ 요소시장화 배치 개혁의 지속 심화 △ 관건 영역의 자주혁신, 경영환경의 고도화, 분배 구조의 개선에 더욱 집중 △ 국내의 취약점 보완과 강점의 강화를 통해 △ 중국의 산업사슬과 공급사슬의 안정성을 확보하고 경쟁력을 제고 △ 새로운 성장동력을 육성하고 △ 국내의 유효수요를 고도화하고 확대하는 것을 의미한다.

특히 국내대순환을 실현하기 위한 전략으로 ① 과학기술 강국 건설 ② 전략성 신흥산업을 통한 제조 강국 건설, 디지털 중국 건설, 신형인프라 건설을 통한 현대산업체계 구축을 채택했다. 첫째, 과학기술 강국화 대응이다. 14.5 규획에서는 혁신을 중국의 현대화 건설에 있어 핵심의 위치에 두고 과학기술의 자립자강을 달성하는 동시에 과학기술 강국을 건설하는 것을 목표로 제시하고 있다. 과학기술 강국 건설을 위해 기존의 과학교육 흥국 전략, 인재 강국

전략, 혁신 구동 전략을 강화하는 동시에 국가혁신체계를 완비한다는 4개 과제를 제시하고 있다. 특히 14.5 기간 중국은 AI, 양자정보, 반도체, 바이오, 뇌과학, 생물육종, 우주과학, 심해 및 지층 분야의 기초 선도기술 개발에 역점을 둘 것임을 강조하고 있다.

둘째, 현대산업체계 구축을 통한 공급망의 안정화 대응이다. '14.5 규획 건의'에서는 현대산업체계 구축을 통해 실물경제의 발전을 통한 산업기초의 고급화와 공급망의 현대화를 추진하여 제조강국, 질량 강국, 인터넷 강국, 디지털 중국 건설을 산업정책의 핵심방향으로 설정했다. 현대산업체계 구축을 위해 5대 과제로서 산업 공급망의 현대화, 전략성 신흥산업 발전, 현대서비스업 발전, 기초인프라 건설(신형인프라 포함), 디지털화 발전 가속화 등을 제시했다.

전략성 신흥산업 육성

미국이 '중국제조 2025'를 타깃으로 하는 관세와 기술 규제를 추진하고 있는 것에 맞서 중국 정부는 전략성 신흥산업의 육성 범위를 '중국제조 2025'의 대상 산업으로 확대하고 있다. '14.5 규획 건의'에서는 차세대 정보기술, 바이오기술, 신에너지, 신재료, 첨단장비, 신에너지자동차, 녹색·환경보호, 우주항공, 해양장비 등 9대 전략성 신흥산업의 육성을 제시했다. 또한 실물경제(제조업)에 대한 인터넷, 빅데이터, AI의 심도 융합 등 삼三융합 정책과 4대 신경제(신기술, 신상품, 신업태, 신모델) 육성을 포함하고, 플랫폼 및 공유경제 발전을 포함하는 등 중국의 종합적 산업전략으로 발전시켜나가고 있다.

디지털 경제의 육성

디지털화를 현대산업체계의 5대 과제 중 하나로 설정했다. 디지털 경제의 육성은 데이터의 가치화, 디지털 산업화(디지털 관련 산업 육성), 산업의 디지털화(실물경제의 디지털화), 디지털 거버넌스(정책 및 디지털 일대일로 추진 등) 구축 등의 방향에서 추진될 것으로 전망된다. 디지털 경제의 육성은 △ 기초 통신 인프라(5G, 6G 등), 전자정보 제조, 소프트웨어 및 서비스, 인터넷 등 디지털 경제 시대의 기초 인프라 산업의 육성 △ 실물경제에 대한 디지털 융합인 산업의 디지털화 추진에 역점을 두고 있다.

신형인프라 건설

중국 정부는 코로나19에 따른 경기둔화에 대한 대응으로 인프라 분야에 대한 투자 확대 방침을 설정했다. 신형인프라 건설의 중점으로 △ 5G 기지국, 빅데이터센터 건설, AI와 공업인터넷 분야의 인프라 건설 △ 도시 간 고속철도, 도시 궤도 교통, 스마트 도시 및 도시 안전망 관련 인프라 건설 △ 공공위생 서비스, 응급물자 공급 및 보장시설, 환경 관련 기초시설, 신에너지 자동차 충전시설 등을 설정했다.

반외국제재법 시행

바이든 행정부 들어 미국의 대중 압박과 견제가 지속되자, 2021년 3월 중국은 최고 입법기구인 전국인민대표대회(전인대)에서 외국의 대중국 제재 및 수출통제 등 조치에 대응할 입법의 필요성을 제기했다. 이에 따라 제13차 전인대 4차 회의에서 2021년 주요 업무 중 하나로 反제재, 反간섭, 反관할권 확대를 위한 법제화가 언급되었다. 이후 2021년 6월 10일 상무위원회 2차 회의에서 반反외국제재법이 통과되어 즉시 시행되기에 이르렀다. 그동안 일부 서방국가가 정치적 필요에 따라 신장과 홍콩의 상황을 문제 삼아 중국을 제재하며 내정을 간섭한 것에 대응하기 위해 중국도 마찬가지로 수출통제법(상무부, 2020.12), 외국인투자안전심사방법(상무부·발개위, 2021.01), 외국법률·조치의 부당한 역외적용 저지방법(상무부, 2021.01)을 시행한 이후 취한 종합적인 법적 대응이라고 볼 수 있다.

이에 따라 외국이 자국 법률에 근거해 중국의 국민이나 기업에 차별적 조치를 시행할 경우, 중국도 맞대응으로 해당 조치의 결정이나 실행에 참여한 외국의 개인과 조직을 블랙리스트(보복행위 명단)에 포함할 수 있다. 블랙리스트에 포함된 외국의 개인이나 조직은 중국 입국 및 체류가 제한되고, 중국 내 자산이 동결되며, 이들과의 모든 거래가 금지된다. 반외국제재법은 상무부령과 같은 하위 규정으로 대응하는 조치를 전인대의 입법조치로 승격시켰다는 점에서 의미를 찾을 수 있다.

4. 중국의 '홍색공급망' 전략[54]

강요된 고립주의와 코로나19 변수에 따른 전략변화

과거 중국은 안정적 대외환경(미중 동반자 관계, 자유무역에 기반한 다자체제) 속에서 개혁개방에 따른 생산성 향상과 경제성장에 유리한 인구구조를 바탕으로, 지속적 경제성장을 통해 '중진국 함정'을 극복하고 장기적으로 미국의 패권에 도전하겠다는 야망을 품고 있었다. 그러나 트럼프 정부는 중국의 이러한 내심을 담은 이른바 '신형대국관계' 제안을 한마디로 거부했을 뿐 아니라, 오히려 미중 간에 '신냉전 질서'를 만들어 중국을 공격적으로 견제하고자 했다. 이 과정에서 보호주의가 강화되고 중국의 국가 주도적 경제체제에 대한 견제가 강해지는 방향으로 변화하고 있다. 중국으로서는 전처럼 순조롭게 자유무역질서와 해외시장을 활용하면서 미국을 추월한다는 장기전략을 실행하기 어렵게 되었다.

코로나19 팬데믹의 영향도 중요하다. 세계경제는 사람과 물자의 물리적 이동 자체가 정지되는 유례없는 이변을 겪었다. 생산부품의 조달을 위한 공급망과 생산공정을 세분하여 글로벌소싱과 역외생산off-shoring을 활용하던 GVC 구조가 취약성을 드러냈다. 이로 인해 해외생산을 국내생산으로 다시 돌리는 리쇼어링이나, 국내공급망 구축을 우선하는 온쇼어링on-shoring이 새로운 추세가 되고 있다. 이는 팬데믹을 계기로 비교우위를 활용하는 기업의 판단에 변화가 생긴다는 것을 의미한다.

첫 번째 변화로 당분간 기업들의 해외투자, 특히 노동집약적 산업의 해외투자는 위축될 것이다. 코로나19를 계기로 비교우위의 변화를 따라 역외생산을 확대했던 지금까지의 순順비교우위 입지전략이 내포하는 비용과 위험이 알려졌다. 코로나19와 같은 감염병이 글로벌 공급망의 안정성을 위협하기 때문이다. 이제 기업들은 이미 안정성이 입증된 기존의(국내·역외) 생산기지에서 최대한 생산을 지속하고 싶어 한다. 이러한 입지전략의 변화는 새로운 기술전략으로도 이어진다. 즉 기업들은 비교우위를 따라 공장을 옮기는 입지전략보다 공장을 옮기지 않고 기존 입지에서 비용상승과 비교우위의 변화를 흡수·극복할 수 있는 새로운 기술전략을 채택하게 된다. 역逆비교우위 기술전략이다.

가령 노동집약적 공정을 자동화하거나 집적의 이익을 최대화함으로써 임금상승이나 노동력 부족에 대응하려는 경향이 강해진다. 즉 코로나19 이후 기업들은 AI의 활용, 자동화, 지역적 산업생태계 구축 등 새로운 기술 활용 및 산업정책을 통해 기존 주요(국내) 생산기지가 가진 비교우위를 강화하기 위해 노력할 것이다. 국가적 차원에서도 노동집약적 공정의 자동화를 촉진하는 플랫폼을 선도적으로 구축하는 것이 첨단산업 육성만큼 중요한 미래전략이 될 수 있다.

두 번째 변화는 기업 차원의 공급망 다변화와 업종 차원의 생산기지 집중화이다. 코로나19 이후 기업들은 부품과 원자재의 조달

공급망을 분산하여 돌발적 생산 차질에 대비하려 할 것이다. 그런데 분산되는 새로운 생산기지들은 결국은 다시 이미 안정성이 입증된 소수의 지역으로 집중된다. 즉 기업들은 사업입지의 다변화를 통해 집중에 따른 리스크를 통제하려고 하겠지만, 다변화의 대상이 되는 지역 자체는 저위험·고신뢰 지역으로 집중시키는 결과가 나타나게 된다. 이는 장기적으로 GVC를 지금보다 더 소수지역으로 집중시키고, 저개발·저임금 신흥국의 경제성장을 지연시키며, 세계경제의 양극화를 촉진하는 경향으로 귀결된다. 동시에 중국에서 해외로 이전되는 조립가공 산업이 중국 내에 좀 더 오래 머무르도록 작용하게 될 수도 있다.

코로나19 이전부터 이미 세계적으로 중국 리스크에 대한 경각심이 커지는 상황에서 중국 중심의 GVC가 붕괴될 것에 대비하여 중국 정부는 내수 중심 정책과 함께 아시아를 대상으로 하는 역내 가치사슬의 구축에 더 큰 비중을 두는 전략을 준비해왔다. 또한 디지털 전환의 가속화에 따라 GVC가 급격하게 재편되는 과정에서 이러한 구조 변화를 계기로 디지털 신기술 개발에 역점을 두는 정책

그림 5 코로나에 따른 기업의 전략변화가 GVC에 미치는 영향

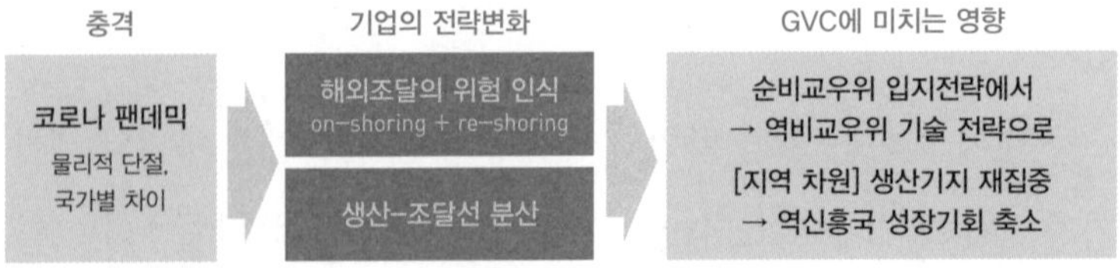

을 통해 돌파구를 모색할 것이라는 점도 충분히 예견되는 것이었다. 2020년 코로나19 팬데믹 상황에서 디지털 전환이 가속화되고 미국을 중심으로 한 선진국들의 대중국 견제가 더욱 심해지자 실제로 중국 정부는 그동안 준비해온 정책을 구체화하고 공식화했다.

동북아 중심의 지역 가치사슬 추진 전략

중국 중심 GVC를 와해시키려는 미국의 전략에 대응하기 위해 중국은 동북아 지역의 가치사슬 구축을 카드로 꺼내 들었다. 이는 가치사슬의 지역화 추세라는 GVC의 최근 변화 방향과도 맞아떨어진다. 이미 오래전부터 협상해온 한중일 FTA 추진에 중국이 매우 적극적으로 나오는 이유이기도 하다. 2012년 협상을 개시한 이래 8년 만인 2020년 11월 타결된 RCEP에 한중일 3국이 모두 서명한 점도 3국 간 FTA 추진의 모멘텀이 조성되었다는 판단일 것이다.[55] RCEP를 통해 일본이 한국 및 중국과 처음으로 무역협정을 체결한 것이기에, 한중일 FTA가 중국과 체결하는 최초의 FTA가 아니라는 점에서 일본의 부담이 적어졌을 수도 있다. 자본 및 기술 집약적 산업에 대해 미국의 대중국 압력이 거세지는 가운데 한국과 일본으로부터 안정적 공급망을 갖추는 것은 중국에 매우 중요하다. 무엇보다 중국으로서 한중일 FTA는 미국과 안보동맹인 한국과 일본을 끌어들여 바이든 정부의 동맹 강화를 통한 대중국 압박 전략에 맞대응하기에 유용한 수단이 될 수 있기 때문이다.

RCEP 서명 직후 시진핑 주석은 중국이 포괄적·점진적 환태평양경제동반자협정Comprehensive and Progressive Agreement for Trans-Pacific Partnership, CPTPP의 가입을 고려할 수 있다고 밝혔다. 오바마 정부가 타결했던 TPP에서 트럼프 대통령이 전격 철회하면서 일본 주도로 발효된 무역협정이 CPTPP이다. 사실 TPP는 아태 지역에서 중국을 견제하기 위해 오바마 정부가 공을 들여 체결한 무역협정인데 당사자인 미국은 빠지고 오히려 중국이 들어간다고 하니 다분히 미국에 도발적으로 비칠 수 있다. 그러나 RCEP와 달리 CPTPP는 시장개방도와 규범 등 자유화 수준이 매우 높다는 점에서 쌍순환 정책을 포함하여 중국이 추진하는 여타 정책의 계획이나 일정과 상충될 가능성이 있다. 중국이 실제로 CPTPP에 가입하기에는 시기상조이다. 실제로 가입할 의사도 없으면서 한번 떠보려는 심사일 수도 있다. 중국 경제가 받아들이기에 준비가 덜 되었다는 점과 별도로 일본이나 오스트레일리아 같은 기존 회원국이 반대할 가능성도 크다. 오스트레일리아는 중국과 무역분쟁이 심각한 상황이고, 일본은 중국이 포함되었다는 이유로 국내에서 RCEP 비준마저도 녹록하지 않은 상황이다. 그런데도 중국이 동북아 지역과 아태 지역 내에서 적극적으로 새로운 가치사슬을 구축하거나 편입하려는 이유는, 기존 중국 중심의 GVC가 와해될 가능성이 제기된 상황에서 실용적 대안을 모색하기 위한 전략적 대응으로 볼 수 있다.

신산업 육성 전략: 신형인프라 구축

이른바 '7개 분야 신형인프라 구축' 계획이다. 이는 중국 내에 선제적으로 미래 신산업생태계를 구축하여 국내 산업생태계 속에서 미래산업 성장기반을 형성하겠다는 것이다. 본래 이 정책은 '차세대 정보인프라 구상'이라는 이름으로 2018년 12월 5G, AI, 산업인터넷, IoT 등 IT 산업에 대한 육성정책으로 제시되었다. 이후 중국은 미중 무역분쟁 등 새로운 조건에 직면하자 그 대상을 5G 기지국, 특고압 송전망, 고속철도·도시철도, 신에너지 차량충전소, 빅데이터센터, AI, 산업인터넷망 등 7개 분야로 확대하고, 신형인프라 구축이라는 새로운 이름을 부여했다. 이를 통해 초기의 정보통신 인프라 구축계획에서 철도, 전력, 신에너지, 산업인터넷 등 사실상 전 산업 분야에 파급력을 가진 종합적 산업정책으로 위상이 격상되었다.

이는 과거 공격적 산업고도화를 통해 GVC 내 선진국이 차지하고 있는 위치를 중국이 대체하겠다는 전략이 미국의 봉쇄로 좌절됨에 따라, 기존의 가치사슬 접근을 생태계·플랫폼 접근으로 전환한 것으로 해석할 수 있다. 가치사슬 접근은 개발, 제조, 조립, 판매의 지역적 분리를 전제하고 이를 활용하는 접근이다. 그러나 미국의 전방위적 견제로 인해 해외 첨단기술과 장비의 활용, 미국 시장에서의 자유로운 판매가 어려워졌다. 반면 생태계·플랫폼 접근이란 특정 지역 내에서 산업과 시장을 동시에 성장시켜 개발-생산-

판매가 일체화된 환경을 구축하는 개념이다. 특히 전보다 해외시장 접근이 어려워진 상황에서 신산업 초기시장 형성에 강점을 가진 중국의 특성을 잘 활용할 수 있는 접근이다.

중국은 정부 주도로 신산업생태계 인프라를 신속하게 구축하여 시장-산업생태계가 조기에 형성되도록 유도할 계획을 구상하고 있다. 이는 선진국의 견제나 산업보조금 논란을 우회하려는 방법이기도 하다. 동시에 중국 내에 신기술 산업의 시장이 빠르게 형성될수록 선진국 기업들은 미래 시장을 상실하게 되어 탈중국 기회비용을 지불하게 된다. 장기적으로 첨단기술의 중국으로의 이전과 첨단산업의 중국투자를 차단한다는 미국의 시도도 약화할 수 있다.

수입대체 전략: 안정적 홍색공급망 구축

중국 정부는 산업고도화를 통한 수입대체 전략인 기존의 홍색공급망 전략을 강화 중이다. 이는 이른바 '국내대순환'의 중심 개념이기도 하다. 미국의 중국 견제와 코로나19 이전 중국은 급격한 산업고도화(비용상승)에 직면하여 대외적으로는 일대일로(노동집약적 산업의 이전을 위한 중국 주도의 해외 생산기지 건설), 대내적으로는 홍색공급망 구축(산업고도화 및 집적이익을 활용한 고부가가치 가치사슬을 중국 내에 구축)으로 GVC 변화에 능동적으로 대응하고 있었다.

그런데 예기치 못한 코로나19 팬데믹 발생에 따라 중국 대기업들도 가급적 중국 내에 머무는 리쇼어링과 온쇼어링 방향으로 투자 입지를 선택할 전망이다. 그 대신 중국 내에서 자동화 등 노동절약적 기술채용을 통해 생산을 지속하려 할 것이다. 또 중국의 연해 농촌지역 및 중부지역과 같은 저비용지역을 생산기지로 활용하려는 동기도 강화되고 있다. 즉 중국의 생산비용이 빠르게 상승하는 가운데, 기존 집적의 이익을 활용하는 전략에 더하여 노동집약적 공정의 자동화를 중요한 전략적 방향으로 채택할 것이다. 특히 미국의 중국 견제로 인해 반도체를 필두로 핵심 자본재와 중간재의 공급이 불안해졌기 때문에 기업 및 정부 차원에서 국내에 조달망을 확충하고 수입을 대체하려는 홍색공급망 구축 동기는 더욱 강화되고 있다. 그중 반도체 자급률 증대는 중국이 가장 서두르고자 하는 과제이다.

홍색공급망 구축이 '자력갱생' 전략만을 의미하지는 않는다. 중국 기업이 국내에서 주도적으로 공급을 담당해야 한다는 것이 아니라, 외자기업을 포함한 안정적 국내조달 체계를 만든다는 것이 홍색공급망의 핵심 내용이다. 따라서 특히 자본집약적 장치산업에서 해외 대기업에 대한 직접투자 유치 노력은 오히려 강화될 것이다. 마치 미국이 삼성전자와 타이완의 TSMC 등 외국 기업에 미국 내 생산을 강력하게 요구하고 있는 것과 유사한 방식으로 반도체 등 핵심 품목을 대량 수출하는 외국 기업에 중국 내로 생산기지를 이전하라는 압력을 강하게 행사할 수도 있다. 한국의 삼성전자와 SK하이닉스의 중국 현지 공장은 중국의 반도체 자급률을 계산할 때 포함된다. 따라서 반드시 중국 기업이 아니더라도 한국의 반도체 기업은 중국으로서는 보배와 같은 존재이다.

대외진출 전략: 일대일로의 추진동력 약화

노동집약적 제조업 분야 민간기업의 해외 생산기지 구축 동기는 약화될 전망이다. 우선 코로나로 인한 리쇼어링과 온쇼어링 경향에서 중국 기업도 예외는 아니다. 또한 미중 신냉전이 예상을 뛰어넘는 수준으로 격화되고 있다. 특히 미국의 중국 개별 기업에 대한 제재가 확대될 경우 해외에 투자한 중국 기업들은 불안감을 느낄 수밖에 없다. 해외생산 비용과 리스크가 커지는 것이다.

이는 중국의 일대일로 전략의 추진동력을 약화할 것이다. 중국이 추진해온 일대일로 구상은, 지속적인 비용상승으로 중국이 노동집약적 조립제조업에서 경쟁력을 잃고 있는 상황에서, 중국 기업들이 저비용 해외 생산기지에 진출하여 생산활동을 지속할 수 있도록 돕는 것이다. 동시에 발전하고 있는 중국의 자본집약적 장치산업이 생산하는 자본재, 중간재를 이 새로운 생산기지에 수출함으로써 중국이 주도하는 노동집약적 조립제조업 GVC를 구축하는 것이다. 이를 위해 정부가 주요 신흥국에 철도, 항만, 전력, 통신 인프라를 건설하고 원조자금, 정책은행, 민간은행이 이에 필요한 자금을 공급하는 구조이다.

그런데 코로나와 미국의 견제로 인해 중국 제조업 기업들의 해외생산 동기가 약해지면 일대일로 사업의 추진동력이 그 근본에서부터 약화된다. 즉 인프라 투자 단계에 참여하는 금융기관들은 향후 중국 제조업 및 서비스 기업이 해당 지역에 진출함으로써 관련 수요가 창출되고 이를 기반으로 자금을 회수해야만 한다. 그러나 중국 기업의 진출 전망 자체가 불확실해질 경우 해외 인프라 사업의 사업 타당성이 함께 약화할 수밖에 없다. 나아가 미중 신냉전 체제가 신흥국 각국에 전략적 선택을 요구하게 됨에 따라 투자대상국의 정치적 변화, 전략적 결정에 따른 투자위험도 증가하게 된다. 따라서 생산기지 구축을 최종 목표로 하는 물적 인프라 투자 중심의 일대일로 사업의 추진동력은 약화될 수밖에 없다.

이미 2020년 정부 업무보고 등에서 일대일로 사업의 방향전환을 시사한 바 있다. 즉 중국은 이른바 디지털 일대일로라는 새로운 방향을 제시함으로써 기존의 물적 인프라 중심의 사업에서 디지털 인프라 구축 중심의 사업으로 전환할 것임을 시사하고 있다. 앞으로 중국 IT 기업이 주도하는 5G 통신망 구축, 전자상거래망 구축, 지급결제망 구축 등이 향후 디지털 일대일로의 주요 분야가 될 전망이다. 이는 일대일로에 대한 중국의 접근방식이 기존의 제조업 생산기지 구축 관점에서 앞으로는 중국 IT 기업의 해외시장 개척 및 신흥국의 수요에 접근을 강화하기 위한 디지털 인프라를 장악하는 것으로 변화한다는 것을 의미한다.

2장

미국과 중국의 미래산업 경쟁력[56]

1. 중국의 산업경쟁력 현주소

놀라운 양적 성장: 생산, 소비, 수출

중국의 제조업 산출량은 양적으로 놀라운 증가속도를 보였다. [표 2]에 따르면 우리가 떠올릴 수 있는 모든 업종에서 중국의 생산량과 소비량은 세계 1위에 올라와 있다. 세계 최대의 공장이자 세계 최대의 시장이라는 타이틀이 무색하지 않다. 생산량이 세계 최대가 아닌 업종은 2위를 기록한 석유화학뿐인데 본격적인 산유국이 아니면서 이만한 위치에 오른 것을 과소평가할 수 없다. 더욱이 중국은 앞으로도 계속 성장하면서 생산과 소비에 있어 물량으로 확고한 우위를 다질 것이다.

그런데 중국의 성장은 물량에 그치지 않는다. 생산과 소비뿐 아니라 세계 수출시장에서의 점유율로 봐도 점차 위상이 높아지고 있다. 2010년과 2018년 두 해만을 비교해보면 자동차와 같이 아직 수출 점유율이 미미한 산업도 있고 조선, 석유화학, 반도체와 같이 수출 점유율이 정체 상태인 산업도 있지만 대체로 중국의 수출시장 점유율은 지속적으로 상승하고 있다. 특히 수출의존도가 높은 산업국가인 한국의 점유율은 점점 중국에 밀리고 있다. 중국은 수출시장에서 보완관계가 아닌 경쟁관계로 빠르게 전환하고 있다.

표 2 중국 주요 산업의 세계 생산 및 소비 비중과 수출시장 점유율 변화

자료: 조철 외(2020)(최필수 재구성)

	생산		소비		수출시장 점유율(%)	
산업별	비중(%)	순위	비중(%)	순위	2010	2018
자동차	28.4	1	29.3	1	2.4	3.7
조선(수주)	35.8	1	12.0	1	23.6	20.4
일반기계	48.2	1	30.8	1	16.4	19.1
철강	51.1	1	48.8	1	8.3	12.2
석유화학(에틸렌)	25.6	2	35.0	1	0.6	0.0
식품	34.7	1	34.4	1	4.2	5.2
반도체	5.1	–	58.5	1	11.7	14.1
디스플레이	25.1	2	48.8(LCD TV)	1	34.6	45.9
통신기기(스마트폰)	65.1	1	27.2	1	38.5	57.5
가전	48.8(LCD TV) 56.2(세탁기) 63.2(냉장고) 77.1(에어컨)	1	22.6(LCD TV) 27.2(세탁기) 21.0(냉장고) 55.3(에어컨)	1	24.2	35.4
인공지능	10.6(기업 수)	2	–	–	–	–
게임	17.7(매출액)	2	–	–	–	–

중국의 부상에 따른 업계 이윤 잠식

주요 첨단 업종에서의 양적 증가는 중국의 내수 규모를 훌쩍 넘어섰고, 업계 글로벌 선두기업들의 이윤을 잠식하고 있다. 보스턴컨설팅그룹(BCG, 2020)에 따르면 2018년 기준 태양광 모듈, 통신설비, 스마트폰, 평판패널 디스플레이, LED 업계에서 중국은 자국 수요를 거의 만족하고, 세계시장에서 막대한 존재감을 드러내고 있다. 태양광 패널은 최대 70% 가까운 세계시장 점유율을 기록했고, 통신설비나 스마트폰은 30% 이상을 차지하고 있다. 유일하게 반도체 부문에서만 줄곧 미미한 점유율을 보여왔고, 최근까지도 눈에 띄는 성과는 없었다. 반도체 부문의 중국 생산량은 내수의 10%에 불과하다.

이렇게 중국의 점유율이 올라간 부문에서 예외 없이 기존 글로벌 선두기업들은 이윤 하락을 겪었다. 태양광 모듈 −83%, 통신설비 −91%, 스마트폰 −51%, 플랫패널디스플레이 −76%, LED −73%에 이를 정도로 이윤 하락 폭은 충격적이었다. 이는 중국기업이 동 업종에 본격 진출하면서 가격 하락을 주도했고, 시장이 더욱 경쟁적으로 변했다는 것을 의미한다. 글로벌 선두기업으로서는 이윤 하락이 불가피했지만, 가격 하락은 시장의 효율성을 가져왔다.

혁신능력의 향상을 통한 질적 성장

중국의 양적 성장은 규모의 확대만으로 이뤄진 것이 아니다. 혁신을 통한 효율성 증가와 새로운 제품 및 시장의 창출도 중요한 역할을 했다. 이것을 지표화하여 체계적으로 분석한 세계지식재산권기구World Intellectual Property Organization, WIPO는 2017년부터 2020년 기간 동안 중국의 혁신지수가 세계 22위에서 14위로 꾸준히 높아졌다고 보고한다. 아직 중국이 10위권 밖이지만, 혁신역량의 발전 속도는 타의 추종을 불허하고 있다. 이를 정리한 [표 3]의 '2020년 글로벌 혁신지수'[57]에 따르면 한국의 순위는 10위권 언저리에 머물고 있다. 중국보다 아직 앞서 있는 셈이지만, 그 우위는 위태롭다. 한편 유엔공업개발기구UNIDO가 발표하는 제조업 경쟁력 지수[58]에서 중국은 독일에 이어 줄곧 2위를 지키고 있다. 이 지수에는 요소가격과 같은

표 3 글로벌 혁신지수 및 제조업 경쟁력 지수 주요국 순위

자료: WIPO(2020) · UNIDO(2020)

	글로벌 혁신지수				제조업 경쟁력 지수	
	2017	2018	2019	2020	2019	2020
스위스	1	1	1	1	7	7
독일	9	9	9	9	1	1
미국	4	6	3	3	4	4
한국	11	12	11	10	3	3
중국	22	17	14	14	2	2
일본	14	13	15	16	5	5

가성비뿐 아니라 물류 인프라와 클러스터의 형성, 시장 접근성 등이 포함된다. 한국의 경쟁력도 3위로 비교적 높은 평가를 받고 있다.

중국의 괄목할 만한 역량 향상은 중국의 독자적 힘만으로 이룩한 것이 아니다. 오히려 현재 중국의 모습은 전 세계가 중국을 제조기지로 활용하면서 이뤄낸, 중국과 세계의 협업 결과이다. 풍부한 노동력과 잘 갖춰진 사회 인프라, 그리고 실용주의적 관료주의가 결합하여 중국을 최고의 생산기지로 만들었다. 이른바 가치사슬이라는 이름으로 중국과 세계는 단단히 엮어졌다. 그리고 중국의 생산품에는 전 세계의 부가가치가 녹아 있다. 미국이 중국 중심의 가치사슬을 붕괴하려고 시도하고 있으나, 중국이 GVC의 형성에 있어 긍정적으로 기여했던 부분을 완전히 무시하는 것은 경제이론의 관점에서 결코 바람직하다고 볼 수 없다.

대표 글로벌 범용제품인 애플의 아이폰에서 전형적 예를 찾아볼 수 있다. 미국의 혁신기업인 애플이 제조업체로 타이완의 폭스콘을 선택했고, 폭스콘이 생산기지로 중국의 선전을 선택한 점을 문제로 삼을 어떤 이유도 찾아볼 수 없을 것이다. 미국에서 소매가격 600달러에 판매되는 아이폰4는 중국에서 만들어지는 원가가 194달러에 불과했다. 이 원가에는 한국(80달러), 미국(25달러), 독일(16달러), 프랑스(3달러), 일본(1달러) 등의 부품 가격이 포함돼 있다. 중국은 조립 공정에서 약 6.5달러의 부가가치만을 생산해낼 뿐이었다. 이 가치사슬에서 애플이 가져가는 이윤은 269달러였다. 애플이 생산기지로 중국을 선택한 이유는 중국의 제조기지로서의 장점 외에도 다른 부품 공급상들이 중국에 분포하고 있기 때문이다. 이른바 클러스터 효과이다. 애플은 전 세계 800여 개 기업으로부터 부품을 공급받는데, 그중 356개 업체가 중국에 자리 잡고 있다. 이는 일본 126개, 미국 69개보다 훨씬 많다. 효율적 생산을 위해서는 중국이 최적의 생산기지인 것이다.

이러한 가치사슬을 통해 중국은 자국의 생산설비를 세계에서 가장 최신의 것으로 유지할 수 있었고, 혁신과 시장 창출의 선두에 설 수 있었다. 글로벌 선두기업들은 중국에서의 설비를 효율적으로 만들고, 나아가 중국 시장에 진출하기 위해 중국 내 연구개발 역량을 강화했는데, 외국 자원의 투입으로 지식과 기술이 자연스레 중국 기업으로 흘러들어 점차 중국의 산업경쟁력을 강화하는 데 도움을 주었다. 이는 경제학에서 흔히 말하는 기술이전의 일출효과spillover effect라고 지칭할 수 있으며, 기술상으로 후진적인 개발도상국이 직접투자 유치를 통해 경제발전을 이룩할 수 있다는 논리로 제시되고 있다. 중국은 바로 외국인 직접투자FDI를 적극적으로 유치하여 기술모방과 습득에 노력했다.

기술 종속과 지식재산권 로열티 지출

중국이 세계 최대의 공장과 시장이 되고, 중국의 수출 경쟁력이 높아지고, 업계의 이윤을 잠식하면서 미국을 위시한 다른 국가에 위협이 된다는 주장은 일견 일리가 있지만, 매우 중요한 점을 간과하고 있다. 중국에 진출했던 선진 기업들이 중국의 공장을 활용한 결과 엄청난 자본이익을 얻었다는 사실이다. 중국 기업 중에 선진기술을 부당한 방법으로 탈취하는 예도 발생하고 있지만, 중국 정부의 지식재산권 보호를 위한 제도적 개선은 꾸준히 진행됐다. 이는 중국이 과학기술 강국으로 가기 위해 꼭 필요한 조치라는 점에서 중국 정부도 적극적으로 노력을 펼치고 있다. 그 결과 중국은 외국의 기술과 지식재산권 이용에 합당한 기술료를 내고 있다. [그림 6]은 중국이 매년 지급하고 있는 지식재산권 관련 기술료의 추이를 보여준다. 2018년 중국은 302억 달러를 지급했다. 반면 중국의 지식재산권 수입은 증가하고 있긴 하지만 미미한 수준에 불과하다.

그림 6 중국의 지식재산권 로열티 지출 현황

자료: Zenglein and Holzmann(2019)

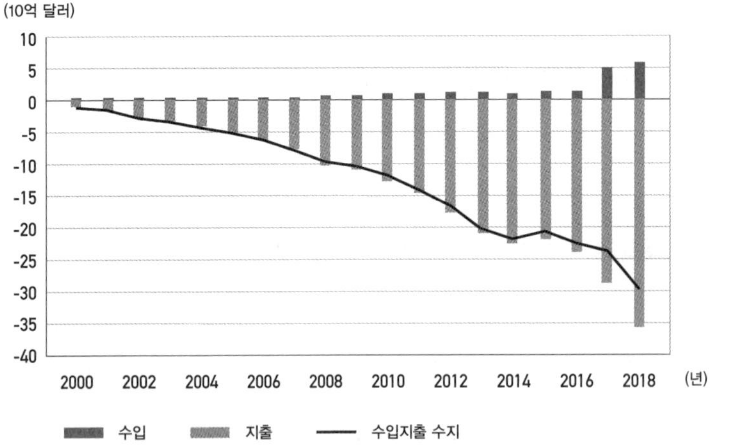

이러한 지식재산권 수입과 지출의 불균형은 외국에 대한 기술의존의 원인이자 결과이다.

변함없이 추진되는 '중국제조 2025'

2015년 시진핑 지도부는 이러한 산업고도화 전략을 '중국제조 2025'라는 이름으로 발표했다. '중국제조 2025'의 10대 산업은 차세대 정보기술산업, 고급 CNC Computer Numerical Control 공작기계 및 로봇, 항공우주 장비, 해양공학 및 첨단선박, 철도교통장비, 에너지 절약 및 신에너지 차량, 전력장비, 농업장비, 신소재, 생물 의약 및 고성능 의료기기이다. '중국제조 2025'가 과거의 산업정책들보다 주목을 받은 이유는 그 내용이 좀 더 공격적이라는 데 있다. '제조 강국'이라는 구호를 내걸었고, 독일이니 일본이니 하는 경쟁 대상국을 직접 언급했을 뿐 아니라, 구체적 항목별로 국산화 시간표를 제시했다. 이러한 시간표를 달성하기 위해서는 정부와 업계가 비상한 노력을 기울일 수밖에 없다. 국가자본주의 체제에서 중앙정부의 지침은 나침판 역할에 그치는 것이 아니라, 여전히 명령과 같이 작동하는 경향이 있기 때문이다. 그런데 중국이 뭔가 비상한 노력을 한다고 하면 그것이 합법과 불법 사이에서 수단과 방법을 가리지 않을 것이라는 인식이 중국 밖에서는 널리 퍼져 있다.

그렇지 않아도 중국의 부상을 위협적으로 느끼고 있던 미국은

2018년부터 '중국제조 2025'를 집중 공략했다. 중국의 지식재산권 갈취와 불공정 무역 행위들을 공격하기 시작하면서 언급한 근거가 '중국제조 2025'라는 산업정책이었다. 트럼프의 업적이자 바이든의 무기가 된 일련의 공격은, 중국공산당 지도부가 불필요한 자극을 외부로 던지지 않도록 학습시켰다. 그 결과 2018년 무렵부터 '중국제조 2025'라는 어휘를 직접 구사하지 않게 됐으며, 2020년부터는 심지어 '제조 강국'이란 구호까지 접었다. 중국의 강국몽은 중국식 정신승리법이었지만, 외부를 지나치게 자극하는 결과를 초래했다. 그러나 이제는 말로 떠들지는 않지만 실제로는 똑같은 일을 하고 있다. 같은 내용의 산업정책이 여전히 이어져오고 있다. 2020년 말에 발표된 '14.5 규획'에도 매우 구체적인 첨단산업 육성계획이 제시되어 있다.

중국식 목표관리경영과 정부의 자금지원

이러한 산업정책들이 실질적으로 정부에 의해 집행되려면 구체적 지표가 제시되고 그것을 달성한다는 목표가 공유돼야 한다. 이러한 국가급 지표에는 경제성장률과 도시화율 외에도 연구개발 투입, 발명특허, 인터넷 보급률 등 다양한 지표들이 포함돼 있다. 즉 중앙정부 차원에서 핵심성과지표를 제시하고 관료들이 그것을 달성하도록 하는 체계적 시스템을 갖추고 있다([표 4]). 이는 꾸준히 수립되고 있는 5개년 계획에 매우 잘 나타나 있다.

혹자는 이러한 중국의 5개년 계획이 사회주의 계획경제의 산물인 것처럼 생각하기도 한다. 그리고 한국을 비롯한 많은 개발도상국들이 과거에 유사한 경제계획을 가지고 있다가 경제가 성숙한 후 그것을 버렸던 것처럼 중국도 그렇게 되리라고 기대하거나, 그렇게 하라고 충고를 하기도 한다.

그러나 최근 중국이 구사하는 5개년 계획과 그 지표 설정은 계획경제라기보다 경영학에서 말하는 목표관리경영Management By Objectives, MBO에 가깝다. 계획경제라면 목표가 주어지고 그것을 실현할 수단인 자재와 부품까지 주어진다. 그리고 그 목표는 어떤 질적 변모를 도모하는 것이 아닌 양적 할당량에 가깝다. 오늘날 중국이 구사하는 것과 같은 [표 4]의 지표들은 양적 할당이 아닌 질적 성장률들이다. 이러한 지표들은 한 부문에서의 집중적 투입에 의한 것이 아니라, 전체적 성장과 자연스러운 조화에 의해 달성된다. 중국공산당의 목표관리경영 방식까지 트집을 잡을 수는 없는 것 아닌가?

물론 정부의 지표 설정에는 일정한 자금지원이 수반된다. 중국의 사회주의 금융시스템은 인내자본patient capital의 행태를 보이기 때문에 장기적 호흡에서 기업을 지원할 수 있다. 즉 국유은행이 정부가 목적하는 곳에 저금리로 자금을 투입한다. 이 과정에서 공정성이나 효율성은 둘째 문제이고 정부의 전략적 판단이 중요하다. 그야말로 인내심 있게 당장 수익률을 보장하지 못해도 자본투입이

표 4 중국의 국가급 핵심성과지표 예시

자료: 박승찬(2020)

	지표		2015년	2020년	2025년
경제발전	GDP(조 위안)		67.7	〉99	〉120
	노동생산성(만 위안/인)		8.7	〉12	〉20
	도시화율	상주인구(%)	56.1	60	63
		호적인구(%)	39.9	45	52
	서비스업 부가가치 비중(%)		50.5	57	64
혁신주도	연구개발 비중(%)		2.1	3.5	5
	만 명당 발명특허(건)		6.3	12	28
	과학기술진보 공헌율(%)		55.3	60	68
	인터넷 보급률	고정 광대역(%)	40	70	80
		이동 광대역(%)	5	85	95

가능하다. 실제로 전략산업에 어떻게 자본이 투입되는지 살펴보자.

중국을 대표하는 디스플레이 기업 BOE가 안후이성 허페이에 건설한 10.5세대 패널 생산라인의 사례를 보면 400억 위안에 달하는 총건설자금의 95%가 사실상 정부에서 지원되었다. 허페이시 건설투자그룹(38%), 산업투자펀드(17%), 은행대출(40%) 등이 모두 중앙과 지방정부의 교감으로 이뤄진 것이라고 봐야 한다. BOE 자신의 자본금 투입은 5%에 불과했다. 이렇게 정부가 마음먹고 육성하기로 한 업종에서는 은행과 정부가 밀접히 협업하여 자금을 동원해준다. 이러한 기금투입이 WTO의 산업보조금 규정이나 국유기업 규정을 위반한 것인지 아닌지에 대해서는 논란이 많다. 미국이 WTO 보조금 협정을 개정하고, 국유기업 관련 규범을 제정하자고 나서는 것은 바로 중국 정부의 산업정책이 마땅치 않기 때문일 것이다.

지방정부의 역할과 과감한 규제완화

지방정부도 자기 나름대로 핵심산업을 설정하고 경영관리에 나서고 있다. 특히 시진핑 정부 들어서 중요시되고 있는 관리지표가 특허 관련 지표이다. [표 5]에 나타난 저장성의 예를 보면 중앙정부에서 지정한 10개의 핵심산업 외에도 성급에서 11개, 닝보시 6개, 위야오현에서 4개 핵심산업을 정했다. 정말 특이한 점은 매출액당 특허 수를 지표로 설정했다는 점이다. 이 목표치는 그냥 참고로 설정된 지표가 아니다. 공산당 간부들의 성과지표가 된다. 지자체별로 담당 공무원들의 평가가 이것과 연동돼 있어서 사실상 목표치이다.

중국은 통제와 규제가 많은 나라로 알려져 있지만, 실상은 그렇지 않다. 중앙정부의 정책이 제시되면 목표 달성을 위해 과감한 규제완화 조치가 뒤따른다. 이는 국회나 지방의회와 같은 걸림돌이 없기 때문에 가능한 일이다. 한번 행정부가 마음을 먹으면 무엇이든지 가능하다. 가장 대표적인 것이 창업 관련 규제완화이다. 특히 혁신기업의 창업은 시진핑 정부가 가장 환영하는 분야이다. 2014년 회사법을 개정하여 등록자본금 최소 요건을 '1위안'으로

표 5 '중국제조 2025'의 지방급 추진 주체(저장성의 사례)

자료: Zenglein and Holzmann(2019)

	중앙정부		저장성		닝보시		위야오현	
핵심산업	10개		11개		6개		4개	
성격	산업 상위분류		산업 하위분류					
업종	• 차세대 정보기술 • 고급 공작기계 및 로봇 • 항공우주설비 • 해양엔지니어링 및 첨단 선박 • 선진궤도교통설비 • 에너지 절감 및 신에너지 자동차 • 전력설비 • 농업기계설비 • 신소재 • 바이오 및 고급 의료기기		• 친환경 석유화학 • 패션방직 • 응용특수집적회로 및 신부품 • IoT, 클라우드 컴퓨팅, 빅데이터, 산업SW		• 전통우위산업 • 신흥산업 • 생산연계 서비스업		• 신장비 • 신에너지 및 에너지 절감	
특허 수/매출 100억 위안	2020	2025	2020	2025	2020	2025	2020	2025
	70	110	80	120	105	150	110	150

낮췄던 것이 대표적 예이다. 이에 따라 중국은 소득대비 창업비용(0.7%)이 가장 낮은 나라가 됐다. 이와 함께 창업 과정에 거쳐야 하는 166개의 행정절차를 74개로 간소화했고 사업자등록증·법인등기증·세무등기증을 하나의 증서로 통합하는 '삼증합일三證合一' 제도도 구축했다. 2019년 7월에 출범한 기술 벤처기업 상장거래소인 커촹반科創板은 일정 요건을 갖추고 등록만 하면 상장을 할 수 있게 만들었다. 기존의 까다로운 심사·허가제를 대폭 완화한 것이다. 이를 통해 아직 수익이 안 나는 기업도 기술력을 갖췄다고 인정되면

상장하여 자금을 동원할 수 있다.

지방정부의 성과관리는 과도한 경쟁을 가져와 부작용을 초래하기도 한다. 구이저우성 구이양貴陽은 과거 중국에서 가장 못사는 지역이었지만, 이제 4차 산업의 중심지가 되었다. 전력비용이 저렴하다는 이점을 이용해 이 지역에 빅데이터센터가 설립되기 시작했다. 그러나 갑자기 빅데이터센터가 너무 많이 설립된 것도 문제이다. 이처럼 정치적 지역 안배나 각 지방정부 차원에서 행해지는 중복·과잉투자 문제는 그대로 남아 있다. 특히 지방정부의 경쟁적 투자는 비효율을 낳는 원인이고, 막대한 규모의 기업부채를 가져온 원흉이기도 하다. 그러나 수많은 투입을 통해서 어느 지역 어느 기업에선가 세계시장에서 먹히는 제품과 플랫폼이 탄생하게 되었다는 점을 고려하면, 지방정부의 경쟁적 산업지원을 부정적으로만 볼 일은 아니다. 인구 규모가 1억 명이 넘는 성이 있기에 중복투자는 불가피한 현상으로 인식되고 있다. 다른 성에서 벌이는 투자를 우리 성에서 하지 못할 이유가 있느냐는 것이 지방정부 공무원의 경쟁의식이다.

중국의 제조 강국 부상에 노출된 한국 산업의 위기와 기회

'중국제조 2025'에 따라 한국이 가장 큰 영향에 노출돼 있음은 익히 알려진 사실이다. 독일의 중국 연구기관인 메르카토르중국학연구소Mercator Institute for China Studies, MERICS가 시각적으로 표현한 [그림 7]은 하이테크 산업 비중을 가로축에, 제조업 비중을 세로축에 놓고, 우상향으로 갈수록 중국의 제조업 부상에 더 많은 위협을 받을 것이라고 예측하고 있다. 그 최상단에 한국이 있다. 그야말로 독보적으로 한국이 '중국제조 2025'에 가장 많이 노출되어 있다. 그러나 한국은 그동안 이런 위협을 별로 의식하지 않았다. 참 희한한 현상이다.

[그림 7]을 자세히 보면 한국이 왜 '중국제조 2025'에서 위협에 노출되어 있는지를 파악할 수 있다. 한국의 제조업 비중이 높고, 제조업 중 첨단산업의 비중이 높기 때문이다. 서비스업 비중이 높은 국가는 '중국제조 2025'에서 별로 영향을 받지 않는다. 중국이 제

그림 7 '중국제조 2025'에 따른 주요국의 위협 노출 강도

자료: MERICS(2016)

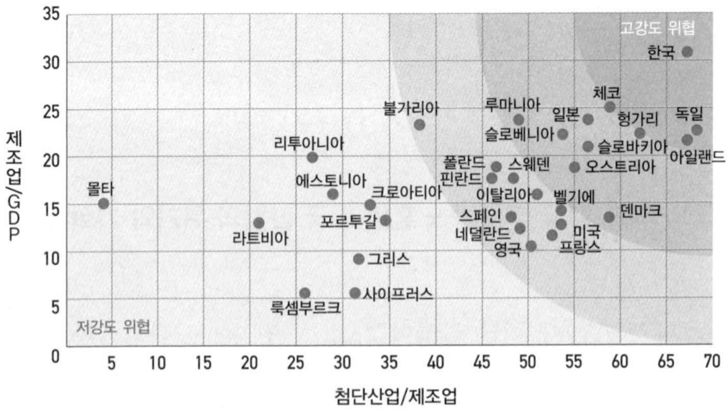

조 강국이 되면 기존 제조 강국을 대체할 것이라는 단순한 명제를 따른다면 한국이 가장 부정적 영향을 많이 받을 가능성이 있다. 그러나 현실은, 아니 미래는 그렇게 단순하지 않다. 중국이 어떤 방식으로 부상하느냐, 한국이 어떤 방식으로 대응하느냐에 따라 [그림 7]과 같은 그림은 위협의 강도強度가 아니라 기회의 강도로 인식될 수도 있다.

업종별 · 분야별 한중 경쟁력 비교

중국에 대한 대응방안을 도출하는 첫 단계는 한국의 경쟁력을 올바로 평가하는 것이다. 산업별 우열에 따라 대응방안이 달라지기 때문이다. 이를 위해 조철 외(2020), 정보통신기획평가원(2019), 최필수·이희옥·이현태(2020)를 살펴본다. 조철 외(2020)는 전통산업 위주의 연구이고, 정보통신기획평가원(2019)과 최필수·이희옥·이현태(2020)는 신산업에 대한 연구이다.

조철 외(2020)는 현재의 경쟁력과 5년 후의 경쟁력에 대한 전문가들의 견해를 종합하여 가격·품질·기술·신산업 대응의 측면에서 중국 경쟁력의 상승을 예측한다. 이를 정리한 [표 6]에 따르면 가격과 신산업 대응에 있어서 현재 중국이 우리에게 앞서 있는 부문이 많다. 품질과 기술 측면에서 현재 한국이 다소 앞서 있으나 5년 후에는 그 격차가 크게 줄어들 것이다. 기술에서 현재 중국이 이미 앞서 있는 분야는 시스템반도체와 AI이다. 조철 외(2020)는 이에 그치지 않고 업종별로 더욱 상세한 분석을 종합했다. 모든 업종의 세부 분야를 망라한 방대한 결과물을 정리한 [표 7]에 따르면 2025년에 많은 유망 분야에서 중국이 우위에 서거나 경합도가 심해지리라고 본다. 이는 향후 우리가 어떤 업종과 분야에 자원을 집중해야 하는가를 가늠할 수 있는 매우 중요한 판단 근거가 될 수 있다.

정보통신기획평가원(2019)이 제시하는 첨단 정보통신기술ICT 분야에서 한중의 경쟁력 차이도 중요한 자료이다. 위 연구와 마찬가지로 전문가 서베이를 방법론으로 하는 정기적 연구이다. 여기에선 이 연구가 제시한 결론을 재가공하여 시사점을 도출했다. 항목 중에서 '한중 간 차이'를 계산하고 그것을 기준으로 다시 정렬해본 것이다. 그 결과인 [표 8]에 따르면 총 26개 핵심 분야 중 한국이 중국보다 경쟁 우위가 있다고 판단되는 것은 11개에 불과하다. 한국이 우위에 있는 분야는 방송, 응용서비스, ICT 융합, 응용 SW, 콘텐츠 미디어 등이다. 중국이 우위에 선 분야는 양자정보통신, AI, 3D프린팅, 지능형반도체, 블록체인, 전파·위성, IoT 등 파급력이 큰 핵심기술이다. 이러한 현황은 첨단 신기술 분야에서 우리가 앞서 있지 않으며, 앞으로 그 차이는 더 커지리라는 것을 강력히 시사한다.

최필수·이희옥·이현태(2020)는 중국의 급속한 부상이 나타나는 정보통신 산업 분야를 데이터 플랫폼으로 규정하고 AI, 빅데이터, 5G 등에 걸친 분석을 하고 있다. 이 분석을 통해 중국이 딥러닝Deep Learning에 최적화된 데이터 축적에 있어 미국에 버금가는 경쟁력을 축적하고 있으며, 차세대 통신설비와 같은 하드웨어에 있어서도 미국에 뒤처지지 않는 경쟁력을 가진 것으로 평가하고 있다. 데이터 플랫폼 분야는 전통산업과 같이 경쟁력의 축적이 이뤄지는 것이 아니라, 단번 도약에 의한 게임 체인지가 가능한 분야이므로 중국의 도약에 특히 주목해야 한다. 향후 우리 삶에 지대한 영향을 끼칠 이 분야에서 중국은 한국이 아닌 미국과 경쟁을 하고 있으며, 한국의 입지는 둘 중 하나의 플랫폼을 선택해야 하는 처지이다. 이는 [표 6]에서 정량적으로 제시한 현상과 일치한다.

표 6 주요 산업의 한중 경쟁력 비교(한국=100)

자료: 조철 외(2020)

업종		가격경쟁력		품질경쟁력		기술경쟁력		신산업 대응	
		현재	5년 후	현재	5년 후	현재	5년 후	현재	5년 후
자동차		110	110	85	90	90	95	105	110
조선		106	105	83	90	87	90	87	90
일반기계		120	120	85	95	85	95	90	110
철강		110	105	95	98	95	98	95	100
석유화학		110	120	85	90	90	95	80	90
식품		130	110	90	95	90	95	85	90
반도체	메모리	–	110	30	80	85	85	–	90
	시스템	115	120	–	–	110	105	105	100
디스플레이		120	130	85	95	90	95	100	105
통신기기		115	110	95	97	95	98	105	102
가전		125	115	90	95	90	100	95	105
인공지능		115	115	95	98	108	105	110	105
게임		100	100	80	110	80	90	110	120

표 7 주요 산업의 5년 후 분야별 한중 우위 비교 전망

자료: 조철 외(2020)(최필수 재구성)

	한국 우위	경합	중국 우위
자동차	엔진, 변속기 등 내연기관 핵심부품, 수소연료전기자동차, 중형 이상 승용차	전기차, 경소형 승용차, 범용부품	저가형 상용차, 저가 범용부품, 전기버스, 자율주행 시스템
조선	LNG 운반선, FLNG, FSRU, 해양플랜트	대형 유조선, 컨테이너선, 범용 해양플랜트, LNG 연료추진선, 소형 LNG 운반선	벌크선, 중소 유조선
일반기계	복합 금형 등	머시닝센터, 고기능·스마트 수치제어시스템 등 고급 기계류 및 핵심부품	범용공구, 냉동공조기계 등 중저급 기술 기계류
철강	고기능성 강재, 고급 특수강/합금강	일반강 전체, 판재류(자동차 및 가전용)	건축용 철강재, 일반 저급강재, 강관류
석유화학	고부가 중간재(첨가제 등), 중국 자급률이 낮은 제품군(SM, EDC, PC, MEG 등)	신산업 부문(ICT 중간재, 바이오, 고기능성 다운스트림 제품)	범용 석유화학 제품
식품	기능성 유제품, 인삼가공식품, 한국전통 과채가공품, 고급 영유아식품(유기농제품), 커피 조제품, 소스류	유제품(신선우유, 신선요거트 등), 과자 및 베이커리, 생면류	인스턴트 면류, 음료(탄산), 일반주스, 주류, 즉석냉동식품, 장류, 차 제품
반도체	메모리반도체(D램, HBM*, 낸드플래시), 팹리스(이미지센서, 휴대용 전자기기용)	파운드리, 팹리스(통신용)	팹리스(AI, IoT)
디스플레이	프리미엄 OLED(폴더블, 터치 온 셀, 언더디스플레이 카메라 등), QD 기반 기술	중저가 OLED(스마트폰 중심) Micro-LED	LCD 전반
통신기기	고급형 플렉서블(폴더블)폰 등 Post-스마트폰 분야, 휴대전화 부품(반도체, 플렉서블 OLED, 이미지센서, 이차전지 등)	고급형 5G폰, 폴더블폰, 휴대전화 부품(생체인식 모듈, 중저급 OLED, 카메라모듈 등)	범용 부품, 중저가형 스마트폰

가전	초프리미엄 제품군	프리미엄 제품군, 스마트가전(IoT, 스마트 스피커 등), 특화가전(반려동물 가전, 로봇 가전, 건강 가전 등)	중급 사양의 가전제품 대부분
인공지능	AI응용 분야(바이오 · 의료, AI 가전 등)	음성 · 시각인식, 자연어처리, AI분석(기계학습), AI 반도체, 응용부문 전반	기계학습, AI 플랫폼
게임	콘텐츠 제작 능력	인터랙티브 콘텐츠, AI를 활용한 콘텐츠 등	대형서버(플랫폼), 클라우드, AR · VR, AI 등 신기술 접목

* HBM High Bandwidth Memory(고대역폭 메모리): 기존의 DDR 메모리를 대체하고 보다 고대역폭의 메모리 성능을 달성하기 위한 적층형 메모리 규격

표 8 ICT 업종 주요국 경쟁력 평가

자료: 정보통신기획평가원(2019)

	한국	미국	일본	중국	유럽	격차(한국 – 중국)	
ICT 기술 평균	84.5	100.0	88.9	86.1	92.9	−1.6	
데이터 및 응용서비스 보안	87.7	100.0	87.6	83.0	91.5	4.7	응용기술 ↑
방송 · 스마트미디어	92.0	100.0	96.3	87.7	96.5	4.3	
ICT 융합	85.6	100.0	91.8	82.3	96.1	3.3	
디지털콘텐츠	84.7	100.0	88.7	81.5	90.0	3.2	
지능형 디바이스	86.1	100.0	91.6	84.0	92.4	2.1	
응용SW	86.6	100.0	86.1	84.7	91.9	1.9	
시스템SW	84.4	100.0	86.2	83.2	91.3	1.2	
네트워크 보안	88.5	100.0	86.0	87.4	91.3	1.1	
콘텐츠 · 미디어 인프라	82.2	100.0	93.5	81.7	93.4	0.5	
융합보안	80.2	100.0	84.8	79.8	90.6	0.4	
웨어러블 디바이스	84.5	100.0	87.8	84.1	91.0	0.4	
물리보안	91.8	100.0	94.4	92.0	96.9	−0.2	
이동통신	96.8	100.0	93.9	97.5	96.4	−0.7	
시스템 및 암호보안	86.2	100.0	85.7	87.0	92.8	−0.8	

클라우드 컴퓨팅	84.0	100.0	84.2	85.0	89.3	−1.0	
IoT	82.8	100.0	87.1	84.4	93.8	−1.6	
네트워크	85.9	100.0	90.5	89.4	90.5	−3.5	
전파 · 위성	83.6	100.0	87.1	87.3	91.9	−3.7	
블록체인	80.8	100.0	87.5	84.8	90.5	−4.0	
빅데이터	83.4	100.0	84.8	87.7	92.7	−4.3	
지능형반도체	84.0	100.0	88.0	88.8	89.3	−4.8	↓
3D프린팅	79.9	100.0	91.0	84.7	95.3	−4.8	원
스마트 자동차	82.4	100.0	92.7	88.0	100.0	−5.6	천
인공지능	81.6	100.0	86.4	88.1	90.1	−6.5	기
컴퓨팅 시스템	78.9	100.0	88.2	87.3	89.4	−8.4	술
양자정보통신	73.6	100.0	90.0	86.1	99.9	−12.5	

2. 미중 간 데이터 플랫폼 기술전쟁

미중 간 국력 차이는 경제력·군사력·과학기술력 모든 분야에서 아직 현저하다. 중국은 경제 총량에 있어서 가까운 시일 내에 미국을 추월할 것이 거의 확실하지만, 1인당 GDP에서 미국을 추월하기에는 훨씬 더 많은 시간이 걸린다. 군사력에서도 중국을 이미 크게 압도하고 있는 미국과의 향후 격차가 줄어들 전망은 전혀 없다. 그러나 집중적 연구개발에 따라 도약이 가능한 과학기술력에서는 미중 간 가시적 경쟁의 양상이 나타난다. 데이터 플랫폼은 과학기술력 경쟁의 핵심 분야로, 중국이 미국을 추격할 가능성이 큰 분야이자 같은 이유로 미중 간 기술전쟁이 벌어지는 분야이다.

데이터 플랫폼은 정보통신기술과 빅데이터가 융합되어 나타나는 비즈니스 모델이라고 정의할 수 있다. 그 핵심에는 AI, 5G, 빅데이터, 위성항법시스템Global Positioning System, GPS 등의 기술이 있다. 매일매일 검색하고 사진과 자료를 클라우드에 저장하고 인터넷으로 상품을 주문하고 GPS의 도움으로 운전하면서 우리의 일상은 이들 기술에 크게 의존하고 있다.

그중 AI는 두뇌 역할을 하면서 상황을 인식하고 솔루션을 도출하는 역할을 한다. 현재 주어진 과업을 수행하는 전문인공지능Artificial Narrow Intelligence, ANI에서 좀 더 넓은 과업을 창의적으로 수행하는 일반인공지능Artificial General Intelligence, AGI으로 진화 중이며, 궁극적으로 스스로 사유하고 문제를 해결하는 초인공지능Artificial Super-Intelligence, ASI으로 진화할 전망이다. AI는 고객 데이터를 분석하여 맞춤형 솔루션을 제공하는 단계에서 사물을 인지하는 단계로, 그리고 자율적 판단과 실행 단계에서 마침내 인간의 능력을 초월하는 단계로 진화할 것이다.

빅데이터 기술은 방대한 현상들을 데이터라는 자원으로 재조직하여 AI에 공급하는 역할을 한다. 영상과 음성을 어떻게 제대로 인식하는지, 구매·클릭·이동·취향 등 다양한 인간의 일상을 얼마나 정확하고 폭넓게 포착할 수 있는지가 관건이다. 5G는 상황이 이뤄지는 현장과 연산이 이뤄지는 서버 사이의 물리적 거리를 최소 시간으로 축소하는 역할을 한다. 5G는 4G보다 최대 20배 빠르다. 현실의 데이터를 인식하고 그에 대한 솔루션을 제공하기 위해 현장과 서버 사이를 빠르게, 끊김 없이 연결하는 기술이 5G 통신기술이다.

AI와 빅데이터 분야의 미중 경쟁

AI에 있어 미국과 중국을 비교한 에이미 웹(Amy Webb, 2019)과 리카이푸(2018)의 연구에 따르면, 미국은 좀 더 넓은 영역에서 창의적으로 과업을 수행하는 AGI에 좀 더 근접해 있고 바이두로 대표되는 중국은 좁은 영역에서 주어진 과업을 수행하는 ANI 단계에 있다. GMAFIA Google, MicroSoft, Amazon, Facebook, IBM, Apple로 대표되는 미국의 기업들이 인지지능 단계에서 자율지능 단계로 진화하고 있지만, 중국은 아직 인지지능에서의 능력을 확장하는 단계에 머물고 있다. 미국의 기업과 학계는 1950년대 이래 AI에 관한 연구를 꾸준히 축적해왔고, 2006년 딥러닝의 개념을 확립하고, 2015년 알파고를 개발하는 등 AI의 미답지를 계속 개척하고 있다. AI 분야 상위 1%의 연구자 중 9%만이 중국인이고 그중 중국의 연구기관에서 일하고 있는 사람은 1%에 불과하다. 상위 20%의 연구자 중에서는 25%가 중국인인데 이들 중 21%만이 중국에서 박사학위를 취득했고 32%만이 현재 중국에서 공부하거나 근무하고 있다(Macropolo, 2019).

그렇다고 미국의 우위가 확고부동하다고 말할 수는 없다. 데이터 플랫폼은 아직 그 어느 국가도 압도적인 지식의 축적을 가지고 있지 못하기 때문이다. 딥러닝이란 것이 최근 10년 사이의 일이기 때문이다. 통신기술에 있어서도 5G, 6G 등 미답지에서 자원을 집중적으로 투자하면 그 나라가 기술을 선도할 가능성이 크다. 4G까지 미국의 독주였다. 그러나 화웨이가 10년 정도 집중적으로 투자하면서 5G의 강자로 등장하게 된 것이다. 양자응용 기술처럼 그야말로 최신 분야는 말할 것도 없다. 투입량에 따라 경쟁력이 좌우되는 것이다.

최상급 과학자의 부족도 결정적 문제가 아니다. 연구자들이 자신들의 연구 성과를 'arxiv.org'와 같은 공개 소스에 재빨리 탑재하기 때문이다. 분초를 다투는 이 영역에서 과학자들이 자신의 학문적 성과를 확립할 강력한 유인이 있다. 최신 영역에서 중국과 미국의 격차는 시차에 불과하다는 인식도 가능할 정도이다. 지식과 정보는 공공재 영역으로 빠르게 보급되면서 외부경제를 창출하고 있다.

AI 분야의 연구개발과 특허출원에서 중국이 미국을 꾸준히 추격하고 있다. 한국에서 수행한 기술수준 조사보고서(추형석, 2019)에 따르면 2017년 기준 중국과 미국의 기술격차는 1.4년에 불과하다. 2013~2017년 유럽특허청의 특허발간 목록에서 AI, 머신러닝Machine Learning, 딥러닝을 검색하면 AI와 딥러닝에서 중국이 미국을 앞섰으며 머신러닝에서의 격차도 크지 않다. 앨런인공지능연구소Allen Institute for Artificial Intelligence가 2018년까지 시맨틱 스칼라Semantic Scholar에 등록된 200만 건의 논문을 분석한 결과, 중국은 인용지수 상위 50%에서는 2019년에, 상위 10%에서는 2020년에, 상위 1%에서는 2025년에 미국을 능가할 것으로 예측했다(이왕휘, 2019). 2005~2017년까지 각 분야에서 중국과 미국의 특허출원 비중을 분석해봐도 전체적으로 중국이 미국을 34.7% 대 25.1%로 앞섰다. 이 분석에 따르면 AI, IoT, 빅데이터, 3D프린팅, 지능로봇 중에서 미국이 중국에 앞선 분야는 AI가 유일하다. 인력양성과 배출에 있어서도 중국은 미국을 바짝 추격하고 있다. AI 분야에서 중국의 관련 인력은 1만 8,232명으로 미국(2만 8,536)에는 미치지 못하나 세계 2위를 차지하고 있다.

데이터의 질과 다양성은 미국, 깊이와 접근은 중국이 우위

AI의 발달에 관건적 영향을 미치는 것은 데이터의 경쟁력이다. 화석연료가 전력생산의 기초 전제였듯이 데이터는 AI가 자라나는 토양과도 같기 때문이다. 리카이푸(2018)는 "앞으로 10년은 발견의 시대Age of Discovery가 아닌 구현의 시대Age of Implementation"가 될 것이라고 말하기도 했다. 이와 동시에 딥러닝의 귀결에 따라 '전문가의 시대Age of Expertise'에서 '데이터의 시대Age of Data'로 패러다임이 바뀌고 있다. 즉 실리콘밸리에서 새로운 아이디어와 통찰이 탄생한다면, 알리바바가 소재한 항저우에서는 도시 단위의 엄청난 데이터를 다루고 쌓으면서 실험실에서 상상만 하던 기술들이 구현되고 있다.

그렇다면 미중의 데이터 경쟁력은 어떠한가? 맷 시핸(Matt Sheehan, 2019)은 다섯 가지 기준으로 양국의 데이터 경쟁력을 비교한다([표 9]). 즉 양, 깊이, 질, 다양성, 접근성이다. 데이터의 양에 있어서 두 경제 대국 미국과 중국은 막상막하이다. '시행과 오류'에 의해 축적되는 딥러닝에서는 데이터의 양이 관건이 된다. 인간이 알고리즘을 개발하여 과제를 해결하는 머신러닝에서는 축적된 알고리즘의 경험과 통찰력이 중요하고, 이 분야에서 미국은 타의 추종을 불허하는 경쟁력을 지니고 있다.

표 9 미국과 중국의 데이터 경쟁력 5차원 비교

자료: Matt Sheehan(2019)

차원	기준	사례	우위	비고
양	사용자 수 혹은 이용 건수	페이스북 사용자, 공유자전거 이용횟수	막상막하	미국은 증가할 가능성이 많고, 중국은 측정값을 빠르게 축적할 수 있음
깊이	사용자 행위의 여러 측면 혹은 디지털 형태로 포착된 행태	거래, 식사와 같은 일상생활의 포착	중국	중국이 도시민들의 스마트폰 사용 비중이 높음
질	데이터의 정확성, 데이터가 어떻게 구조화되고 축적되는가	기업 금융결제 기록의 창조와 축적	미국	이 분야에서 미국 민간부문의 경쟁력이 앞서 있지만 중국이 따라잡을 수 있음
다양성	사용자나 사용 경험의 다양성	다인종에 대한 안면인식 데이터	미국	미국의 데이터는 글로벌하게 다양한 반면, 중국의 데이터는 소득분포가 다양함
접근성	데이터에 접근할 수 있는 능력	감시과 통제를 통해 축적된 데이터	중국	정부와 민간기업이 합작으로 구축한 엄청난 통제 데이터

그러나 알고리즘 개발 자체를 프로그램 스스로 학습하게 하는 딥러닝에서는 얼마나 많은 양의 학습을 기계가 직접 할 수 있는지가 관건이기에, 딥러닝이 머신러닝을 추월하는 것은 시간문제이다. 이런 점에서 빅데이터는 중국의 기술발전 대상·목표이자 그것을 추동시키는 가장 강력한 힘이라고 할 수 있다. 세계에서 가장 많은 인구를 보유하고 그들이 생산하는 데이터를 효과적으로 포착할 수 있는 중국이 빅데이터 축적 경쟁에서 유리한 면이 있다. 독일 시장통계 조사기관 스타티스타Statista의 추산에 따르면 전 세계 빅데이터 총량이 2019년 기준 41ZB에서 2025년 175ZB로 증가하고, 그중 중국은 2018년 7.6ZB에서 2025년 46.6ZB로 증가할 전망이다. 전 세계 빅데이터의 27%가 중국에서 나오는 셈이다(박승찬 2020, 299쪽). 이는 중국이 세계 경제총량에서 차지하는 비중(약 16%)보다 크고, 세계 경제성장에서 차지하는 비중(30%)과 비슷하다.

중국 정보통신 분야의 대표 3인방인 BAT(바이두, 알리바바, 텐센트)는 다층적 플랫폼을 통해 수억 명의 데이터를 축적하고 있다. 바이두는 검색·O2O Online to Offline·위치·금융 등을 통해, 알리바바는 전자상거래·O2O·금융·결제·소셜미디어·물류 등을 통해, 텐센트는 SNS·금융·결제·온라인게임·전자상거래 등을 통해 데이터를 수집하고 있다. 이렇게 다층적 데이터는 인간의 실생활에 종합적으로 접근할 수 있게 하고 새로운 서비스를 창출할 수 있게 한다.

비단 AI 분야뿐 아니라 바이오·의약 분야에서도 데이터의 축적과 분석은 매우 중요한 역할을 한다. 신약 개발은 어느 천재가 이뤄내는 결실이 아니라 집합적 투자와 수많은 데이터를 축적해야 하는 과업이다. 이 분야에서도 중국은 압도적으로 규모의 경제를 발휘한다. 박승찬(2020, 117쪽)에 따르면 미국 국립보건원NIH에서 발표하는 임상시험 횟수 순위에서 중국은 2015년 세계 11위에서 2019년 미국에 이어 2위로 올랐다. 한국의 순위는 8위이다.

데이터의 깊이에서도 더 풍부한 애플리케이션이 활용되고 O2O 비즈니스가 더 활성화된 중국이 우월하다. 중국에서 결제·쇼핑·SNS 등에서 더 깊고 일관된 데이터가 생산되고 있다. 온라인 결재 건수와 온라인 쇼핑 규모 등에서 알리바바는 아마존을 몇 배 이상 능가하는 데이터를 축적하고 있다. 중국은 BAT라는 소수의 기업이 업계를 장악하고 있어서 집중에서 오는 우위를 누릴 수 있다. 하루 10억 명이 사용한다는 위챗, 세계 최대 전자상거래 플랫폼 알리바바, 14억 중국 검색시장 70%를 차지하는 바이두는 타의 추종을 불허하는 사용자 수를 이용하여 매우 균일한 데이터를 축적할 수 있다.

반면 데이터의 질로 대표되는 정확성과 구조화 수준에서는 미국이 앞서 있다. 오랜 시간 데이터를 다룬 노하우가 있고 금융·보험·마케팅 등에서 이를 활용해온 노하우가 미국의 정확성을 보장해주는 경쟁 요소이다. 그러나 미국이 민간 부문에서 축적한 이러한 정확성 우위에도 불구하고, 공공 부문에서 중국이 앞설 여지가 있다. 정부와 국유기업이 수집하는 광범위한 납세·교통 사용 등의 데이터를 중국이 더 잘 다룰 수도 있기 때문이다.

데이터의 다양성에서는 전 세계의 데이터를 수집하는 미국이 앞서 있다. 전 세계적 데이터 수집이란 측면에서 구글·유튜브·페이스북에 필적할 만한 중국 기업은 아직 없다. 세계무대에서 더 넓은 데이터 소스를 가진 쪽은 미국, 특히 구글이다. 접속자 수와 체류시간 등으로 평가한 세계 웹사이트 순위에서 1~3위를 차지한 것은 구글, 유튜브, 페이스북이고, 바이두가 그 뒤를 따른다. 그러나 미국의 수집 도구가 중산층 이상에 집중된다면 중국은 더 다양한 소득계층의 데이터를 수집할 수 있다는 다양성의 장점도 있다.

데이터의 접근성에 있어서는, 민감한 공공 및 개인 데이터를 손쉽게 수집할 수 있는 중국이 앞서 있다. 세계에서 가장 많은 안면인식 데이터와 생체인식 데이터를 별다른 저항 없이 정부 재량으로 채택하고 구사할 수 있다는 것은 중국의 강력한 경쟁력이다. 그것은 전체주의 사회가 제공하는 특징이다. 개인정보보호가 느슨한 중국에서는 정부가 상대적으로 손쉽게 데이터를 축적하고 다룰 수 있다. 홍콩 《사우스 차이나 모닝 포스트SCMP》는 중국의 안면인식 기술 기업인 센스네츠SenseNets가 자사의 기술을 이용하여 신장 위구르족 250만 명의 개인정보를 확보했으며, 이를 정부와 공유하고 있다고 보도한 바 있다(SCMP, 2019). 반면에 유럽의 개인정보보호규정General Data Protection Regulation, GDPR과 같은 개인정보보호법은 AI 산업발전의 완충 작용을 하게 된다(추형석, 2019). 자율주행차나 AI 의료 등 안전사고에 민감한 분야도, 여론 수렴을 거쳐야 하는 민주주의 국가와 비교하면 중국의 실험·도입이 더 과감히 이뤄질 수 있다. 최근 중국 정부는 2019년 12월 1일부터 신규 휴대전화 가입자에게 안면인식을 의무화하도록 규정했다. 실명등록 관리제에서 한 걸음 더 나아간 것이다. 안면 스캔 정보를 함유한 스마트폰 등록은 데이터 수집과 사용에 본질적 변화를 불러일으킬 수 있다.

첨단기술의 테스트베드로서의 중국

단순히 소비 규모가 크다는 것에 그치지 않고, 중국은 첨단기술의 테스트베드test bed라는 특징도 지닌다. 시제품을 가장 짧은 시간에 만들어 테스트해볼 수 있는 환경을 지니고 있다는 뜻이다. 선전의 화창베이나 베이징의 중관춘 같은 곳이 실리콘밸리와 긴밀히 연결된 테스트베드이다.

이 테스트베드에서 성공적으로 출시된 아이템은 중국 시장에서 빠른 속도로 탄생·적용·진화의 과정을 겪는다. 이 속도가 빠르다는 것도 중국 시장에서 새로운 기술이 탄생하기 유리한 조건이다. 박승찬(2020)에 따르면 첨단제품이나 서비스가 중국에서 1억 명의 사용자를 획득하는 데 걸리는 시간이 점점 짧아지고 있다. 피처폰의 경우 1987년에 탄생하여 15년이 걸린 반면, 2009년에 도입된 스마트폰은 3년, 2011년에 탄생한 위챗은 1.5년 만에 1억 명의 사용자를 획득했다. 틱톡의 중국 버전인 더우인은 불과 100일 만에 1억 명의 사용자가 모였다.

활발한 창업과 이를 뒷받침하는 벤처캐피털

어떤 기업들이 중국 데이터 플랫폼 분야를 이끄는가? 막스 J. 젱글라인Max J. Zenglein과 안나 홀츠만Anna Holzmann이 정리한 신세대 정보통신기술 분야의 대표적 중국 기업 16개는 [표 10]에 정리되어 있다.[59] 이들은 이미 주류 주식시장에 상장된 확고한 글로벌 기업이거나, 이제 막 창업 시장에 상장된 유니콘 기업(기업가치 10억 달러 이상의 스타트업)이거나, 연구개발 분야에서 첨단을 다투는 기업들이다. 이 중 ZTE와 YMTC를 제외한 14개 기업이 민간기업이다. 물론 화웨이를 민간기업으로 봐야 하느냐에 대해서는 논란의 여지가 있다.

표 10 신세대 정보통신기술 분야의 대표적 중국 기업

자료: Zenglein and Holzmann(2019)

기업	소유	업종
HUAWEI	민영	네트워크 장비, 소비가전, 스마트폰
ZTE	국유	네트워크 장비
Alibaba	민영	전자상거래 및 AI 관련 종합 분야
Tencent	민영	온라인메신저 및 AI 관련 종합 분야
Baidu	민영	검색엔진 및 AI 관련 종합 분야
Bytendance	민영	인터넷 미디어, 스마트폰 app, AI 연구
Sense Time	민영	안면인식, AI 딥러닝
CloudWalk	민영	안면인식, AI 연구
Yitu Technology	민영	헬스케어, 금융, AI 연구
iFlytek	민영	음성인식, AI 번역
Megvil Face++	민영	안면 및 생체인식
Cambricon	민영	집적회로, AI Chip, 반도체
YMTC	국유	집적회로, microchip

Horizon Robotics	민영	집적회로, microchip
HiSilicon Techology	민영	집적회로
Jiangsu Changliang Electronics Technology	민영	집적회로 packaging and testing

중국의 활발한 창업 분위기와 이를 뒷받침하는 벤처캐피털이 이러한 기업들을 지탱하고 있다. 벤처기업에 대한 주식투자에서 2017년 중국은 세계 전체의 48%를 차지해 38%를 차지한 미국을 넘어섰다. 또한 2010년 94만 개였던 중국의 벤처창업은 2017년에 607만 개로 6배 이상 증가했다. 이와 함께 유니콘 기업이 120개 존재한다. 2018년 전 세계 유니콘 기업의 36%가 중국에서 탄생했다.[60] 현재 중국 벤처캐피털의 수는 1만 개, 투자액은 500억 달러에 이르는 것으로 집계된다. 2017년 말 기준 벤처캐피털 등으로부터 투자를 받은 AI 기반 스타트업은 185개로 추산되며 그중 55.7%가 2015년 이후 창업된 것이다.

탈중국 스케일의 거인들, BAT

흔히 BAT로 일컬어지는 바이두, 알리바바, 텐센트는 이미 중국의 스케일을 넘어선 글로벌 기업이다. 중국에서 AI 분야의 선두기업은 바이두이다. 바이두는 'All in AI'라는 이름의 AI 프로젝트를 추진 중이다. 이를 통해 바이두는 AI 플랫폼인 듀어 운영체제를 개발하고 자율주행과 통번역에 특히 중점을 두고 있다. 이를 위해 2017년에 AI 기술플랫폼그룹AIG을 설립했고 별도로 자율주행 관련 사업부를 보유하기도 했다. 이 사업부는 71개 기업이 참여하는 세계 최대의 자율주행 프로젝트인 Apollo를 운영하고 있다. 일찍이 2013년에는 딥러닝 연구원을 설립하는 등 중국 기업 중 가장 적극적으로 AI 기술개발에 나서고 있으며, 2016년 미국 시애틀에 인공지능연구센터를 설립했다.

알리바바는 빅데이터 수집과 구현의 대표 기업이다. 중국 내외에서 수많은 구매 결제 관련 데이터를 보유한 알리바바는 정보기술IT에서 데이터 기술로 패러다임이 바뀐다고 규정하고, 빅데이터와 AI를 결합한 갖가지 상업 모델을 창출하고 있다. 알리바바는 'NASA'라는 이름의 AI 프로젝트를 추진하면서 클라우드 컴퓨팅 플랫폼인 알리윈阿里云과 AI 서비스인 ET 브레인을 결합하여 새로운 서비스를 제공한다. 이를테면 항저우를 중심으로 '도시 브레인', '의료 브레인', '공업 브레인', '농업 브레인' 서비스를 제공하고 있으며, 빅데이터를 실시간으로 처리하여 도시 거버넌스를 개선하는 작업을 하고 있다(楊軍, 2018). 이를 위해 데이터 분석 기술을 개발하는 iDSTInstitute of Data Science and Technologies를 운영 중이다.

알리바바는 데이터 플랫폼을 활용한 '신新유통'에서 선도적 부가가치를 창출하고 있다(김성옥, 2019). 마윈이 2016년 10월 처음으로 언급한 신유통은 '소비자 체험 중심의 데이터 기반 유통'이라고 정의할 수 있다. 최근 소비자들 사이에서 선풍적 인기를 끌고 있는 유통 할인매장 허마셴셩盒马鲜生의 사례가 많은 시사점을 던져준다. 허마셴셩은 3km 이내 지역에 30분 내 배달 서비스를 제공하고, 소비자가 바구니에 물건을 담을 필요가 없다. 온라인 중심의 기존 구매 플랫폼을 오프라인과 결합한 비즈니스 모델을 신선유통 부문에 특화하여 유통속도에 혁명을 일으키고 있다. 이 밖에 가구·생활용품 매장 타오바오신쉬엔淘宝心选, 패션 매장 미쇼MiShow, 무인서점 쯔다서점志达书店, 가구매장 바이안쥐百安居 B&T home, 무인카페 타오카페Tao Cafe 등 다양한 오프라인 '신유통'이 확장 중이다. 여기에 기존 QR코드 및 안면인식 결제 등 다양한 신형 결제수단이 동원 및 실험되고 있음은 물론이다.

텐센트는 가장 종합적인 슈퍼 앱의 운영자이다. 텐센트가 보유한 유저는 8억(인터넷 메신저 QQ)과 11억(모바일 메신저 위챗)으로 세계 최대의 플랫폼 베이스를 보유하고 있는 셈이다(백서인, 2019). 알리바바나 바이두가 아마존·구글을 방어해준 정부 정책에 힘입은 바가 크다면 텐센트는 그러한 불공정 경쟁에 의하지 않고도 중국 시장을 장악했다는 점이 특이하다. 텐센트의 위챗에 기반한 연관 서비스는 매우 광대하며 게임, 영상 스트리밍, 음악, 금융 등 많은 분야에서 막대한 부가가치 잠재력이 있다(백서인, 2019). 텐센트는 이를 위해 'AI in All'라는 이름의 AI 프로젝트를 추진 중이다. 말 그대로 AI를 엔터테인먼트, 의료, 소매, 금융, 보안, 통번역, 소셜 네트워킹 등 생활을 망라하는 8대 영역에 적용하는 시도이다. 이를 위해 텐센트는 380명 규모의 AI 팀을 운영 중이다.

BAT와 벤처캐피털이 육성하는 스타트업들

BAT로 대표되는 중국 신산업의 대기업들은 수억 달러를 들여 외부 기업들을 적극적으로 인수합병하고 있을뿐더러, 활발한 벤처육성을 도모하고 있다. 알리바바는 창업가(촹커創客) 프로젝트를 발표하고 100억 위안의 창업자금 지원 플랫폼을 구축하여 11개 유니콘 기업에 투자했다. 텐센트는 총 100억 위안을 100개 스타트업에 투자한다는 쌍백雙百 프로젝트를 진행하여 시가총액 1억 위안이 넘는 40개 기업을 인큐베이팅했고, 2016년부터는 매년 텐센트 글로벌 스타트업 대회를 개최하고 있다.

이들 세 기업은 모두 창업혁신센터를 중국 국내외에 설립하고 첨단기술 분야의 스타트업을 체계적으로 지원하고 있다. 국가가 해야 할 것 같은 이런 사업을 하는 이유는 벤처 육성을 통해 새로운 기술을 흡수할 수 있기 때문이다. 이렇게 발굴되고 투자받은 신생 기업들은 투자자와 준準모자母子회사 관계를 맺고 긴밀하게 협업하게 된다.

이 외에도 많은 스타트업이 빠른 성장을 하고 있으며 특히 음성인식과 안면인식 분야에서 활약이 두드러진다. 중국의 AI 스타트업은 약 1,040개로 미국에 이어 세계 2위이다. 전 세계의 21%를 차지하고 있다. 특히 바이두가 자리 잡은 베이징은 AI 기업 수가 415개로 세계적으로 가장 많은 도시로 꼽힌다. 예를 들면 아이플라이텍iFLYTEK은 음성인식, 센스타임SenseTime은 안면인식에서 세계적 기술을 보유하고 있다. [표 11]과 같이 많은 스타트업 기업이 특화된 분야에서 투자유치와 상장 성과를 내고 있다.

표 11 중국 AI 스타트업 성공사례

자료: 박소영(2019)

분야	스타트업	설립 연도	투자 유치	특징
배송용 무인드론	쉰이(迅蟻)	2015	A+	드론배송 루트 개척
개인용 무인드론	다장창신(大疆創新)	2006	상장	글로벌 시장 겨냥
저속 무인 자율주행차	즈싱저(智行者)	2015	B+	청소/맞춤 배송출시
가정용 로봇	캉리요유란(康力優藍)	2007	상장	틈새시장 겨냥
건강관리/의료진단	윈즈성(雲知聲)	2012	C+	음성인식 솔루션 개발
안전/보안(범죄추적)	상탕커지(商湯科技)	2014	C	안면인식기술 고도화
안전/보안(도어락)	궈자(果加)	2013	C	지문인식기술 고도화
AI 공급관리	창신치즈(創新奇智)	2018	엔젤	재고관리/오류 해결 주력
가상 의류 시착용	이마이커지(衣脈科技)	2013	상장	O2O 유통 실현

AI 육성: 정부 주도의 중국, 기업 주도의 미국

2015년에 나온 '중국제조 2025'와 2017년에 나온 '차세대 인공지능 발전계획' 등을 통해 중국 정부는 체계적으로 업계와 소통하며 지원하고 있다. 시진핑을 포함한 최고지도부는 2018년 10월 31일 AI를 주제로 중국공산당 정치국 집체학습을 벌였는데 이는 다른 나라에서 상상하기 힘든 것이다. 지방정부들도 경쟁적으로 자기 지역의 기업을 육성하기 위한 지원에 나섰고, 창업과 창신을 위한 쌍창雙創기지 건설, 공간제공·법률세무·인재알선 등 전방위적 서비스를 제공하고 있다(정상은, 2019).

에이미 웹(2019)은 세계 AI의 발전을 추동하는 미국과 중국의 양대 엔진을 분석하면서 미국은 기업이, 중국은 정부가 주도하고 있다고 평가한다. 미국의 문제는 기업들이 분기별로 실적을 내야 한다는 것이고, 중국의 문제는 빅브라더와 같은 통제가 나타날 수 있다는 것이라고 지적한다. 실제로 중국 기업들이 단기적 성과의 압박을 덜 받는다면 좀 더 장기적 프로젝트에 집중할 수 있을 테고 그것은 곧 중국의 강점이 된다. 이것을 지켜보고 있는 것은 투자자가 아닌 정부일 텐데, 정부의 이러한 참을성 있는 육성정책은 분명 효과가 있을 것이다. 미국 대통령 오바마는 첫 번째 임기 당시 솔린드라Solyndra라는 태양광 기업을 정부 육성 대상에 포함했다가 그 기업이 실패하자 정치적 책임을 져야 했고, 재선에 실패할 뻔했다. 중국 지도부는 이런 염려 없이 상대적으로 수월하게 리스크를 감당할 수 있다.

중국 정부는 신산업 육성을 위해 특정 지역을 선정하여 집중적 자원배분을 하기도 한다. 대표적 예가 구이저우성의 빅데이터 산업이다(김재덕, 2018). 남서부 내륙의 빈곤한 성이었던 구이저우에 시진핑의 측근으로 분류되는 천민얼陳敏爾 당서기가 부임하면서 빅데이터 산업과 관련한 집중적 지원을 받은 것이다. 연중 온도차가 크지 않고 전력 공급이 안정적이라는 구실도 있지만, 시장이 좁고 인력을 구하기 힘든 구이저우에 첨단산업을 육성하려는 이유는 균형발전을 이유로 한 정치적 안배임이 분명하다. 이를 통해 구이저우의 성도인 구이양의 구이안貴安 신구에는 2015년 빅데이터거래센터Global BigData Exchange Center, GBDEX가 설립되고, 전 세계 ICT 기업들이 속속 자리를 잡고 있다. 여기에 투자하는 기업에 법인세를 2년간 면제, 3년간 50% 할인 혜택을 주고 있으며, 이에 따라 알리바바, 텐센트, 제이디닷컴, 퀄컴, 마이크로소프트, 애플, 폭스콘, 현대자동차 등이 입주했다. 구이양에서는 2015년부터 매년 중국 빅데이터 산업박람회를 개최하고 있으며, 부족한 인재양성을 위해 9개 대학과 110개 업체가 집중된 대학촌을 건설하기도 했다.

정부가 특정 기업을 지정, 분야별 중점 육성 전략

AI 분야에서 중국의 가장 중요한 정책은 2017년 7월 20일 국무원이 발표한 '차세대 인공지능 발전규획'이다. 오종혁(2018)에 따르면 1단계는 2020년까지 AI의 전반적 기술과 응용을 세계 선진 수준으로 끌어올리고 AI 산업을 새로운 경제성장의 축으로 발전시킨다는 계획이다. 이를 위해 AI 기술 지원과 서비스 체계 확립에 중점을 둘 방침이다. 2단계는 2025년까지 AI 기초이론을 발전시키고 일부 기술 및 응용 부문에서 전 세계를 선도하는 수준에 도달하게 한다는 구상이다. 특히 스마트시티, 스마트농업, 스마트의료 등의 분야에 집중한다. 3단계는 2030년까지 AI 이론, 기술과 응용 부문의 전체에서 전 세계를 선도하는 수준에 도달시키고 관련 시장을 1조 위안으로 성장시킨다는 방침이다.

이를 위해 2017년 11월 국무원 산하에 '차세대 인공지능 발전규획 추진 판공실新一代人工智能发展规划推进办公室'이 전담부서로 설립됐다. 이 조직을 통해 정부가 특정 기업을 지정하여 분야별로 중점 육성하는 전략을 취하고 있다. '자율주행 자동차-바이두', '스마트시티-알리바바', '스마트의료-텐센트', '음성인식-커다쉰페이'가 4대 기업이다.[61] 공업정보화부工信部에서도 '차세대 AI 발전 촉진 3년 행동계획促进新一代人工智能产业发展三年行动计划(2018~2020)'을 발표하고 산업부문의 응용 영역을 밝혔다. 2017년 12월 발표된 동 계획에서는 로봇생산, 드론, 의료영상 진단시스템, 스마트센서, 신경망 등의 분야가 거론됐다.[62] 이러한 정책들은 갑자기 나온 것이 아니라 몇 년간 축적된 정책 실험의 결과이다. 2017년 7월 AI 관련 종합적이며 결정적 정책이 등장하기 전부터 누적된 정책 실험이 있었다. 이에 따르면 '인공지능'이라는 화두가 5개년 계획과 정부의 업무보고 등에 축적되어 등장해왔다. 중국이야말로 AI 분야에 공을 들이며 축적의 시간을 거쳐왔다.

차세대 통신

5G는 4G보다 최고 20배 빠른 전송 속도를 구현함으로써 더 많은 기기를 더 안정적으로 연동시켜 사용할 수 있는 통신기술이다. 제5세대에 접어들어 전 세계의 온라인 연결기기 숫자는 2016년 160억 개에서 연평균 10%씩 증가하여 2022년에는 290억 개에 이를 전망이다(Ericsson Mobility Report, 2017). 5G 기술은 이러한 기기 수의 증가가 발생시키는 통신 트래픽을 가능하게 해주는 핵심기술

이다. 이것은 단순히 디지털콘텐츠를 더 쉽게 사용할 수 있다는 차원을 넘어서 자율주행과 원격의료, 원격강연 등 끊김이 있어서는 안 되는 모바일 기술을 구현할 수 있게 된다는 의미를 지닌다. 5G 구현에 필요한 기술은 주파수, 기지국, 대량 다중입력 다중출력Massive MIMO[63], 네트워크 슬라이싱, 단말기용 통신칩셋, 전용 모바일 AP Application Processor로 구분할 수 있다. 퀄컴, 애플, 삼성, 화웨이 등 소수의 기업만이 모바일 AP 설계능력을 갖추고 있다.

중국의 5G 추진 체제: 정책 · 기업 · 중앙 · 지방

중국은 2013년부터 5G 분야에서 정부와 통신사, 통신장비 회사를 망라한 종합적 협조체제를 구축했다. 이른바 'IMT-2020'이라고 불리는 프로젝트가 그것이다.[64] 여기에는 공업정보화부 · 국가발전개혁위원회 · 과학기술부의 3개 부처와 차이나모바일 · 차이나유니콤 · 차이나텔레콤의 3대 통신사, 화웨이 · 다탕大唐 · ZTE 등의 통신장비 기업들이 망라됐다(조은교, 2019). 이를 이어받은 '중국제조 2025'에서 선정한 10대 핵심산업에도 물론 5G가 포함되었다. 또 2016년 제13차 5개년 계획에서도 5G를 국가전략신흥산업으로 규정하고, 공업정보화부가 상용화 목표 기간을 제시했다. 이후 중앙경제공작회의와 양회 등 주요 정부 경제정책 회의에서도 5G가 꾸준히 강조되었다.

지방정부들도 나름대로 5G 인프라 구축을 지원한다. 상하이는 화웨이와 손잡고 훙차오 기차역에 5G 통신 네트워크를 구축한다.

후베이성은 중국 최초로 5G 스마트 고속도로를 추진하고 있으며, 자율주행 부문에서 앞서가기 위해 차이나모바일과 '국가 신에너지 및 IoT 자동차 기지'를 구축한다는 내용의 MOU를 체결했다. 광둥성은 광저우와 선전 등 인구밀집 지역에 5G 네트워크를 구축한다는 계획이고, 차이나모바일과 연합하여 10억 8천만 위안을 투자해 2,702개의 기지국을 건설했다.

5G 관련 투자 규모와 시장 창출 효과

종합적으로 중국의 5G 관련 투자는 2019~2025년 사이에 1조 5천억 위안에 달할 것으로 추산된다. 이를 통해 2025년이면 5억 7,600만 명이 5G를 사용하는데, 이는 전 세계 5G 사용 인구의 40%에 해당한다. 미국무선통신산업협회의 자료에 따르면 중국·한국·미국·일본 순으로 5G 시대에 대한 준비가 되어 있는 것으로 평가된다. 그 뒤를 영국·독일·프랑스 등이 따르고 있다. 실제로 2020년 7월 기준 중국의 가입자 수는 1억 명을 넘어섰고, 한국은 비슷한 시기 700만 명을 넘었다. 미국은 2020년 1분기 기준 118만 명으로 상대적으로나 절대적으로 모두 저조하다.

중국에서 2020년 5G가 상용화되면 2020~2025년까지 약 35조 위안이 넘는 직간접적 경제효과가 발생할 것으로 전망된다. 통신설비, 단말기, 애플리케이션 등 산업생태계 전반이 발전하고, AI·빅데이터 등의 분야와 융합되어 전체적 산업의 업그레이드를 가져오기 때문이다. 이를 통해 데이터 분석과 애플리케이션 솔루션 등 새로운 형태의 정보 서비스 비즈니스 모델이 창출된다. 좁은 의미의 직접적 5G 시장 규모만 따져도 2020년 6천억 위안을 시작으로 2030년이면 6조 6천억 위안까지 증가할 것으로 전망된다. 중국에서 3G가 10억 명에게 보급되는 데 9년이 걸렸지만, 4G에서는 6년밖에 걸리지 않았다. 5G는 전면적 사회경제적 변화와 함께 더 빠른 속도로 보급될 것으로 전망된다.

6G 분야의 미중 경쟁

아직 5G 기술도 보급 단계이지만 한국, 미국, 중국, 일본 등은 6G 개발에 나서고 있다. 통신의 세대별 발전은 "더 많은 데이터를 더 빨리 보내는 기술의 실현"이다. 이를 표현하는 초당 전송량에 있어 6G는 100Gb/s로 5G의 1Gb/s의 100배를 구현할 것으로 보인다.[65]

2018년 11월, 중국공업정보화부 IMT-2020(5G) 무선기술사업팀의 발표에 따르면 중국은 2020년부터 본격적으로 6G 기술개발에 착수해 2030년에 상용화할 계획이다. 미국 국방부 산하 연구기관인 방위고등연구계획국Defense Advanced Research Projects Agency, DARPA은 이보다 앞선 2017년 7월에 이미 6G 연구에 착수했다고 밝힌 바 있다. 우리나라도 100Gbps 속도를 내는 6G 통신기술 개발에 착수한 상태이다.

6G 구현에 어느 나라가 먼저 경쟁력을 갖출 것인가? 만약 인공위성 방식이 표준이 된다면 기존 GPS 시스템에서 앞서 있고, 이미 상업 위성을 다량 발사한 미국이 일단 유리하다. 인공위성 보유 및

운용에 있어서 미국의 우위는 절대적이다. 2020년 4월 현재 미국이 운용 중인 위성은 1,308개로 356개인 중국에 크게 앞서 있다. 그러나 중국 정부가 자원을 집중적으로 동원하여 위성을 발사한다면 중국이 미국을 따라잡을 수도 있다. 이미 자체 위성항법시스템을 갖추고 있는 유럽·일본·인도도 경쟁에 참여할 수 있을 것이다.

5G가 그랬듯이 6G도 어느 한 나라나 기업이 독식하는 구조가 아니다. 인공위성 플랫폼이 가장 강력한 영향을 발휘하게 되겠지만, 그 신호를 활용하는 데이터 처리 기술이나 전파 처리 기술 그리고 단말기 칩셋 등에 있어 더 많은 나라가 참여하게 된다. 결론적으로, 아직 각 국가와 기업들이 어떤 표준을 추구하고 어떤 기술을 구사하느냐에 있어 밑그림을 그리는 단계이기 때문에 6G를 누가 선도할 것인가라는 질문에 의미 있는 답을 하기는 이른 것으로 보인다.

3. 미국의 공급망 무력화에 맞선 과학기술 중국몽

광범위한 지식재산권 위반을 제기하는 미국

미국의 중국에 대한 지식재산권 문제 제기는 2018년 6월 백악관 무역제조사무국[66]이 발표한 〈중국의 경제적 침략이 어떻게 미국과 세계의 기술과 지식재산을 위협하고 있는가How China's Economic Aggression Threatens the Technologies and Intellectual Property of the United

States and the World〉에 담겨 있다. 이 보고서는 중국의 경제성장이 '경제적 침략' 때문이라고 규정하면서 중국의 지식재산권 위반을 포함한 여러 가지 문제를 광범위하게 제기하고 있다.[67]

백악관 중국 기술 절취 보고서의 주요 내용

A. 물리적 도둑질과 사이버를 통한 기술 지식재산권 도둑질

1. 산업 스파이를 통한 물리적 도둑질 2. 사이버 공간을 통한 스파이 행위
3. 미국의 수출 통제법 침해 4. 모조품 제작과 저작권 침해
5. 逆엔지니어링

B. 기술이전을 위한 강제 수법들

1. 외국 소유권 제한 2. 부정적 행정 승인과 라이선싱 요건
3. 차별적 특허와 지식재산권 제한 4. 보안 검사 과정에서 기술 유출
5. '안전하고 통제 가능한' 기술표준 요구 6. 데이터 현지화
7. 부담스럽고 약탈적인 시험 요구 8. 차별적 카탈로그와 리스트 작성 요구
9. 정부 조달 제한 10. 국제관례를 벗어난 기술표준 11. 강제 R&D 12. 반독점법 왜곡
13. 전문가 리뷰 패널도 정보 공개 요구 14. 중국공산당이 개입된 기업지배구조
15. 외국과 조인트벤처에 중국 직원 배정을 통한 기술 유출

C. 기술이전을 강제하는 경제적 도구

1. 희토류 등 수출제한 2. 구매자 독점 파워 행사

D. 정보 수집

1. 공개 소스에서 과학기술 정보 수집
2. 미국에 거주하는 중국인들을 이용한 비전통적 정보 수집
3. 각 분야의 전 세계 인재 영입

E. 기술 추구형, 정부 지원 FDI

1. 기술 획득을 위한 기업 투자 활동에 정부 지원(국유, 민영, 펀드)
2. 각종 형식(M&A, Green field investment, Venture Funding)

중국 자체의 혁신과 연구개발에 따른 성장 강조

미국의 공격에 대한 중국의 반박은 1년 뒤인 2019년 6월에 나왔다. 국무원이 발표한 〈중미 무역협상에 대한 중국 측 입장关于中美经贸磋商的中方立场〉(이하 〈입장〉)이 그것이다(성균중국연구소, 2019). 이는 2018년 9월에 나왔던 〈중미 무역마찰에 대한 사실과 중국의 입장〉을 보완한 것이다. 2018년의 문건에서는 무역의 호혜성을 강조하면서 지식재산권 이슈가 일부 포함됐던 반면, 2019년 〈입장〉에서는 지식재산권 문제를 가장 먼저 다루고 있다.

〈입장〉에 나타난 중국의 반박은 다소 포괄적이다. 〈입장〉은 중국이 지식재산권 보호를 위해 사법 시스템을 갖추고 있으며, WIPO 전 사무총장 아르파드 보그슈Árpád Bogsch의 말을 인용하여 중국의 지식재산권 법률체계가 "지식재산권 발전 역사상 유일무이하다"고 자평한다. 또한 미국상공회의소를 인용하여 "중국이 21세기를 향한 지식재산권 환경 구축 방면에서 실질적 진전을 얻었다"라고 주장한다. 주중미국상공회의소의 '2018년 중국 비즈니스 환경 조사 보고'에 따르면 미국 기업들이 겪는 지식재산권 침해 관련 애로사항에 있어 중국의 순위가 2011년 5위에서 2018년 12위로 낮아졌다. 지식재산권 분야에서 중국의 기술탈취 현상은 과장된 측면이 있다.

혁신 경쟁을 벌이고 있는 중국은 지식재산권 보호의 중요성을 어느 나라보다도 강하게 인식하고 있다. 아직도 중국에 모조품이 있는 것이 사실이지만, 미국이 실제로 걱정해야 하는 것은 중국이 혁신 분야에 얼마나 많은 연구개발R&D 투자를 하고 있느냐이다.[68] 중국이 반박하는 또 하나의 중요한 논리는 중국의 경제성장이 중국 자체의 혁신과 R&D 때문이라는 것이다. 〈입장〉은 그 근거로 중국의 혁신지수, R&D 투자 금액(세계 2위), 발명특허 등록(세계 3위) 및 출원(세계 1위) 건수 등을 제시하면서 중국의 성취를 강조하고 있다.

지식재산권 보호제도 구축 가속화

중국은 세계 1위의 특허출원국이자 세계 3위의 특허등록국으로서 이미 자체적으로도 지식재산권 보호가 필요한 상황이다. 즉 중국의 지식재산권 제도는 외국 기업을 보호해주는 것이 아니라 자국 기업의 기술을 보호하는 것이 되었다. 실제로 중국은 특허법, 상표법, 저작권법을 각각 1984년, 1982년, 1990년에 제정한 후 2008년, 2013년, 2012년에 걸쳐 수차례 개정해오고 있다(무역협회, 2019).

지식재산권과 관련한 미국의 공격으로 중국은 더욱 지식재산권 보호제도 구축에 속도를 내고 있다. 2018년 7월에는 '인터넷 플러스 지식재산권 보호 방안'을 발표하여 2020년까지 지식재산권 침해 및 위조에 대한 온라인 식별 등을 완성하고 관련 데이터베이스를 구축하겠다고 발표했다. 2019년 3월 국무원은 지식재산권 보호를 강화하고 징벌적 손해배상 제도를 개선하겠다고 발표했다.[69]

2020년 1월부터 시행되는 외상투자법 제22조는 행정수단으로 기술양도를 강요할 수 없다고 규정해놓았다. 2019년 1월부터 시행되는 전자상거래법도 지식재산권 보호 관련 내용을 강화했다. 2019년부터는 법원에 지식재산권국을 설립했고, 국가시장감도관리총국도 '위조·모조품 중점영역 중점단속 사업방안(2019~2021)'을 발표했다. 중국 국가지식산권국CNIPA은 2019년 7월 베이징시에 국가 해외 지식재산권 분쟁대응 지도센터国家海外知识产权纠纷应对指导中心를 설립했다. 외국 기업의 지식재산권 관련 애로사항에 적극적으로 대응하기 위해서이다.

실제 판례에서도 중국 법원이 외국 기업의 손을 들어준 경우가 나타나고 있다. 법원의 판결이 외국 기업에 불리하지 않다는 것을 증명하는 것이다. 영국의 다이슨(청소기 특허 침해 소송), 미국의 드림웍스(영화 〈쿵푸팬더〉 상표권 소송), 덴마크의 레고(완구 브랜드 침해 소송) 등이 2018년과 2019년에 나타난 사례이다. 2018년 외교전문 잡지 《더 디플로맷The Diplomat》에 따르면 중국에서 외국 기업의 지식재산권 분쟁 승소율이 80%가 넘는다.

중국 소비자들의 인식도 바뀌고 있다. 국제음반산업협회의 2018년 10월 보고서에 따르면 중국의 음원 소비자 중 정품 구매자의 비중이 96%에 달해 세계 평균인 62%를 앞섰다. 유료 회원의 증가로 아이치이愛奇藝와 같은 콘텐츠 서비스 비즈니스가 제자리를 잡고 있다.

미국의 무리수와 다자체제를 이용한 접근 시도

미국이 제기한 세세한 문제들이 다소 무리인 점도 있지만, 중국은 이에 대해 일일이 반박하지 않았다. 미국의 주장이 과도한 면도 있지만 몇몇 사례들은 사실에 부합하기 때문이다. 괜히 일부를 반박하다가 중요한 사실을 인정해버릴 수 있어서 몸을 사렸다고 볼 수 있다. 실제로 미국의 공격에는 일리가 있는 것과 다소 무리한 주장이 섞여 있다. 중국 특유의 관행과 제도(조인트벤처 지분 제한, 자의적 기술 표준, 공산당 관련 이슈)가 문제이긴 하지만, 미국을 포함한 다른 나라들도 동일하게 하는 것들이 있기 때문이다.

우선 미국 정부가 조직적으로 네트워크를 감시하고 전화 통화를 감찰한다는 것은 2013년 스노든Edward J. Snowden 사태 때 이미 밝혀졌다. 미국도 'CLOUD Act'라는 이름으로 자국 기업이 해외에서 수집한 데이터를 정부가 수집하도록 하는 법안을 가지고 있다. 또한 중국 기업이 외국 기업을 인수합병 하고자 할 때 순수한 시장 논리가 아니라 안보를 이유로 제약을 받는 경우는 흔히 발견된다.[70] 구글이나 아마존 같은 유수의 IT 기업들도 미국 국방부(펜타곤)가 발주한 사업을 수행하고, 그 자세한 내용은 비밀에 부쳐져 있다. 라이선스 취득을 이용해 기술을 절취한다는 주장도 원래 특허와 라이선스의 성격이 기술 공개라는 것을 생각하면 다소 과도한 주장이다. 유학생이 미국에서 지식을 배우는 것을 해적 행위처럼 규정하면 곤란하다. 미국은 안보를 이유로 다양한 제품들의 대

중국 수출을 규제하고 있다. 우리나라도 외국계 기업이 무선통신 산업 등 국가 기간산업에 진입하는 것을 제도적으로 막고 있다. 즉 미국의 주장은 조목조목 매우 세세한 것처럼 보이지만, 구체적 증거를 일일이 제시하고 있지도 않다.

그동안 지식재산권 이슈들이 논란만 있었고 명확한 제재나 처벌이 어려웠던 이유는 WTO 규정이 명확하지 않았던 탓도 있다. 중국은 WTO에 가입한 이래, 그 규범의 테두리 안에서 경제·무역 활동을 해왔다고 자부한다. 즉 미국이 주장하는 중국의 지식재산권 위반이 WTO의 기준에서 회색 지대에 있을 수 있다. 미국은 이에 대해서 WTO 개혁을 통해 해결하려는 것으로 보인다. 서진교 외(2018)에 따르면 2018년 말부터 시작된 WTO 개편 논의 중 '21세기 글로벌 무역환경 변화를 고려한 신무역규범의 제정'이라는 어젠다에 지식재산권 관련 이슈가 담겨 있다. 미국을 포함한 선진국들은 이 규범을 관철해서 중국을 포함한 개도국의 지식재산권 침해에 좀 더 적극적으로 대응할 것이다.

첨단·선도 기술기업에 집중하는 기술패권 경쟁

미중 간 과학기술 냉전 시대의 개막

김진현 전 과학기술처 장관은 〈21세기 중화주의 과학기술정책과 한국의 자강〉이라는 글에서 시진핑 시대가 가져온 과학기술 신냉전 시대의 개막을 알리고 있다.[71] 그는 2020년 중국공산당 당장黨章과 헌법에 공식적으로 명기한 마르크스-레닌주의의 21세기 버전이 '시진핑 시대 중국 특색 사회주의 사상'의 등장이라고 해석하고 있다. 우리가 중국몽 중화제국주의에 주목해야 하는 이유는 중국이 대국 굴기 하고 있기 때문이 아니라 과거와는 다른 요소를 갖고 있기 때문이라고 말한다. 그 요소는 세 가지이다.

첫째, 미중 신냉전의 실체가 과학기술 냉전이라는 사실이다. 중국은 냉전 시대의 소련보다도 더 분명하고 확고하게 국가운영, 기축, 요체, 실체로서 과학기술을 중심에 놓고 있다. 이 점은 중국공산당 정치국 회의에서의 과학기술에 대한 논의와 연구모임 등에서 두드러진다. 2021년 3월 외교전문지인 《포린 어페어스Foreign Affairs》에 발표된 〈혁신전쟁The Innovation Wars〉도 미국이 냉전 시대에 소련과 벌였던 과학기술 전쟁과는 양상이 달라졌으며, 미국이 중국과의 혁신전쟁에서 승자가 되려면 중국을 제재하는 데 그치는 것이 아니라 기초과학과 응용분야에 더 많은 R&D 투자와 지원을 해야 한다고 강조하고 있다.[72] 사실 미국 정부는 과거와는 다르게 민간 부문이 혁신을 주도하도록 하고 있다. 따라서 미국 정부의 R&D 투자 규모는 지속해서 감소해왔다. 바이든 행정부가 진정으로 미국을 혁신의 리더로 복원하려면 연방정부의 R&D 지출을 획기적으로 늘려야 한다는 것이다.

둘째, 칭화대 화학과 출신인 시진핑 주석은 과학기술적 사고에 기반을 두고 군사, 산업 분야뿐 아니라 국가관리, 국내정치 통제수단으로서 소프트웨어 기술을 최대한 활용하고 있다. 21세기 첨단과학기술과 4차 산업기술을 정치, 경제, 금융, 사회, 문화, 통치, 통제, 사상관리의 영역에까지 활용하고 발전시키고 있다. 중국공산당 최고지도부의 과학기술 중시 사상은 마오의 군사력 중시에서 벗어나 덩샤오핑 이후 줄곧 진화되어왔다. 덩샤오핑은 과학기술을 경제발전과 연계했고, 장쩌민江澤民은 과학혁신 체제를 정립했으며, 후진타오는 자주혁신 능력의 향상에 초점을 맞추었다. 이제 시진핑은 혁신주도형 발전을 도모하면서 국가경쟁력이 곧 과학기술 역량에서 나온다고 보고 있다. 2020년을 혁신형 국가로의 진입 시점으로 설정하고, 2030년 혁신형 국가의 선두그룹에 진입한 후, 2050년 과학기술 강국으로 도약한다는 것이 '과학기술 강국몽'이다.[73]

셋째, 디지털 빅데이터 정치가 정보 커뮤니케이션의 동원, 분배에 있어서 대의민주주의보다 효율적이고 우월하다는 확신을 키우고 있다. 따라서 과학기술을 통치의 수단으로 삼아 국가의 모든 자원과 역량을 총집중하고 있다. 디지털사회주의 시대의 개막을 알리는 것이다. 막강한 디지털 인프라는 인민의 생활에 침투하여 감시체제로 작동한다. 인민은행이 2022년 베이징 동계올림픽 즈음에 출범시키려는 디지털 위안화도 개인의 모든 거래행위까지 감시하려는 시도로 볼 수 있다. 이는 과학기술의 윤리성이 결여된 또 다른 프랑켄슈타인을 만들 것이다.

앞으로 이러한 중국의 기술발전 모형이 세계 정치·경제의 흐름을 어떻게 바꿀 것인지, 그리고 이것으로 중국이 세계경제 패권을 장악할 수 있을 것인지가 최대의 관심이 아닐 수 없다. 김진현(2021)은 미중 과학기술 신냉전에서 승패를 가름하는 변수가 너무도 많아서 단정적으로 결론짓기 힘들다고 말한다. 그러나 중국이 네 가지 측면에서 유리하다고 지적한다. 중국의 ① 규모(인구, 빅데이터, 플랫폼 등), ② 디지털의 선진화, ③ 중앙집권적 핵심기술 지원과 정책, ④ 민족주의적 애국심과 인내심 등의 조건이 작동하는 한 중국이 유리하다는 것이다. 그중 흥미로운 변수가 선진국을 따라잡자는 애국심이다. 이는 중국 인민들에게 각인된 물망국치勿忘國恥, 백년국치百年國恥라는 구호로 아직도 남아 있다. 종이, 화약, 나침반, 석유채굴, 지폐 등 인류 생활의 필수품을 최초로 발명했다는 자부심을 지닌 중국 인민들은 언젠가 미국을 충분히 따라잡을 수 있다는 정신승리법으로 끝없이 자신을 단련하고 있다.

과학기술 중국몽의 문명사적 함의

시진핑 체제하에서 발전된 디지털공산주의, 중화민족주의, 과학기술 중국몽이 앞으로 문명사적으로 어떤 파장을 일으킬 것인지의 문제는 대단히 중요하다. 이는 미중 경제패권이라는 개념을 뛰어넘는 담론이다. 김진현(2021)의 지적대로 중국이 여러 측면에서 유리한 점이 있지만, 과연 미국 등 선진국의 도움 없이 과학기술 분야에서의 자력갱생이 가능할까? 은종학(2019)은 미국의 중국 견제와 양국 간 갈등을 고려하여, 양국의 과학연구 협력이 중단되는 가상의 상황을 상정하고 그것이 양국에 미칠 충격을 가늠하는 스트레스 테스트를 수행했다.[74] 그 결과 과학 분야 전반에서 중국은 미중 과학협력 중단이 가져올 충격을 감내할 독자적 역량이 있음을 확인할 수 있었다.《네이처Nature》와《사이언스Science》 같은 세계적 과학 저널에 게재된 연구성과 지표에서는 비록 중국의 연구역량이 미국에 뒤처지고 그 위상이 하락할 가능성이 보임에도 불구하고 전반적 역량에 있어서 중국의 과학기술 자강론이 허세만은 아니라고 볼 수 있다.

시진핑 주석은 미국의 압박이 중국을 자력갱생의 길로 내몰고 있다고 천명하고 이것을 천재일우의 기회로 삼아 과학기술 주도권 확보를 위해 모든 것을 걸고 항전하자고 독려하고 있다. 이것이 미중 간 전략적 경쟁의 핵심이 아닐까. 실로 AI, 인터넷, 빅데이터, 기술융합 혁신체제와 이론 연구 분야에서 2050년 선두에 서겠다는 꿈이 과학기술 중국몽의 핵심이다. 한편 바이든 대통령은 미중 간의 기술대결을 자유세계의 기술민주주의 대 중국의 기술독재주의 간의 싸움이라고 규정했다. 이어 2021년 3월 쿼드 정상회의에서 미국, 일본, 오스트레일리아, 인도 네 나라 정상들은 첨단기술 분야에서 중국을 견제하기 위해 쿼드기술네트워크QTN를 출범시키고 관련 정보를 공유하기 시작했다.

미중 과학기술 신냉전은 어떻게 결말이 날 것인가? 시진핑의 과학기술 중국몽이 성공하든 실패하든, 그의 시도는 문명사적으로 인류생존의 실존적 문제를 제기하고 있다. 유발 하라리Yuval N. Harari는 "21세기 디지털 시대에는 독재국가가 DNA를 포함한 모든 생명과 사회적 정보를 독점하고 디지털 가공의 효율에서 압도하여, 민주 선거와 자유시장을 넘어 종교와 예술까지도 의미 없게 만들 것"이라며 과학기술이 폭정을 선호하는 시대가 올 것으로 전망했다.[75] 이는 AI 혁명이 민주주의와 독재 간의 상대적 효율 관계를 변화시켜 20세기 민주주의의 우월성에 반문을 제기하고, 과학기술의 윤리성 약화로 이어질 것이라는 우려가 제기되는 이유이기도 하다. 시진핑식 과학기술 중국몽의 성공이 휴머니즘과 인본주의를 파괴하고 반휴머니즘, 반인도주의, 탈인간주의로 이행되지 않을까 하는 점을 심각히 경계하지 않을 수 없다.

미국은 2019년 국가안보를 이유로 화웨이를 블랙리스트 목록에 올렸다. 미국 기업들이 수출 등 거래를 하려면 사전 승인을 얻도록 조치했다. 사실상 화웨이와의 거래를 금지한 것이다. 미국 상무부는 2020년 8월에 화웨이가 기존 제재를 우회해 반도체를 조달하고 있는 것을 완전히 차단하기 위해 제재 범위를 대폭 확대하며 숨통을 마저 조였다. 또 2020년 12월, 중국 반도체 업계의 대표 주자인 SMIC를 거래제한 기업명단(블랙리스트)에 올려 수출제한 조치를 취했다. 이는 궁극적으로 반도체 국산화와 반도체 굴기를 막기 위한 것이라는 해석이 지배적이다.

미국의 화웨이 제재

화웨이는 독립적으로 앞서 있다

기술적으로 두각을 나타내는 중국 기업들은 많이 있다. 중국 전문 싱크탱크 매크로폴로MacroPolo가 'Tech Giant'라고 분류한 중국 기업은 화웨이(통신설비) 외에도 알리바바(전자상거래), 바이두(검색엔진), 바이트댄스(콘텐츠플랫폼), 디디추싱(공유차량), 아이플라이텍(음성인식), 제이디닷컴(전자상거래), 텐센트(모바일메신저)가 있다.[76] 그러나 이들 중 미국에 비해 기술이 앞서 있고, 미국에 앞서 전 세계 시장을 장악할 잠재력을 지닌 기업은 화웨이뿐이다. 다른 기업들은 태생적으로 중국 국내용 기업이거나(알리바바·제이디닷컴), 해외시장에서 미국과 경쟁구도가 아니거나(바이두·디디추싱·바이트댄스), 미국 기업과 밀접하게 협업을 하고(아이플라이텍·텐센트) 있다. 반면에 화웨이는 독립적으로 미국에 앞서 있고 전 세계의 5G 기술표준을 선도할뿐더러 실제로 구현하는 데 있어 독점적 영향력을 행사할 수 있는 유일한 중국 기업이다.

5G 분야에서 화웨이의 존재는 독보적이다. 화웨이는 5G 분야에서 가장 많은 특허를 보유하고 있고, 가장 많은 기술적 기여를 창출하고 있으며, 가장 많은 기지국을 건설하고 있는 기업이다. 화웨이의 5G 관련 기술 특허 수는 2020년 2월 기준 3,147건으로 삼성(2,795), LG(2,300), 노키아(2,149)에 앞서 있다([그림 8]). 5G 표준에 대한 기술적 기여 건수에 있어서도 11,423건으로 10,351건을 기록한 에릭슨보다 앞서 있다([그림 9]).

이러한 경쟁력에 힘입어 많은 국가가 화웨이의 장비를 이용하여 통신망을 구축해왔다. 특히 5G 설비에서는 말레이시아, 필리핀, 타이, 인도네시아 등이 이미 화웨이와 협정을 체결했거나 앞두고 있다. 우리나라도 LG가 화웨이 설비를 사용하고 있다. 아프리카

그림 8　5G 특허 신청 및 보유 현황

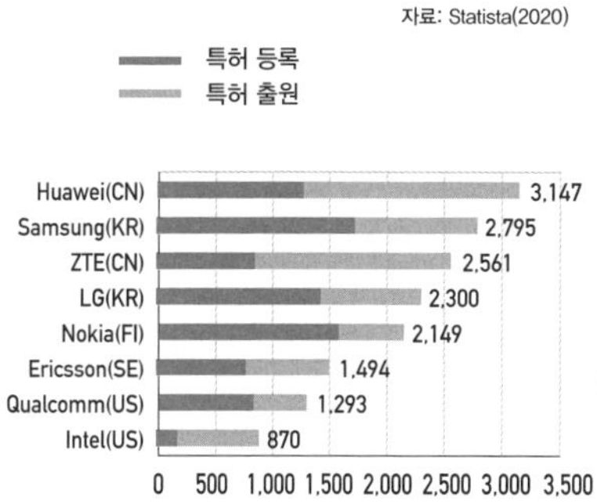

그림 9　5G 표준에 기술상 기여한 기업들

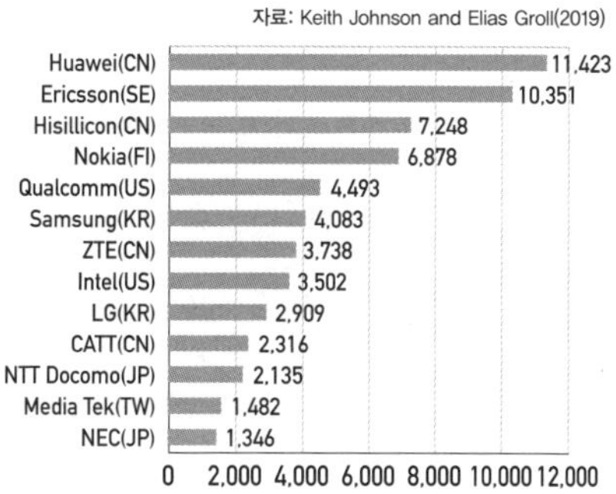

55개국도 화웨이 사용을 천명했고 브라질, 사우디아라비아도 화웨이를 배제할 이유가 없다는 입장이다. 2018년 말 현재 화웨이의 전 세계 통신설비 시장점유율은 29%이며, 아시아에서는 43%를 차지하고 있다(Johnson and Groll, 2019).

5G 네트워크가 중요하기 때문

5G가 구현되면 네트워크의 역할이 커지면서 업데이트와 정보의 흐름이 소비자와 감독자가 눈치채지 못할 정도로 빠르게 변한다.[77] 이러한 시스템의 구현은 소비자와 감독자가 네트워크 제공자를 신뢰할 수 있다는 것을 전제로 한다. 미국 정부는 자신이 통제할 수 없는 정보의 고속도로 위에서 화웨이가 어떤 역할을 할지 불안하기 때문에 화웨이를 제재하겠다는 것이다.

화웨이에 대한 불안은 새로운 것이 아니다. 하지만 이제까지 확고한 증거가 제시된 적은 없다. 2009년 영국의 BT British Telecom도 중국에 대한 의구심으로 선전에 나와 화웨이에 대해 엄밀한 실사實査를 했지만 별다른 혐의를 찾지 못하고 화웨이 장비 사용을 승인했다. 2012년 미국 하원도 화웨이와 ZTE에 대한 집중 조사를 벌였지만 혐의를 입증하지 못했다. 다만 "이들이 결백하다는 증거도 찾지 못했다"라는 모호한 결론을 내렸을 뿐이다.

화웨이 제재와 그 막대한 비용의 비현실성

미국 상무부 산업안보국은 2019년 5월에 이어 2020년 5월 2차, 8월 3차로 화웨이에 대해 더 강화된 거래 제재조치를 발표했다. 특히 3차 조치는 기존의 모호한 영역을 없애고, 글자 그대로 모든 분야에서 모든 기업을 대상으로 화웨이에 대한 납품과 협력을 금지하는 내용이었다. 미국의 제재로 화웨이는 치명적 상처를 입게 됐다. 특히 반도체 설계업체인 ARM과 파운드리 업체인 TSMC의 보이콧은 화웨이의 휴대전화뿐 아니라 통신설비에도 심각한 타격을 입히게 된다. 화웨이 매출액의 양대 축이 모두 흔들리게 된 것이다.

그런데 미국의 화웨이 제재에는 비용이 따른다. 그 비용은 미국뿐 아니라 전 세계가 감당하는 것이다. 화웨이 제재는 단순히 화웨이를 쓰지 않는 데 그치지 않는다. 기존에 화웨이가 설치했던 4G 통신망도 사용하지 못하거나 업그레이드할 수 없다는 의미이므로 복잡한 결과를 낳게 된다. 우리나라의 경우 LG가 화웨이 장비를 철수하려면 5G 장비 교체에 수천억 원, 4G 교체에 수조 원이 소요

될 것이다. 그 비용을 기업이 혼자 부담하면 LG유플러스의 생존이 위태로워진다. 경쟁사는 5G를 구축하는데 LG는 기존 통신망을 철거해야 하고, 철거비용으로 엄청난 비용을 부담해야 하기 때문이다. 그렇다고 그 비용을 미국이 보전해줄 가능성도 없다. 이 비용을 국가가 부담해야 할지, 그러지 않는다면 LG 주주들에게 어떻게 설명할 것인지, 모두 답하기 어려운 문제이다.

그렇지만 2020년 7월 영국을 시작으로 여러 유럽 국가들이 화웨이를 배제하기로 했다. 기존 장비를 2027년까지 철거한다는 것인데 이는 엄청난 비용을 초래한다. 세계이동통신사업자연합회Global System for Mobile communications Association, GSMA는 화웨이 제재에 따른 전체 유럽의 손해액을 620억 달러로 추정한 바 있다. 이 추산이 매우 보수적이라는 평가도 있다.[78] 기존 통신망을 철거하고 새로 구축하는 비용까지 고려해야 하기 때문이다. 실제로 최근 아일랜드 통신사 에어Eir는 막대한 비용을 이유로 화웨이 통신장비 배제에 동참하지 않기로 했다. 영국 정부의 화웨이 배제 방침에 세계 2위 통신사 보더폰Vodafone이 반발하고 있어서 성사 여부가 불투명하다.

미국이 화웨이를 제재하면서 대안적 통신설비를 제안하지 못하고 있는 상황에서 5G 개통과 사용이 전 세계적으로 2~3년 지연되리라는 것은 말할 것도 없다. 즉 화웨이 제재는 화웨이가 참여한 글로벌 5G 프로젝트 자체에 대한 심각한 제약으로 작용할 것이다. 그렇다면 실제로 미국의 화웨이 제재는 잘 구현되고 있는가? 2020년 말을 기준으로 작성된 [표 12]에 따르면 화웨이를 전면적

표 12 주요국들의 화웨이 배제 여부에 대한 입장

자료: 산업연구원(2020)/언론보도(최필수 재구성)

미국, 덴마크, 오스트레일리아, 인도	배제	강경
영국	2027년까지 제거, 통신업계는 반대	
일본	통신망 배제, 청정 네트워크 불참	
이탈리아	배제 검토 중	↑
EU	회원국에 자발적 시행 권고	
프랑스	마크롱 대통령의 비배제 선언	
한국, 독일, 뉴질랜드, 인도네시아, 체코, 캐나다	기업별 결정 혹은 미결정	↓
스위스, 스웨덴, 네덜란드, 에스토니아, 남아공, 러시아, 말레이시아, 바레인, 베트남, 벨기에, 타이, 폴란드, 아일랜드, 아랍에미리트	채택 및 계속 도입	실용

으로 배제하는 강경한 국가도 있고, 기업 자율에 맡긴 국가도 있으며, 특별한 규제를 하지 않겠다는 국가도 있다. 유럽이라고 해서 입장이 일치하는 것도 아니다.

만약 미국이 다른 나라에 화웨이 통신장비 철거를 확실히 강제하려면 명확한 근거를 제시해야 하는데 그것은 어려워 보인다. 화웨이를 도입하기에 앞서 영국(BT)은 2009년에 선전 본사에서 실사 작업을 거친 바 있으며, 미국 하원도 2012년에 화웨이와 ZTE에 대한 집중 조사를 벌였지만 아무런 혐의를 입증하지 못했다. 화웨이는 2020년 6월 스페인 인증기관인 CCN에서 CC Common Criteria 평가보증 4등급(EAL4+)을 받았는데 이는 네트워크 장비로는 최고 레벨이다(ISO15408). LG유플러스도 2020년 1월 화웨이 장비를 포함한 5G 기지국의 정보보호 관리체계 국제인증을 받았다(ISO27001).

기술적으로 단순 중계 기능에서 유의미한 정보 유출이 일어나기는 어려우며 백도어Backdoor 공포도 별 근거가 없다.

화웨이는 1년에 한국으로부터 13조 원(약 110억 달러)을 구매하고 있으며, 이는 한국 대중 수출의 6~7%에 해당한다. 삼성전자와 SK하이닉스의 화웨이 매출 비중은 각각 6%와 15% 정도이다. 절대 작지 않은 이 시장을 포기하려면 미국의 제재가 설득력 있고 일관적이어야 할 것이다.

화웨이의 생존 가능성

3차 제재의 발효에 따라 2020년 9월 15일부터 삼성전자와 SK하이닉스 모두 화웨이에 반도체를 공급하지 못하게 됐다. 만약 미국이 이 제재를 끝까지 밀어붙이면 반도체 재고가 소진되는 가까운 미래에 화웨이는 스마트폰과 통신장비 모두 생산을 중단하게 될 수 있다. 중국의 SMIC조차 화웨이에 반도체를 팔지 않겠다는 성명을 발표했다.

그러나 미국은 거시적 제재와 함께 미시적 허용을 병행하고 있다. 6월 15일 미국 상무부는 5G 네트워크 국제표준 설정에 자국 기업이 화웨이와 협력하는 것을 허용할 방침임을 밝힌 바 있다. 이는 화웨이의 고사枯死를 전제로 하지 않은 것이다. 나오미 윌슨Naomi Wilson 정보기술산업협의회ITIC 아시아정책담당은 "화웨이 제재로 미국 기업들이 의도치 않게 일부 기술표준 논의에서 밀려나 불이익을 받았다"라며 "이번 조치로 미국이 5G와 AI 같은 첨단기술 기구에서 다시 경쟁력과 주도권을 찾게 될 것"이라고 밝혔다. 9월에는 AMD와 인텔Intel이 화웨이에 납품하는 것을 허용하기도 했으며, 10월에는 삼성의 디스플레이, 11월에는 미국 퀄컴도 허가를 받았다. 최근 미국 당국의 실무진은 화웨이의 통신설비는 제재하겠지만 휴대전화 정도는 묵과할 수 있다는 태도를 보이고 있다.

화웨이가 기술독립에 성공할 것인지도 중요한 이슈이다. 현재 칩 설계는 자회사인 하이실리콘HiSilicon을 통해 자체 능력을 보유했지만, 양산 능력이 부족하다. SMIC 등 중국의 파운드리나 IDC 업체들도 아직 높은 사양 칩의 양산 능력이 없을뿐더러 미국의 제재를 견디면서 화웨이에 칩을 공급할 용기도 없다. 이런 상황에서 화웨이는 재고 확보와 자체 양산 시스템 구축 전략을 병행하고 있다. 재고 소진 시간과 양산 달성 시간, 그리고 미국 제재의 진정성이 세 가지 변수가 되어 화웨이의 생존을 좌우할 것이다. 중국 정부도 화웨이 제품을 계속 구매하면서 화웨이의 시간을 벌어줄 것이다.

미국의 중국 반도체 제재[79]

산업패권을 결정하는 핵심이 된 반도체

디지털 전환의 가속화는 제품과 서비스 그리고 산업 전반에 걸쳐 최종적으로 반도체의 수요 급증을 가져왔다. 2021년 반도체의 세계시장 규모는 8.4% 증가하여 2020년 5.1%를 크게 능가할 것으로 보인다. 특히 자동차용 반도체의 부족으로 인하여, 반도체의 안정적 확보를 위한 반도체 공급사슬 문제가 제기되었다. 미국·유럽·중국·일본 등이 외교 경로를 통해 국제적 협력을 요청할 만큼 시급한 과제로 부상한 것이다. 글로벌 산업패권의 측면에서 어느 나라가 첨단의 반도체를 더 확보할 수 있는가가 중요한 문제가 되었다. 특히 가전제품에서 첨단 컴퓨터에 이르기까지, 또한 수요가 광범위한 AI와 우주산업 경쟁에서도 반도체 칩의 성능이 경쟁력의 결정적 무기이다. 예를 들면 5nm 칩을 10nm 칩과 단순 비교하면, 속도는 36% 빠르고, 전력 소모는 47% 적다. 미국이 세계 최대의 종합반도체업체인 인텔을 가지고 있음에도 불구하고, 반도체 공급사슬 문제를 대통령 행정명령으로 다룰 만큼 절박한 국가과제로 선정한 이유는 첨단 반도체를 생산하거나 확보할 수 있느냐가 산업 경쟁력을 결정하는 핵심이기 때문이다.

반면 반도체 공급역량을 갖추려면 엄청난 규모의 자금과 설비증설 기간, 생산 시스템 안정 등에 상당한 시간이 소요된다. 단기간에 해결될 수 없는 문제인 것이다. 단기간에 자동차용 칩 생산을 늘리려면 기존 생산계획에서 다른 용도의 칩 생산을 감축하는 방법 외에는 다른 선택지가 없다. 따라서 자동차용 반도체 부족 문제는 반도체 공급사슬 전반으로 확산될 수밖에 없다. 그 결과 코로나19의 충격이 가세한 반도체 슈퍼 사이클은 과거의 순환 사이클과 달리 장기화할 가능성이 구조적으로 커지고 있다. 최소한 3년 이내에 반도체 부족 문제가 해결될 가능성은 낮은 것으로 전망된다.

현재 반도체 생산과 수요 양면 모두 극도로 과점화되어 있다. 세계 파운드리 산업 총매출에서 타이완의 TSMC는 54%, 한국의 삼성전자는 17%를 차지하고 있다. 7nm 이하의 미세공정에서 TSMC의 점유율은 60%, 삼성전자는 40%를 차지하고 있다. 수요 측면에서는 TSMC의 5nm 이하 미세공정 반도체의 53%는 애플이 차지하고 있으며, 삼성전자는 CPU에서 인텔의 강력한 경쟁자인 AMD와 세계 GPU 시장의 80%를 차지하고 있는 엔비디아NVIDIA를 미세공정 반도체의 주요 고객으로 하고 있다. 특히 7nm 이하 반도체의 생산비용과 웨이퍼 생산공장의 건설비용이 기하급수적으로 증대함으로써 이번 반도체 슈퍼 사이클 이후에 후발 기업이나 후발 국가가 선발 기업이나 선발 국가를 추격할 가능성은 갈수록 낮아진다. 따라서 현재 수요와 공급에서의 독과점 구조는 반도체 부족 사태의 충격을 장기화시키는 한편, 2020년부터 시작된 슈퍼 사이클과 더불어 TSMC와 삼성전자, 두 공급 기업의 과점 구조를 강화하는 작용을 할 것으로 보인다.

미국의 반격

2015~2019년간 7대 신기술 분야(AI, 로보틱스, 사이버 보안, 블록체인, IoT, 가상현실, 증강현실)에 대한 세계 벤처 투자액의 91%를 세계 상위 10개국이 차지했다. 이 중 미국 60%, 중국 14.5%, 영국 4%를 차지하여 여전히 미국의 기술개발 주도권은 압도적인 것으로 나타났다. 이러한 첨단기술의 미국 우위에도 불구하고 미국은 유독 5G 통신장비 분야에서는 중국에 크게 뒤처져 있으며, 반도체산업은 중국의

추격에 위협을 받고 있다. 이에 따라 미국과 중국 간의 기술패권 충돌은 반도체와 통신장비에 집중되어 있다. 우선 미국 정부는 반도체와 통신장비 산업은 국가안보와 직결된다고 보고 있다. 중국 기업에 대한 견제도 국방부가 지휘하고, 사후관리를 상무부와 재무부가 맡고 있다. 이른바 '중국군 연계 감시대상 명단'에 해당하는 중국 기업에 대해서는, 미국 기관투자자는 물론이고 미국 국민의 투자가 금지될 뿐만 아니라 미국 정부의 허가를 받지 않은 제품의 수출도 금지된다.

미국의 반도체산업이 세계시장에서 차지하는 비중은 사업 모델로 구분할 경우, IDM(통합기기제조업체)의 51%, 팹리스Fabless 시장의 65%, 퓨어플레이파운드리Pure-Play Foundry 시장의 10%, 장비시장의 40%, OSATOutsourced Semiconductor Assembly and Test 시장의 15%를 차지하고 있다. 미국은 여전히 시스템반도체 분야와 장비생산에서는 압도적 위상을 가지고 있으나, 반도체 제조에서는 세계 5위로 추락해 있다. 10nm 기술로 200억 개 트랜지스터 반도체를 만들 수 있는 제조업체는 타이완-한국-미국 3개국만 가능하지만, 미국을 대표하는 IDM인 인텔은 10nm 칩의 양산에 어려움을 겪고 있어 5nm 칩을 양산할 수 있는 제조업체는 타이완의 TSMC와 한국의 삼성전자에 불과하다. 이러한 첨단 칩의 생산 역량 한계로 인하여 인텔은 2022년 하반기부터 타이완의 TSMC에 3nm 반도체를 위탁 생산할 것으로 알려졌다. 특히 전기차 생산업체 테슬라는 현재 전기차의 MCUMedia Control Unit(디스플레이 · 통신 · 오디오 장치) 시스템에 인텔의 아톰Atom 프로세서를 장착하고 있으나 이를 삼성전자가 생산하는 5nm 칩으로 운영되는 시스템으로 대체하고, 오토파일럿 기능을 담당하는 칩의 생산은 TSMC에 맡길 것으로 알려졌다.

미국의 고민은 반도체 생산 역량(공정경쟁)에 있어 인텔의 역량이 TSMC와 삼성전자와 비교해 크게 뒤처진다는 데 있다. 인텔과 글로벌파운드리스GlobalFoundries 등 미국 반도체 제조업체는 주로 14nm 칩을 양산하고 있으며 10nm 양산체제가 안정되지 못한 반면에, TSMC와 삼성전자는 이미 2016년부터 10nm 칩을 양산하고 있으며 2021년 하반기부터 5nm 칩을 양산할 계획이다. 단적으로 반도체 생산 역량에 있어 인텔은 TSMC와 삼성전자보다 대략 4년 정도 뒤지고 있다. 미국이 단기간에 반도체 생산 역량을 강화하는 방법은 TSMC와 삼성전자가 미국 내 생산 공장을 확대하도록 하는 것이다.

보스턴컨설팅그룹과 미국 반도체협회의 보고서는 세계 반도체 생산 역량에 있어 2020년 기준 미국은 타이완, 한국, 일본, 중국 다음의 5위에 있을 뿐만 아니라, 2030년에는 중국이 24%를 차지하는 반면에 미국은 10%로 낮아질 것으로 전망했다. 미국 의회는 반도체 업계의 청원을 받아들여 미국의 반도체산업을 지원하기 위해 5년간 반도체 공장 건설에 100억 달러, R&D에 120억 달러, 공급망 개선에 7.5억 달러를 지원하고, 반도체 제조 장비 구매비용에 대해 40% 조세 감면 등을 내용으로 하는 '반도체산업 지원법' 제정을 추진하고 있다. 따라서 반도체산업의 주도권을 두고 미국과 중국 간의 경쟁은 정부 지원을 뒤에 업은 정부와 기업 합동의 국가 경쟁으로 더욱 심화할 전망이다.

반도체와 관련한 바이든 행정부의 새로운 행보에서 주목해야 할 점이 있다. 미국은 단지 중국의 부상을 견제하는 데 그치는 것이 아니고, 미국 자체의 경쟁력을 복원하는 것이 중요하다는 점을 인식했다. 2020년 트럼프 행정부 시절 미 의회에서 통과된 '미국을 위한 반도체 지원 법안CHIPS for America Act'과 '미국 파운드리 법안American Foundries Act'은 2021년 국방수권법상에 명시된 반도체 산업에 대한 법적 지원의 근거이다. 미국 내 위치한 반도체 제조 장비 및 생산시설 투자에 대한 세금면제, R&D 지원, 재정 지원 조치를 통한 미국 반도체 생산 역량의 경쟁력 제고 및 공급망 안정성 확보를 위한 지원조치를 포함하고 있다. 상기 두 법을 통해 미국 반도체산업 생태계 전반에 지원되는 재정 규모는 500억 달러를 넘어선다. 단지 반도체산업에만 국한되는 것이 아니다. 미국의 혁신역량과 경쟁력 제고를 위해 2,500억 달러 규모의 패키지 법안인 '미국 혁신 경쟁법American Innovation and Competition Act'은 총 5개 법안으로 구성되어 있다. 간략히 소개하면 ① '미국을 위한 반도체 지원 법안'과 '미국 파운드리 법안'의 이행을 위한 법안 ② 미국 과학기술 분야의 우위를 유지하기 위한 R&D 투자, 기술인력의 양성, 공급망 탄력성을 위한 동맹국과의 공조 등을 주요 내용으로 하는 '끝없는 국경 법안Endless Frontier Act' ③ 미국의 국가·경제 안보를 위협하는 중국에 효과적으로 대응하기 위한 법안으로 알려진 '전략적 경쟁법Strategic Competition Act of 2021' ④ 통신망과 공급망의 사이버 공격에 대한 대비 및 연구성과의 지식재산권 침해 방지를 위한 미국 상원 국토안보·정무위원회Homeland Security and Government Affairs Committee, HSGAC 규정 ⑤ 중국의 인권침해 및 사이버 간첩행위 등을 다루는 중국 대응 법안Meeting the China Challenge Act 등이다. 여기서 우리는 반도체산업을 중심으로 하여 본격적으로 산업정책을 추진하겠다는 미국의 의지를 살펴볼 수 있다.[80]

바이든 행정부는 6월에 발표한 공급망 100일 조사결과 보고서에 반도체, 배터리, 희토류, 바이오의약품 등 4개 제품의 공급망 안정성을 점검하여 미국의 산업경쟁력 복원 방안을 제시했다. 이는 미국을 '더 낫게 재건하겠다Build Back Better'는 바이든 공약의 구체적 실천 방안을 담고 있다. 그러나 한 가지 우려할 점이 있다. 중국의 불공정한 산업정책을 비판하던 미국이 자칫 WTO 규범을 위반하는 당사자가 될 수 있다는 점이다. WTO 보조금 협정은 회원국이 무상 지원이나 세액 공제 등 보조금을 특정 기업 또는 산업에 차별적으로 지급하는 경우, 이를 금지보조금 또는 조치가능보조금(상계관세 부과 가능)으로 간주한다. 미국의 경우 반도체 설비 투자를 하는 미국 기업이건 외국 기업이건 무차별적으로 투자세액 공제 40%를 약속하지만, 특정 산업에 대한 지원이라는 점에서는 WTO 보조금 협정 위반의 소지가 있다.

이와 같은 투자세액 지원은 한국의 지원정책에 비해 대단히 획기적이다. 한국은 신성장 기술 사업화 시설에 대해 대기업 3%, 중견기업 5%, 중소기업 12%로 우대 공제율을 적용하고, 특정성을 피하기 위해 지원 대상 기업과 산업을 비교적 넓은 범위에서 설정하고 있다. 우리 정부도 반도체에 대해 별도의 트랙 신설을 고려하고 있지만, WTO 보조금 협정 위반 가능성을 고민하는 것으로 보인다. 만약 미국의 산업정책이 WTO 위반임에도 불구하고 허용된다면, 다른 국가라고 못 할 이유가 없다. 미국이 유럽의 에어버스Airbus에 대한 보조금 지급을 문제 삼았던 점을 상기한다면 바이든 행정부는 확실히 공세적 산업정책으로 전환했다고 볼 수 있다. 다른 국가의 보조금을 문제 삼으면서 바이든 행정부가 이와 같은 공세적 산업정책을 시행한다면, 이는 '내로남불'이 될 수도 있다. 이는 WTO 다자무역 체제의 개혁을 위해 동맹국과의 공조에 힘입어 불법 보조금 규제 강화를 국제규범화 하려는 미국의 시도가 사실상 물 건너갔다는 것으로 해석할 수 있다.

바이든 행정부가 공급망의 안정적 확보를 위해 반도체산업에서는 타이완의 TSMC 및 한국의 삼성전자에 공을 들이고, 배터리산업에서는 SK하이닉스와 LG화학의 미국 배터리 공장 건설에 지원을 아끼지 않고 있다는 점은 확실히 한국 기업들에게 유리한 투자 유인을 제공한다고 볼 수 있다. 한국 기업은 대접을 받을 만한 자격이 충분하다. 그러나 이는 어디까지나 그만큼 미국의 산업발전에 공급망의 안정성이 긴요하다는 점을 반영한다. 삼성전자의 미국 투자도 메모리 분야가 아니라 파운드리 분야의 투자이다. 앞으로 반도체산업의 승자는 메모리가 아니라 파운드리이다. 파운드리의 수익성이 훨씬 높으며 파운드리에서 생산되는 반도체는 각종 IT 제품 및 자동차, 기계류 등에 사용되는 핵심부품이다. 삼성전자의 과제는 파운드리 분야에서 타이완의 TSMC를 얼마나 빠르게 추격할 수 있느냐이다. 반도체산업을 비롯해서 세계 주요 산업은 과점화 경향을 보인다. 특히 대형 M&A를 통해 시장 선도적 지위를 차지하기 위해 분투하고 있다.

한국이 메모리 분야에서 독보적 위치를 점유하는 것은 중국 기업이 정부 지원에 힘입어 엄청난 규모의 투자를 받아도 성과를 내지 못하고 있기 때문이다. 푸젠진화福建晋华의 몰락에도 불구하고 칭화유니그룹紫光集團 소속의 양쯔메모리테크놀로지YMTC의 도전은 계속되고 있다. 칭화유니그룹은 2015년 미국 메모리 반도체 기업인 마이크론(230억 달러)을 인수하려고 시도했던 기업이다. 정부의 지원으로 충분한 자금력을 확보했기 때문에 그러한 시도가 가능했던 것이다. 미국 재무부 산하의 외국인투자심의위원회CFIUS의 저지로 실패했지만, 2016년에는 우회적으로 웨스턴 디지털Western Digital과 래티스 반도체Lattice Semiconductor Corp.의 지분을 인수하려고 시도했다. 이 역시 미국의 저지로 실패했다.

중국은 돈의 힘으로 세계 최우량 기술을 보유한 기업을 인수하는 것을 기술추격 전략으로 선택했다. 자체적으로 확보하기 힘들기 때문이다. 이제 중국은 미국 기업을 인수하는 것이 불가능하다는 것을 알고 있다. EU와 일본도 중국 기업의 M&A를 저지하는 제재조치를 마련했다. 한국만 없을 뿐이다. 이런 가운데 2018년 미국의 퀄컴이 네덜란드의 자동차용 반도체 기업을 무려 440억 달러에 인수하려고 했으나, 이번에는 중국이 저지했다. 글로벌 대형 M&A는 주요국의 경쟁정책 당국의 승인을 받아야 한다. 그런데 중국의 경쟁당국이 승인을 하지 않았던 것이다. 정확히 말하자면 승인을 무기한 지연하는 방식으로 사실상 승인을 거부하고 있는 것이 중국 경쟁당국의 행태이다. 2021년에는 미국의 반도체 장비회사인 어플라이드 머티어리얼즈Applied Materials의 일본 반도체 장비업체 고쿠사이 일렉트릭Kokusai Electric(미국 사모펀드 KKR 소유)의 인수도 저지했다. 또한 GPU 칩의 최고 강자인 미국의 엔비디아가 일본 소프트뱅크Softbank가 소유한 영국계 칩 설계회사 암ARM을 인수하려는 시도 역시 중국 경쟁당국이 저지할 가능성이 있다. 한국의 SK하이닉스도 미국 인텔로부터 낸드NAND 부문을 인수하기 위해서는 중국 경쟁당국의 승인이 있어야 한다. 이처럼 중국 경쟁당국이 글로벌 M&A 시장의 최종 규제자로 등장했다. 무기한 승인을 지연하는 중국 경쟁당국의 행태를 비난할 수도 있지만, 중국 기업이 글로벌 M&A 시장에서 완전히 봉쇄되었다는 점을 감안하면 무엇이 공정한가에 대해 반문하지 않을 수 없다. 중국은 한국 경쟁당국이 중국에 대해 봉쇄정책을 펴지 않고 있다는 점을 파악하고, 2021년 미국 나스닥 시장에 상장된 한국의 반도체 회사 매그나칩Magnachip을 미국계 사모펀드로부터 인수하려 하고 있다. 이 역시 한국 정부가 아니라 미국의 규제당국인 CFIUS가 승인 여부를 검토 중이다.

2020년 중국의 대응[81]: 내수시장에 기반한 기술자립 추구

국내순환 위주의 산업 자립

2020년 1월에 미중 간 무역합의가 이뤄졌지만 동시에 코로나19 팬데믹이 닥쳤다. 매년 3월에 열리던 양회도 5월로 연기되는 초유의 사태가 벌어졌다. 중국은 5월의 양회와 10월의 5중전회를 거쳐 11월 '14.5 규획 건의'를 발표했다. '14.5 규획 건의'는 일반적으로 5년(2021~2025) 계획에 그치지 않고 2035년까지의 중장기 계획까지 품고 있다는 점에서 그 의미가 더 중요하다. '14.5 규획 건의'는 국내대순환, 자립경제 수립에 방점을 두고 있는데, 시진핑도 "국내대순환을 위주로 국내와 국제간 쌍순환이 서로 촉진하는 새로운 발전구조를 형성하는 데 속도를 내야 한다"[82]고 말했다. 이 정책의 핵심을 요약하자면 '산업 가치사슬 보장保产业链供应链稳定'이다. 이는 이른바 류바오六保[83] 중 하나로서 기술독립과 부품공급 안정화를 달성하여 산업안보를 지키겠다는 것이다. '중국제조 2025'처럼 선명하거나 자랑스러운 구호는 아니지만, 미국의 핵심부품 제재에 따른 중국의 산업계가 처한 어려움을 핵심적으로 표현한 말이다. 류바오는 2020년 4월 중앙정치국 회의에서 처음 등장한 담론으로 취업보장, 민생보장, 시장주체의 활력 보장, 식량·에너지 보장, 산업 가치사슬 보장, 기층 행정조직의 안정적 운용 보장을 지칭한다.

반도체 자립 굴기

미국으로부터 반도체 기술과 장비의 도입이 어려워짐에 따라 중국 정부는 2021년 들어 '자립 굴기'로 전략을 바꾼 것으로 보인다. 2021년 1월 중국 산업정보기술부는 화웨이, 하이시리콘, 샤오미, ZTE, SMIC 등 90개 기업이 가입한 '반도체표준기술위원회'를 설립했다. 설립 목적은 반도체 기술의 표준화와 반도체산업의 업스트림upstream과 다운스트림downstream의 연결 강화 등 반도체산업의 건강한 생태계를 형성함으로써 경쟁력을 강화하는 것이다. 중국 정부의 이러한 움직임은 미국의 기술 유출 차단 조치 강화로 인하여 첨단 반도체 제조기술의 습득이 어려워짐에 따라 이루어진 것으로 해석된다. 반도체 기술자립 기반을 강화하는 방향으로 전략을 변경했음이 드러난 것이다.

미국의 수출규제로 첨단 반도체 장비의 구매가 차단됨에 따라 SMIC 등 중국 반도체 업체들은 일본과 네덜란드 등으로부터 중고 반도체 생산설비를 대량 구매한 것으로 알려졌다. 자동차용 칩과 산업용 및 군수용 칩은 대부분 14nm 또는 28nm 칩으로도 충분하므로 반도체 공급 부족을 메우는 데는 첨단설비 대신 중고장비로도 해결 가능하다. 한편 2020년 12월 개최된 중앙경제공작회의에서 2021년 8대 중점임무 중 "국가의 전략적 과학기술력, 산업 및 공급망의 자주성 및 통제능력의 강화"를 최우선 순위로 강조했다. 중앙경제공작회의에 대해 중국망에 실린 다음 해설기사는[84] 최근 전개되고 있는 미국과의 산업패권 경쟁에 대한 중국 정부의 시각을 잘 보여준다.

“특히 최근 몇 년간, 중국은 반도체 등 분야에서 미국 등 역외세력의 견제를 받고 있다. 외부환경은 나날이 복잡해지는 상황 속에서, 만약 핵심기술이 타인의 통제를 받는다면 중국의 경제안전과 사회안보에 중대한 잠재적 위험을 초래할 수 있다. 발전의 전제조건은 안전과 안보이기 때문이다. 그뿐만 아니라, 오늘날 세계에서는 과학기술에 새로운 격변의 조짐이 더욱 짙어지고 있다. 이 기회를 활용하면 중국이 선진국을 추월할 수도 있지만, 반대로 격차가 더 벌어질 위험 또한 공존한다. 따라서 기술혁신을 착실히 추진해야만 발전으로 안보를 보장할 수 있으며, ‘뒤처진 자는 매를 맞는落後就要挨打’ 상황이 되풀이되는 것을 막을 수 있다.”

미국이 중국 SMIC에 14nm 칩 생산설비 수출을 승인한 이유

미국 정부가 2020년 12월 수출금지 대상 리스트에 올렸던 SMIC에 대해 2021년 2월 14nm 반도체 칩 장비 수출을 승인한 것은 시사하는 바가 크다. 우선 14nm 반도체 칩 생산설비에 대한 수출금지는 미국에 이익보다는 손해가 커지고 있다는 상황 변화에 대한 인식이 결정적 이유로 보인다. 타이완의 TSMC와 한국의 삼성전자가 2021년 하반기에 3nm 반도체 시험 생산을 거쳐 2022년 또는 2023년 대량생산을 계획하고 있으며, 미국의 인텔도 7nm 반도체 칩을 시험 생산하는 단계에 있으므로 중국에 14nm 반도체 칩 생산설비를 허용하여 칩 생산이 확대되더라도 미국에 전혀 위협이 되지 않는다고 볼 수 있다.

보다 결정적으로 미국 정부가 SMIC에 대한 반도체 장비 수출을 전면 금지에서 14nm 생산설비에 대해 제한적으로 허용한 것은, 자동차용 반도체 부족 문제가 미국 자동차산업에 심각한 타격을 미쳤기 때문으로 보인다. SMIC는 자동차용 칩을 대량생산하는 기업이므로 SMIC의 14nm 생산설비 확충은 미국의 자동차용 칩 부족 사태를 해결하는 데 긍정적 효과를 가져올 것으로 기대되기 때문이다. 세계 공급사슬의 중심에 있는 중국의 반도체 생산 부족은 구조적으로 완제품 수입국의 상품 부족을 초래할 수밖에 없다. 즉 미국이 중국의 반도체 생산을 저지할수록 그 결과로 인한 충격은 공급사슬을 통해 부메랑처럼 미국의 상품 부족을 초래하게 된다.

EU에서 가장 높은 부가가치를 보유한 네덜란드의 반도체 노광장비회사인 ASML은 최첨단 기술인 극자외선EUV 노광장치의 대중수출허가를 2019년부터 제한받고 있다. 미국의 반도체 장비회사뿐만 아니라 EU 소속 국가들도 중국에 대한 첨단 기술 수출을 제한하고 있기 때문이다. 이에 대해 ASML의 CEO 페터 베닝크Peter Wennink는 미국과 EU의 대중국 기술 수출제한이 오히려 중국의 기술주권 달성을 가속화할 뿐이라고 하면서 기술패권을 유지하기 위해 상호 경쟁하는 것은 바람직하지만, 그러한 경쟁은 오히려 상호의존성을 발전시키는 방향으로 추진되어야 한다는 견해를 밝히기도 했다. 이러한 움직임을 감안할 때 중국을 견제하기 위한 미국의 반도체 동맹 추진이 결속력을 갖추게 될 것인지에 대해서는 여전히 회의적 시각이 남아 있다.

일관된 산업정책과 미시적 변화

시진핑 주석은 '14.5 규획 건의'에 대한 설명에서 "중국 경제는 2025년까지 고소득 국가에 이르고, 2035년까지 중국 GDP 또는 1인당 주민소득이 2배 성장할 것"이라고 언급했는데, 이를 근거로 추산하면 15년 동안(2021~2035) 연평균 4.73% 이상의 성장목표를 제시한 것으로 해석된다. 이번 '14.5 규획 건의'에서 특이한 점은 "제조업의 비중을 (줄이지 않고) 안정적으로 유지하며 거대한 실물경제의 근간을 튼튼히 한다"[85]라고 밝힌 것이다. 이는 서비스업 비중을 확대한다는 과거의 방침에서 확실한 전환을 표방한 것이다. 영국과 같은 서비스업 강국이 아니라 독일과 같은 산업 강국이 되겠다는 선택인 것이다.

이렇듯 산업정책이 일관적이지만 구체적으로 강조하는 산업은 시간에 따라 변화가 있다. 2015년의 '중국제조 2025'에서 천명한 '10대 핵심산업'과 그 후 여러 문건을 거쳐 '14.5 규획 건의'에 나타난 '9대 전략성 신흥산업'에는 약간의 차이가 있는 것이다. 이를 뒷받침하는 '국가 중대 과학기술'도 같이 보아야 전체적 그림을 그릴 수 있다.

'중국제조 2025'는 산업의 업그레이드에 중점을 둔 것이었다. 즉 궤도교통설비와 농업기계와 같은 전통산업의 효율화를 포함한 개념이었다. 이에 비해 전략성 신흥산업은 새로운 과학기술이 접목

된 새로운 신흥산업을 지칭하며, 전통산업과 연관성이 낮다. 이는 세계 산업계에서 치열한 선두 경쟁이 벌어지고 있는 분야이다. 나아가 국가 중대 과학기술은 AI와 양자 정보와 같은 세계 최첨단 기술들을 포괄한다. 이 분야는 AI·양자통신기술·항공우주와 같이 중국이 이미 세계적 수준에 오른 영역들을 포함하고 있다.

양신일중의 투자

중국은 2020년 코로나와 미중 갈등으로 인한 경기침체에 대응하고자 대규모 재정지출 인프라 투자에 드라이브를 걸었다. 이 기조는 '14.5 규획' 기간 계속 이어질 것이다. 인프라 투자의 테마는 양신일중兩新一重 건설이다. 이는 '신형인프라', '신형도시화', '중대형 토목공사'를 묶어서 일컫는 말이다. 새로운 내용은 아니지만 경기부양을 위한 정부의 투자가 이런 분야에 집중되고 있다.

특히 신형인프라 건설은 비대면 경제에 적합한 선도적 조치로서 경기부양은 물론 전반적인 효율성 제고와 향후 시스템 수출까지 도모할 수 있는 일석삼조의 투자이다([표 13]). 여기에는 차세대 인터넷망, 5G, 충전소 등이 망라돼 있다. 이에 따라 2020년을 전후하여 기지국 500만 개, AI칩 1,000억 개, 클라우드 플랫폼 1,200억 개, 서버 220만 개, 충전소 매년 45만 개가 건설될 전망이다.

표 13 양신일중 투자 주요 내용

자료: 2020년 양회 정부업무(리커창) 보고

신형인프라	차세대 인터넷망, 5G 응용기술, 충전소 건설, 신에너지 자동차 확산, (O2O 등) 신소비 패턴 육성, 산업 업그레이드 도모
신형도시화	현성縣城 공공인프라 및 서비스 개선, 3만 9천 개 판자촌 개조 착공, 엘리베이터 설치, 식당과 위생 등 다양한 지역 서비스 제공
중대형 토목공사	교통 · 수리 등 중대형 토목건설, 국가철도건설 자본금 1,000억 위안 확충, (민관합작투자사업 등) 시장 메커니즘 융자 시스템 구축, 민영기업의 평등한 참여 도모

3장

미중의 금융·자본 충돌 가능성, 중국은 버틸 수 있을까

1. 자본시장 중심으로 전환하는 세계 2위의 중국 금융[86]

자산 규모 세계 1~4위를 차지한 4대 국유상업은행

현재 중국의 은행 부문 총자산 규모는 세계 1위 수준이다. 자산 규모만을 놓고 보면 타의 추종을 불허한다. 그만큼 중국의 금융역량이 양적 규모 면에서 개혁개방 이후 괄목할 만한 성장을 한 것이다. 2020년 말 중국 은행업 금융기관 총자산은 319.7조 위안(약 49조 달러)으로 전년 대비 10.1% 증가했다. 상업은행 총자산은 전년 대비 11% 증가한 265.8조 위안이며 대형 상업은행 총자산은 128.4조 위안에 달해 전체 은행 자산의 40%를 차지했다. 미국의 상업은행 총자산이 약 20.7조 달러(2020년 말 기준)임을 고려하면 중국 상업은행 총자산은 미국보다 약 2배 더 많다. 중국 전체의 은행업 소속 금융기관들이 4,550개이고, 그중 2020년 세계 1,000대 은행에 진입한 숫자가 143개나 포함되어 있다.[87]

중국의 은행업은 대형 국유상업은행을 중심으로 성장했다고 해도 과언이 아니다. 상업은행 중 최상위권에는 소위 4대 국유상업은행들이 자리 잡고 있다. 4대 국유상업은행은 중국공상은행ICBC, 중국건설은행CCB, 중국은행BOC, 중국농업은행ABC이다. 여기에 중국우정저축은행PSBC과 교통은행Bank of Communications을 포함하여 '빅6 Big Six'가 된다. '빅6' 국유상업은행들은 상업은행 전체 자산의 47%를 차지한다. 또한 중국에서 신용카드 발급이 가장 많은 초상은행China Merchants Bank을 포함하여 12개 주식제 상업은행이 있다. 그들의 자산 가치 비중은 '빅6'의 가치보다 훨씬 적은 21%를 차지했다. 그 밖에도 134개의 도시상업은행들과 1,400여 개의 농촌상업은행들이 각각 16%씩 차지한 것으로 조사됐다. 현재 중국 농촌지역 상업은행 자산에는 수천 개의 농촌신용합작사도 포함되어 있다.

중국의 4대 국유상업은행은 이윤 증가 규모에서도 미국 10위권 4대 은행들을 추월했다.[88] 기본자본의 경우, 중국 4대 국유상업은행들이 미국 상위 4대 은행들보다 2019년에는 51% 컸으나, 1년 후인 2020년에는 72%까지 커졌다. 코로나19 사태에도 중국 은행은 무서운 속도로 성장하고 있다. 중국계 은행의 기본자본 규모는 전년 대비 14% 증가했으나, 미국계 은행들은 3% 성장에 그쳤다. 중국계 은행들의 이윤 또한 2019년 3,120억 달러에서 2020년 3,300억 달러로 증가하여, 증가율은 5.7%였다. 반면 미국계 은행들

의 이윤은 0.6% 감소했다.[89]

세계 1,000대 은행에 포함된 중국계 은행은 143개이다. 이들 은행의 대출과 예금의 규모는 각각 19조 달러, 28조 달러에 달해 미국계 은행의 약 2배였다. 세전 이윤 순위에서도 상위 10위권에 중국의 은행들이 5개나 포함되었다.

중국 은행의 국제적 지위 상승

중국의 은행은 전체 자산의 양적 증가와 함께 국제적 지위가 상승하여 세계적 금융기관으로 변신했다. 세계적 금융기관 순위 평가 전문잡지《더 뱅커The Banker》가 발표하는 세계 1,000대 은행 순위에 따르면 2020년 말 자산 및 기본자본 기준 1위에서 4위까지 모두 중국계 은행들이 차지했다. 1위 중국공상은행, 2위 중국건설은행, 3위 중국농업은행, 4위 중국은행 순이다. 5위는 일본의 미쓰비시 UFJ 그룹이고, 미국계 은행 JP모건체이스앤드컴퍼니JP Morgan Chase & Co는 7위를 기록했다.

1996년 자산 기준 세계 10대 은행 순위에 포함된 중국계 은행은 중국공상은행 하나뿐이었다. 그 순위도 10위로 간신히 턱걸이했다. 당시 중국공상은행의 자산은 3,736억 달러로 도이체방크(당시 최대 은행)의 74%였다. 20년이 지난 2016년 중국의 4대 국유상업은행 모두 자산 기준 세계 5위 안에 들었다. 2020년 발표된 순위에서 25위까지 총

7개의 중국계 상업은행이 추가되었다. 또한 기본자본 규모는 중국공상은행이 3,802억 달러, 중국건설은행이 3,161억 달러, 중국농업은행 2,776억 달러, 중국은행이 2,584억 달러로 나타났다. 덩치만 큰 것이 아니라 은행의 안정성을 보여주는 국제결제은행Bank for International Settlements, BIS 자기자본비율도 중국 4대 국유상업은행은 각각 16.8%, 17.5%, 16.1%, 15.6%로 높은 편이다. 중국에 금융위기가 올 것이라는 위기론은 중국 4대 국유상업은행만 놓고 보면 기우에 불과하다.

글로벌 금융시스템에서 중요한 중국계 은행

국제기준 제정기구인 금융안정위원회Financial Stability Board, FSB는 2011년 11월부터 글로벌 시스템적으로 중요한 은행Global Systemically Important Bank, G-SIBs들의 목록을 발표하기 시작했다. FSB는 금융위기 예방 및 대처방안 연구, 국제금융시스템 안정성 강화에 대한 국제협력 등을 위해 독일 연방은행 총재의 제의로 1999년에 설립된 금융안정포럼Financial Stability Forum이 모태이다. 금융안정포럼은 G7 국가와 오스트레일리아 등 12개 회원국 및 IMF, 바젤은행감독위원회Basel Committee on Banking Supervision, BCBS 등 10개 국제기구로 구성되었다. 한국을 비롯한 신흥시장국가들은 배제되었다. 그러나 글로벌 금융위기 이후인 2009년 한국을 비롯한 13개 국가가 신규 회원국이 되면서 명칭도 금융안정위원회로 개정했다.

FSB 및 BCBS는 G-SIBs에 대한 별도의 금융 규범을 제정하고 있다. 글로벌 금융위기의 재발을 방지하기 위해 국제금융체제에서 중요한 위치를 차지하는 은행들에 대해서는 높은 규범이 요구되었기 때문이다. 이에 따라 2011년 11월 FSB와 BCBS는 도산 또는 부실화될 경우 국가 간 부정적 외부효과를 발생시킬 가능성이 큰 글로벌 대형 은행에 대해 시스템 차원에서 중요도 평가와 동 은행에 대한 추가 손실흡수력 부과 등을 주요 내용으로 하는 G-SIBs 규제체계(기준서)를 마련했다. 이 목록은 금융기관을 시스템적 중요도에 따라 1단계부터 5단계로 구분하고 자기자본비율을 추가로 높게 유지하게 한다. 2020년 발표한 자료에 따르면, 중국의 4대 국유상업은행들 모두 G-SIBs로 평가받았다.

세계 2위로 부상한 중국 자본시장

중국은 여전히 은행 중심의 금융시스템을 유지하고 있지만, 중국 주식시장의 성장 속도는 매우 빠르다. 개혁개방 이후 10년간 아예 주식시장이 없었다. 그러다 톈안먼 사태로 중국의 개혁개방에 대해 서구의 시선이 회의적으로 바뀌고 있던 시점임에도 불구하고 1990년 12월, 1991년 7월에 상하이와 선전에 각각 주식시장이 개설되었다. 이후 중국 주식시장은 '카지노 금융'이라 불리며 도박장에 비유되었다. 기업의 회계기준도 불투명했고, 공시도 제대로 이루어지지 못했다. 기관투자자들도 턱없이 부족했다. 기업의 수익성에 대한 정보가 가장 중요한 주식시장에 오로지 유언비어만 난무했다. 그러다 기업회계기준이 조금씩 개선되기 시작했고, 제도 정비도 꾸준히 이루어졌다. 이제 국유기업은 물론이고 민간기업의 자본조달시장으로 본격적으로 성장했다.

2021년 1월 기준 중국의 시가총액은 상하이 증권거래소와 선전 증권거래소를 포함하여 11조 4천억 달러를 넘어섰다. 일본 증권거래소의 6조 3,500억 달러를 추월하여 세계 2위로 성장한 것이다. 미국은 뉴욕 증시와 나스닥을 합쳐 시가총액이 43조 8,280억 달러에 달해 부동의 1위를 지키는 중이다. 중국의 주식시장이 급성장하고 있지만, 아직 미국과는 상당한 격차가 있음을 알 수 있다.

1995년 중국 상장기업의 시가총액이 421억 달러였던 것과 비교하면 2010년에는 4조 달러로 95배, 2021년 1월에는 270배 이상 증가한 것이다. 특히 1995년 중국은 전 세계 시가총액의 0.2%에 불과했으나, 2010년 7.9%, 2021년 1월 16.1%로 계속 상승했다. 미국의 세계 시장점유율은 2010년 33.9%에서 2021년 1월 62%로 상승했으나, 일본 시가총액의 점유율은 1993년 20.7%에서 2021년 1월 9%로 하락했다. 일본경제의 버블이 폭발하면서 일본 주식시장의 시가총액도 날아간 것이다.

상하이와 선전 증권거래소가 설립된 이후 A주 기준 상장기업 수는 약 20배 이상 증가했다. A주는 중국에 편입된 기업들의 위안화 표시 증권으로 상하이나 선전의 증권거래소에서 거래된다. A주는 중국 거주자만 거래할 수 있으며 외국인은 적격외국인기관투자자 프로그램, 주식연결 프로그램 등 특별투자 프로그램을 통해서만 접근할 수 있다. A주 중 순위가 바뀌기도 하지만 귀주모태주가 1위, 중국공상은행이 2위이다. 한편 B주는 달러와 홍콩달러로 표시된 외국인도 자유롭게 살 수 있다. 상장된 주식 수를 보면 1993년도 183개에 불과했던 상장기업 수가 2019년 3,777개(B주 미포함)로 증가했다. 2019년 시가총액은 GDP 대비 59.84%에 달했으며, 투자자 수도 1993년 836만 명에서 2019년 1억 6천만 명으로 증가했다.

2005년부터 주식시장의 개혁이 본격화되었다. 이전까지만 해도 유통되는 주식 수가 많지 않았고, 중국 정부도 전체 금융시장에서 주식시장의 역할을 높게 평가하지 않았다. 은행 중심의 금융시스템으로 국유기업의 성장이 충분하다고 생각했고, 정부 주도의 관치금융이 작동하고 있는 상황에서 주식시장에서 큰손 역할을 하는 기관투자자들도 거의 없었다. 일반 투자자들은 높은 저축성향에도 불구하고 주식시장은 도박장이라고 생각했고, 위험 기피적 투자자들은 대부분의 저축을 은행에 맡겼다. 그러나 중국 정부는 수익성이 좋은 국유기업을 꾸준히 상장시켰고, 유통주식 수를 늘려나갔다. 아직도 국유기업의 대주주는 중국 정부이다. 중국 정부가 보유한 주식을 시장에 내놓을 때마다 주가가 폭락했다. 그러나 중국 정부가 시장에 팔 수 있는 주식도 점차 한계치에 이르렀다. 중국의 주식시장도 시장에서 거래되는 유통주 중심으로 전환되면서 정상화되고 있다.

중국 선전 증권거래소에서는 2004년부터 중소기업 상장 위주의 중소기업 주식시장中小板을 설립했다. 이는 스타트업 기업의 주식 상장에 기여한 것으로 평가되고 있다. 2019년 기준 증권거래소에 상장된 중소기업 수는 943개이며 스타트업 기업은 791개에 달했다. 상장된 중소기업 주식의 시가총액은 2019년 기준 9조 8,681.3억 위안(전체 시가총액의 16.6%)이며, 스타트업 기업 상장 주식의 시가총액은 6조 1,347.6억 위안(전체 시가총액의 10.3%)을 차지했다.

세계 2위의 중국 채권시장

중국의 채권시장은 1981년 정부가 국고채를 발행하면서 생겨났다. 이후 10년 동안 중국 정부는 금융채권, 국가건설채권, 특별채권 등 다양한 채권을 발행했다. 회사채는 1984년에 처음 발행되었다. 1994년 3개 정책은행이 설립되면서 이들 은행의 금융채권이 등장했다. 이 시기 중국의 채권시장은 주로 정부채권, 중앙은행어음, 금융채, 비금융 회사채 등으로 구성되었다.

중국 채권시장은 거래량이 날로 증가하고 시장구조도 변화하고 있다. 채권상품과 거래수단이 다양해지고 있으며, 국채 대신에 회사채 비중이 증가하는 패턴을 보이고 있다. BIS 발표자료에 따르면, 2020년 2분기 기준 중국 전체 채권 총액은 15조 7,700억 달러였으며, 중국 정부가 발행한 국채 규모는 6조 1,190억 달러에 달해 약 38.8%를 차지한 것으로 나타났다. 같은 기간 기준 미국의 전체 채권 잔액은 45조 6,080억 달러이며 국채 규모는 22조 9,860억 달러에 달해 약 50.4%를 차지했다. 중국과 비교하면 미국의 국채 비중이 훨씬 크다는 점을 알 수 있다. 세계 3위의 채권 보유국인 일본의 경우, 전체 채권 규모는 13조 4,720억 달러, 국채 규모는 9조 9,990억 달러에 달했다. 일본의 국채 비중은 미국보다도 높다.

국제자본시장협회International Capital Market Association, ICMA가 블룸버그Bloomberg 데이터를 활용하여 분석한 자료에 따르면, 2020년 전 세계 채권시장은 1위 미국, 2위 중국, 3위 일본이 주도하고 있다. 이들 3개국의 시가총액을 합치면 전 세계시장의 62%를 차지한다. ICMA에 따르면 그중 각국 정부가 발행하는 국채가 전 세계시장의 73%인 63.7조 달러를 차지하고 있다. 회사채 시장의 국가별 규모를 보면, 미국 10.9조 달러와 중국 7.4조 달러로 전 세계 회사채 시장의 45%를 차지한다. 전 세계 회사채의 53%인 21.5조 달러는 금융기관이 발행한 금융채이다. 중국 공식 통계에 따르면 2019년 말 은행간 채권시장에서 거래된 회사채 56.2%, 지방채 86.1%를 보유한 은행들이 채권시장을 장악하고 있다. 이 자료는 자산관리상품을 통해 자금을 조달한 대차대조표에 기재되지 않은 채권 매입을 고려하지 않아 실제 숫자는 더 많을 것으로 보인다. 시중은행들이 시장 유동성을 줄이는 매수·보유 전략을 추구하는 경향이 있다는 점을 고려한다면 중국의 채권시장 활동 대부분이 위장 은행 대출에 불과하다는 점을 강하게 시사하는 대목이다.[90]

금융의 양적 성장은 바람직한가

일반적으로 경제학 문헌을 살펴보면 초기에는 금융자원의 확대가 경제성장에 긍정적으로 기여하지만, 양적 측면에서 일정한 수준을 넘어서 팽창하면 추가적 금융자원의 공급은 경제성장을 저해한다. 다수의 실증분석에 따르면, GDP 대비 민간신용이 100% 이상일 경우 금융의 양적 확장이 경제성장을 저해하기 시작한다는 결과를 제시하고 있다.

금융의 양적 규모를 추정하는 지표인 GDP 대비 총통화(M2, 총신용), 금융기관 대출 잔액(민간신용)은 중국의 경우 대체로 상승 추세를 유지하는 것으로 나타났다. 중국의 총통화(M2)는 1978년 1,159억 위안에서 2019년 19조 8,648억 위안까지 증가했으며, 연평균 증가율은 19.8%에 달했다. 개혁개방 이후 2019년까지 중국 총통화의 연평균 증가율은 명목 경제성장률(14.9%)보다 높으며, 따라서 경제의 화폐화 비율은 같은 기간 0.32에서 2.01로 상승했다.

금융기관 대출총액은 1978년 1,890.4억 위안에서 2019년 153조 1,123.2억 위안으로 증가하여 연평균 증가율은 17.9%에 달했다. 연평균 증가율은 명목 경제성장률 평균보다 3%포인트 높았다. 또한 중국의 GDP 대비 금융기관 대출 잔액 비율은 1978년 0.51에서 2019년 1.55로 상승했다. 이처럼 금융기관 대출의 급속한 증가는 중국 경제의 고속성장에 중요한 원인이라고 평가된다. 다만 금융부문 양적 확장이 경제성장에 미치는 임계치를 크게 상회하고 있다. 따라서 금융기관 대출 확대에 따른 경제성장은 영원히 지속하기 어렵고 일정 임계치를 넘어서는 순간 한계에 직면할 수밖에 없다. 중국이 은행 대출을 받아 투자해서 경제성장을 이끄는 대출-투자 주도의 성장은 이제 한계에 도달했다.

반면에 은행 대출 대신에 주식시장에서 자금을 조달하여 투자하는 방식은 얼마나 지속 가능할까? 2005년 시작된 시장화 개혁 이후 GDP 대비 시가총액은 2007년까지 급등했다. 그러나 2008년 글로벌 금융위기 이후 급락했고, 이후 등락을 반복하고 있다. 2019년 말 중국의 주식시장 시가총액은 GDP의 약 60% 정도에 이르렀다. 중국의 GDP 대비 주식시장 시가총액 비율은 임계치에 크게 미치지 못하고 있다. 아직 주식시장의 양적 확장은 얼마든지 가능하다고 볼 수 있다. 은행 대출에 의존했던 방식을 탈피해서 기업의 자금조달 창구가 주식시장이 될 수 있다는 의미이다. 중국 정부도 주식시장의 발전이 경제성장에 긍정적 효과를 미친다는 점을 알고, 단지 주식시장을 부양시키는 차원이 아니라 질적으로 선진화되어야 한다는 필요성을 이해하고 있다. 한편 각종 채권 잔액은 꾸준히 증가하여 2019년 GDP 규모와 비슷한 수준에 도달했다.

간접금융에서 직접금융으로의 구조 변화의 필요성

중국의 금융구조는 아직 자본시장 중심의 직접금융보다는 은행 중개기능 중심의 간접금융이라고 볼 수 있다. 주식시장의 자금조달 규모가 당해 연도 전체 금융기관 신규 대출보다 현저히 낮다. [표 14]는 중국의 자금조달 구조가 직접금융에 의존하기보다는 간접금융에 집중되어 있음을 보여준다.

다만 이전과 달라진 것은 최근 들어 주식 및 채권과 같은 자본시장의 비중이 크게 확대되고 있다는 점이다. 이런 변화는 중국 경제가 개혁개방 이후 시장화 개혁을 통해 자본시장이 성장해왔지만, 이제는 금융시스템 자체의 구조변화가 필요하다는 점을 반영한다. 특히 전체 민간신용 중에서 금융기관 대출총액의 비중은 1990년 0.94에서 2019년 0.49까지 지속적 하락세를 나타내고 있다. 반면 주식시장 시가총액과 연말 기준 채권 잔액을 합산한 자본시장의 비중은 계속 상승하여 2019년 0.5에 달해 금융기관 대출총액 비중과 비슷한 수준을 유지했다.

반면에 채권 잔액의 비중은 1990년 0.058에서 2019년 0.318까지 상승세를 유지했다. 그 배경에는 '그림자금융' 등 지방정부 채권의 급증과 더불어 금융채와 기업 후순위채의 비중 증가도 크게 작용한 것으로 보인다.[91] 중국에서 각종 채권 잔액은 1981년 48.7억 위안이었으며 2020년 12월 말 기준 잔액은 116조 7,200억 위안으로 급속하게 증가했다. 초기 중국 정부가 발행한 국채가 채권시장에서 유통되는 채권 전부를 차지했으나 현재는 국채를 포함하여 금융채, 기업채, 전환사채CB, 신주인수권부사채BW 등 각종 채권이 발행, 유통되고 있다.

표 14 중국 국내 주식시장 융자 금액과 은행대출 증가액의 비율(단위: 억 위안, %)

자료: 国家统计局, 中国证监会, 중국인민은행(2020)

	주식시장 융자 금액	은행대출 증가액	비율
2002	720.05	18,475.00	3.90
2003	665.51	27,652.00	2.41
2004	650.53	22,648.00	2.87
2005	339.03	23,543.82	1.44
2006	2,374.50	31,809.00	7.46
2007	7,814.74	36,322.51	21.51
2008	3,312.39	49,041.00	6.75
2009	4,834.34	95,941.63	5.04
2010	9,799.80	79,450.29	12.33
2011	7,154.43	74,715.39	9.58
2012	4,542.40	82,037.63	5.54
2013	4,131.46	88,916.22	4.65
2014	8,498.26	97,815.77	8.69
2015	16,361.62	117,238.60	13.96
2016	20,297.39	126,496.23	16.05
2017	15,534.98	135,277.81	11.48
2018	11,377.88	161,704.90	7.04
2019	12,538.82	168,144.09	7.46

2. 중국 금융 굴기, 달러체제에 대한 도전인가[92]

금융은 네트워크 산업이다. 미국이 금융패권을 유지하는 이유는 제2차 세계대전 이후 달러 중심의 국제금융체제가 구축되어왔기 때문이다. 런던에서 뉴욕으로 금융중심지가 이동한 데 그친 것이 아니라, 모든 국가의 환율은 달러에 고정되었다. 달러가 황금과 같은 지위를 지니게 된 것이다. 그러나 달러 유동성의 공급 과잉으로 인해 달러에 대한 신뢰가 약화되면서 달러 본위의 국제금융체제는 내재적 한계를 보이기 시작했다. 그 결과 달러 본위의 브레턴우즈 체제가 1970년대 초반 붕괴했지만, 여전히 달러패권이 유지되고 있는 이유는 달러체제가 지닌 거래의 편리성과 함께 네트워크 산업에 관성의 법칙이 작동하고 있기 때문이다.[93] 무엇보다도 달러를 대신할 통화체제가 새롭게 구축되기에는 대안을 찾기 힘들고, 달러를 사용하면 비용도 싸고 편리하기 때문이다. 국제금융시장은 달러에 중독되어 있다. 또한 국제금융시장에서 월가의 역량을 뛰어넘는 실력자가 아직 나타나고 있지 않다. 중국이 원하는 것은 달러체제를 완전히 대체하는 것이 아니다. 달러체제를 보완하는 위안화의 부상이고, 위안화의 국제화를 위해 중국의 금융역량을 제고시키는 것이다. 따라서 중국 정부가 금융부문의 독자적 생존력, 즉 '금융 굴기'를 추진하는 이유는 국제금융시장에서 영향력을 행사하기 위한 것이다. 아직은 달러체제에 대한 도전이라고 보기 어렵다.

금융의 독자 생존력 확보를 위한 노력

중국은 글로벌 금융위기 이후 지난 10여 년 이상 취약한 금융시스템을 혁신하기 위해 다양한 노력을 시도했다. 중국의 '금융 굴기'를 향한 행보는 자국 금융기관의 대형화 및 국제화, 국제통화의 다양성 확보, 은행 간 신규 결제시스템의 구축, 국제금융기구를 통한 영향력 확대, 양자 간 통화스와프 협정체결 등으로 나타났다. 중국의 영향력은 주로 무역거래에 집중되기는 하지만 일대일로의 추진과 더불어 자국 금융기관의 해외 진출 및 인프라 투자로 점차 지역적으로 확대되기 시작했다. 아울러 일대일로 연선 국가와의 교역에 있어 중국 위안화의 사용이 증가했다.

이러한 중국의 노력이 거둔 성과는 보기에 따라 달라진다. 자본자유화가 불완전한 신흥국 통화인 위안화가 국제 결제통화에 사용된다는 것 자체에 의의를 둘 수도 있지만, 아직도 그 비중이 2% 미만이라는 사실은 분명히 한계가 있다는 점을 시사한다. 중국의 목표는 지금 당장 위안화의 국제화 수준을 높이는 것이 아니다. 마라톤을 달리는 주자로 아직 반환점을 돌았다고 볼 수도 없다. 중국은 우선 미국 중심의 국제금융의 하부구조를 조심스럽게 공략하는 데 집중하고 있다. 대표적 사례가 바로 국제은행간통신협회Society for Worldwide Interbank Financial Telecommunication, SWIFT 결제시스템을 우회하는 방안을 찾고자 한 것이다. 실제로 미국이 이란을 SWIFT로부터 차단한 직후 인민은행은 중국 정부의 승인을 받아 자체적 대안을 개발하기 시작했으며, 약 2년 후인 2015년 10월 이를 구축했다. 현재 위안화국제결제시스템Cross-Border Interbank Payment System, CIPS이라고 불리는 이 시스템은 아직 SWIFT의 진정한 대안이 아니다. 중국인민은행은 2021년 3월 SWIFT와 중국 중소금융기관의 불법거래, 자금세탁을 막기 위해 '금융망정보서비스사'를 설립했다. 그리고 SWIFT는 자동화 처리를 목적으로 금융기관을 코드화하여 전 세계적으로 수많은 은행 사이의 자금결제와 메시지 교환 업무를 신속하고 저렴하게 처리해오고 있다. CIPS는 인민은행이 개발한 자금 청산 결제시스템으로 위안화의 국제 결제업무에 주로 사용된다. 다른 통화거래에는 사용되지 않는다. 두 시스템은 언뜻 보기에는 상호 보완적이다. 그러나 중국은 미국이 중국을 이란과 같이 봉쇄하는 때를 대비해 적어도 위안화 거래에 CIPS를 활용하여 SWIFT를 완전히 우회할 수 있도록 준비했다.

다음은 디지털화폐의 등장이다. 기존 통화질서에 디지털화폐가 어떤 영향을 미치는지에 대해 관심이 집중되고 있다. 이러한 기술의 파괴적 잠재력이 어느 국가에 유리한지는 미국과 중국이 디지털통화와 전자지급 결제에 대한 투자와 규제를 다루는 방식에 따라 달라질 것이다. 중국 정부는 인민은행이 내놓을 자체 디지털통화 발행 계획을 빠르게 추진했고, 사실상 실행을 완료했다. 디지털 위안화에 관련한 별도의 쟁점은 뒤에서 상세히 다룰 것이다.

돌다리도 두드리자

중국 금융의 독자적 생존력은 결론적으로 문제가 많다. 위안화가 국제화되려면 해결해야 할 과제가 산적해 있다. 우선 중국 지도자들이 자본계정의 완전한 태환을 꺼리기 때문이다. 만약 완전한 태환을 허용한다면, 자본유출과 국내 금융정책에 대한 통제력을 잃게 될 가능성이 크기 때문이다. 중국 지도부의 '금융 굴기'에 대한 청사진 속에 완전한 금융 자유화는 그려지고 있지 않다. 한편으로 자신감의 결여라고 볼 수도 있지만, 다른 한편으로는 자유화로 인해 잃어버리게 될 통제력이 더 중요하다고 볼 수 있다. 글로벌 금융위기 이후 중국 자본자유화의 로드맵을 따라 개방에 호의적이었으나, 2015년을 기점으로 중국 정부는 자본통제를 강화하고 있다. 경상수지 흑자기조도 흔들리기 시작했고, 중국을 떠나는 본토 부호들의 자본유출을 중국공산당 지도부는 그냥 좌시할 수 없었다. '돌다리도 두드리며 건너자摸着石头过河'라는 신중론이 득세하기 시작했고, 이후 위안화 국제화는 속도 조절에 들어갔다. 미중 무역전쟁 중에도 중국이 금융서비스 시장과 자본시장의 개방을 추진하고 있는 것으로 보이지만, 중국 지도부는 핵심적 자본시장 개방은 허용하지 않고 있다. 중국 지도부는 미중 무역전쟁에서 버티면 된다는 생각을 하고 있지만, 금융부문에서는 미국과 전면적 대립과 갈등을 초래하지 않기 위해 신중한 태도를 견지하고 있다.

중국 정부의 신중한 태도는 중국 금융시스템이 아직도 선진화되지 못했다는 것을 스스로 인정하고 있기 때문이다. 중국은 은행 중심의 금융시스템을 갖고 있다. 자본시장의 발전 속도가 더디고, 이는 시간이 걸리는 문제이다. 중국 증권시장을 통한 자본조달은 2019년 말 전체 신용 잔액의 2.9%에 불과했다. 이는 주식을 통한 기업의 자금조달이 50%를 넘어가고 있는 미국과는 확실히 다른 양상이다. 중국 자본시장의 상대적 저발전으로 인해 소규모 기업체들은 주로 그림자금융에 의존한다. 은행 문턱이 높아 대출을 받지 못하는 중소기업들은 일종의 사금융인 '그림자금융'을 통한 비공식적 자금원을 찾아야 한다. 높은 은행 대출 의존도와 자본시장의 상대적 저발전은 대기업에 유리하게 신용 배분을 왜곡하는 경향이 있고, 이는 중국의 높은 기업부채를 가져왔다. 일반 상업은행들은 중소기업에 대출해주려는 의지가 거의 없다. 중국 정책당국의 자본시장을 육성하고자 하는 의지는 대단하다. 그렇지만 실제로 중국 증권시장을 보면 획기적 조치는 거의 찾아보기 힘들다. 단지 제한된 조치만 취했을 뿐이다.[94] 특히 2015년 중국의 증시가 폭락하자, 중국 공모IPO 승인 시스템 개선이 5년 가까이 지연되면서 400여 건의 신청이 밀렸다. 경기침체와 코로나19의 긴급성 속에서 최근에서야 규제당국은 국내 주식 상장을 장려하기 위한 노력을 벌이고 있다.

그림자금융의 문제도 잘 해결되지 못하고 있다. 중국 그림자금융의 특징은 일반 상업은행들도 핵심 참여 주체라는 점이다. 글로벌 금융위기 이후 전통적 은행들이 비은행 금융기관과 제휴해 그림자금융을 확대하기 시작했다. 이를 통해 현지 자금 수요를 충족시키기 위해 더 많은 대출을 할 수 있었고, 예금액의 75%에 해당하는 대출에 대한 규제를 피할 수 있었다. 다만 이 상한선은 2015년 대출 활성화를 위해 폐지되었다. 그들은 주로 은행 자체의 손익계산서에서 대출과 위험을 이동시키기 위해 비은행 금융기관을 이용했다. 그림자금융은 특성상 은행권 내 그림자 자산의 정확한 계산을 불가능하게 만든다. 대체로 위험한 그림자 자산에 대한 노출은 지역 은행들, 특히 도시상업은행들 사이에 집중되어 있다. 반면에 중국의 6대 은행의 대차대조표는 상대적으로 건전하다. 전체적 규모 면에서, 분석가들은 매우 다양한 추정치를 제시했다. 무디스Moody's와 BIS가 발표한 자료에 따르면 2019년 3분기 기준 중국 전체 비금융부문 부채의 24%를 그림자금융이 차지했으며 중국 GDP의 약 60%(8조 3천억 달러)에 해당한다고 추정했다.[95]

2019년 5월 바오상包商은행에 대한 구제금융 지원은 중국 은행 시스템의 잠재된 리스크를 여실히 드러낸 사건이다.[96] 그러나 부실은행을 지원하거나 자금 확보를 위한 정부 개입은 중국에서 새로운 현상이 아니다. 1990년대 후반과 2000년대 초에 정부는 3,850억 달러를 들여 중국의 4대 은행을 구제했다. 그러나 이번에는 중국 정부가 29년 만에 가장 낮은 경제성장률과 전례 없는 세계적 유행병으로 맞서고 있어 과거의 구제금융을 재현하기가 쉽지 않다. 중국 금융당국은 은행의 위험을 줄이고, 자본 재확충을 돕고, 높은 부실대출비율을 낮추기 위해 다양한 전략을 채택하고 있다. 이러한 조치들로 근본적인 구조적 문제를 해결하고 경기침체를 피할 수 있을지, 아니면 은행 자산의 가치에 대한 상당한 하향 조정을 피할 수 있을지는 여전히 불확실하다.

국제금융시장에 통합되고 싶은 중국

미중 무역분쟁에도 불구하고 중국의 국제금융시장으로의 통합은 빠른 속도로 진행되고 있으며 중국으로의 외국자본 유입이 증가하고 있다. 중국 내 외국 소유 금융기관의 증가 외에도, 중국의 국제금융시장으로의 통합은 외국인 직접투자뿐만 아니라 포트폴리오 자본의 흐름으로도 확인할 수 있다.[97]

미국 의회가 중국 기업을 미국 증시에서 퇴출시키려고 시도하고 있지만, 설령 중국 기업이 미국 증시를 떠나야 하는 일이 벌어진다고 해도 월가의 자본은 홍콩 시장을 찾을 것이다. 중국 기업이 월가를 찾는 것이 아니라, 월가가 중국 기업을 찾을 것이다. 성장 가능성이 큰 중국 기업의 주식을 월가가 과연 외면할 것인가? 그러지 않을 것이다. 미국 기관투자가와 미국 거주자들은 홍콩에서 간단히 주식을 매입하면 된다. 만약 미국 기관투자가와 미국 투자자에게 아예 중국 기업의 주식을 매수하지 못하도록 규제조치를 취한다면 미국을 대신할 투자자는 얼마든지 있다. 미국의 상장폐지 정책과 중국 기업에 대한 주식 매수 제한 조치는 결코 미국에 득이 되지 못할 것이다.

미국의 금융 권력을 약화하려는 중국의 10년 노력은 자신의 금융 권력을 구축하려는 희망과 합쳐져서 일정 정도의 성과도 있었다. 다만 달러의 위상은 미국의 법치 환경, 강력한 제도, 깊고 유동적인 자본시장 등에서 혜택을 누리지만, 중국의 위안화 국제화는 자본계정의 태환성 결여, 불완전한 환율 결정 메커니즘, 간접금융 중심의 금융시스템, 자본시장 발전의 한계 등으로 인해 제한된 성과에 그쳤다. 중국은 위안화가 아시아 지역에서 활용도를 높이고 국제결제시스템의 재구축 과정을 통해 미국의 영향력을 우회하는 방법도 찾고 있다. 이를 통해 중국은 미국의 금융패권 아래서 자신의 금융 질서를 형성할 수 있을 것이다.

현재 중국의 금융역량은 미국과 비교하면 보잘것없는 수준에 불과하지만 앞으로 30년 이후에도 여전히 후진적일 것이라고 단정할 수 없다. 중국의 폐쇄된 자본계정은 오랫동안 금융역량의 성장을 방해해왔지만, 기술적 진보가 중국의 야망을 가능하게 할 수 있다. 이러한 변화의 불확실성 속에서 한 가지 분명한 점은, 국제금융시장이 미국과 중국 사이의 전략적 경쟁을 넘어 훨씬 더 논쟁적 영역으로 발전할 가능성이 있다는 것이다.

관치금융과 시장금융의 이원화된 금융시스템의 발전 전망

1978년 개혁개방 이후 중국은 사회주의 시장경제체제의 현대화를 추진하는 과정에서, 국유상업은행이 금융자본의 배분 과정에서 압도적으로 중요한 역할을 하는 관치금융 현상이 나타났다. 이러한 관치금융 현상을 경제학자들은 금융억압financial repression이라고 부른다. 이는 대내적으로 금리 자율화를 포함한 금융시장의 자율성, 대외적으로 자본계정의 자유로운 태환성이 보장되지 않음을 의미한다.[98] 이러한 중국의 관치금융 시스템이 앞으로도 과연 지속 가능할 것인가? 중국의 관치금융을 보완하는 제도적 개혁은 시장금융의 활성화이다. 중국에서도 핀테크를 중심으로 시장금융이 놀라운 속도로 발전하고 있다. 하버드대학의 케네스 로고프Kenneth Rogoff는 중국이 환율개혁과 자본자유화를 완성하는 시점에 달러패권은 더 이상 지속되기 힘들 것으로 전망했다. 그러나 중국 정부는 주저하고 있다. 당분간 관치금융과 시장금융의 이원화된 금융시스템이 공존할 것이다.[99]

높은 예대금리로 수익이 보장된 국유상업은행

금융기관과 금융시장의 규모 면에서 중국은 후진국이라고 볼 수 없다. 중국의 4대 국유상업은행은 자산 규모 면에서 이미 세계적 수준이며 덩치만 큰 것이 아니라 수익성도 괜찮다. 예대금리 차익을 일정 수준 보장하여 은행의 수익성이 안정적으로 확보되었기 때문이다. 2015년 10월 이후 금리 자유화가 실시되었지만, 인민은행은 금융기관이 참고할 수 있도록 예금-대출(예대) 기준금리를 계속 지도하고 있다. 예대금리의 상하한이 폐지되어 은행의 예대금리가 일률적으로 결정되지 않지만, 인민은행이 예대 기준금리를 발표하는 한 그 영향력은 여전히 유효하다고 볼 수 있다. 이처럼 예대금리 차익에 의존해서 은행이 수익을 보는 경쟁 제한적 환경에서 은행 중심인 중국의 금융시스템은 발전을 기대할 수 없다. 보다 시장 친화적 금리체계로의 변화가 필요하다.

흔들리는 금융안보

미중 무역분쟁과 코로나19 사태가 발발하기 이전부터 중국의 금융안보가 흔들리고 있었다는 증거로 2017년 5월 23일 국제신용평가사인 무디스의 중국 국가신용등급 하향 조정(Aa3 → A1)을 들 수 있다. 글로벌 금융위기 이후 과도하게 증가한 중국의 비금융기업 부채가 주원인이었다. 중국은 아직 대외부채의 비중이 작으므로 중국의 금융위기 가능성은 어디까지나 정부의 대응 여하에 달려 있다. 중국 정부가 단지 위기를 관리하는 데 그칠 것인지 아니면 근본적으로 국유기업 구조개혁과 금융시스템의 선진화를 위한 좀 더 과감한 개혁조치를 취할 것인지 여하에 따라 중국 경제의 향배가 달라질 것이다.

중국의 금융안보가 흔들리고 있는 상황에서 5년마다 개최되는 전국금융공작회의가 2017년 7월 개최되었다. 시진핑 주석을 포함하여 25명의 정치국 위원과 인민은행, 은행보험감독관리위원회, 증권감독관리위원회 등 중국을 대표하는 금융감독기구가 참석하는 회의였다. 1997년 아시아 금융위기 직후 시작되어 5차 회의가 열린 것이다. 2012년에 개최된 4차 회의에서 지방정부의 부채 리스크가 제기되었고, 2015년 10월 금리 자유화가 실시되기까지의 큰 방향이 제시되었다. 2017년 회의에서도 금융 리스크 예방 및 구조조정을 위한 4대 원칙과 6개 주요사항이 제시되었다.

시진핑 주석은 회의에서 금융이 국가의 핵심경쟁력이며 금융안정이 국가안정에 중요한 역할을 한다는 점을 강조했다. 이에 ① 금융의 기본역할 강조, ② 구조개선, ③ 감독강화, ④ 시장지향의 4대 원칙이 제시되었다. 또한 금융발전을 위한 6대 주안점이 제시되었는데 그중 첫째가 금융은 실물경제의 발전을 지원한다는 것이다. 이를 위해 과도한 은행 중심의 간접금융체제에서 증권시장 육성과 같은 직접금융체제의 발전을 주요 과제로 삼고 있다. 즉 자본공급의 원천을 은행을 통한 대출에서 주식, 회사채와 같은 직접금융 방식에 더 많이 의존하겠다는 것이다. 다원화된 자본조달방식의 채택은 대단히 바람직한 방향이라고 볼 수 있다. 그러나 실물경제 발전 지원에 금융의 기본역할을 두고 있다는 점에서 금융을 하나의 독자적 산업으로 보는 관점은 여전히 부족하다고 볼 수 있다.

실물경제에 종속된 금융자본

2020년 6월 중국 정부는 금융부문 이익을 실물부문으로 이전하기로 결정했다. 이는 중국판 '이익 공유제'로 볼 수 있다. 총리가 주

1회 소집하는 중국 국무원 상무회의는 6월 17일 코로나로 인한 경제난을 극복하는 방안으로 금융부문의 순이익(2019년 상업은행의 순이익 2조 위안) 중 1.5조 위안을 실물부문으로 이전하는 방안을 의결했다. 중국 금융당국은 코로나19 사태 이전부터 민영기업 자금난을 해결하기 위해 다양한 정책을 폈으나 뚜렷한 효과를 보지 못했다. 반면에 은행 부문은 여전히 막대한 수익을 내고 있었다. 이는 국유상업은행은 물론이고 지방은행에 이르기까지 은행 간 묵시적 카르텔이 매우 강해 여신금리와 수신금리가 시장기능에 의해 결정되지 않고, 예대차익이 여전히 시장균형에 비해 높게 유지되고 있다는 점에서 확인할 수 있다. 대출금리 시장화를 위한 중앙은행의 시장가격 대출 우대금리 Loan of Prime Rate, LPR도 은행 간의 묵시적 카르텔의 영향으로 기대만큼의 효과를 나타내지 못하고 있다.[100]

중국 정책당국은 은행이 실물경제에 별로 도움을 주지 못한다고 판단하고 있다. 동시에 여전히 높은 금리 장사로 수익을 챙긴다는 부정적 인식이 있다. 즉 은행의 높은 이익 실현을 실물경제에 돌아갈 부분이 은행 이익으로 전환되고 있는 것으로 보았다. 중국 내 여론도 은행의 이익이 독점적 지위에서 창출되는 것으로 보고, 은행의 과도한 이윤 창출에 대해 비우호적이다. 2019년 제조업 순익이 6.2조 위안으로 전년 대비 3.3% 감소한 데 비해 은행의 순이익은 2조 위안으로 9% 증가했으며, 2020년 1분기 제조업의 순이익이 전년 동기대비 37% 감소했으나 은행은 오히려 5% 증가했다.

이러한 상황에서 중국 국무원은 금융부문 이익을 실물부문으로 이전함으로써 장기적으로 한정된 국가자원을 최적화하여 중국 경제의 성장잠재력 제고를 도모하고자 했다. 즉 금융부문이 창출한 순이익 1.5조 위안이 실제로 실물부문에 양도될 경우 2019년 중국 상업은행 순이익의 75%를 이전하는 효과를 낳게 된다. 이와 같은 금융부문 이익의 이전 후에도 중국 상업은행은 여전히 양(+)의 이익을 창출한 상태이며 이익을 이전받은 실물부문은 직접적으로는 이익이 크게 개선될 수 있다. 중국 중소기업의 2019년 순이익 총액이 대략 3조 위안이라는 점을 고려하면 금융부문의 이익 1.5조 위안이 실물부문으로 이전되는 것은 상당한 금액이라고 할 수 있다. 이러한 이익 이전은 통화 총량을 그대로 유지한 상태에서 직접 실물부문 기업의 자금난을 해결할 수 있어 빠른 정책효과 실현을 기대할 수 있다. 1.5조 위안 대부분이 중소기업으로 이전될 경우 중소기업의 실질적 이익 증가로 코로나19 사태로 파산 위기에 처한 중소기업을 회생시키고 심각한 취업난 해결에 도움을 줄 것이다.

중국도 한국과 마찬가지로 중소기업 일자리가 전체 일자리의 80%를 차지하고 있다. 중국 당국이 당면하고 있는 취업난을 해결하기 위해서는 중소기업의 파산을 최대한 억제해야 하는 상황이다. 그러나 이러한 정책은 중국과 같은 관치금융이 가능한 국가에서나 가능한 일이다. 만약 한국에서 민간 금융기관의 이익을 실물부문으로 이전한다고 하면 엄청난 저항과 혼란이 발생할 것이다. 사실 중국의 대표적 국유상업은행들은 모두 주식회사이고 엄연히 주주들이 존재한다. 외국인 주주도 당연히 존재한다. 그러나 정부는 이와 같은 사유재산제도에 반하는 엄청난 조치를 감행한 것이다.

향후 중국의 관치금융은 국가자본주의 체제하에서 전혀 약화하지 않을 것이다. 공산당 지도부가 금융부문을 실물부문의 발전을 위한 수단으로 생각하고 있는 한, 하루아침에 관치금융의 적폐가 말끔히 해소될 수는 없을 것이다. 그러나 자본자유화의 속도가 빨라지고, 외국계 금융기관의 진출이 늘어나면서 시장금융의 공간도 넓어질 것이다. 핀테크에 기반을 둔 새로운 금융의 발전은 중국의 금융역량이 빠르게 향상되고 있음을 보여준다. 따라서 중국은 관치금융과 시장금융의 이원화된 금융시스템이 함께 발전하는 모습을 상당 기간 보일 것이다.

사라진 마윈의 꿈

중국 최대의 전자상거래 기업 알리바바는 2014년 성공적으로 뉴욕 주식시장에 상장하며 명실상부한 글로벌 기업으로 성장했다. 알리바바는 중국의 자랑스러운 민영기업이자 미국의 아성에 도전하는 플랫폼 기반의 빅테크 기업이다. 그러나 2019년 55세의 생일을 맞은 마윈은 회장직에서 물러나 자선사업가로서의 행보를 보였다. 사람들은 마윈이 정말 은퇴했는지 궁금해했다. 아마도 마윈은 또 다른 시작을 준비하고 있었던 것으로 보인다. 알리바바의 결제업무를 담당하는 중국 최대의 유니콘 기업 앤트그룹의 상장을 준비하고 있었다. 그러나 상장 이틀 전 그의 꿈은 산산이 조각났다. 바로 공개회의에서 마윈이 중국 금융당국을 비판했기 때문이다. 과연 준비된 작심 발언이었을까? 아니면 즉흥적이었을까?

시진핑 체제에서 중국 금융의 총책임자는 류허劉鶴 부총리이다. 그는 중국 금융시스템의 안정과 발전을 동시에 달성해야 하는 감독책임자이다. 2017년부터 중국의 금융부실에 대한 외부의 우려가 있을 때마다 그는 금융감독의 중요성을 강조했고, 규제의 사각지대를 요리조리 피하는 그림자금융과 핀테크 규제에 대해 관치의 매서움을 보여주고자 준비했다. 2018년 은행과 보험 두 부문의 감독체계가 은행보험감독관리위원회로 통합되었고, 인민은행은 실행을 담당하고 있다. 위원회 주석인 궈수칭郭樹清은 인민은행 당서기 직위를 겸직하며, 사실상 중국 금융의 차르 역할을 맡고 있다. 이처럼 중앙은행의 독립성이란 중국에서 존재하지 않는다고 말할 수 있다. 궈수칭의 권한은 금융에만 한정되지 않았다. 금융부문의 경계를 무너뜨리는 산업자본의 영역 침탈에 대해서도 단호하고 강력한 규제의 손길을 뻗는다. 바로 그 표적이 알리바바의 알리페이를 운영하는 앤트그룹이다. 제3자 결제서비스를 제공하는 데 그치지 않고, 핀테크를 활용한 다양한 금융서비스를 출시한 앤트그룹은 혁신의 아이콘이었지만, 궈수칭과 중국의 금융당국에는 전례없는 도전자였다. 기존의 감독 틀로는 규제할 수 없었다. 가장 대표적인 규제의 사각지대를 이용해서 앤트그룹이 소액 대출을 담당하면서 은행과 유사한 업무를 하자 인민은행으로서는 적정 자본준비금을 어떻게 부과할 것인지 고민거리가 될 수밖에 없었다. 앤트그룹은 은행이 아니기 때문이다.

앤트그룹이 상장된다는 의미는 앤트그룹의 다양한 핀테크 금융을 중국 금융당국이 용인한다는 것을 의미했다. 앤트그룹으로부터 소액 대출을 받은 개인들의 부도율은 상대적으로 낮았다. 빅데이터 기반의 신용평가 시스템을 운영하고 있어 신용위험을 잘 관리한다고 볼 수도 있지만, 인민은행으로서는 만약 앤트그룹의 핀테크 대출이 급증하게 되면 금융시장 전반에 걸쳐 시스템 리스크가 증가할 가능성이 있다고 판단했다. 앤트그룹이 파산해도 최종대부자로서 인민은행이 구제금융을 할 수도 없고, 예금자 보호 기능도 마련되지 못했다. 아마도 이런 고민으로 인민은행은 앤트그룹의 상장을 마지막 단계에서 유보했던 것으로 보인다. 아니 상장을 틀어막았던 것으로 보인다. 이를 간파한 마윈은 작심 발언을 할 수밖에 없었을 것이다.

3. 중국의 금융시스템 개혁개방과 미중 금융패권의 충돌 가능성[101]

중국이 세계경제에 영향을 미쳐온 경로는 주로 제조업과 무역을 통한 실물부문이었다. 관치금융과 불완전한 자본자유화로 인한 금융의 후진성으로 인해 중국이 국제금융시장에 미치는 영향은 매우 제한적이었다. 중국 정부는 글로벌 금융위기, 미중 무역전쟁, 코로나19 사태로 이어진 대외적 환경의 어려움 속에서도 점진적으로 금융산업의 규제완화와 개방화를 지속해서 추진해왔다. 적어도 금융 및 자본시장의 발전을 위해서는 개방이 불가피하다는 인식을 중국공산당 지도부가 갖고 있기 때문이다. 특히 금융서비스 시장에 대한 외국 금융회사의 접근성을 개선하고, 자본시장에 대한 투자도 홍콩을 중심으로 한 연결망을 구축함과 동시에 적격투자자의 범위를 확대하는 조치를 취해왔다. 이를 통해 중국의 금융 및 자본시장이 국제금융시장과 점차 통합되어가는 모습을 보였다.

자본자유화는 양날의 칼

중국 정부는 고질적 병폐를 안고 있는 중국 금융시스템의 개혁과 개방을 어떤 방식으로 추진할 것인가? 현재로서는 과거의 점진적 방식이 그대로 답습될 가능성이 크다. 중국 정부가 자본자유화에 미온적 태도를 보이는 이유는 무엇보다도 자본자유화가 '양날의 칼'이기 때문이다. 자본자유화는 장점도 많지만, 위험도 수반한다. 특히 자국의 금융시스템이 선진화되지 못한 상황에서 자본자유화를 성급하게 추진하게 되면 항상 부작용이 따랐다. 1997~1998년 아시아 금융위기 당시에 우리나라도 성급한 자본자유화의 매운맛을 톡톡히 봤다. 이 점을 누구보다도 잘 알고 있고, 거대 중국을 안정적으로 관리해야 할 사명의식을 지닌 중국 정부는 자본자유화의 속도를 내고 싶어도 이런 속사정 때문에 답답할 정도로 매우 천천히 자본자유화를 진행할 수밖에 없는 것이다. 그러나 자본자유화의 속도를 더디게 할수록 금융시스템의 안정은 어느 정도 확보할 수 있지만, 어차피 금융은 위험으로 먹고사는 사업이다. 따라서 금융시스템의 선진화를 위해 치러야 할 비용을 줄이는 만큼 선진화의 속도도 늦어질 수밖에 없다. 중국이 세계의 공장이라는 명성을 차지했지만 동시에 금융 강국으로 등극하기 위해서는 자본자유화의 허들을 넘어야 한다.

금융시장 개방은 시장화 개혁에 긍정적일까

중국 정부는 미국 월가를 중심으로 한 선진 금융기관의 중국 시장진출을 오히려 환영하는 분위기이다. 중국 금융의 낙후성을 고려할 때 금융 선진화를 위해 월가의 도움을 받아야 하기 때문이다. 홍콩이 아니라 상하이, 선전 등이 중국의 금융중심지로 발전하려면 월가의 거물들을 유인해야 한다. 바이든 행정부하에서도 월가는 중국 금융시장에 진출할 기회가 주어진다면 얼마든지 영업을 확대하려고 할 것이다. 디지털 시대에 상하이는 런던과의 직거래 시장을 뚫었지만, 월가와는 그러지 못했다. 미중 관계가 호전되면 얼마든지 가능한 일이다. 그동안 월가의 도움으로 국유기업을 비롯해 250여 개 중국 기업이 뉴욕 증시에 상장되었다. 2021년 1분기에도 뉴욕 증시에 상장된 중국 기업은 18개에 달했다. 뉴욕 증시 상장을 노리는 중국 기업은 주로 기술기업으로 외국인 투자 유치에 적극적이다. 중국판 우버 디디추싱에도 우버 등 외국인 주주의 자본이 투입되었고, 뉴욕 증시에 상장되었다. 미 의회와 행정부의 반중 움직임에도 금융자본은 서로 이익을 추구하며 끈끈하게 결속되어 있다.

홍콩, 런던은 중국 본토 증시인 상하이와 직거래 채널을 움직이고 있다. 월가와 중국 본토를 연결하는 직거래가 없다는 점을 크게 아쉬워할 것까지는 없다. 미국과 중국의 일반 투자자들이 직거래 시장에서 자유롭게 미국 기업과 중국 기업의 주식을 자신의 포트폴리오에 담는 것은 앞으로도 시간이 걸릴 것이다. 이는 중국 정부가 중국 인민의 자산이 해외로 유출될 가능성에 대비해 자본통제를 여전히 풀지 않고 있기 때문이다. 그러나 자본유출은 자본계정상에 표시되는 것에 불과하다. 현금이 해외증권으로 바뀌어 자산구성이 달라질 뿐이다.

중국 정부는 과도한 무역수지 흑자로 인한 환율 절상 압력을 완화하기 위해 한동안 국유기업 및 민영기업의 해외직접투자를 장려했다. 그러나 민영기업의 해외직접투자야말로 자본유출의 대표적 경로이다. 해외에 포도밭과 와인 농장을 사면 국제수지표상에 해외직접투자로 계상되지만 와인 농장을 판 대금을 국내로 다시 갖고 돌아올 의무가 없으면 자본유출이 발생한다. 영주권까지 취득하면 자본유출은 완벽하게 완성된다. 앞으로도 중국 정부는 자본유출과 관련해서 통제의 끈을 놓지 않으리라고 전망된다. 그러나 외국자본의 국내유입을 장려하고 국제금융시장에서 월가와 파트너십을 구축하기 위해 다방면의 노력을 전개할 것이다. 중국 금융기관들은 국내에서는 중국 정부의 눈치를 보게 될 테지만, 적어도 세계시장에서는 시장원리에 따라 움직일 것이다.

빨라지는 금융시장 개방 속도

코로나19 사태 이전 미중 무역전쟁에 선제적으로 대응하기 위해 중국은 자본자유화 및 금융서비스 분야에서 부분적 자유화 조치를 단행했다. 2019년 3월 15일 전국인민대표대회 제2차 회의에서 '외상투자법'이 심의·통과되어, 2020년 1월 1일부터 본격 시행되었다. 이로써 기존의 '중외합자경영기업법', '중외합작경영기업법', '외자기업법' 등 외상투자 관련 3법을 폐지하고 새로운 외국인 투자의 기본법을 구축했다. 신외상투자법에 따라 금융업에 있어서도 변화가 나타났다. '외상투자증권회사 관리법', '외자보험회사 관리조례', '외자은행 관리조례', '금융업 대외개방 확대에 관한 조치' 등 후속 조치들이 뒤따랐다.[102]

그렇다면 중국이 국제금융시장으로의 편입과 통합에 속도를 내는 이유는 무엇일까?[103] 이는 부분적으로는 미중 무역협상의 결과이기도 하지만, 중국이 미국에 준 선물로만 볼 수도 없다.[104] 이에 대해서는 대체로 세 가지 측면에서 평가할 수 있다.

첫째, 미중 무역전쟁에서 미국이 공격수라면 중국은 수비수이다. 중국이 맞대응하기는 했지만 어디까지나 첫 공격은 미국이 시작했다. 중국은 미국의 일방적 조치에 대해 다자주의 원칙에 맞지 않는다고 항변했지만, 결국 협상에 나섰다. 이런 상황에서 중국 정부는 중국이 다자무역 질서를 존중하는 국가라는 이미지를 보여줄 필요가 있었다. 그러나 중국은 자본자유화 및 금융서비스 분야에 있어서 개방적이지 않다. 무역자유화를 강변하면서도 금융 분야의 폐쇄적인 태도는 중국 경제의 이중성이다. 제조업 강국을 지향하면서도 '금융 강국'으로의 행보도 소홀히 할 수 없다는 인식이 중국을 자연스럽게 개방으로 인도하고 있다고 볼 수 있다.

둘째, 금융시장 개방이 속도를 내는 분야는 주로 자본유입 및 금융서비스 분야의 외국인 투자 확대와 관련된 부분이다. 자본유출과 해외직접투자와 관련한 부분에 대해서는 여전히 강력한 제한 조치가 취해지고 있다. 자본유입은 중국의 주식과 채권시장의 발전에 있어서 외국인 투자자의 참여를 확대하는 것이고, 이러한 개방 확대는 중국 금융시장의 발전에 기여할 것이다. 또한 금융서비스 분야의 외국인 투자 확대 역시 월가가 가장 반기는 분야라는 점에서 중국으로서는 자신의 우군으로 월가를 선택했다고 볼 수 있다. 총금융자산 규모가 2020년 6월 말 기준 48조 달러에 달하는 중국 금융시장에 월가는 호시탐탐 눈독을 들여왔다. 월가는 정치적으로는 중립이지만 트럼프의 국수주의적 행태에 대해서는 상당히 못마땅하게 생각해왔다. 월가는 글로벌 자본의 자유로운 이동을 중시하면서 달러의 위력을 과시하고 싶어 한다. 중국은 아직 금융 분야에 있어서 미국의 적수가 되지 못한다고 생각하는 월가로서는 중국에서 취할 이득이 많다고 생각할 것이다.

셋째, 위안화 국제화를 장기적으로 추진하려면 자본자유화는 어차피 거쳐야 하는 통과의례이다. 덩치가 크다고 자국 통화가 국제통화로 인정받지 못한다는 점을 잘 알고 있는 중국 정부는 위안화 국제화의 기반 조성을 위해서 다양한 국가의 파트너가 필요하다. 언젠가 위안화가 결제통화에서 투자통화, 그리고 안전자산으로 인정받는 준비통화로 승격되려면 국제금융시장의 도움 없이는 불가능하다. 위안화 국제화는 중국이 경제적으로 미국을 앞서기 위한 최종 승부처이다. 달러패권에 도전하는 것은 아직 시기상조이지만, 이미 도전장을 내민 중국으로서는 속도 조절을 하면서도 해야 할 일을 할 수밖에 없다.

신외상투자법, 무엇이 달라지나

중국은 외국인 투자를 관장하는 '신외상투자법'에 따라 외국계 금융기관이 금융자산관리회사의 설립과 상업은행의 자산관리 자회사 투자에 참여하도록 장려하고 지분 제한을 없앴다. 또한 연금

관리회사와 외환중개회사에 대한 외국자본의 독자 설립 혹은 지분 참여를 허용했다. 증권회사, 자산운용회사 및 선물회사의 외국 지분 제한은 2023년부터 완전히 철폐된다. 실제 사례를 살펴보면 2018년 12월 14일 스위스의 대표적 글로벌 금융회사인 UBS는 중국 본토의 합작 증권회사UBS Securities Co., Ltd의 지분을 51%로 늘려 다수지분을 확보할 수 있게 되었다. 신외상투자법의 제정에 앞서 친중 성향을 보이는 외국계 금융회사에 선물을 안겨준 것이다. 이후 모건스탠리, 골드만삭스, 노무라, UBS 등 글로벌 IB들이 공모펀드, 증권회사, 선물회사 등에서 100% 지분 확대를 신청했다. 또한 자산관리업의 경우 블랙록BlackRock, 뱅가드Vanguard 등도 독자지분으로 중국에서 영업을 확대 중이다. 글로벌 IB와 자산관리회사의 중국 영업 확대는 미국 달러의 중국 증시 유입을 촉진할 것으로 보인다. 미국 정부와 의회의 견제에도 불구하고 수익을 추구하는 미국 금융업의 중국 증시 진출 확대는 단지 자본의 침투에 그치는 것이 아니라, 중국 금융산업의 선진화에도 기여할 것이다.

은행업도 외국은행 법인 형태의 선택 범위 확대, 외국은행 총자산 요구 취소, 위안화 업무 승인 취소, 외국은행 지점의 위안화 소매예금 제한 범위 축소 등의 규제를 완화했다. 외국계 은행이 중국계 은행보다 불이익을 받지 않도록 전향적 조처를 한 것으로 볼 수 있다. 즉 내국민대우의 확대를 통해 은행산업의 경쟁을 확대한 조치이다. 보험업에서도 유사한 개방조치가 취해졌다.

신외상투자법의 시행에 따라 금융산업 전반에 걸쳐 개방 폭이 확대되었지만, 단기간에 획기적 변화가 나타나지는 않을 것이다. 우선 은행업에 미친 영향을 살펴보면, 중국 국내은행과 금융기관의 총자산에서 외국계 은행이 차지하는 비중은 여전히 2%에 불과하다. OECD 국가의 평균이 12%에 이른다는 점에서 선진국과는 여전히 큰 격차가 존재한다. 다만 외국계 은행의 독자지분 설립이 점차 확대됨에 따라 점진적으로 중국 금융시스템 전체에 변화를 가져다줄 것이다. 위험관리 및 영업활동에서 외국계 은행이 중국계 은행보다 출중한 능력을 갖추었다고 해도 중국 내에서 영업을 확대하는 데는 한계가 있을 수밖에 없다. 주로 도매금융 분야에서 외국계 은행이 실력을 발휘하게 될 것이고, 소매금융 분야에서는 여전히 중국계 은행이 주도할 것이다. 이미 4,000여 개에 달하는 중국 시중은행과의 치열한 경쟁을 펼쳐야 하는 외국계 은행은 글로벌 투자은행으로서의 장점을 살려야 할 것이다.

자본시장 개방의 허와 실

중국의 자본시장 개방은 2001년 중국의 WTO 가입 이후 본격화했으나 정부의 통제하에 점진적으로 이루어지고 있다. 자본시장 개방은 주로 주식 및 채권시장 접근성 확대로 추진 중이다. 우선 주식시장의 개방 현황을 살펴보자.

가장 대표적인 자본시장 규제가 바로 중국 주식시장에 대한 외국인 투자 규제이다. 2000년부터 허용된 적격외국인기관투자자Qualified foreign Institutional Investors, QFII 제도는 도입 이후 이미 20년의 시간이 흘렀지만, 상하이 A주식 시가총액에서 외국인 투자자가 차지하는 비중은 아직도 2%에 불과하다. 중국 정부는 QFII 한도 확대, 2014년 상하이와 홍콩을 연결하는 후강퉁沪港通, 2016년 선전과 홍콩을 연결하는 선강퉁深港通 등을 통해 지속적으로 자본시장 개방을 촉진하고 있다.

2020년 들어 한 가지 주목할 만한 변화가 있다면 QFII와 위안화 적격외국인기관투자자RMB Qualified Foreign Institutional Investor, RQFII 관련 규정을 통폐합했다는 점이다. 이는 QFII와 RQFII의 신청자격 및 관리규정을 일원화하여, 사실상 거의 모든 중국 내 금융상품에 대해 자격을 갖춘 외국인 투자자들이 자유롭게 투자하도록 조처한 것이다. 종전에 1개 상업은행만 수탁 기관을 지정하는 방식도 완화되어 2개 이상의 수탁 기관 지정도 가능해졌다. 다만 단일 상장기업 또는 등록기업의 주식지분 보유는 여전히 제한된다.[105] 외국인 투자자의 중국 자본시장 접근이 확대되면서 글로벌 자금의 유입이 촉진될 것으로 기대되고 있다. 이는 중국 자본시장이 자본 유입에 극도로 신중한 태도에서 벗어나, 중국으로 유입되는 글로벌 자금을 중국 금융당국이 충분히 관리할 수 있다는 것을 시사한다. 이러한 변화는 중국 자본시장 및 시장화에도 긍정적 효과를 줄 것이다.

중국 정부는 채권시장에도 엄격한 제한 조치를 유지하고 있다. 2015년 일부 중앙은행과 국부펀드에 대해 역내 은행 간 채권시장 참여를 허용했다. 하지만 여타 기관투자자들은 엄격한 자격요건을 갖추어야 비로소 일정량을 할당받아 위안화 표시 채권을 살 수 있다. 인민은행에 따르면 2015년 말 기준 외국인 투자자의 중국채권 보유 비중은 1%에 불과했다. 그러나 2017년 7월 홍콩 채권시장과의 교차거래인 채권통이 도입되면서 외국인 투자가 본격적으로 늘어나기 시작했다. 이는 홍콩의 결제시스템을 이용해서 계좌를 개설한 후 본토의 채권시장 딜러들과 거래하는 방식으로 기존 결제대행기관을 통해 투자하는 방식에 비해 투자절차가 간소화된 것이다. 이로 인해 외국인 투자자의 위안화 채권 보유 비중은 2017년 말 1.77%에서 2020년 7월 말 2.88%로 상승했다. 아직도 높은 비중이라고 말할 수 없지만 개선 중이다.[106]

위안화 채권, 특히 중국 정부의 국채는 미국의 국채에 비해 안전자산이라고 말할 수 없다. 달러가 글로벌 기축통화로서 위력을 발휘하는 것은 미국 국채가 안전자산으로 인정받고 있기 때문이다. 미국 국채는 가장 높은 유동성을 발휘하고 있어 언제든지 시장에서 현금화할 수 있는 자산이다. 반면에 중국 국채가 외국인 투자자로부터 관심을 끌게 된 것은 중국 채권의 글로벌채권지수World Government Bond Index, WGBI 편입 효과에서 비롯되었다고 볼 수 있다.[107] 코로나19 사태로 달러당 7위안 이상으로 치솟았던 위안화가 다시 안정을 찾으면서 비교적 높은 수익을 보장하는 위안화 채권에 외국인 투자자가 관심을 보였다. 달러가 약세로 전환하면서 글로벌 자금도 다시 중국으로 회귀하고 있는 모습을 보였다.

관리변동환율제도를 고수하는 중국

중국의 자본자유화가 상당 부분 진행되면 외환 관리는 사실상 힘들어진다. 외환 수급이 경상수지뿐만 아니라 자본수지에 따라 결정되기 때문이다. 또한 환율 결정 메커니즘도 실수요보다는 투기적 수요에 의해 크게 영향을 받게 된다. 현재 중국은 관리변동 환율제도를 채택하고 있다. IMF의 분류 기준에 따르면 시장에서 환율이 결정되는 변동환율제도라기보다는 정부의 영향력이 큰 제도를 운용 중이고, 모호한 정책으로 인해 '기타 환율제도'로 분류되고 있다. 2015년 8월부터 '복수통화 바스켓을 참고한 변동환율제도'라는 긴 명칭을 갖고 명목상 변동환율제도라고 주장하지만, 정작 환율 수준을 정부의 의지대로 관리하겠다는 것과 크게 다르지 않다. 다만 인민은행이 환율 수준 결정에 참고하는 복수통화 바스켓은 13개 주요국 통화로 구성된 중국 외환시장지수이다. 통화 바스켓에 담기는 13개 통화는 물론 중국과 교역 관계를 맺은 주요국 통화이며, 바스켓의 가중치는 이러한 교역 관계를 어느 정도 반영하고 있다. 따라서 우리나라 원화의 바스켓 내 가중치는 10.8%로 달러(22.4%), 유로(16.3%), 엔(11.5%)에 이어 네 번째로 크다. 그러나 바스켓 통화의 가중치는 시시각각으로 변하는 내생적 특성을 보인다. 실질실효환율의 개념처럼 복수통화 바스켓 제도를 통해 환율을 관리하겠다는 것은, 예를 들어 달러와 같은 특정 통화의 변동보다는 환율을 상대적으로 안정적으로 관리하겠다는 의미이기도 하다.

환율제도 개혁과 관련하여 한 가지 주목할 만한 변화가 있다. 인민은행의 고시환율 산출에 있어서 경기대응 요소의 사용이 대폭 축소될 예정이다. 사실 고시환율제도는 일일 환율변동을 관리하는 대표적 관리변동환율제도의 핵심이다. 여기서 고시환율을 어떻게 산출하느냐 여부가 중요하다. 사실 산출방식이 대외적으로 공표되어 있지 않으며 투명성이 부족한 상황이다. 다만 향후 고시환율 산출에 있어 소위 역주기인자逆週期因子라고 불리는 경기대응 요소의 활용을 줄이겠다고 2020년 10월 말 외환당국이 발표한 것은 외환시장의 정부 개입보다는 시장의 결정을 존중하겠다는 의미에서 매우 바람직한 정책 변화로 평가할 수 있다.

2021년 바이든 행정부 출범 후 추가 부양책에 1.9조 달러가 투입되면서 달러 약세는 당분간 지속될 것으로 전망되었다. 그러나 점차 미국에서 인플레이션 압력이 증대되리라는 기대심리가 작용하면서 3월 들어 오히려 미국 장기국채금리가 상승하고 달러 강세가 나타났다. 양적 완화의 점진적 축소(테이퍼링)와 2023년 두 차례에 걸친 금리인상 전망은 시장 분위기를 바꾸고 있다. 중국으로서는 위안화 강세 저지를 위해 굳이 인민은행이 나설 필요가 없다는 점에서 다행이라고 볼 수 있다.

트럼프 행정부는 중국을 환율조작국으로 지정했다가 1단계 무역협상이 타결되면서 지정을 철회했다. 환율조작국 지정은 중국 정부로서는 아킬레스건이다. 중국은 아직 완전한 자유변동환율제도로 이행할 충분한 준비가 되어 있지 못한 상황이다. 자본자유화와 변동환율제도로의 이행은 중국이 금융 선진국으로 가는 과정에서 반드시 통과해야 할 관문이다. 2020년 중국 금융당국의 일련의 조치가 1단계 미중 무역협상 타결의 결과인지, 아니면 중국의 자발적 정책 의지를 보여주는 것인지는 알 수 없다. 다만 중국 금융당국이 금융시장과 외환시장의 자유화를 향해 뚜벅뚜벅 발걸음을 옮기고 있다는 것은 분명하다.

향후 중국은 미국으로부터 자본시장 개방과 환율제도 개혁에 대해 지속해서 압력을 받을 가능성이 있다. 미국의 압박에 의해 반강제로 금융시장 개방이 진전되면 중국 경제의 불안정성은 분명히 더욱 커질 것이다. 과연 언제, 어떤 방식으로 미국으로부터 압박을 받을 것인지는 여전히 불확실하다. 현재 중국 정부는 '14.5 규획'을 통해 자본시장의 개방을 과거와는 달리 획기적으로 추진할 것이라고 발표했다. 환율제도에서 경기변동에 대응한 환율개입은 사실상 폐지했다. 그러나 일일 환율변동 폭을 여전히 제한하고, 고시환율을 통해 환율변동의 진폭을 조절하고 있으므로 완전한 자유변동환율제도로의 이행은 아직 요원하다고 볼 수 있다.

거시정책적 트릴레마에 빠진 중국

국제금융이론의 철칙이라고 볼 수 있는 삼위일체 불가능성 정리Impossible Trinity Theorem란 환율안정, 자본이동의 자유화, 통화정책의 독립성이라는 세 가지 목표는 동시에 달성할 수 없다는 것이다. 환율안정을 지키려고 하면서 자본이동의 자유화와 통화정책의 독립성을 지킬 수 없다. 환율안정을 위해서는 자본이동을 제한할 수밖에 없기 때문이다. 또한 자본이동의 자유화를 추구하면 환율안정, 혹은 홍콩과 같이 통화주권을 포기해야 한다. 기축통화를 보유한 국가나 대부분의 선진국은 자본자유화와 통화주권을 선택하는 대신에 환율안정을 포기한다. 환율이 시장에서 자유롭게 결정되도록 내버려두어도 경제에 미치는 부정적 영향이 그다지 크지 않다. 그러나 중국을 비롯한 신흥시장국가의 경우 어느 하나도 포기하지 않으려 하기 때문에 고민에 빠질 수밖에 없다. 이를 개방경제에서의 거시정책적 트릴레마Macroeconomic Policy Trilemma라 부른다.

안정적 경제성장을 통해 고용을 창출하면서 물가를 안정시키는 것은 거시경제의 중요한 목표이다. 그러나 개방경제 체제에서는 또 하나의 정책 목표가 고려되어야 한다. 바로 국제수지의 균형이다. 반드시 균형을 맞출 필요는 없다. 환율변동이 국제수지의 불균형을 조절하는 메커니즘으로 작동하기 때문이다. 그러나 환율안정을 도모하려면 통화주권 또는 자본이동 중 어느 하나를 포기해야 한다. 당연히 중국의 선택은 자본이동을 제한하는 것이다. 중국이 직면한 딜레마는 환율안정과 자본이동의 자유화 중 어느 하나를 선택하고 포기할 것이냐이다. 통화주권을 포기할 리가 없다는 점에서 삼중고라기보다는 이중고이다. 중국 외환당국이 자본자유화의 속도를 조절해왔던 이유도 바로 환율안정과 직결되어 있다. 그러나 앞서 살펴본 바와 같이 중국 정부가 자본자유화의 속도에 가속 페달을 밟기 시작하면서 환율 변동성을 얼마나 용인할 것인지가 중요한 과제로 등장했다.

중국은 미국으로부터 환율조작국이라는 오명을 뒤집어쓰지 않으려고 외환시장 개입에 극도로 신중한 모습을 보여왔다. 완전한 자유변동환율제도로 전환하지 못한 상황에서 매우 어정쩡한 관리변동환율제도를 운영하고 있지만, 그렇다고 외환시장 개입을 일상적으로 감행하고 있지는 않다. 외환시장 개입 대신에 부분적 자본자유화와 항목별 자본통제를 통해 거대 중국의 자본 이동을 완벽하게 통제한다는 것은 사실상 불가능하다. 핫머니의 유입도 문제이지만 자본유출도 다양한 루트를 통해 얼마든지 가능하기 때문이다. 따라서 환율안정을 위해 사용하는 또 다른 수단이 바로 금리평형 interest parity의 조작이다. 그러나 이는 통화정책의 자율성과 독립성을 해치는 악수가 된다. 채권시장의 왜곡 현상이 나타날 위험이 있기 때문이다. 결국 정책비용이 크게 상승하게 될 뿐이다.

중국은 일단 위안화 강세를 용인하는 방향으로 트럼프 행정부의 압박에 대응했다. 그 과정에서 환율조작국으로 지정되었다가 해제되는 우여곡절을 겪기도 했다. 바이든 행정부 역시 위안화의 움직임에 주목할 것이다. 트럼프는 미국 달러화의 약세를 희망했고, 완화적 통화정책을 선호했다. 그러나 바이든은 달러의 방향성에 있어서 중립적이다. 굳이 달러 약세가 미국 경제에 도움이 된다고 생각하지 않는 것 같다. 경제학자라면 누구든 그렇게 생각할 것이다.

이 점이 중국으로서는 한숨 돌릴 수 있는 부분이다. 바이든은 미국의 경상수지 적자 폭이 확대되건 줄어들건 중국 탓으로 돌리기보다는 중국의 반시장적 경제체제를 비난하고 개혁하려고 할 것이다. 그 과정에서 중국은 거시경제의 체질을 개선하려는 노력을 펼쳐야 할 것이다. 중국이 진정으로 '금융 강국'이 되려면 환율안정을 포기해야만 한다. 그리고 자본자유화에 속도를 내야 한다. 그래야 진정한 선진국이 될 수 있다. 그러나 중국은 여전히 자신감을 보이지 못하고 있다. 아마도 자국 금융시스템의 취약성 때문에, 그리고 천문학적 기업부채를 감당하지 못하고 금융위기, 외환위기의 희생양이 될지 모른다는 두려움 때문일 수 있다. 미국은 여전히 통화를 풀고 재정을 확대하고 있지만, 중국은 긴축기조로 전환할 태세이다. 이는 내수 중심의 쌍순환이 말뿐임을 증명하는 것이다.

기술패권에 이은 금융패권 경쟁

중국이 쌍순환 정책을 통해 추진하려는 궁극의 목표는 기술자립이다. 기술자립을 통해 미국의 기술패권에 도전하겠다는 것이다. 그러나 중국이 아직 넘볼 수 없는 미국의 강점이 바로 금융패권이다. 금융 후진국 중국의 금융 선진화를 향한 행보는 글로벌 금융위기 이후 진행됐다. 위안화의 특별인출권Special Drawing Rights, SDR 편입, 국제통화금융체제 개혁, 일대일로 구상 등을 통해 위안화의 국제화를 추진해나가는 가운데 금융시장 개방과 자유화를 진행했다. 위안화 국제화를 위한 행보는 아직 진행 중이다. 결론적으로 말하자면 중국은 신흥국 중에서는 상당한 성과를 거두었지만, 중국의 금융시스템이 선진화되었다는 증거를 찾기는 힘들다. 핀테크의 활용도가 높다는 점을 높이 평가하는 이들도 있지만, 국제금융을 모르고 하는 소리이다.

중국은 우회전략을 선택한 것으로 보인다. 디지털금융 분야에서 선도적 지위를 차지하면 기술패권과 금융패권을 동시에 거머쥘 수 있다고 생각하는 듯하다. 예를 들어 미국의 페이팔을 모방하여 성장한 위챗과 알리바바는 중국 내 모바일 지급결제시스템을 장악했다. 그리고 마윈은 그 영역을 확대하려고 했으나, 중국 금융당국으로부터 저지되었다. 그 대신에 인민은행은 디지털 위안화의 추진을 통해 민간이 아닌 국가가 통제권을 가진 디지털금융 시스템을 구축하려고 한다. 아직 디지털 위안화가 공식적으로 출범하지는 않았지만 이미 시범 운용을 끝냈다. 놀라운 발전이다. 향후 금융산업은 새로운 변화를 경험하게 될 것이다. AI를 활용하여 디지털 기술과 융합된 형태로 발전하게 될 것이다. 이처럼 금융패권을 둘러싼 경쟁은 디지털 기술의 패권전쟁과 절대로 무관하지 않다. 기술전쟁의 내막에는 이미 금융패권에 대한 경쟁의식이 자리를 잡고 있다.

디지털화폐는 달러의 지위 약화와 미중 통화패권 전쟁의 서막인가

21세기 들어서면서 국제통화체제에는 다양한 화폐가 등장하고 있다. 핀테크의 발달로 각종 민간 암호화폐(가상자산)가 등장하고 중앙은행의 디지털화폐가 본격 출현하고 있기 때문이다. 디지털화폐의 등장은 전통적인 법정화폐legal tender와 민간화폐 간 경쟁의 시발점인 동시에 달러, 파운드, 유로, 위안화 등 주요 통화 간 경쟁과 국제통화체제의 지형변화를 가져올 것으로 보인다.

중앙은행 디지털화폐Central Bank Digital Currency, CBDC의 연구 검토가 본격화되고 일부에선 시범 발행되고 있다. 중국은 2014년부터 위안화의 국제화를 목표로 인민은행발행 디지털화폐(D-RMB→DECP→e-CNY)의 시범사용 범위를 확대해왔다. 반면 미국 연방준비제도(연준)는 2020년에 연방은행 공동으로 디지털 달러화 발행 공식 연구에 들어갔으며, 영국도 2021년에 들어서야 영란은행과 재무부가 CBDC 시범업무를 위해 자체 TF를 출범시켰다. 유럽중앙은행도 디지털 유로화 개념 구상과 사전작업을 시작했다.

법정화폐의 디지털화를 추진하는 과정에서 주요 선진국들은 민간발행 암호화폐의 사용과 거래를 적극 제한하는 등 감독을 강화하고 있다. 이는 민간화폐가 법정화폐를 일부 대체하면서 중앙집권형 지급결제시스템 기능을 불안정하게 할 뿐 아니라 불법거래 등에 활용될 가능성이 있기 때문이다. 반면에 CBDC는 디지털 공공 지급결제 수단으로서의 가치와 결제의 안전성을 확보해줄 것으로 보고 있다. 2021년 9월에 나올 미국 연준의 〈디지털 달러 발행에 관한 보고서〉는 향후 중앙은행 화폐와 민간화폐 간, 주요국 디지털화폐 간 경쟁과 국제통화질서 변화에 중요한 전기를 제공할 것으로 예상된다.

민간발행의 각종 가상화폐(코인)는 거래정보의 투명성과 집중화 필요성 등을 이유로 각국 정부에 의해 관리·감독되면서 진화해갈 것으로 보인다. 반면 중앙은행이 발행하는 디지털화폐는 아직 소액결제에 시범 적용되어 현금화폐를 일부 대체하는 정도에 그치고 있지만 점차 거래의 안정성과 신뢰를 확보한 후에는 거액결제 수단으로 기능할 것으로 예상된다. 이렇게 되면 대내적으로 은행 간 거액 자금결제, 증권대금 동시결제, 외환 동시결제 기능까지 확장되면서 금융기관 간 지급결제의 효율성과 복원력을 높여 운영 리스크를 상당히 줄여나갈 것이다.

이 과정에서 국가별 디지털화폐의 신뢰 격차와 기술 플랫폼의 표준화 경쟁 등이 미국 달러화의 직위를 근본적으로 흔들어놓을 가능성이 있다. 특히 달러를 통해 국제통화체제를 지배하고 있는 미국을 불편하게 하는 것은, 탈중앙집권을 지향하는 블록체인 기반의 일부 민간 가상화폐와 CBDC의 선두 격인 중국의 디지털 위안화일 것으로 보인다. 따라서 향후 미국 달러와의 통화충돌 지점은 코로나19 사태 이후 가속화되는 비대면 전환 속도와 디지털화폐 플랫폼을 둘러싼 미중 간 기술패권 경쟁이 심화될수록 더욱 확대될 것으로 보인다.

금융패권 경쟁의 충돌 지점들

미국의 국제비상경제권한법 발동

국제비상경제권한법International Emergency Economic Powers Act, IEEPA은 1977년에 발효된 것으로 미국 대통령은 '미국 안보·외교·경제에 현저한 위협이 될 경우' 국가비상사태를 선포할 수 있다. 비상사태를 선포하면 대통령은 대상이 되는 국가와 관련한 금융거래 금지, 자산동결 등을 명령할 수 있다. 실제로 발동되면 이미 중국 금융시장에 깊이 간여한 미국 금융회사들은 큰 손실을 감수해야 한다. 그러나 선별적으로 중국과의 금융거래를 제한하는 방식으로 법을 통한 제재를 감행할 수 있다.

외국인 투자 제한

미국 재무부 산하의 CFIUS는 중국 기업의 미국 기업 인수에 대해 심의를 강화했다. 매년 심의 건수가 증가하고 엄격한 심의를 통과하기 힘들게 되자, 중국 기업들은 진행 중이던 M&A를 중도에서 포기하기 시작했다. 가장 대표적 사례가 2016년 2월 칭화유니그룹의 샌디스크 우회 인수 건이다. '중국제조 2025' 계획에 따라 2020년까지 반도체 자급률을 40%까지 높이겠다는 목표를 설정한 중국 기업은 자체적으로 기술력을 향상시키는 것에 한계가 있다고 판단하고 기술력을 갖춘 반도체 기업의 인수를 시도했다. 그러나 미국의 CFIUS가 이러한 의도를 모를 리 없었다. 위원회가 일단 조사를 개시하겠다고 발표하자 결국 칭화유니그룹은 인수 계획을 포기했다.

'2019년 국방수권법'은 미국이 중국의 기술 굴기에 대한 견제를 더욱 강화한 법안을 포함했다. '외국인 투자 위험심사 현대화법 FIRRMA'이 바로 그것이다. CFIUS의 심사 범위를 확대하고, 국가안보의 개념을 더욱 포괄적으로 적용했다. 주목할 사항은 유독 중국에 대해서만 2년마다 〈중국의 대미 투자보고서〉를 제출하도록 의무화하고 있다는 점이다. 또한 투자국의 호혜성을 평가 항목에 포함했다. 즉 중국이 자국의 시장을 충분히 개방하지 않는 한 미국 기업에 대한 M&A를 사실상 봉쇄하겠다는 것을 의미한다. 이 법이 통과되면서 중국 기업에 의한 미국 기업 M&A는 원천적으로 봉쇄되었다.

외국 기업 상장 제한

트럼프 행정부가 아닌 미국 의회가 주도한 법안으로 '외국기업책임법'이 있다. 2020년 5월 상원을 통과한 이후, 12월 미국 하원을 만장일치로 통과했고, 트럼프 대통령의 서명으로 효력을 갖게 되었다. 이는 미국 증시에 상장 중인 외국 회사가 미국 상장기업회계감독위원회Public Company Accounting Oversight Board, PCAOB의 회계감사를 3년 연속 통과하지 못하면 거래가 금지되도록 규정하고 있다. 그러나 더 중요한 것은 단지 회계감사 강화가 아니다. 외국계 상장기업들은 외국 정부의 통제 속에 있지 않다는 것을 증명하는 자료를 미국 증권거래위원회SEC에 제출해야 한다. 따라서 미국 증시에 상장된 중국 기업들은 회사 정관에 중국공산당 관련 내용이 있는지를 보고해야 한다. 자료 제출을 거부하면 해당 기업의 주식은 미국 증시에서 퇴출당한다. 미국 증시에 250개 이상의 중국 기업이 상장되어 있어 중국 기업으로서는 미국 증시를 떠나든지 아니면 미국 증시에서 거래되기 위해 자료 제출에 응해야 하는 상황이다. 중국 기업들이 월가의 도움을 받아 세계적 기업으로 성장하기 위한 발판으로 미국 증시에 상장을 추진했는데, 이제 미국 증시를 떠나야 하는 위기에 직면하게 된 것이다. 이는 트럼프 행정부가 추진한 것이 아니라 미국 의회가 만장일치로 추진했다는 점에서 중국으로서는 더욱 뼈아픈 조치로 받아들일 수밖에 없다. 중국의 국제금융시장 침투를 저지하는 탈동조화 조치로 볼 수 있다. 그러나 월가는 중국의 테크 기업과 민영기업의 진출을 여전히 환영하고 있다. 주식시장의 상장요건만 충분히 충족하면 되기 때문이다. 알리바바처럼 외국계 자본이 주주로 참여하는 디디추싱은 뉴욕 증시 상장을 본격적으로 추진 중이다. 중국 기업을 바라보는 월가와 워싱턴의 눈이 다르다는 점도 간과해서는 안 된다.

국방 블랙리스트

트럼프 대통령은 마지막 중국 제재 카드로 미국 국방부 주도의 블랙리스트 지정에 재무부가 동참하도록 했다. 국방수권법에 근거해서 미국 국방부는 국가안보에 위협이 되는 기업과 거래하는 기업에 대해 제재를 할 수 있다. 화웨이를 포함해서 2020년 말까지 총 35개의 중국 기업이 포함되었고, 트럼프의 퇴임 직전에 샤오미를 포함하여 9개 기업을 추가로 지정했다. 제재는 원래 이들 기업과의 거래에 한정되어 있었다. 그런데 트럼프 대통령은 블랙리스트에 포함된 기업에 대해 미국 투자자들에게 주식을 2021년 11월까지 전량 매각할 것을 강제하는 행정명령을 발동했다. 이렇게 되면 블랙리스트에 오른 중국 기업은 사실상 글로벌 자본시장에서의 자본 동원이 어려워진다. 또 하나의 금융부문의 탈동조화 조치라고 볼 수 있다. 바이든도 트럼프의 행정명령에 대해서는 아직 고민 중이다.

과거에도 ZTE와의 소송이나 아직도 진행 중인 화웨이와의 소송에 미국 재무부가 관련되었다. 이는 미국 의회에서 법령으로 정한 각종 제재에 대해 외국 기업이 위반할 경우 벌금 및 과징금을 부과하는 미국 행정부의 기관이, 재무부 산하의 해외자산통제국Office of Foreign Assets Control, OFAC이기 때문이다. ZTE를 보면 2010년 1월부터 2016년 3월까지 미국의 수출통제법 및 대이란 제재법 위반으로 유죄 판결을 받았다. 이 판결에 근거해서 OFAC은 ZTE에 12억 달러의 벌금을 부과했고, 관련 제재 위반에 가담한 임직원을 징계할 것을 요구했다. 처음에 ZTE는 이러한 OFAC의 시정명령을 제대로 지키지 않았다. 그 결과 추가 제재를 받게 되었다. 미국 재무부의 시정명령을 지키지 않으면 국제금융거래가 전면 중단된다. 화웨이의 대이란 통신장비 관련 소송은 아직 진행 중으로 법원의 최

종 판결이 나면 화웨이는 OFAC의 시정명령을 따라야 한다.[108]

반대로 블랙리스트에 오른 샤오미의 반응은 즉각적이었다. 이미 증권시장에 상장되어 있고 미국인 주주도 많은 샤오미는, 중국 정부와 인민해방군과는 아무런 관련이 없는 민영기업을 블랙리스트에 포함시킨 것은 불합리하다는 주장을 폈다. 물론 샤오미의 최고경영자인 레이쥔雷軍은 민영기업가이면서 베이징 인민대표(2012), 전국인민대표(2013)에 이어 2017년 중국 공상업연합회(공산련) 부주석 및 베이징시 공상련 부주석 등 공산당 활동을 활발히 벌였다. 비록 명함용이라고는 하지만 오해의 소지가 있는 것은 분명하다.

샤오미는 2021년 1월 29일 워싱턴에 있는 지방법원에 국방부, 재무부 그리고 바이든 행정부에 새로 임명된 재닛 옐런Janet L. Yellen 재무장관을 고소했다. 블랙리스트에 포함되어 앞으로 삼성, SK하이닉스 등으로부터 반도체를 원활하게 공급받지 못하게 되면 그야말로 돌이킬 수 없는 손실을 보게 될 것이라는 점을 어필하면서 최종 소송 결과가 나오기 전까지 제재를 유예할 것을 요구했다. 샤오미에 대한 제재조치가 부당하다는 지방법원의 판결이 나오자 국방부는 즉시 샤오미를 블랙리스트에서 제외했다. 민영기업인 샤오미를 국유기업과 마찬가지로 제재하려고 했던 것은 트럼프 행정부의 무리한 조치였다는 판단이었다. 앞으로도 미국의 대중국 기업에 대한 제재가 무리하게 이루어진다면 삼권분립이 잘 지켜지는 미국의 법원에서 중국 기업이 구제되는 사례가 빈번할 수 있을 것이다.

달라지는 월가의 기류

미국 월가의 투자은행은 중국 국유상업은행 및 중국 국유기업의 해외 상장과 관련하여 자문 역할을 해왔고, 골드만삭스를 비롯해 월가의 주요 인사들이 중국과 인적 네트워크를 형성해왔다. 심지어 미중 무역분쟁 과정에서도 월가는 중국에 대해서 가장 우호적인 그룹이었다. 스티븐 므누신Steven Mnuchin 미국 재무장관 역시 골드만삭스 출신으로 트럼프 행정부 내에서 가장 비둘기파에 속했다. 이처럼 월가가 중국에 대해 우호적인 것은 중국의 금융시장 개방과정에서 가장 큰 이익과 우대를 받았기 때문이다. 그러나 조금씩 월가의 기류도 변하고 있다.

재닛 옐런은 트럼프 행정부에서 미국 연준 의장 재임에 실패했지만, 바이든과 함께 화려하게 복귀했다. 비둘기파로 분류되는 옐런은 벤 버냉키Ben S. Bernanke 이후 연준 의장으로 오바마 정부 후기에 안정적 통화정책의 기조를 유지했던 인물이다. 그동안 어떤 반중 발언도 한 적 없는 온화한 인물이었던 옐런이 인준을 위한 청문회인 상원 금융위원회에 참석해서 '중국은 가장 중요한 전략적 경쟁자'라고 지적했고, 모든 수단을 마련해 '중국의 불공정, 불법적 관행'에 맞서겠다고 밝혔다. 이는 재닛 옐런의 입장이 변했다기보다는 미국의 정가를 비롯해 미국 내 여론이 확연히 달라졌음을 시사한다.

금융은 대표적인 네트워크 산업이다. 중국 금융계는 주룽지朱镕基 총리의 금융개혁 이후 중국의 금융산업 발전을 위해 월가를 끌어들

였고, 아직도 중국 금융계와 월가는 상생관계이다. 그러나 트럼프의 임기 말 행정명령으로 월가를 포함한 미국의 기관투자자들은 국방 블랙리스트에 포함된 중국 기업의 주식을 팔아야 하는 황당한 상황에 처해 있다. 당연히 월가는 바이든이 트럼프의 행정명령을 폐기하기를 희망할 것이다. 그러나 미국의 반중 여론이 앞을 가로막고 있다. 바이든 행정부도 반중 여론의 추이를 지켜볼 것이다. 중국 정부는 이런 상황 속에서 월가에게 안겨줄 선물을 챙길 것이고, 월가 역시 그 이익을 무시할 수 없을 것이다. 중국의 자본 및 금융시장 개방의 영향으로 가장 우선하여 이익을 챙기게 될 월가는 중국과 험악한 관계가 형성되지 않기를 바랄 것이다. 특히 금융은 감독당국이 라이선스를 발급해줘야 영업이 가능한 산업이다. 금융서비스 시장의 개방 확대 시 월가의 금융기관이 가장 먼저 인허가권을 획득할 것이다. 중국이 월가를 찬밥 대우하는 상황은 아직 상상하기 힘들다. 만약 그런 일이 발생한다면 월가는 즉시 반격에 나설 것이다. 그러나 월가가 누리고 있는 기득권이 영원할 것이라고 장담할 수는 없다. 월가의 힘은 달러 중심의 글로벌 금융시스템에서 나온다. 달러의 위상이 떨어지는 순간 월가의 힘도 추락할 것이다.

4. 중국의 금융부실은 통제 가능한가[109]

중국발 금융위기에 대한 논의는 두 가지 가능성에서 비롯된다. 첫째, 금융권의 부실 가능성, 둘째, 금융권의 부실을 정부의 재정이 충분히 감당할 수 있을 것인가에 달려 있다. 만약 지방정부의 재정 악화로 지방 국유기업의 파산이 현실화하고, 국유상업은행을 통해 지원된 막대한 규모의 기업부채가 부실화할 경우, 중앙정부는 공적자금의 투입을 통해 금융시스템을 구제하는 최종대부자 역할을 해야 한다. 1997년 아시아 금융위기 당시 한국도 기업의 부실이 금융부문의 부실로 전이되면서 금융위기가 발생했고, 단기외채의 만기 도래에 대응하지 못해 외환위기로 증폭되었다. 그 결과 한국은 IMF를 비롯해 세계은행 등 국제금융기구로부터 구제금융을 받아야 했다.

점증하는 금융 위험

2020년 코로나19 사태는 전 세계를 빚더미에 앉혔다. 국제금융협회IIF의 추산에 따르면 2020년 말 전 세계의 부채 총액은 무려 277조 달러, 원화로 약 30경 원에 달한다. 실물경제가 안 좋을 때 정부는 직접 정부지출을 늘리거나 중앙은행이 돈을 푼다. 경기침체기에 확장적 거시경제정책을 시행한다고 탓할 수 없다. 그러나 풀린 돈이 위축된 고용과 생산을 늘리는 데 제대로 쓰였는지는 의문이다. 실물경제를 살리려면 소비와 투자가 늘어나야 하는데, 주요 12개국에서 풀린 14조 달러는 실물경제가 아닌 자산시장으로 쏠렸다. 전 세계 주요국의 주가는 연중 최고치를 기록했고, 심지어 가상화폐 비트코인 가격도 폭등했다. 유가는 다시 100달러를 넘보고 있다. 중국이라고 크게 다를 게 없다.

2020년 9월 말 기준 정부, 비금융기업, 가계 등을 망라한 중국의 총부채 비율은 명목 GDP 대비 270.1%를 기록했다. 2019년 말(245.4%)보다 무려 24.7%포인트가 증가했다. 이러한 상승 폭은 2012~2019년 기간 연평균 변동 폭 8.5%포인트의 약 세 배에 달하는 수치이다. 기업 부채비율은 164.0%를 기록하며 2019년 말 151.3%보다 12.7%포인트가 증가해 전체 증가율의 50% 정도를 차지했다. 가계부채는 55.8%에서 61.4%, 정부 부채는 38.3%에서 44.7%로 각각 5.6%포인트와 6.4%포인트 늘어났다. 시진핑 집권 2기에도 공급 측 구조개혁에 따라 기업부채를 줄이는 정책이 꾸준히 진행됨에 따라 2017~2019년 기간에는 부채비율의 상승이 다소 주춤했다. 그러나 2020년 들어 상황이 완전히 달라졌다. 코로나19 사태에 대응한 불가피한 현상이라고 볼 수 있지만, 경제 전반에 걸쳐 금융 위험이 증가하고 있다는 점은 분명하다. 특히 실물경제의 어려움을 극복하기 위해 사회융자 규모의 증가속도가 현저히 높아졌다. 2021년 전국인민대표대회에서 발표된 경제정책 운용방안을 보면 여전히 유연한 통화정책 기조를 유지하겠다고 했지만, 경기회복보다는 안정에 중점이 놓였다. 따라서 지급준비율, 정책금리 인하 등을 통한 인위적 유동성 추가공급 가능성은 크게 낮을 것으로 보인다.

미완의 공급 측 구조개혁

2008년 글로벌 금융위기에 대응하는 과정에서 미국과 같은 대규모의 양적 완화 정책을 추진하지는 않았지만, 중국 정부 역시 과도한 유동성을 공급했다. 그 결과 국유기업을 중심으로 기업부채가 급증했음은 주지의 사실이다. 중국은 글로벌 금융위기 이후 급격한 성장둔화를 피할 수 있었다. 그러나 기업의 과잉부채, 그림자금융, 지방정부 부채, 부동산 버블 등 중국 경제의 위험이 크게 증가했다.

중국의 금융위기 가능성에 관한 기존 연구들은 중국의 기저질환이 심각한 수준이라는 점에 주목하고 있다. 디니 맥마흔Dinny McMahon은 《빚의 만리장성China's Great Wall of Debt》에서 그림자금융, 유령도시, 기업의 대규모 부채로 인해 결국 중국 경제의 기적이 종식될 것으로 전망했다.[110] 《월 스트리트 저널The Wall Street Journal》 중국 특파원이었던 그는 중국 경제의 취약성과 모순을 샅샅이 파헤쳤다. 그의 지적대로 금융위기의 징후가 일부 나타나는 것은 사실이나 실제로 발생하지 않고 있다. 이는 그동안 중국 정책당국의 대응능력이 적절했다고 볼 수 있는 근거이기도 하다. 즉 중국 정부는 금융부문에 대해서는 대내외적으로 통제의 끈을 아직 놓지 않고 있다. 관치금융이 바로 중국에서 금융·외환위기를 통제 가능한 범위 내에 두었고, 앞으로의 행보도 크게 다르지 않을 것이다. 그러나 점진적 개혁과 개방은 중국의 실물부문과 금융부문이 균형을 이루지 못하고 금융 후진국으로 남게 되는 결과를 가져올 수 있다. '강국몽'을 꿈꾸는 중국이 결코 '금융 강국'이 되지 못하는 이유이기도 하다.

2013년 집권한 시진핑 지도부는 금융부문의 부실을 해결하기 위해 공급 측 구조개혁을 추진했다. 그리고 어느 정도 성과를 거둔 것으로 평가되고 있다. 특히 철강, 석탄 등 전통산업에서 과잉생산과 과잉부채가 어느 정도 해소되었다. 그런데도 중국 기업의 과잉부채는 여전히 중국 최대의 리스크 요인으로 지적되고 있다. 공급 측 개혁은 결국 미완성으로 끝났다.

과도한 부채증가는 지방정부의 책임

중국 기업의 부채문제를 미시적으로 살펴볼 때 중앙정부보다 지방정부의 책임이 크다. 중앙정부의 국유기업은 국가 전체적으로 볼 때 독점기업으로 상당한 이익을 누리고 있다. 에너지, 통신, 전력, 항공, 해운, 철도 등 국가 기간산업을 책임지고 있기 때문이다. 반면에 지방의 국유기업은 지방에서 어느 정도 독점적 지위를 확보하고 있지만, 전국적 규모로 성장한 기업들은 아니다. 후진타오-원자바오溫家寶 지도부에서 지방정부의 성과지표는 GDP 성장률이었다. 지방정부를 책임지고 있는 공산당 간부들은 성장률에 집착했고, 이는 글로벌 금융위기 이후에 지속되었을 뿐만 아니라 오히려 강화되었다. 그 결과 지방정부는 지방국유기업을 통해 성장을 도모했고, 지방정부투자기관Local Government Financing Vehicles, LGFVs을 통해 대출을 받아 이를 지방국유기업 또는 권력과 유착된 지방 민영기업에 지원하는 방식을 채택했다. 편법은 아니지만 제도권 금융을 우회하는 신탁, 증권, 자산운용사가 금융 중개기능을 담당하는 그림자금융은 이제는 상당히 일반화되었다.

기업부채 비율과 엉터리 신용등급

중국 기업의 부채비율은 홍콩 다음으로 높은 수준이다. IIF가 발표한 2020년 1분기 자료에 따르면 비금융기업의 부채비율은 미국 78.1%, 영국 78.2%, 유로 지역 109.8%, 일본 106.4%, 한국 104.6%, 싱가포르 125.2%, 중국 159.1%, 홍콩 230.7%이다. 대체로 주식시장이 발달한 영미계가 낮고, 은행을 통한 간접금융 비중이 높은 대륙계(유럽, 일본, 한국)가 조금 더 높다. 싱가포르, 홍콩 등 소위 범중국계는 상당히 높은 수준이다. 부채비율이 높다는 것은 주식을 통한 자기자본 조달보다 타인자본 조달이 쉽다는 점을 반영하기도 한다. 따라서 부채비율이 조금 높은 것은 크게 문제 삼을 일이 아니다. 중요한 것은 부채를 감당할 수 있느냐의 여부이다.

중국의 민영기업들은 자본조달에 있어서 국유기업보다 항상 불이익을 경험해왔다. 은행 문턱이 턱없이 높을 뿐만 아니라 경영부실은 곧바로 시장에서 퇴출당하는 결과로 나타났다. 실제로 민영기업에 대한 금융시장의 운영에는 철저히 시장원칙이 적용된다.

코로나19 사태가 발생하기 직전까지 회사채 시장의 채무불이행은 철저히 민영기업 중심으로 발생했다. 따라서 대마불사大馬不死의 원칙도, 정부의 암묵적 보증도 적용되지 않았다. 그러나 2020년 들어 상황은 달라졌다. 인민은행이 유동성을 늘려 은행이 회사채를 사들이도록 했지만, 대형 국유기업의 부도 사태가 발생했다.

중국 금융당국은 전반적으로 국유기업의 과도한 부채를 줄여나가는 정책을 '14.5 규획' 기간 계속 유지할 것이다. 국유기업의 채무불이행이 반복적으로 발생하여 금융시장의 불안정이 가중되는 현상을 막으려고 할 것이다. 그러나 위안화 표시 회사채 시장은 그럭저럭 관리 가능하겠지만, 역외에서 조달한 달러 또는 다른 외화 표시 회사채 시장은 중국 금융당국의 손길이 직접 미치지 않는다. 2021년 만기가 도래되는 외화표시 회사채 규모는 1,040억 달러 규모이다. 2020년보다 40% 정도 높은 수준이다. 국내 위안화 표시 회사채 시장의 대략 10분의 1 규모라고 보면 된다. 역외 외화표시 회사채 중 가장 높은 비중을 차지하는 중국 기업은 부동산 기업이다. 해외에서 부동산을 매입하기 위해 조달한 자금이라고 볼 수 있다. 코로나19 사태로 호텔 등 관광사업의 부진으로 역외에서 발행한 회사채에도 경고등이 켜졌다고 볼 수 있다.

회사채 시장이 건전하게 작동하려면 기업의 신용도를 제대로 파악하는 일이 필수적이다. 그러나 중국의 회사채 등급을 보면 턱없이 AAA 등급이 많다. 50%를 넘고 있다. 학생 절반 이상에게 A+ 학점을 주는 것과 별반 다르지 않다. 국유기업들에 대해서는 확실히 암묵적 보증이 작동한다고 볼 수 있다. 그리고 투기등급은 아예 존재하지 않는다. 대부분이 투자등급을 받고 있다. 이런 식으로 신용등급이 부여된다면 금융시장이 제대로 작동한다고 볼 수 없다. 중국은 글로벌 금융위기 이후 미국의 신용평가기관을 불신하면서 중국 국적의 신용평가기관 설립을 장려했다. 그러나 막상 중국의 신용평가기관의 신용등급은 전혀 시장에 도움을 주지 못하고 있다. 일례로 중국의 루이비통LVMH이라 불리는 산둥성 섬유기업 루이如意는 프랑스의 명품 브랜드 산드로Sandro, 마쥬Maje와 스위스 브랜드 발리Bally의 소유주이다. 물론 막대한 금액을 들여 역외에서 자금을 조달해서 인수했다. 이 기업의 국내 신용등급은 최근 하향 조정되었지만 AA-이다. 그러나 무디스와 스탠더드앤드푸어스S&P의 신용등급은 '정크' 등급이다. 신용불량 기업이라는 의미이다. 중국 금융당국은 당장 엉터리 신용등급을 매기는 국내 신용평가기관을 정리해야 한다. 그러지 않으면 회사채 시장에 아무리 유동성을 공급해도 국내 회사채 시장은 투기장에 불과할 것이다. 실제로 투기등급인 회사에 투자한다는 것은 투기와 다름없다. 높은 신용등급을 받기 위한 뇌물은 관행이 되어버렸다.

코로나19 사태와 금융포용 정책

2018년부터 본격화된 미중 무역전쟁, 2019년 중국 후베이성 우한에서 발생한 코로나19 사태 이후 중국 경제 성장세가 더욱 둔화하면서 실물경기의 악화로 금융 및 기업 부문의 부실이 증가할 것으로 예상했다. 그러나 2020년 1분기의 마이너스(-6.8%) 성장 이후 2분기 플러스(3.2%)로 전환되었고, 2020년 G20 국가 중 유일하게 연간 2.3%의 플러스 성장을 기록했다. 이는 전 세계가 마이너스 성장을 경험하고 있는 것과는 달리 중국 경제가 위기에 강한 내구력을 보유하고 있음을 시사한다. 강도 높은 이동제한 등 방역 성공에 힘입어 제조업의 조기 정상화가 이루어지면서 산업생산 회복이 성장을 견인하고 있다.

2020년 상반기 경기침체로 기업 및 가계 등 차입자의 상환능력이 크게 저하되자, 중국 정부는 취약 부문에 대한 만기연장 및 신용대출 확대 등 금융포용 정책을 시행했다. 특히 금융권이 상대적으로 양호한 실적을 보인다고 판단한 정책당국은 금융권의 이익을 실물부문으로 이전함으로써 유동성 부족으로 흑자도산이 발생하지 않도록 신경을 썼다. 실제로 2020년 9월 말 기준 중국 상업은행의 부실채권 비율(1.96%)은 전년 말(1.86%) 대비 0.1%포인트 상승하는 데 그쳤다. 그렇지만 중소형 은행인 농촌상업은행(4.17%) 및 도시상업은행(2.28%)은 여전히 높은 부실채권 비율을 기록하고 있다. 물론 중소형 은행의 높은 부실채권 비율 때문에 당장 중국의 금융위기 가능성이 커졌다고 볼 수는 없다. 코로나19 상황이 호전될 경우 기업과 가계의 상환능력이 높아지고, 영업여건이 개선됨에 따라 부실채권 비율이 하락할 수도 있다.

한국 금융당국의 공식적 상업은행 부실채권(고정이하여신) 비율이 코로나19 사태에도 불구하고 2020년 2분기 말 기준 0.71% 수준에 불과하다는 점에 비하면 중국 상업은행의 부실채권 비율이 높은 것은 사실이다. 그렇지만 2015년 말에는 한국의 부실채권 비율이 1.8%에 달했다. 당시 중국의 금융위기 가능성이 가장 고조되었던 시점에 중국 상업은행의 부실채권 비율은 오히려 우리나라보다도 낮은 수준인 1.67%였다. 부실채권 비율 자체도 중요하지만 얼마나 빠른 속도로 그 비율이 상승하느냐가 관건이라고 볼 수 있다. 아마도 2%를 초과하는 시점에 금융위기의 가능성에 대한 비관적 논의가 본격적으로 재기될 가능성이 있다. 따라서 부실채권 비율이 1.96%의 수치를 보인다는 점은 중국 금융당국이 금융위기 가능성에 대해 결코 방심할 수 없다고 판단하는 근거이다.

현재 중국 금융당국이 발표하는 상업은행의 부실채권비율만으로 보면 중국 경제가 빠른 회복세를 보이면 충분히 통제 가능하다고 평가할 수 있다. 또한 중국의 상업은행을 감독·관리하는 은행보험감독관리위원회는 부실채권비율 상승에 대비하여 부실채권 상각을 유도할 예정이다. 다만 2019년 5월 신용 리스크 고조 및 유동성 악화로 감독당국에 의해 인수된 바오상은행과 유사한 중소은행의 파산 사태가 재연될 가능성은 충분히 있다.[111] 그러나 이러한 중소은행의 파산이 금융권 전체의 시스템 리스크를 초래할 가능성은 제한적이다.

회사채 시장의 부실화

은행권 이외의 금융부실 현황을 보려면 회사채 시장을 살펴보면 된다. 특히 2008년 글로벌 금융위기 이후 은행권을 통한 대출 못지않게 회사채 발행이 중요한 자금조달의 경로로 등장했다. 이는 중국 정부가 은행 중심의 간접금융시장의 문제점을 해결하기 위해 주식 및 채권과 같은 직접금융시장을 육성하고자 했던 발전 전략과 맞물려 있다. 2008~2012년 중 회사채 발행 잔액은 연평균 57.6% 증가했다. 2015년까지 조달된 총자금 규모는 15.5조 위안으로 주식을 통한 자금조달 규모인 3.7조 위안을 크게 상회했다. 특히 2015년 이후 중국 증시가 위축되면서 회사채 발행 규모는 꾸준히 증가했다. 2014년 중국 정부가 과잉생산 억제책을 발표하면서 제일 먼저 문제가 된 것이 바로 회사채 부도 사태의 현실화였다.

중국 경제는 2020년 하반기부터 비교적 빠른 회복세를 보였다. 그러나 유독 회사채 시장은 어려움을 겪고 있다. 2020년 회사채의 채무불이행 규모는 2,386억 위안으로 전년 대비 29.5% 증가했다. 건수는 224건으로 전년도 237건에 비해 감소했지만, 규모가 크게는 것이다. 특히 2018년 정부의 부채축소(디레버리징) 방침에 따라 민영기업 중심으로 회사채 부도가 집중되었으나, 2020년 들어서는 그 양상이 달라지고 있다. 상대적으로 안전하다고 생각했던 국유기업의 채무불이행이 나타나고 있다. 2020년 부도기업 29개 중 8곳이 국유기업이다. 그중에는 신용평가등급이 AAA인 국유기업들이 포함되어 있어 회사채 시장에 충격을 안겨주었다.

10월 23일 랴오닝성이 80% 지분을 보유한 화천기차그룹华晨汽车集團이 채무불이행을 선언했다. 화천기차그룹은 랴오닝성을 대표하는 국유기업으로 독일 BMW의 합작사이자, 스마트공장의 대표적 사례로 칭송을 받았다.[112] 또한 영어 회사명은 Brilliance Auto Group으로 1992년 10월 뉴욕 증권거래소에 상장되었고, 채무불이행 직전까지 AAA의 신용등급을 부여받았다. 이렇게 잘나가던 국유기업조차 부채를 감당하지 못하고 채무불이행에 이른 것이다. 모회사인 화천기차华晨汽车만 파산시키고 BMW의 합작사인 화천바오마华晨宝马는 구제하는 방식을 모색 중이다.

11월 들어 중국의 회사채 시장은 더욱 어려워지기 시작했다. 11월 10일 신용등급 AAA인 허난성 국유기업 융메이永煤가 채무불이행을 선언했기 때문이다. 총자산 1,000억 위안이 넘는 허난성 최대 국유기업 융메이의 채권 디폴트는 파장이 쉽게 진정되지 않을 것으로 보인다. 이후 회사채 발행이 줄줄이 취소되었고 기업 신용이 급격히 움츠러들었다. 신용도가 높은 기업들조차 채권발행에 어려움을 겪고 있고, 발행금리가 치솟고 있다. 이는 국유기업 회사채에 대한 시장의 신뢰가 크게 저하되었음을 의미한다. 은행을 통한 신용공급 대신 직접금융시장인 회사채 시장은 응급용 타이어 역할을 해왔다. 그러나 투자자들의 경계심이 높아지면서 융메이와 같은 석탄기업들에 대한 회사채 발행은 물량이 전혀 소화되지 않고 있는 실정이다. AAA 등급 융메이의 채권 디폴트는 연쇄적으로 한계기업의 자금난을 가중할 것이 분명하다. 회사채 시장이 조기에 정상화되지 못하면 투자금은 물론이고, 원리금 상환 압력에 시달리는 한계기업의 연쇄 부도 사태가 나타날 가능성이 있다.

이런 상황에서 중국 반도체 굴기의 상징인 칭화유니그룹이 11월 16일 만기가 도래한 13억 위안의 사모채권을 상환하지 못해 채무불이행을 선언했다. 6개월 만기연장을 채권단에게 요청했지만 받아들여지지 않았기 때문이다. 낸드플래시 메모리 제조사 YMTC를 자회사로 두고 있는 칭화유니그룹의 채무불이행은 단지 회사채 시장의 문제가 아니다. 과도한 투자가 성과를 내지 못해 빚을 내 빚을 갚는 공격적 투자의 위험성을 잘 보여준다. YMTC는 삼성전자와 SK하이닉스에 도전장을 내밀고 낸드플래시 이외에 DRAM 생산을 위해 막대한 투자를 진행 중이다. 2020년 반도체 자급률 40%, 2025년 70% 목표 달성을 위해 매진 중인 YMTC의 모회사인 칭화유니그룹이 당장 파산할 가능성은 제로이다. 그렇지만 미국 정부의 제재로 DRAM 생산을 포기한 푸젠진화의 뒤를 이어 공격적 투자를 진행 중인 YMTC 역시 향후 원활한 자금공급을 지원받기는 대단히 어려울 것이다. 특히 채무불이행을 선언한 기업에 금융권이 자금을 지원하는 것은 보조금의 일종으로 볼 수 있다. 따라서 일부에서는 칭화유니그룹의 지분구조가 탄탄하지 못하다는 이유로 이번 기회에 칭화유니그룹을 확실히 국유기업으로 전환할 필요성이 있는 것으로 보고 있다. 반도체 굴기를 위해 막대한 자금이 필요한 상황에서 국유기업이 자본조달 측면에서 유리하기 때문이다.

시장 안정화에 나선 금융당국

중국의 금융당국이 팔을 걷어붙였다. 2020년 11월 21일 중국 정부는 류허 부총리 주재로 개최된 '금융안정발전위원회'에서 채권시장 내 채무불이행 등 불법행위에 대해서는 무관용을 원칙으로 하고, 시장질서 및 신뢰 회복을 위해 채권시장에 대한 관리·감독을 강화하겠다는 방침을 밝혔다. 중국 정부가 이렇게 나섰다는 것은 한편으로는 회사채 부도로 인한 금융위기의 가능성을 줄이는 것이지만, 다른 한편으로는 관치금융이 작동할 가능성도 있다는 점을 의미한다. 관치금융은 돈을 빌려줄 때만 발생하는 것이 아니다. 망해야 하는 기업이 부도가 나지 않고 연명하도록 '산소 호흡기'를 달아주는 것 역시 관치금융이다. 그동안 덩치가 큰 국유기업은 '대마불사'라고 인정받아 왔다. 정부의 '암묵적 보증'이 작동할 것이라는 믿음이 작동했다. 그러나 화천-융메이-칭화유니의 연쇄적 회사채 채무불이행은 오랜 관치금융의 적폐가 사라질 것인지를 보여주는 리트머스 시험지가 될 것이다. 만약에 중국 금융당국이 언급하듯이 무관용의 원칙이 제대로 작동한다면 바람직한 일이 될 것이다. 그러나 그 말을 액면 그대로 받아들이기는 쉽지 않다.

2021년 연초에도 중국 금융시장의 불안정성을 우려하는 목소리가 계속 퍼졌다. 중국 통화당국이 급격하게 유동성을 줄이는 조치를 하거나, 국유기업에 대한 암묵적 보증을 철폐하게 된다면 신용위험이 증가하게 될 것이라는 전망이 우세하다. 아마도 급격하게 유동성을 줄이는 조처를 하지 않거나, 여전히 여러 형태로 국유기업에 대한 금융지원은 계속될 가능성이 크다. 시중 유동성은 풍부하게 유지될 것이고, 이름만 들어도 알 만한 최고 신용등급의 국유기업들의 채무불이행 가능성은 줄어들 것이다. 관치금융은 그렇게 작동할 것이다. 중국에서 금융위기가 발생한다면 시진핑 주석의 치적은 한순간에 무너질 것이다. 그래서 그런 일이 발생할 가능성은 전혀 없다고 해도 과언이 아니다.

금융위기의 촉발 요인과 파급경로

앞의 논의를 종합해볼 때 현시점에서 중국발 금융위기의 발생 가능성은 크지 않다. 그러나 중국이 향후 자본·금융시장의 개방화를 본격 추진할 경우 과잉부채로 인한 금융위기의 발생 가능성 및 외화부채와 자본유출로 인한 외환위기의 발생 가능성이 전혀 없다고 장담할 수는 없다.

중국의 학계에서도 금융위기의 발생 가능성을 조심스럽게 검토하는 연구들이 드물게 발표된 바 있다. 기존 연구들은 중국의 금융시스템이 글로벌 금융위기로부터 격리되어 있었기 때문에 상대적으로 안정적이었다고 평가한다. 그러나 글로벌 금융위기 이후 중국 금융시장의 개방이 점진적이긴 하지만 확대되었고, 국제금융시장과 연계성이 강화됨에 따라 글로벌 금융·외환시장의 변동에 다소 민감한 반응을 보이기 시작했다. 이는 중국 금융시장이 점차 국제금융시장과 상당히 동조화coupling되고 있다는 점을 시사한다. 트럼프 행정부 출범 이후 미중 무역전쟁이 가시화되면서 미중 간 탈동조화 이슈가 제기되고 있지만, 중국의 금융시장은 오히려 국제금융시장에 점진적으로 통합되고 있다. 이는 중국 금융당국이 금융시장의 빗장을 조금씩 열고 있다는 점에 기인한다. 또한 중국 금융시장의 규모가 확대되고 중국의 주식과 채권시장에 대한 글로벌 투자자들의 관심도가 커지면서, 중국 증권을 신흥시장국가 펀드에 담으려는 움직임이 나타나고 있다. 글로벌 투자의 다변화 측면에서 중국의 금융시장 개방은 기회의 창을 연다는 점에서는 대단히 바람직하지만 그만큼 국제금융시장과 연계성이 확대된다는 점에서 중국 금융시장의 시스템 위험을 잘 관리해야 하는 부담이 발생한다. 아직 중국 금융시장의 개방도가 낮은 상황이기 때문에 국제금융시장에서 발생한 충격이 중국 금융시장을 심각하게 위협하지는 못하리라는 것이 대체적 견해이다.

중국 정부의 강력한 관치금융이 중국에서 금융·외환위기 발생을 억제한다는 견해가 있는 것이 사실이다. 하지만 중국의 관치금융은 국유상업은행을 통한 천문학적 기업대출로 과잉부채 누적문제를 초래하기도 했다. 이처럼 심각한 과잉부채가 중국에서 언젠가 금융위기로 이어질 것이라고 꾸준히 지적되고 있다.

은행을 통한 과잉부채가 금융위기를 부르는 메커니즘은 거의 유사하다. 우선 은행의 대출 심사 요건이 느슨하다. 깐깐한 대출 심사야말로 부실대출과 과잉대출을 사전에 방지할 수 있는 가장 효과적인 방법이다. 그러나 정부가 보증한 국유기업은 신용등급도 높고, 파산할 위험이 없다고 판단하므로 대출 심사가 형식적일 수밖에 없다. 여기에 더해 금융기관 감독을 담당하는 당국도 '규제유예regulatory forbearance' 조치를 통해 총체적 부실을 양산하게 된다. 특히 중국의 경우 지방 국유은행들의 대출은 절차를 건너뛰거나 형식적으로 해온 경향이 있다. 대출이 부실화되어도 정부의 암묵적 보증이 작동할 것이라는 허망한 믿음이 있었다. 그렇다 보니 은행으로서 본연의 임무에 충실하게 기업 신용평가를 할 유인이 약했다. 엄격한 대출 심사보다 정부의 의중을 더욱 중요하게 고려했다. 물론 중국의 모든 금융기관이 그렇다고 볼 수는 없다. 이미 글로벌 은행으로 인정받고 있는 4대 국유상업은행의 경우 위험관리를 철저히 하고 있다. 또한 중국 정부도 2016년 중국의 과잉부채에 대한 국제적 관심이 높아지자, 이에 대응하여 공급 측 구조개혁을 강도 높게 추진했다. 그 결과 철강, 석탄 등 전통산업에서 과잉생산과 과잉부채가 다소 해소되었다. 이런 노력에도 불구하고 중국 기업의 만성적 고부채 재무구조는 여전히 증가 추세이다.

중국 정부는 코로나19 사태의 엄중한 상황 속에서 금융부실의 문제에 촉각을 곤두세우고 있다. 금융위기의 발생 가능성에 대해 금융당국이 연이어 경고 메시지를 날리고 있다. 이러한 경고는 중국 경제가 모든 것을 관리·감독할 수 있는 수준을 넘어섰기 때문에 민간기업과 가계의 부채증가에 대해 일시적으로 완화적 조처를 하더라도, 언제라도 편법으로 대출을 주식 및 부동산 투기 등으로 전환하는 행위에 강력히 대응하겠다는 의지를 보여주는 것이다. 특히 중국 금융당국은 기업 과잉부채를 가장 심각한 위기 시발점으로 인식하고 있다. 그렇지만 중국 고위 당국자의 강도 높은 우려와 경고성 발언은 과잉부채의 실상을 덮고 문제를 더 키우는 뇌관이 될 수 있다. 당국의 경고는 외국인 투자자들에게 중국 당국이 내부 상황을 모르고 있는 것이 아니고 관치금융 등을 통해 잘 통제하고 있으니 걱정하지 말라는 메시지도 함축하고 있다.

중국의 고도성장이 적어도 자본조달 측면에서는 상당 부분 과도한 부채에 의존했다는 점에서 금융위기의 가능성은 상존한다. 이런 형태의 '부채 주도 성장'은 금리 상승기에 위기를 맞을 가능성이 크다. 코로나19 범유행으로 국제금융시장은 초유의 저금리 시장이 형성되어 있다. 더욱이 안전자산에 대한 선호가 줄어들면서 달러가 약세를 보였다. 현재로서는 중국의 금융위기 가능성이 그리 크지 않은 이유이다. 그러나 달러 약세가 강세로 전환되고, 금리가 다시 정상화되는 시점에서는 금융위기의 가능성이 다시 제기될 수 있다.

외환위기의 촉발 요인과 파급경로

이제 외환위기의 가능성을 살펴보기로 하자. 실제로 외환위기가 발생한다면 중국의 대응능력은 어느 정도일까? 우선 중국은 세계 최대 외화보유국이다. 2021년 2월 말 기준 외화보유액은 3조 2,050억 달러이다. 그런데 외화보유액과 관련하여 두 가지 측면에서 주의가 필요하다. 우선 외화보유액 증가의 원천인 경상수지가 갈수록 감소 추세라는 점이다. 다음으로는 외환위기 상황에서 외환당국이 즉시 활용할 수 있는 외화가 충분한가에 대해 주목할 필요가 있다. 외화보유액의 30%에 해당하는 1조 달러 이상이 미국 국채라는 점에서 처분이 그리 쉽지 않을 것이라는 분석도 있다.[113]

그러나 더 중요한 것은 인민은행이 인민폐 가치의 하락을 방지하기 위해 외환시장에 과도할 정도로 개입할 것인지가 더 중요하다. 달러가 약세를 보이는 상황에서는 외환위기 가능성이 대단히 낮다. 신흥국들이 외환위기를 경험하게 되는 순간은 역사적으로 보면 달러 약세에서 강세로 전환되는 국면, 국제금융시장의 유동성이 급격히 축소되면서 금리가 상승하는 국면에서 발생했다. 따라서 향후 코로나19 사태가 진정세로 접어들면서 달러가 다시 강세로 반전되고 미국 국채금리가 상승하면 신흥국의 외환위기 가능성이 커질 것이다. 현재는 위안화가 강세를 보이고 있다는 점에서 중국의 외환위기 가능성을 논하는 것은 시기상조라고 볼 수 있다.

현재 중국의 외화부채 수준은 감당할 만한 수준이다. 다만 자본계정의 자유화 이후 급격한 자본유출이 발생하면 중국 금융당국으로서는 환율안정을 포기하는 것이 최선의 정책이다. 이 경우 글로벌 투자자들은 다시 중국 금융시장으로 복귀할 가능성이 크다. 중국 금융당국으로서는 굳이 외화보유액을 털어가면서 위안화 방어에 나서기보다는 위안화 약세를 용인 내지 내버려두는 선택을 할 가능성이 크다. 위안화 약세를 통해 수출을 부추기는 정책을 펴고, 글로벌 투자자에게 중국의 주식과 채권을 싼값에 매입하도록 하는 것이 외환위기를 극복하는 현명한 선택이 될 것이기 때문이다. 따라서 중국의 외환위기 가능성을 지나치게 부각하는 것은 금융당국의 다양한 선택지를 고려할 때 기우나 음모에 가깝다. 결론적으로 중국이 과도한 외화부채로 국제금융기구로부터 구제금융을 신청할 가능성은 희박하다. 오히려 환율제도 개혁을 통해 관리변동환율제도에서 자유변동환율제도로 이행하고, 자본계정의 자유화를 통해 국제금융시장과의 통합을 도모할 가능성이 있다. 그 시점에서 중국의 관치금융 역시 개선될 수 있다.

5. 위안화는 기축통화가 될 수 있을까[114]

2020년 8월 인민은행이 발간한 〈위안화 국제화 보고서 2020〉은 위안화의 국제화 행보를 잘 정리하고 있다. 무엇보다도 중국의 길을 가겠다는 중국 정부의 의지를 읽을 수 있다. 중국의 위안화 국제화 추진은 새로운 국제 자매기구들의 등장과 함께 국제통화체제의 다극화를 위한 촉매제 역할을 할 것이다. 그러나 다른 한편으로 위안화 국제화의 섣부른 추진은 미국을 자극할 수도 있다. 미국이 무역전쟁, 기술전쟁에 이어 통화전쟁으로 중국을 압박한다면 위안화가 과연 얼마나 성공적으로 국제화될 수 있을까? 달러에 도전했던 선진국 통화들도 달러의 위력 앞에서는 고개를 숙였는데 신흥국 통화인 위안화가 달러에 도전한다는 것은 아직 무모한 일일 것이다.

결제통화로서의 위안화 국제화

위안화의 국제화 추진 과정은 결제통화, 투자통화, 준비통화의 측면에서 살펴볼 수 있다. 인민은행은 2009년 4월 위안화 국제화를 위한 첫걸음으로 무역 결제 지역을 시범적으로 선정한 이후, 2011년 8월 중국 전역에서 위안화 무역 결제를 허용했다. 2018년 3월 기준 위안화로 결제를 한 번이라도 해본 국가는 약 242개에 달하며, 2018년 말 기준 세계 결제통화에서 위안화 비중은 5위를 유지하고 있다.

국제결제통화로서 위안화가 널리 사용되기 위해서는 무엇보다도 중국 본토 밖에서 위안화가 충분히 공급되어야 한다. 가장 중요한 곳이 바로 1997년 중국으로 반환된 홍콩이다. 홍콩은 그동안 중국 정부가 위안화 허브로 가장 심혈을 기울여 육성한 곳이다. 그러나 홍콩만으로는 부족하다. 위안화의 역외 거래가 활발하게 가능하도록 중국 정부는 주요국에 역외 위안화 청산결제은행을 설립했다. 예를 들어 런던과 같은 글로벌 금융중심지에 위안화 청산결제은행을 설립하는 방식이다. 물론 서울에도 교통은행이 위안화 청산결제은행으로 설립되었다. 이와 같은 위안화 청산결제은행은 현지 금융기관(은행 등)에 위안화 유동성을 공급하는 역할을 담당한다. 2018년 말까지 인민은행은 세계 각지에 24개의 위안화 청산결제은행을 설립했다. 지역별 분포를 보면 아시아 10개, 유럽 7개, 북미 2개, 남미 2개, 아프리카 2개, 대양주 1개 등이다. 대부분이 아시아에 분포하고 있다.[115]

인민은행은 기존의 미국 중심의 결제시스템을 통해 위안화 결제가 가능하지만, 독자적 결제시스템을 구축하기에 이른다. 위안화 국제결제시스템인 CIPS가 그것이다. CIPS는 참여 기관에 고유 식별번호를 제공한다. 인민은행은 중국계 은행이 중심이 된 19개 직접 참여 기관(11개 중국계 은행과 8개 외국계 은행)과 176개 간접 참여 기관을 선정했다. 직접 참여 기관이 CIPS에 계좌를 개설해 위안화의 결제를 수행하고, 간접 참여 기관은 직접 참여 기관을 통해 업무를 수행한다. 2018년 5월 위안화 결제시스템은 다시 업그레이드되었다. 2기 위안화국제결제시스템이 출범한 것이다. 전 세계 155개 국가의 총 2,395개 금융기관이 이용하게 되었다. 2018년 말 기준 직접 참여 기관과 간접 참여 기관의 수도 각각 31개와 818개로 증가했다. 결제방식도 1기의 경우 실시간 전액결제였는데, 2기의 경우 혼합결제가 가능해졌다.[116] 2019년 말 기준 CIPS를 통한 위안화 결제 건수는 총 18.84억 건을 기록했고, 결제 금액은 33.9조 위안에 달했다. 이처럼 위안화 국제화를 위해 중국 정부가 노력한 결과 2019년에는 어려운 대외환경에도 불구하고 국제결제통화로서 위안화의 위상이 개선되었다. 2019년 위안화는 경상거래 및 자본거래를 포함하여 국제결제통화로서 19.67조 위안을 기록했다.[117] 2018년 대비 24.1% 증가했다. 또한 중국의 전체 대외거래에 있어서 위안화 결제 비중은 38.1%를 차지했다.

위안화는 국제결제통화로서 세계 5위의 위상을 유지하고 있지만 시장점유율은 1.76%를 기록하고 있다.[118] 2021년 1월 기준 아직 2%대에 머물고 있다는 점에서 위안화는 중국의 무역 규모 대비 결제통화로서의 매력을 갖지 못한 것으로 판단된다. 주로 홍콩과의 자본거래에 있어서 위안화가 결제통화로 사용되고 있으며, 경상거래에 있어서 위안화 사용 비중은 자본거래에 비해 작은 규모이다.[119] 한 가지 흥미로운 점은 2019년 미중 무역전쟁으로 위안화 환율이 약세를 기록하고 변동성도 높아지자 중국 내 국유기업을 중심으로 환위험을 헤징하는 차원에서 위안화 결제 비중을 높였다.

투자통화로서의 위안화 국제화

위안화가 명실상부한 국제통화가 되기 위해서는 단순히 결제통화의 역할에 그쳐서는 안 된다. 중국의 자본시장의 문이 좀 더 개방적으로 전환되어야 하고, 위안화 표시 금융자산에 대한 자유로운 투자가 활성화되어야 한다. 중국 정부는 그동안 자본시장 개방에 대해 매우 신중한 입장을 견지했다. 누구나 중국 자본시장에 투자할 수 있는 것이 아니라, 일정한 자격을 갖춘 금융기관에 대해서만 RQFII 자격을 부여했다. 이 제도는 2011년 8월 도입되었다. 2012년 말 39억 위안에 불과했던 누적 투자 규모는 2018년 말 6,414억 위안으로 증가했다. 8년 동안 약 165배가 늘었지만 아직 1조 위안에도 미치지 못한다. 심지어 위안화 적격 해외기관 투자자들에게 부여된 한도도 제대로 채우지 못하고 있다. 결국 중국 정부는 투자자들에게 부여한 한도가 의미 없다는 판단하에 2020년 6월 한도를 폐지함에 따라 이제는 자격만 갖추면 금액과 관계없이 투자할 수 있게 되었다.

또한 역외에서 중국 본토 금융자산에 대한 투자도 홍콩을 통해 가능하게 되었다. 즉 홍콩이 중국 자본시장에 접근할 수 있는 통로 역할을 하고 있다. 가장 먼저 2014년 11월 상하이와 홍콩 간 주식 상호교차투자가 허용되었다. 이 제도를 후강퉁이라고 부르는데 홍콩에 주식계좌를 보유한 투자자들은 상하이 주식시장에 상장된 개별주식과 지수(180지수와 380지수)에 대해 위안화로 거래(후구퉁滬股通)를 할 수 있게 되었다. 상하이에 주식계좌를 보유한 투자자들도 홍콩 주식시장의 항셍종합지수HSCI에 편입된 대형 종목과 중형 종목 및 홍콩과 상하이에 동시 상장된 종목에 한정하여 거래(강구퉁港股通)할 수 있다. 홍콩 주식시장에서는 물론 홍콩달러로 결제해야 한다. 후구퉁과 강구퉁을 합쳐서 후강퉁이라고 부르며, 일일 거래 한도는 2018년 5월을 기점으로 520억 위안과 420억 위안으로 제한하고 있다. 후강퉁에 이어 2016년 12월 선강퉁이 도입되었다. 이는 선전 주식시장과 홍콩 주식시장 간의 교차투자를 지칭한다. 상하이가 주로 국유기업 중심이라면 선전은 민영기업과 중소혁신기업의 주식이 상장되어 있다. 마지막으로 해외 투자자들이 홍콩을 경유해서 중국 본토의 채권시장에 투자할 수 있는 경로가 바로 채권통이다. 이 제도는 2017년 7월에 도입되었다. 거래되는 채권은 국채, 금융채, 회사채 등 모든 종류의 채권이 포함되어 있다. 투자금액의 한도도 없다. 현재 홍콩에서 중국으로 일방으로만 투자가 가능하지만 향후 상호교차투자가 허용될 예정이다.

이처럼 홍콩의 지위는 특별하다. 다른 역외금융센터와는 달리 홍콩은 후강퉁, 선강퉁, 채권통으로 중국 본토의 금융시장과 연계되어 있다. 홍콩이 위안화 허브로서 기능하게 된 것이다. 물론 홍콩 이외 국가에도 중국 본토와 자본거래에 있어서 위안화를 결제통화로 사용할 수 있다. 예를 들어 외국인 직접투자를 위안화로 결제할 수 있다. 2019년 기준 그 금액은 2.78조 위안에 달한다. 또한 여러 규제가 있기는 하지만, 역외 투자자들은 채권통을 경유하지 않고서도 중국 본토에서 직접 채권거래를 할 수 있다. 2019년 말 기준 비거주자의 중국 본토 위안화 표시 금융자산에 대한 누적투자 규모는 총 6조 4,128억 위안에 달한다. 주식, 채권, 대출, 예금이 각각 2.1조 위안, 2.3조 위안, 0.8조 위안, 1.2조 위안에 달한다. 2019년 말 기준 위안화로 거래되는 자본계정 투자 금액은 13.62조 위안에 이르며 이는 2018년 대비 26.7% 증가했다. 위안화 수취 금액이 7.35조 위안으로 지급 금액 6.27조 위안보다 1조 위안 이상 크다.

준비통화로서의 위안화 국제화

마지막으로 중국 정부는 준비통화로서의 위안화 위상 제고를 위해 노력했다. 중국 정부가 2009년 위안화 국제화를 선포한 다음 해인 2010년 SDR 바스켓 편입을 강하게 희망했다. 그러나 위안화의 자본계정 태환성 부족으로 무산되었다. 5년이 지나 재수 끝에 위안화가 달러, 유로, 파운드, 엔화와 함께 세계 5대 국제통화에 반열에 오르게 된 것이다. SDR은 직접 결제에 사용되지 않는 상징적 통화 단위이긴 하나 2010년 일본을 제치고 세계경제 2위국으로 부상한 중국 경제의 위상을 참작할 때 비록 신흥국 통화로서 충분하지는 않지만, 어느 정도 자격을 갖추었다고 볼 수 있다. 그러나 핵심은 여전히 자본계정의 태환성이 부족하다는 점이다.

위안화가 IMF의 SDR 통화바스켓에 편입됨으로써 우선 IMF의 위안화 매입 수요는 SDR 잔액 2,800억 달러에 위안화 가중치 10.92%를 곱하여 306억 달러 정도인 것으로 추산된다. 이 정도로는 단기간에 위안화 표시 자산에 대한 수요가 증가했다고 볼 수 없다. 각국 중앙은행이 위안화 표시 자산을 안정적 외환보유고 운용에 핵심 자산 포트폴리오의 하나로 편입시킬 가능성은 크지 않다. 유로화가 출범했을 때만 해도 각국 중앙은행은 유로화 표시 자산으로 외환보유고를 증가시켰다. 그리고 유로화가 달러 대비 강세를 보임에 따라 유로화 표시 자산은 매력적 자산으로 인정받았다. 그러나 위안화는 달러 대비 강세를 보일 가능성이 희박하다. 달러

자산을 매각하고 위안화 자산을 매입한 후, 위안화가 약세를 보이게 되면 환차손이 발생한다. 엔화가 국제화에 실패한 것도 바로 이러한 이유 때문이다. 1985년 플라자 합의 이후 엔화가 갑자기 강세 통화로 전환하면서 독일 마르크화와 함께 매력적 외화자산으로 인정받았지만 그리 오래가지 못했다. 다시 엔화가 약세로 전환하면서 엔화는 외환보유고 운용에 있어서 달러만큼 매력적이지 못했다. 이는 일본 정부가 의도적으로 엔화 강세를 원하지 않았기 때문이다. 중국도 위안화의 강세를 원하지 않을 것이고, 이런 상황에서 각국 중앙은행이 위안화 표시 자산을 상당한 비중으로 매입하는 것은 여전히 현명한 판단이 아닐 것이다.

중앙은행 간 통화스와프 체결

인민은행이 위안화 국제화를 위해 벌이고 있는 또 다른 노력 중 하나가 바로 중앙은행 간 통화스와프의 체결이다. 통화스와프는 거래 당사자들이 이종 통화의 거래를 약정 환율로 정해 일정 시점에 상호 교환하도록 하는 계약이다. 중앙은행 간 통화스와프는 2008년 글로벌 금융위기 이후 FTA 체결만큼이나 국가 간 협력의 상징성을 지닌 것으로 인정되고 있다. 한국은행도 인민은행과 2008년 12월 1,800억 위안 규모의 통화스와프 계약을 체결했다. 2019년 말 기준 중국은 39개 통화당국(마카오, 홍콩 등 포함)과 통화스와프를 체결했다. 총약정 규모는 3.7조 위안에 달하고 있다.

위안화 국제화가 진행되는 과정에서 새롭게 주목받는 사건이 발생했다. '페트로 달러Petro Dollar'란 별칭이 붙을 만큼 달러화 비중이 90% 이상 차지했던 원유 결제시장에서 위안화 결제가 처음으로 시작된 것이다. 주요 언론에서 '페트로 위안화' 시대가 열리고 있다는 보도가 나오기도 했다. 각국의 외화 보유에서 시작된 탈달러화 추세가 결제시장으로까지 확대되고 있어 제2차 세계대전 이후 지속해왔던 달러 중심 체제가 최대 위기를 맞고 있다는 일부의 평가도 있다. 그러나 아직은 달러체제가 위기라고 볼 수는 없다.

갈 길이 먼 위안화 국제화

위안화가 성공적으로 기축통화의 대열에 진입하려면 자본계정상의 태환성 확보와 함께 위안화 환율제도가 완전한 자유변동환율제도로 이행되어야 한다. 아직 중국은 이 두 가지 제도개혁에 대해 준비가 안 되어 있다. 우선 자본계정상의 태환성에 있어서 중요한 것은 비거주자의 자본유입도 중요하지만, 거주자의 자유로운 자본유출도 보장되어야 한다. 그러나 중국 정부는 거주자의 해외투자(자본유출)를 시장에 맡기지 않을 것이다. 중국의 정치체제를 불안하게 바라보는 중국 인민들, 특히 언제 어느 순간에 자신의 소중한 재산이 몰수될지 모른다는 불안감을 가진 부자 인민들은 거주자의 해외투자가 완전히 자유화되는 순간을 기다리고 있을지 모른다. 거주자의 자본유출이 폭발적으로 증가할 가능성이 있다. 따라서 자본유출의 가능성이 없다는 확신이 들기까지 중국 정부는 자본계정의 완전한 태환성을 보장하지 않을 것이다.

표 15 위안화 국제화의 단계별 전제 조건

기능적 3단계	절차적 5단계	이행 전제 조건
(국제화 이전) 상품/서비스 국내거래	(국제화 이전) 위안화만 사용	• 고정환율제도 • 통화량목표제
(국제화 이후) 1. 무역거래	(국제화 이후) 1. 무역 결제 위안화 사용	• 관리변동환율제도 • 경상계정 통제 폐지
2. 투자거래	2. 거주자의 해외에서의 자금결제 허용	• 환율변동폭 확대 • 금융시장 개방 • 해당통화표시 금융상품거래 허용 • 금리 및 자본계정 자유화 • 금리목표제
	3. 비거주자의 중국 내 자금결제 허용	• 중앙은행 독립, 물가안정목표제 • 글로벌 금융규제감독체제 구축 • 정책 신뢰성 확보
	4. 내외국인 모두 자본거래에서 자국통화 사용(태환성) 허용	• 자유변동환율제 도입 • FX 스무딩오퍼레이션 • 거시건전성정책
3. 준비통화	5. 역외 위안화 수요 창출기반 확립 및 위안화 무한공급체제 구축	• 무역적자 및 위안화 강세 허용 • 기축통화 간 무한 통화스와프 공급계약 체결

[표 15]에서 위안화 국제화의 5단계를 설정하고, 단계별로 필요한 이행 조건을 정리했다. 단계별로 자본자유화의 진전과 환율제도의 변경이 필요하다. 위안화의 성공적 국제화를 위한 이행 조건으

로 환율제도의 전환을 살펴보자. 위안화 환율의 결정에 있어 시장 기능이 작동하도록 인민은행은 통화정책 결정의 중립성과 독립성을 확보해나가야 할 것이다. 현재의 인민은행은 중앙은행으로서의 위상을 갖추지 못했다. 국무원의 입김이 너무 크게 작용하고 있다. 인민은행은 외환시장에 개입하지 않는다고 하지만, 미국 재무부는 인민은행이 환율조작에 깊숙이 개입하고 있다고 판단하고 있다. 인민은행이 직접 외환시장에 개입하지 않더라도 국유상업은행과 기금을 통해 개입할 수도 있다. 자유변동환율제도를 운영하려면 인민은행의 외환시장 제도를 정비하기 위해 더 큰 노력을 기울여야 할 것이다. 관리변동환율제도에서 자유변동환율제도로의 이행은 그리 쉬운 일이 아니다. 환율변동에 따른 위험을 분산할 수 있는 수단도 확보해야 한다. 역외시장과의 통합도 빠르게 이루어져야 한다. 그러나 전혀 불가능한 일은 아니다. 시간이 걸릴 뿐이다.

이러한 점에서 중국의 위안화가 다극화된 국제통화체제 속에서 기축통화로 기능하려면 아직은 가야 할 길이 멀어 보인다. 그러나 중국 정부는 자본계정 자유화가 반드시 선행되어야 통화 국제화가 달성되는 것은 아니라고 판단하고 있다. 과거 영국 파운드화가 국제무역 및 투자에 활발히 사용되면서 가장 중요한 국제 준비통화로 기능할 때에도 자본계정 자유화는 완전히 이루어지지 않았다는 점에 주목한다. 일본 엔화가 SDR에 편입될 때 자본계정 자유화가 완전히 실현되지 않았고 미국 달러화 역시 1960~1970년대에는 비교적 엄격한 자본통제 조치를 했다. 그리고 대다수 소규모 개방경제국의 경우 이미 자국 통화의 자본계정 자유화를 했지만, 스위스 프랑을 제외하고 대부분 소규모 개방경제국 통화가 국제통화가 아닌 이유는 경제 규모가 상대적으로 작은 데 있다.

중국 정부는 자본자유화를 실시해도 자유변동환율제도로의 이행을 서두르지 않으려고 한다. 스위스는 선진국임에도 불구하고 자국 통화의 고평가를 막기 위해 개입한 증거가 있다. 그 결과 스위스는 2020년 12월 미국 재무부에 의해 베트남과 함께 환율조작국으로 지정되었다. 스위스 중앙은행은 주변에 유로화를 사용하는 국가와 보조를 맞추기 위해 외환시장에 빈번히 개입하고 있다. 그렇지만 미국 재무부의 입장은 단호하다. 중앙은행의 외환시장 개입은 환율조작의 중요한 근거가 된다. 결국 유로존에 가입하지 않은 스위스가 인위적으로 수출을 늘리기 위해 환율조작을 하는 것도 아니고, 단지 유로화와의 안정성을 확보하는 데 필요한 조치임에도 불구하고 환율조작국으로 지정된 것은 억울할 것이다.

한편 홍콩은 환율이 미국 달러에 연동되어 결정되는 고정환율제도를 갖고 있다. 또한 자본 이동이 자유롭다. 그래서 홍콩은 통화정책의 주권을 포기했다. 국제금융시장의 삼위일체 불가능성의 정리가 여전히 작동한다는 점을 홍콩 사례에서 확인할 수 있다. 어정쩡한 자본자유화와 환율자유화로 국제금융의 철칙을 꼼수로 우회하기는 불가능할 것이다. 중국 정부가 자본계정 자유화가 위안화 국제화에 필요한 선행조건이 아니라 보고 경제여건을 고려하여 점진적으로 자본계정 자유화를 추진하면서 위안화 국제화를 도모한다는 것은 결국 불완전한 위안화 국제화를 추진한다는 의미로 해석해야 할 것이다.

6. 디지털 위안화가 위안화 국제화의 게임 체인저가 될 것인가[120]

인민은행의 디지털화폐 도입 추진

인민은행은 디지털화폐의 실제 발행을 검토하고 있다. 즉 중앙은행 디지털화폐CBDC의 발행을 2022년 베이징 동계올림픽에서 전면 활용하는 것을 목표로 준비 중이다. 2019년 12월 인민은행은 4대 국영은행(공상, 농업, 중국, 건설) 및 3대 통신사(차이나모바일, 차이나텔레콤, 차이나유니콤)와 공동으로 디지털 위안화 결제기능 테스트를 시행했다. 이후 코로나19 사태에도 불구하고 2020년 4월 인민은행은 농업은행과 디지털 위안화 유통 테스트를 시행했고, 관련 사진을 언론에 처음으로 공개했다. 디지털 위안화에는 현재 유통되고 있는 지폐와 마찬가지로 마오쩌둥 주석의 얼굴이 나오고, 일련번호가 적혀 있다. 인민은행은 선전, 쑤저우, 청두, 슝안 특구 등 4개 지역에서 디지털화폐 발행을 위한 시범사업을 진행했다. 인민은행은 디지털화폐의 발행을 위한 기본 설계 및 테스트가 사실상 완료되었다고 밝히고 있다. 2020년 말 기준 디지털화폐의 시험 사용이 적용된 지역은 총 28곳에 이르고 있다.

디지털 위안화는 법정화폐로, 현재 유통되고 있는 위안화 지폐와 법적으로 같은 지위를 갖고 있다. 다만 중국에서 널리 통용되고 있는 알리페이와 위챗페이 등의 전자지급 수단이나 법적으로 통용이 금지된 비트코인과 같은 암호화폐와는 성격을 달리한다. 즉 법정화폐는 강제통용력이 있다. 모든 거래 참가자는 디지털 위안화를 이용한 지급결제 및 채무변제 등을 거절할 수 없다. 현금처럼 사용할 수 있는 디지털 위안화는 이용자가 자신의 휴대전화 속 전자지갑에 저장한 후 바로 사용할 수 있으며, 별도의 예금계좌 및 네트워크에 연결할 필요가 없다. 개인들이 소지한 지갑 대신에 휴대전화 속 전자지갑에 디지털 위안화가 들어가 있을 뿐이다.

과연 얼마만큼 현금을 대체하는 수단으로 디지털화폐가 사용될 것인지는 결제 인프라 구축 여부에 달려 있다. 중국의 경우 이미 알리페이나 위챗페이에 익숙한 개인 고객들이 디지털 위안화를 사용하는 것은 문제가 되지 않아 보인다. 디지털 위안화의 사용이 늘어날 때 개인의 익명성은 보장될 수 있지만, 화폐의 유통 및 전달 경로 등을 파악하기도 쉽다. 혹은 은행을 이용해 디지털 위안화가 대출자금으로 활용될 수 있다. 이 경우 실시간 모니터링과 사후관리도 쉬울 수 있다. 즉 기업에 대한 대출자금이 주식이나 부동산에 유입되는 것을 쉽게 감시할 수 있다는 장점도 있다.

디지털 위안화 추진과 위안화 국제화의 관계

디지털 위안화는 당분간 결제 인프라가 비교적 잘 갖추어져 있는 중국 내 거점도시를 중심으로 사용이 시작되어 점차 전국적으로 확대될 것이다. 나아가 결제 인프라의 국제화를 통해 위안화 국제화에도 도움을 줄 수 있다. 중국 여행객이 자신의 휴대전화 전자지갑에 디지털 위안화를 담아서 명동 한 상점에서 디지털 위안화로 결제하는 장면을 과연 얼마 후에 볼 수 있을까? 전혀 불가능한 일은 아니다. 신용카드 대신에 디지털 위안화가 사용되려면 마찬가지로 디지털 원화도 상호주의 원칙에 따라 베이징 식당에서 사용될 수 있어야 한다. 일부에서는 디지털 위안화의 주요 목적 중 하나가 바로 글로벌 지급 결제통화로 위안화의 사용을 늘리고자 하는 중국 정부의 위안화 국제화 정책과 깊이 연계되어 있다고 보고 있다. 그러나 소규모 결제가 아닌 무역 결제 수단으로 활용되기 위해서는 대규모 거래에 드는 안정적 결제 인프라를 얼마나 빠른 속도로 구축할 것인지가 중요하다.

만약 디지털 위안화가 현금보다 환전 등에 소요되는 거래비용을 획기적으로 줄일 수 있다면 무역 결제에서 디지털 위안화의 사용이 늘어날 가능성도 있다. 이를 위해서는 국내에서 먼저 디지털 위안화가 거액결제에 사용되어도 문제가 없다는 점이 충분히 검증되어야 할 것이다. 통상적으로 거액결제에 디지털화폐를 사용하고자 하는 국가들은 우선 은행 간 결제(1단계), 증권 대금 결제(2단계), 외환

결제(3단계)로 외환 결제를 가장 마지막 단계로 설정하고 있다. 국제 결제를 위해서는 수출 대금으로 디지털 위안화를 받은 외국의 수출업자들이 신속하게 환전할 수 있도록 해외에서도 디지털화폐의 인프라가 구축되어야 한다. 앞으로 디지털화폐의 결제 인프라를 얼마나 효과적으로 구축할 것인지가 관건이다.

위안화 국제화의 실현 가능성

디지털 위안화가 위안화 국제화의 게임 체인저가 될 수 있을 것인지 아닌지는 각국 중앙은행의 대응에 달려 있다. 2020년 1월 BIS의 66개 중앙은행을 대상으로 한 설문 조사에 따르면 6~7개국이 3년 안에 디지털화폐를 발행할 가능성이 있다고 응답했다. 그중 80%는 중앙은행이 발행하는 디지털화폐에 관한 연구를 진행 중이다. 주요 선진국 중앙은행이 신중한 입장을 견지하고 있는 가운데 신흥국 중앙은행은 비교적 적극적인 행보를 보이고 있다.[121]

세간의 주목을 받은 미국 애틀랜틱카운슬Atlantic Council이 발간한 〈더 긴 전문The Longer Telegram〉(2021)에 따르면 시진핑 주석은 "미국의 세계금융 지배력 약화를 위해 달러의 지위를 떨어뜨리고, 종국적으로 달러제국에 균열을 내며, 기축통화국 반열에 오르는 것을 중장기적 핵심전략으로 수립하고 있다"라고 지적했다. 통제 가능한 익명성이 보장된 디지털 위안화 발행이 현재로서는 공산당 정부의 민간경제 감시용으로 출발하고 있다. 그러나 중국 경제가 견실히 성장하고 금융 제도의 선진화가 이루어지는 상황에서 무역 및 자본거래에 디지털 결제 수단이 본격 활용되면 국제결제통화로서의 위안화 위상은 더욱 높아질 것으로 보인다. 물론 여기에는 많은 가정이 따른다. 당장 실현될 가능성은 크지 않지만 디지털 위안화의 출현을 무시해서는 안 된다.

중국이 전통적 국가화폐에서 거액거래와 경상 및 자본거래에까지 디지털화폐로의 지급결제에 성공하면 기축통화 경쟁에서 유리한 위치를 차지할 가능성이 있다. 다만 미래 디지털 사회에서의 기축통화는 특정 국가의 화폐보다는 다양한 국가에서 발행된 신뢰를 얻은 디지털화폐들의 묶음으로, 기존의 기축통화와 가치가 연동된 화폐로 변모할 것으로 예상한다. 그러나 중앙 집중 방식에 기반을 둔 디지털화폐는 지급결제 시스템이 하나로 엮임에 따라 한꺼번에 마비될 위험성이 그만큼 커진 것도 사실이다.

한편 중국이 2022년 동계올림픽 개최와 더불어 인민은행이 시범 운용 중인 디지털 위안화의 본격적 유통을 계획하고 있는 것과는 달리 미국 연준은 미온적 입장을 견지해왔다. 그러나 디지털 달러에 부정적이었던 미국 연준이 달라지고 있다. 2020년 8월 보스턴 연방준비은행이 MIT와 공동으로 디지털 달러의 도입과 관련하여 연구에 착수했다는 소식이 전해지면서 이제는 디지털화폐가 중앙은행 차원에서 대세를 형성했다는 주장이 제기되었다. 바이든 행정부 출범 이후 재닛 옐런 재무장관이 "디지털 달러 발행을 검토하는 것이 타당하다"라고 발언했고, 이어서 제롬 파월Jerome Powell 미국 연준 의장도 상원 청문회에 출석해서 "미국은 기축통화국으로서 디지털 달러를 발행할 책임이 있다"라고 설명했다.[122]

디지털 위안화의 한계

인민은행은 2020년 10월부터 선전, 쑤저우, 청두, 베이징 등에서 디지털 위안화를 시범 사용한 데 이어 2021년에 들어서는 홍콩 주민을 대상으로 선전에서 역외사용 테스트를 최초로 실시했다. 이는 디지털 위안화의 지역별 릴레이 테스트가 마무리 단계에 접어듦에 따라 시범 사용 범위를 홍콩 등 역외까지 확대한 것으로, 디지털 위안화의 도입 준비가 기술적·실용적 측면에서 거의 완료되었음을 의미한다. 나아가 홍콩이 무역결제 및 금융거래 등 위안화의 역외중심이라는 점에서 디지털 위안화의 국제화를 위한 장기 포석의 일환으로 평가된다.

한편 2021년 5월 들어 중국 당국은 디지털 위안화의 확산을 위해 자국 내 암호자산(가상화폐) 거래 위험성을 경고하고, 암호자산 채굴기업 신고 조치를 발표했다. 류허 부총리가 암호자산 단속방침을 천명하는 등 규제를 강화했다. 이번 조치는 암호자산 거래에 핵심적인 은행과 지급결제기관이 공동으로 발표하여 민간 자율규제의 형식을 취한 것이긴 하나 중국 내 암호자산 거래로 인한 금융

리스크 발생 가능성을 사전에 확실히 차단하고 중앙은행 디지털화폐의 이용 확대를 위한 당국의 의지가 반영된 것으로 보인다.

그러나 인민은행이 주도하여 디지털 위안화를 국내에서 광범위하게 사용하게 될지라도 위안화 국제화에 얼마만큼 도움을 줄 것인지는 결국 중국의 자본자유화 의지에 달려 있다고 볼 수 있다. 무역거래를 중심으로 디지털 위안화 결제를 활용하는 것은 현재의 위안화 국제결제를 일부 대체할 수 있다. 그러나 현금이건 디지털화폐이건 위안화 표시 거래라는 점에서는 마찬가지이다. 위안화 표시 무역거래(경상거래)에 한정하여 디지털 위안화가 사용된다면 위안화 국제화는 반쪽짜리에 불과하다. 대규모 자본거래에 디지털 위안화가 사용될 가능성은 여전히 제한적이다. 중국이 아직 본격적으로 자본자유화를 추진하지 않고 있기 때문이다. 자본자유화 없이 자국 통화를 국제적 기축통화로 만든다는 것은 불가능한 일이다.

克中之計

3부

중국 특색 국가자본주의의 등장과 커지는 한중 간 거리

1장

강한 중국을 위해 설계된 국가자본주의

1. 공산당 주도의 당-국가 체제

중국은 정치적으로 공산당 일당독재의 권위주의 체제이고, 경제적으로는 국가의 개입이 상당히 많은 불완전한 시장경제체제이다. 굳이 중국을 체제적 관점에서 구분한다면 '중국식' 국가자본주의 체제라고 정의할 수 있다. 즉 중국은 정치적으로 공산당이 지배하는 상부구조를 갖고 있지만, 경제적으로는 자본주의라는 외투를 입고 세계경제에 깊숙이 편입되어 있다.

국가자본주의에서는 국가의 이익이 최우선이다. 중상주의 시대에 국가의 이익은 전제군주의 이익이었다. 마찬가지로 중국식 국가자본주의는 공산당 일당독재체제의 유지가 최우선이다. 시장경제를 도입하고 법과 제도화를 추진하지만, 시장은 철저히 통제된다.

중국식 국가자본주의는 중국공산당이 주도하고 있다. 이를 정치학에서는 1917년 레닌이 볼셰비키 혁명을 성공시킨 후 소련공산당이 뿌리내린 '당-국가 체제Party-State System'로 설명하고 있다.[124] 일당독재체제의 중국은 공산당이 행정부 우위에 있고, 시장경제는 사회주의 현대화의 수단으로 활용할 뿐이다. 중국은 정치적으로 다원적 민주주의를 도입하지 않을 것이다. 단지 시장과 계획을 적절히 혼합한 잡종 자본주의hybrid capitalism를 가지고 대외적으로 시장경제를 채택한 것처럼 표방할 뿐이다. 시장이 작동할 수 있는 공간을 만들기 위한 노력이 없었던 것은 아니지만 국유기업에는 공산당의 입김이 여전히 작동하고 있다. 국유기업의 대표이사CEO 및 이사회 의장을 임명하는 과정을 보면 자명하다.

국유기업의 고위 관리직은 공산당 출신이 대부분이다. 2019년 3월 17일 '당정 영도간부 선발 임용공작조례'를 발표하여 간부의 임용 요건에 시진핑 총서기의 핵심적 지위와 당 중앙의 권위를 확고히 지키고, 당의 '집중통일영도'를 수호한다는 점을 명확히 하고 있다. 당에 대한 충성을 넘어서 최고지도자의 핵심 지위에 대한 충성도 강요하고 있다. 이는 2017년 제19차 당대회에서 "시진핑 신시대 중국 특색 사회주의 사상"을 당장에 포함한 이후 더욱 두드러지고 있는 현상이다.

2. 공산당과의 협력적 꽌시

중국에도 민영기업, 민영자본이 활동할 공간이 마련되어 있다. 또한 민영기업의 주주 참여로 외국자본이 유입되고 있다. 예를 들면 전기차로 유명한 비야디BYD는 원래 배터리를 만드는 기업이었지만, 현재는 전기차 생산업체로 명실상부한 세계 1위 기업이다. 미국의 투자자 워런 버핏Warren Buffett도 지분 10%를 가진 민영기업이다. 중국을 대표하는 IT 기업 3인방인 바이두, 알리바바, 텐센트 또한 외국계 자본이 참여한 민영기업이다.

글로벌 금융위기 이후 국진민퇴國進民退 현상이 진행되는 가운데서도 중국의 민영기업이 꾸준히 자신의 공간을 확장하는 현상에 대해 두 가지 관점이 있다. 하나는 중국 민영자본의 성장은 중국공산당이 전혀 의도하지 않은 밑으로부터의 비공식적 개혁으로 보는 시각이다. 공식적 금융시장에 접근이 차단되었던 향진기업鄕鎭企業의 성공은 중국에서 민영기업이 자생적으로 성장할 가능성을 보여주었다. 이후 2000년대부터 등장한 IT 산업의 벤처기업들도 공식적 금융시장에 접근할 수 없었다. 초창기 공산당 정부의 지원이 사실상 전혀 없었다. 그러나 마윈 같은 청년 창업가들은 세계 자본주의의 새로운 추세에 주목했고, 이들은 해외로부터 자본을 조달받았다. 관료주의에 물든 중국공산당은 전광석화와 같은 속도로 모바일 경제가 팽창하는 환경의 변화와 새로운 사업기회를 찾지 못했다. 마윈, 마화텅馬化騰, 레이쥔, 청웨이程維, 류칭柳青 등과 같은 창업가들은 중국의 빌 게이츠Bill Gates, 스티브 잡스Steve Jobs가 되겠다고 나섰던 인물들이다. '처쿠車庫'에서 몇 푼 안 되는 창업자본으로 사업을 벌였지만 꿈은 원대했다.

또 하나의 관점은 중국 민영자본가들과 공산당 간부들 간의 협력적 꽌시關係가 대단히 중요하게 작용했다는 시각이다. 미국 하와이 호놀룰루에 본부를 둔 동서연구소East-West Center의 중국 정치 전문가인 크리스토퍼 맥널리Christopher McNally가 주장하고 있는 사회적 네트워크가 바로 그것이다.[125] 혁명 원로의 자제 중에 국영기업에 일하는 이들도 있지만, 민영기업의 창업에 뛰어든 인물들도 발견되고 있다. 매년 열리는 전국인민대표대회에 민영기업가들이 대표로 참여하기도 한다. 이들은 공산당원이다. 알리바바의 마윈, 텐센트의 마화텅, 바이두의 리옌훙李彦宏 모두 단지 공산당원에 그치는 것이 아니라, 중앙 및 지방정부의 명예직을 한두 개씩은 보유하고 있다. 사업에서 성공한 결과 정치적 명예까지 덤으로 얻게 된 것으로 볼 수 있지만, 공산당과의 유착과 친정부 활동을 하지 않고서는 사업의 성공을 담보할 수 없는 것이 중국의 현실이다.

3. 리커창 대 시진핑

시진핑 집권 이후 중국의 정치개혁은 중단되었다. 시진핑이 각종 영도소조领导小组를 직접 주도하고 있으며, 당정분리는 사라졌고,

집단지도체제도 약화되었다. 리커창李克强 총리의 존재감을 찾아보기도 힘들다. 시진핑 주석으로 과도한 권력이 집중되는 데 그치지 않고 헌법 개정을 통해 장기집권의 기반을 마련했다. 그러나 물밑에서는 보이지 않는 권력투쟁과 갈등의 씨앗이 자라고 있다고 추측해볼 수 있다.

2020년 코로나19로 악화된 경제 상황 속에서 중국 최고지도부 사이의 노선투쟁을 암시하는 징후가 뒤늦게 개최된 양회에서 재연되었다. 국내에도 소개되어 잘 알려진 얘기이다. 리커창 총리는 전인대 폐막 기자회견에서 "올해 원년으로 선언한 빈곤 탈출이 가능하겠냐"는 기자의 질문에 대해 "현재 중국인 6억 명이 매월 1,000위안(약 17만 원)을 번다"며 "중급도시에서 집세, 세금 내기도 부족한 수입이다. 거기다 전염병까지 닥쳤다"라고 발언했다. 이는 시진핑 주석이 중시해온 빈곤 탈출이 사실상 어렵다고 밝힌 것이다. 전면적 소강사회 완성을 약속했던 시진핑 주석의 1월 신년사를 부정한 셈이 된 것이다.

2020년 양회에서 불거진 노점경제地攤經濟를 둘러싼 논란은 존재감이 없었던 리커창 총리에 언론이 다시 주목하게 된 사건이다. 이를 노선투쟁과 권력투쟁으로 보는 시각도 있다. 그러나 시진핑 중심으로 권력이 집중되는 가운데서도 중국의 현재와 미래를 보는 최고지도부의 시각 차이를 보여주기도 한다. 물론 중국 경제의 어두운 면을 들춰내는 것에 대해 최고권력자는 이를 겸허하게 받아들이기보다는 자신의 권위에 대한 도전이라고 불편하게 생각할 것이다. 리커창 총리는 "서부 지역의 한 도시(쓰촨성 청두)는 노점경제를 일으켜 하룻밤 사이에 10만 명의 일자리를 해결했다"라고 칭찬했다. 이는 노점경제를 활성해야 한다는, 다른 지방정부들을 향한 간접적 메시지였다. 시진핑 집권 이후 노점상에 대한 단속이 강화됐다는 점에서 시진핑과는 다른 의견이었다. 중국의 관영 언론들도 노점경제의 효과를 적극 보도하기 시작했고, 리커창은 노점경제의 확산 현장에서 노점상의 활동을 치하했다. 노점경제는 이후 인터넷에서 뜨거운 논쟁거리가 되었고, 지방정부들도 노점상을 합법화하는 지방조례를 잇달아 발표했다.[126]

그런데 곧 언론의 기류가 바뀌기 시작했다. 공산당 선전부는 주요 언론에 노점경제라는 단어를 쓰지 말라고 지시했다. 대외적으로 중국에 대한 부정적 이미지를 심어준다는 이유에서였다. 일부 매체가 먼저 노점경제에 대해 적극적으로 비판하고 나섰다. 곧이어 《인민일보》, CCTV 등 중앙매체들도 노점경제에 대한 우려를 표명했다. 언론을 완전히 통제하고 있는 중국공산당은 리커창의 '노점경제' 관련 보도를 삭제하도록 했다.

시진핑의 경제 노선을 이해하려면 그의 연설과 각종 기고문을 보면 분명해진다. 코로나19 이후 시진핑은 쌍순환을 강조하면서 현재 4억 명의 중위소득층(중산층)을 확대해야 한다고 말했다. 이는 분명히 소득분배구조를 개선해야 한다는 것을 의미한다. 특히 인적 자본의 투입을 확대함으로써 더 많은 일반 근로자가 자신의 노력으로 중위소득층에 진입할 수 있도록 해야 한다고 강조했다. 시진핑과 리커창의 정책 노선을 비교해보면 리커창 총리가 좀 더 시장화 개혁에 방점을 둔 것 같지만, 그 역시 국가자본주의 체제의 지지자이다. 어쩌면 자신의 목소리와 존재감을 드러내고 싶은 시진핑 시대의 우울한 2인자일 뿐이다. 중국의 국가자본주의는 부패구조와 불평등 문제에 있어서 분명히 약점을 지니고 있다. 그리고 법치가 아니라 통치 권력의 '반부패 운동'으로 이 문제를 해결하려고 한다. 그러나 중국의 국가자본주의는 당분간 이런 방식으로 굴러갈 것이다.

4. 계획과 시장을 결합한 따라잡기 전략

중국의 국가자본주의는 후진성의 이점advantage of backwardness을 최대한 이용한 따라잡기 전략을 채택했다. 시장 친화적 방식을 채택하되, 시장에만 맡기는 것이 아니라 계획과 시장을 적절히 결합하여 희소한 자원을 최적 배분하기 위해 국가가 금융·산업·인력 정책을 종합적으로 안배했다. 독일과 일본이 후발 산업국으로 영국과 미국을 따라잡기 위해 취했던 유치산업 보호정책, 그리고 한국, 타이완, 싱가포르, 홍콩 등 아시아 국가들이 취했던 수출주도정책 등을 선택적으로 도입했다. 무조건적 개방이 아닌 선택적 개방, 외국자본과 외국기술을 활용하여 선진경영기법과 선진기술을 도입하는 창구로 활용했다. 그리고 자력갱생이 아닌 세계자본주의에 편입해 세계화의 이득을 최대한 활용하여 국력을 신장시키려고 했다. WTO 가입은 중국의 시장을 조금 열어주었지만, 중국에게는 세계시장을 크게 확보하는 남는 장사였다. 그러나 중국의 따라잡기 전략이 계속 유효하게 작동할 것인지는 불투명하다. 미중 무역전쟁, 기술전쟁으로 중국에 대한 견제와 봉쇄가 강화되고 있기 때문이다.

중국의 국가자본주의는 개혁개방 이후 40년 이상을 지나면서 끊임없이 변형됐다. 덩샤오핑-장쩌민-후진타오-시진핑 등으로 지도부의 변화를 거치면서 개혁개방의 실험은 계속되었다. 특정 모델을 설정하고 개혁개방을 추진한 것이 아니었다. 끊임없이 시험하고 수정하고 다시 시험하고 수정하는 과정을 거치면서 발전되어 왔다. 이와 같은 중국식 실험정신은 민주주의 국가에서는 사실상 불가능한 일일지도 모른다. 전국 단위에서 실시하기 힘든 조치는 마치 모의실험 하듯이 특정 지역에서 시험적으로 시행해본 후 전국 단위로 확대했다.

중국에서 지역별로 '시험구'라는 이름이 붙여진 경우가 많은데, 바로 중국공산당 정부의 실용적 실험주의를 보여주는 일례라고 할 수 있다. 일단 한번 해보자는 방식은 일당독재의 국가자본주의를 채택하고 있는 국가에서나 가능한 일이다. 깐깐한 의회민주주의 국가에서는 수많은 토론을 거쳐야 하고, 법제화되기가 대단히 어려운 것이 현실이다. 또한 이익집단의 이해관계가 복잡하게 얽혀 있어 이해조정이 어렵다. 처음부터 엄밀한 비용-편익 분석을 하기 어려운 일도 많다. 이 경우 시범사업을 시행하는 것이 중국공산당의 방식이다. 급진적 개혁 대신에 돌다리도 두들겨가며 건너는 점진적 개혁의 방식이라고 볼 수 있다.

일당독재와 정부 주도의 경제체제를 유지하고 있는 중국이 중진국 함정에서 벗어나 선진국으로 가는 길을 인도하고 중국 경제를 지속 가능한 성장 궤도에 머물게 할 것이냐의 문제가 가장 큰 관심을 끄는 쟁점이다. 국가자본주의가 중국을 중진국 함정에 빠지지 않도록 하면서 '사회주의 현대화 강국'의 길로 이르게 된다면 중국 공산당 정부는 결코 국가자본주의를 포기하지 않을 것이다.

5. 중국의 국가자본주의, 질적 성장에도 효과적인가

과연 중국의 국가자본주의는 중국 경제가 양적 성장에서 벗어나 질적 성장으로 도약하는 데 효과적일까? 여기서 말하는 질적 성장은 총요소생산성Total Factor Productivity, TFP의 GDP 기여 증대를 의미할 수도 있고, 모방경제에서 혁신경제로의 전환을 의미할 수도 있다. 중국은 덩치만 큰 대국이 아니라, 명실상부한 강대국이 되기 위해 경제적으로 산업구조의 재배치, 경제구조의 선진화를 도모하고 있다. 그동안 산업 측면에서는 '중국제조 2025'가 산업경쟁력 강화의 청사진이었고, 창업과 혁신을 장려하는 '창신경제'를 실현하여 플랫폼 사업에서도 민간의 참여 폭을 넓혔다.

그렇다면 중국은 향후 정부와 민간의 역할분담 비율을 어떻게 변화시켜나갈까? 중국 정부가 의도적으로 염두에 둔 비율이 있는 것으로 보이지는 않는다. 중요한 것은 비율 자체가 아니라 역할 분담에 있다. 그동안 국유기업의 수는 계속 감소했지만 덩치는 점점 더 비대해졌다. 그 결과 글로벌 500대 기업에 포진한 중국 국유기업의 수가 늘었다. 앞으로 이 추세는 크게 달라질 것이다. 중국의 민영기업 중에 글로벌 500대 기업에 포함되는 기업들이 증가할 것이다. 이들 중에는 플랫폼 기업들도 있지만, 샤오미와 같은 제조업에 치중한 기업들도 있다. 또한 4차 산업 분야에서 중국의 약진이 단지 허언에 그칠 것 같지는 않다. 특히 중국 내부에 자본이 없어 투자를 못 하는 사태는 오지 않는다. 중국의 벤처캐피털 시장은 미국 못지않게 이미 성장했으며, 해외로부터 자금유입도 계속되고 있다. 매년 유니콘 기업으로 등록되는 기업들은 중국 기업이 미국 기업보다 압도적으로 많다. 이처럼 창업 분야에 있어서 민영기업의 비중이 늘어날 것이다.

중국의 민영기업들은 물론 무늬만 민영기업일 수도 있다. 중국 정부가 직간접적으로 간여하는 벤처투자자금에 의존해 성장한 기업들도 부지기수일 것이기 때문이다. 그러나 국유기업과 같이 관료화된 거대조직으로는 기대할 수 없는 벤처기업들은 중국식 창업 생태계를 통해 생성 및 성장해나갈 것이다. 이들 중 상당수가 정부 출연 벤처캐피털의 자금을 받고 있지만, 이들은 국유기업들과는 다른 생태계에 존재하는 기업들이다. 기업의 신뢰·전환 능력인 에토스ethos가 다르다. 중요한 점은 창업 생태계의 지속 가능 여부이다. 현재까지는 상당한 성과를 거두었다고 평가할 수 있다. 앞으로도 정부는 직접 개입보다는 생태계를 지원하는 전략을 추구해야 할 것이다. 그러면 민영기업의 공간이 확대될 것이다. 이들은 중국공산당과 함께 혁신의 선봉장으로 중진국 함정을 넘어서는 데 혁혁한 공을 세울 것이다. 다만 성공한 민영기업일지라도 중국공산당 정부에 도전하는 모습을 보이면 마윈과 같이 혹독한 대가를 치러야 할 것이다.

2장

변화를 모색하는 중국식 국가자본주의

1. 중국식 모델은 매력적인가

1993년에 세계은행이 발간한《동아시아의 기적The East Asian Miracle》 보고서는 1965년부터 1990년대 초반까지 동아시아 국가들의 경제 발전 원인을 파헤쳤다.[127] 특히 일본, 아시아의 네 마리 용(한국, 타이완, 홍콩, 싱가포르), ASEAN의 3개국(말레이시아, 인도네시아, 타이)에 집중했다. 그중에서 일본과 네 마리 용을 고도성장과 소득불평등 감소를 동시에 달성한 성공적 사례로 지목하며, 성공 요인으로 다음의 세 가지를 꼽았다. 첫째 정부 주도로 산업화를 위한 인프라 구축, 둘째 높은 저축률에 기초한 민간투자의 확대, 셋째 높은 교육열에 따른 인적자본의 축적이다. 정부의 역할도 중요했지만, 민간의 역할이 훨씬 더 중요했다는 뜻이다. 동아시아 국가들을 국가자본주의로 유형화할 수 없는 근거이다. 박정희 시대에 계획이 통했지만, 그렇다고 정부가 모두 주도한 것은 아니었다. 재벌들에 대한 특혜가 있었지만, 이들이 특혜로만 성장한 것도 아니었다. 이들은 오히려 정부의 간섭으로부터 자유로워지려고 발버둥 쳤다. 좁은 내수시장 대신에 세계시장에서 승부에 나섰고, 처음에는 가격으로 나중에는 기술로 경쟁했다. 그리고 근면하고 열심히 일한 근로자들이야말로 한국 경제의 기적을 만든 장본인이었다. 이들은 애국심이 아니라 그저 가족을 먹여 살리기 위해 열심히 일했을 뿐이었다.

시진핑은 집권 1기에는 부패와의 전쟁을 내세워 한편으로 자신의 정적을 적절히 제거하고 통제하는 수단으로 활용하면서, 대중적 지지를 확보했다. 9,500만 명이 넘는 공산당원 수가 확인해주듯이 공산당은 이미 대중정당으로 중국의 정치, 경제, 사회 모든 분야를 이끄는 핵심세력이다. 후진타오 시대 소수 엘리트 공산당원의 부패를 목격한 인민들은 공산당에 분노했다. 시진핑은 집권 1기 부패 척결을 통해 민심을 달랬고, 자신의 권력 기반을 공고히 했다. 물론 정치적으로 적을 너무 많이 만들었다는 분석도 제기되고 있다.

집권 2기에 들어서서 시진핑은 당정분리가 아닌 당정일치를 통해 공산당 주도의 거버넌스 개혁을 주창했다. 일상적 행정에도 당의 입김이 강하게 작용하도록 만들고 있으며, 당의 느슨한 통제가 아닌 빈틈없는 통제가 필요하다고 보고 있다. 이처럼 중국식 국가자본주의는 국가의 중심에 공산당이 자리 잡고 있다. 따라서 중국식 국가자본주의는 단순히 국가 주도의 자본주의가 아닌 일당독재의 공산당이 주도하는 체제이다. 21세기 들어 민주주의가 쇠퇴하고 있는 상황에서 중국식 모델을 매력적으로 보는 국가들도 있을 수 있다. 즉 중국식 국가자본주의는 비민주적 정치체제에서 상부구조와 하부구조가 정합성을 갖춘 체제로 볼 수 있다.

중국의 엘리트들은 '군자는 당파를 만들지 않는다'라는 신조를 지니고 있다. 당파정치의 폐해를 역사적으로 목격해온 이들에게는 대의를 위해 대동단결하는 자세가 군자의 모습이다. 그러나 민주주의 사회에서는 어림도 없는 일이다. 정치적으로 반대 진영에 있는 정치인에 대해서는 조그만 흠만 있어도 정치적 공세를 펼치고, 당파주의에 빠지는 것이 바로 21세기 민주주의의 자화상이다. 이와 같은 민주주의의 과잉이 가져온 정치적 무능함에 대한 자성론이 제기되고 있는 상황에서, 민주주의로 집권한 세력이 권력의 영속성을 위해 중국식 국가자본주의를 대안으로 삼을 가능성이 있다. 특히 개도국의 경우 민주주의가 제대로 정착되지 못한 상황에서 중국식 발전모델을 추종하면서 권력독점을 정당화하려는 시도야말로 역사적 진보를 가로막는 구체제, 앙시앵 레짐이다.

2. 베이징 컨센서스의 등장

글로벌 금융위기 이후 신자유주의 이념에 대한 비판의 물결이 크게 일면서 소위 워싱턴 컨센서스와 그 대척점에 베이징 컨센서스를 놓고 비교하는 담론이 제기된 바 있다. '작고도 강한 정부'를 지향하는 신자유주의는 2008년 글로벌 금융위기로 사실상 폐기되었다. 사상 초유의 글로벌 금융위기의 발원지가 바로 미국이었고, 금융시장을 제대로 관리하지 못한 선진국 정부에 대한 거친 비판이 일어났다. 그 대안으로 '베이징 컨센서스'가 주목받게 된 것이다. 서구학자와 중국학자의 담론을 담은 책자들도 중국에서 인기리에 발간되었다.[128]

영국 케임브리지대학의 스테판 할퍼Stefan Halper는 글로벌 금융위기 이후 워싱턴 컨센서스는 더는 유효하지 않을 뿐만 아니라 민주주의 없는 권위주의적 모델이 새로운 경제발전의 모델로 등장할 가능성이 커지고 있다고 말하고 있다.[129] 중국이 개혁개방 이후 보여주었던 고도성장의 과정이 바로 그 증거라고 제시하고 있다. 그는 경제발전이 스스로 민주주의를 가져다줄 것이라는 신념 자체도 환상에 불과하다고 주장했다. 그 대신에 권위주의 체제를 유지하는 저개발국가들이 워싱턴 컨센서스와 같은 선진국이 주도하는 규범보다는 중국과 같은 중진국이 제시하는 규범에 더욱 호응하게 될 가능성을 전망했다. 즉 시장경제가 하루아침에 정착되기는 어려우므로 무질서하게 시장에 맡기기보다는 점진적으로 시장을 조성 및 육성해가는 중국 방식의 국가 주도 발전모델이 오히려 유효한 경제발전 모델이 될 수 있다는 것이다.[130]

여기서 우리는 한 가지 주의를 기울일 필요가 있다. 국가의 개입이 필요하다는 것과 민주주의를 탄압하는 권위주의 체제가 정당화되는 것은 완전히 별개의 문제이다. 설령 강력한 국가의 리더십이 필요하다고 해도 특정 그룹의 권력을 정당화하는 도구로, 권위주의 체제를 옹호하는 이념적 도구로 베이징 컨센서스가 악용되어서는 안 된다. 민주주의 체제에서도 정부가 제대로 된 역할을 하지 못하는 경우가 비일비재하다. 정부가 제대로 된 임무를 수행하는 데 민주주의 체제가 더 효과적인지, 아니면 중국과 같은 공산당 일당독재체제가 더 효과적인지에 대해서는 더 많은 역사적 검증이 필요하다. 설령 권위주의 체제가 국가역량의 발휘에 있어서 효율적이라고 해도 정치적 민주화를 부정하는 논리로 사용되는 것에 대해서는 단호히 거부해야 할 것이다.

3. 2세대 워싱턴 컨센서스

워싱턴 컨센서스와 베이징 컨센서스를 민주주의와 권위주의 체제의 규범 경쟁과 동일 선상에서 비교하는 것 역시 오류를 범할 수 있다. 워싱턴 컨센서스는 1세대와 2세대 모델로 진화하면서 개발도상국의 발전모델이 담아야 할 내용이 수정 및 확대되었다. 그러나 베이징 컨센서스는 그 실체가 아직도 불분명하다. 베이징 컨센서스가 국가개입 모델이라고 하지만 워싱턴 컨센서스 역시 2세대 모델에 오면 정부의 역할이 대단히 중요해진다. 건전한 기업지배구조, 반부패, 국제금융시장의 규율 준수, 건전한 자본자유화, 중앙은행의 독립성, 사회안전망, 빈곤타파가 2세대 워싱턴 컨센서스의 핵심 내용이다. 특히 사회안전망과 빈곤타파를 위한 정부의 역할이 대단히 중요해진다. 워싱턴 컨센서스를 정부가 아무 일도 하지 않는 자유 방임과 동일시하는 것은 잘못된 인식이다. 베이징 컨센서스가 2세대 워싱턴 컨센서스를 부정한다면 오히려 발전모델로서 적합하지 않다고 결론을 내릴 수 있다. 담론 경쟁은 필요하지만 베이징 컨센서스는 그저 해답을 제시하지 않는 모호한 대안일 뿐이다.

2세대 워싱턴 컨센서스의 핵심 내용 중 하나인 기업지배구조 개선 문제를 살펴보자. 2019년 나스닥에 상장된 중국판 스타벅스 루이싱瑞幸은 회계부정으로 1년도 안 되어 상장폐지되었다. 회계부정은 투자자 보호 차원에서 심각한 범죄행위이다. 월가의 투자자를 보호하기 위해 상장폐지는 당연한 귀결이었다. 그렇다면 상하이 증권시장의 투자자들은 보호 대상이 아니란 말인가? 상하이 주식시장에 상장되어 거래되는 주식들 역시 회계부정이 있다면 상장폐지라는 강력한 조치가 필요할 것이다. 미국에서도 회계부정이 있었다. 에너지 기업 엔론이 가장 대표적 사례이다. 2001년 엔론 사태 이후 미국은 강력한 '사베인스-옥슬리법Sarbanes-Oxley Act'을 제정했다. 그 후 글로벌 금융위기가 터지자 금융기관의 도덕적 해이를 방지하기 위해 금융규제개혁법안인 '도드-프랭크 월가 개혁 및 소비자 보호법Dodd-Frank Wall Street Reform And Consumer Act of 2010'을 제정했다. 기업지배구조와 금융규제는 끊임없이 진화하는 회계부정과 금융규제망을 벗어나는 금융기법에 대응해 진화, 발전해왔다.

여기서 조지프 스티글리츠Joseph Stiglitz의 워싱턴 컨센서스에 대한 평가를 새겨들을 필요가 있다.[131] 아무리 좋은 제도라도 정작 그런 제도가 어떻게 만들어져야 하는지에 대해 워싱턴 컨센서스는 해답을 제시하지 못한다. 한편으로 예산을 줄이라고 하면서 좋은 제도를 어떻게 만들 수 있겠느냐는 것이 스티글리츠의 푸념이자 지적이다. 좋은 제도를 만들려면 국가역량이 뒷받침되어야 한다. 국가가 좋은 제도를 만들고 관리하려면 이를 집행할 행정조직에 막대한 예산이 필요하다. 시행 단계에 들어가면 예산 부족과 필요한 집행조직의 미비로 제도가 제대로 갖춰지지도 못하고 시행도 제대로 하지 못하는 경우가 비일비재하다. 개발도상국에 필요한 제도에는 우선순위가 있다. 정책 목록은 자꾸 늘어만 가는데 정부역량이 뒷받침되지 못하는 현실을 함께 보아야 한다.

4. 창의와 혁신이 가능한가

경제학자 중에서 가장 대표적으로 창의와 혁신이 자본주의의 발전을 가져올 것이라는 믿음을 전파한 인물은 조지프 슘페터Joseph A. Schumpter이다. 대저작 《자본주의 사회주의 민주주의Capitalism, Socialism, and Democracy》(1942)에서 그는 자본주의의 동력인 창의와 혁신이 사라지게 되면 결국 자본주의가 사회주의의 길을 걷게 될 것이라는 암울한 미래를 전망했다. 왜 그는 자본주의가 창의와 혁신을 계속 유지할 수 없다고 전망했을까?

자본주의의 발전 동력으로서 창조적 파괴의 중요성을 강조했던 그는 자본주의가 관료화되면서 창조적 기업가정신이 실종될 것이라고 보았다. 만약에 그가 20세기 후반, 그리고 21세기 들어서 자본주의 체제에서 계속 기업가정신이 번창하고 있는 모습을 지켜보았다면 생각이 달라졌을 것이다. 그가 관찰했던 자본주의는 2차 산업혁명까지이다. 정보통신기술에 기반을 둔 3차 산업혁명과 융합형 디지털 전환이 진행되는 4차 산업혁명을 목격하지 못했다. 그는 당시 독점화되는 대기업의 횡포와 관료주의가 자본주의의 생명력이라고 할 수 있는 창의와 혁신을 억압할 것이라고 보았다. 비록 자본주의가 그가 우려했던 관료가 지배하는 체제로 전락하지 않았지만, 자본주의가 멸망의 길로 가는 것은 바로 창의와 혁신을 억압하는 관료주의의 횡포 때문이라는 경종의 목소리를 우리는 다시 한번 새겨들어야 할 것이다. 자유자본주의 체제의 가장 대표 격인 미국에서도 빅테크 기업이 '악의 제국Evil Empire'을 건설하고 있다고 플랫폼 독과점에 대한 비판의 목소리가 높다.[132] 구글은 '악해지지 말자Don't be evil'라는 슬로건을 내세우면서 방어하고 있다. 이는 창의와 혁신 그 자체를 문제 삼는 것이 아니라 창의와 혁신의 결과로서 인정되는 독과점이 지나쳐서는 안 된다는 자성의 목소리로 봐야 한다.

이는 중국에도 적용된다. 중국식 혁신의 아이콘 알리바바에 대한 플랫폼 독과점 규제가 강화될 조짐이다. 플랫폼 기업에만 적용될 사안은 아니다. 그러나 중국의 경우는 유독 중국 정부에 쓴소리한 마윈과 알리바바를 겨냥하고 있다는 데 문제가 있다. 전자상거래 분야에서 결제시스템의 혁신을 만들어낸 알리바바가 사업의 영역을 금융서비스 분야로 확장함에 따라 규제 장벽에 직면하게 되자, 마윈은 중국의 낙후된 관치금융을 비판했다. 그러자 상장을 앞둔 중국 최대의 유니콘 기업인 앤트그룹이 전격적으로 상장 취소에 이어 결제 분야를 제외한 금융서비스 사업을 접어야 할 위기에 직면하게 된 것이다.

독과점의 가능성에도 불구하고 창의와 혁신을 장려해야 한다. 그래서 특허를 통해 기술을 보호하는 것이다. 고육지책이라고 볼 수 있다. 그러나 경쟁 제한적 성격을 지니는 독과점의 폐해를 줄이기 위해 경쟁정책과 공정거래법이 제대로 작동해야 한다는 점은 분명하다. 다만 경쟁법의 적용에 있어 정부의 판단이 고무줄이 되어서는 안 된다. 자신의 입맛에 맞는 독과점은 용인하고 그렇지 않으면 가차 없이 무소불위의 권력을 행사하는 것이야말로 창의와 혁신을 억누르는 것이다. 결제서비스의 영업 이익률은 대단히 작다. 그래서 마윈의 앤트그룹은 대출서비스 등 다른 금융서비스 영역으로 영업을 확대했다. 국유상업은행의 영역을 침범하게 된 것이다. 기득권의 상징인 국유상업은행의 영역 침범을 고깝게 생각하고 있던 중국의 금융당국은 마침내 마윈의 발언을 문제 삼은 것이다. 마윈은 자신의 사업을 유지하기 위해 공산당원이 되었지만, 공산당의 진정한 인사이더로 인정받을 수 없었다. 앞으로 중국공산당이 관료주의의 폐해를 어떻게 해소해갈 것인지가 관건이다. 마윈의 고분고분하지 않은 태도에 중국공산당 최고위층이 불만을 가질 수 있다. 쓴소리를 듣고 싶지 않은 것이 권력자의 속성이기 때문이다. 그러나 중국이 진정으로 창의와 혁신을 장려하려면 쓴소리에 귀를 기울여야 한다. 이는 중국만이 아니라 관료의 힘이 강력한 유사 국가자본주의에도 마찬가지로 적용된다.

국가자본주의의 문제는 법은 있지만, 법치가 없다는 점이다. 보편성과 투명성이 없는 법치는 결국 인치人治가 된다. 정부의 자의적 법의 적용이야말로 법치주의를 파괴하는 것이다. 한국 정부도 그런 점에서 크게 자유롭지 못할 것이다. 말로는 창의와 혁신을 장려한다고 하면서 실상은 기득권을 보호하기 위해 경쟁법의 잣대를 맘대로 들이대는 것이야말로 자본주의의 발전을 가로막는 행위이다. 슘페터가 우려했던 관료주의의 횡포가 결국 자본주의를 몰락하게 만드는 결과를 가져오게 되는 것이다. 중국은 미국 못지않게 창의와 혁신에 목말라하고 있다. 특히 미국의 기술봉쇄가 더욱 강화될수록 창의와 혁신이야말로 중국식 국가자본주의의 취약성을 보완할 핵심 요건이 될 것이다. 국유기업만으로 중국은 미국을 결코 따라잡을 수 없다. 창의와 혁신으로 무장된 마윈과 같은 민영기업가가 절실히 필요하다. 그렇지만 중국 정부는 국유기업의 몸집 불리기와 독과점 문제에 대해서는 일언반구의 언급도 없다. 국유기업은 큰 것이 아름답고, 민영기업은 '작은 것이 아름답다'고 생각하는 것 같다.[133]

5. 시진핑 시대의 공산당 집단지도체제

공산당 집단지도체제에서 당 관료의 역량은 전문성 관점에서 보면 계속 향상되었다. 장쩌민-주룽지, 후진타오-원자바오 시대의 권력 분점에 비해 시진핑-리커창의 역할분담은 크게 다르다고 할 수 있다. 그러나 시진핑의 권력이 크게 강화되었다는 사실에도 불구하고 중국은 기본적으로 집단지도체제의 틀에서 움직이며, 당 관료의 실행력은 한번 정해진 틀과 정책에 일관성을 유지한다. 중국의 정책은 조령석개朝令夕改로 쉽게 바뀌는 방식이 아니다. 예측 가능성과 일관성이 있다.

부르킹스연구소의 존 손턴 중국연구소John L. Thornton China Center 소장을 역임한 케네스 리버설Kenneth G. Lieberthal은 미국에서 중국의 엘리트 정치를 연구하는 대표적 학자이다. 그는《중국의 도전을 어떻게 관리할 것인가Managing the China Challenge》(2011)에서 하향식 임명 시스템은 모든 당 간부들과 행정부 관료들이 직속 상관의 명령에 복종하고 그들의 목표와 관심사에 충성하도록 만든다고 설명하고 있다.[134] 사실 이 점에 있어서 한국의 관료조직과 기업도 크게 다르지 않다. 중국은 중앙과 지방의 관계에 있어서도 중앙이 지방의 성과지표를 어떻게 관리하느냐가 중요하다. 그동안 중앙은 지방의 성과지표 관리에 있어서 성장을 제일 중요시했다. 물론 다른 지표들도 중요하지만, 성장이 전체 성과지표 중 60% 정도의 비중을 차지했다. 이 점은 시진핑 집권 이전까지는 대단히 유효한 성과 관리 방식이었다고 말할 수 있다. 그러나 시진핑 집권 이후 성과관리지표가 바뀌고 있다. 성장률 대신에 환경, 기술발전 등 지속성장을 고려한 성과지표가 다양하게 고려되고 있다.

시진핑 시대에 들어서 확실히 달라진 점은 중앙정부의 지방정부 통제가 강화되기 시작했다는 점이다. 중앙의 권위에 도전했던 보시라이薄熙來는 결국 정치적 생명을 마감해야 했다. 시진핑의 권위에 도전하는 지방의 지도자는 용납될 수 없다. 권력 감시체제를 제도화하여 전면적 종엄치당從嚴治黨을 위한 전략적 제도화가 추진되었다. 이른바 순시巡視제도를 완성한 것이다. 반부패 정풍운동을 벌이면서 지방의 자율성이 크게 약화되었다. 시진핑 시대에 더는 성장을 빌미로 지방에 자율권을 주는 방식은 허용되지 않고 있다. 오히려 사회적 갈등을 해소하여 안정을 도모하는 사회치리社會治理가 더욱 중요해졌다. 특히 중국공산당이 장악한 정보독점은 사회통제의 수단으로 효과적으로 작동한다고 볼 수 있다.

시진핑 정부가 추진하고 있는 치리(거버넌스) 개혁으로 공산당 중심의 통치기반이 한층 강화되면서 시장의 자율성이 더욱 저해될 위험에 처해 있는 것은 사실이다. 이른바 당 건설을 통한 기업치리企業治理의 강화가 나타나고 있다. 기업에 속해 있는 당원을 다시 조직적으로 관리하고 통제하기 위해 민간기업에 당 조직을 설립하도록 하고 있다. 기업 경영진도 기업 내 당 조직의 설립에 협조해야 한다. 국유기업의 경우 공산당원 수가 많아서 당 간부를 파견하여 당 조직 서기를 맡기고 실질적으로 기업 경영층을 감시해왔다.

이제 국유기업에 그치는 것이 아니라 민영기업에 대해서도 이와 같은 당 조직의 강화를 통해 기업 내 당원들의 사상교육을 강화하고, 당의 영도력에 대해 충성하도록 만들고 있다. 2019년 1월부터 전 당원과 일반 대중에게 '시진핑 사상'을 학습시키기 위해 중국공산당 중앙 선전부는 알리바바에 위탁하여 휴대전화용과 컴퓨터용 앱을 만들어 보급했다.[135]

이제 민영기업 내에 당 조직(위원회)은 보편적 현상으로 자리 잡았다. 외국인 투자기업도 예외는 아니다. 이러한 당 위원회 역할은 '시진핑 사상'을 학습하는 조직에 그치는 것이 아니다. 실질적으로 기업이 공산당의 노선과 방침을 잘 준수하고 있는지를 감시하는 역할을 담당하고 있다. 기업의 준법 감시 기능을 넘어서 당의 노선과 방침까지 따라야 한다. 이를 어기면 처벌을 받게 된다. 종업원 수가 많은 민영기업은 당의 노선과 방침을 잘 따르고 있다는 것을 보여주기 위해 CEO가 직접 나서기도 한다. 아니면 대관 업무를 담당할 전직 공무원을 채용하고 있다. 이러한 현상은 우리나라에서도 자주 볼 수 있다. 대통령 행사에 기업인들이 동원되는 일도 있다. 전직 언론사 출신과 공무원을 대기업의 대관 업무 담당자로 채용하는 것과 다르지 않다. 대다수 민영기업은 굳이 공산당과 각을 세울 필요가 없고, 그럴 여유도 없다. 그렇지만 기업 내에 이런 당 조직이 있다는 사실은 민주주의 국가에서는 상상도 할 수 없는 일이다. 이런 조직이 존재한다는 사실만으로 기업의 자율성과 창의성이 저해될 것이라고 단정할 수는 없다. 그러나 기업이라는 경제의 세포조직에까지 공산당의 손길이 뻗쳐 있고, 시진핑 사상을 제대로 학습하고 있는지 감시하며, 혹시라도 당의 노선과 방침을 어기는 발언을 하는 자가 있는지 물색하는 행위는 자유로운 기업 활동을 옥죄는 행위라고밖에 볼 수 없다.

6. 미중 간 전략적 경쟁이 국가자본주의에 미치는 영향

트럼프의 거래적 접근

2020년 1월 초 1단계 무역협정에 만족해하는 트럼프의 모습은 미중 간의 격돌이 상호 양보와 타협을 통해 절충점을 찾을 수도 있으리라는 기대를 하게 했다. 트럼프는 외교와 통상 문제를 거래의 관점에서 보았다. 그는 사업가 출신답게 자신을 협상의 달인이라고 생각했고, 그래서 거래적 접근을 택했다. 그는 미국에 이익이 된다면 얼마든지 수단이 정당화될 수 있다는 왜곡된 판단력을 가졌던 인물이다. 2년간 미국산 상품과 서비스를 2,000억 달러 추가 구매하겠다는 중국의 약속에 만족한 듯 웃음을 머금고 협정에 사인했다. 자유무역을 배신한 최악의 관리무역협정에 다른 국가들은 아무 말도 못 하고 허탈해할 뿐이었다. 그러나 1단계 무역협정은 순조롭게 진행되지 못했다. 유독 중국이 필요한 반도체 수입만이 초과 달성되었을 뿐 다른 항목에서는 50% 수준에 불과한 처참한 목표 달성에 그쳤다. 바이든은 후보 시절 트럼프의 이러한 거래적 접근을 못마땅하게 생각했다. 그렇다면 바이든 행정부는 미중 1단계 무역협정의 이행 점검에 있어 중국의 약속 불이행을 어떻게 처리할까? 2년의 유효기간을 가진 1단계 무역협정이 당장 폐기되지는 않을 것이다. 트럼프 전 행정부가 추진했던 일이라서 중국의 협정 불이행을 추궁하기에도 마땅치 않지만, 중국산 상품에 부과했던 고율의 관세를 폐기할 명분도 찾지 못할 것이다. 협상 카드로 활용할 수 있는 중국의 협정 불이행을 굳이 폐기할 이유는 없어 보인다. 이러한 바이든 행정부의 모순된 행동에 중국은 답답한 심정일 것이다.

한편 예상치 못한 코로나19 사태의 확산으로 미국이 초토화되면서 재선에 실패할 위기에 처한 트럼프는 중국에 대해 코로나19 책임론을 강하게 제기했다. 그리고 중국에 대해 다시 총반격에 나섰다. 1단계 무역협정 체결까지가 그야말로 1단계 미중 무역마찰이었다면 미중 간 전략적 경쟁은 새로운 양상으로 변모하기 시작했다. 외교적 단절까지는 아니지만, 중국의 휴스턴 영사관과 미국의 청두 영사관이 문을 닫았다. 여기에 더해 중국의 홍콩보안법 제정은 중국의 비민주적 체제의 민낯을 그대로 보여주었다. 인권문제에 무관심했던 트럼프마저도 중국에 대해 더욱 강수를 두게 했다.

미국은 전통적으로 자유민주주의라는 가치를 종교적 복음주의 정신의 전파와 동일시하면서 이를 미국의 명백한 운명으로 주창했다. 원맨쇼를 즐겼던 트럼프는 임기 말기에 접어들면서 점차 동맹외교의 행보를 보이기 시작했다. 동맹을 무시하는 언행을 서슴지 않았던 그가 갑자기 동맹외교를 중요시하는 방향으로 선회한 것이다. 우선 자유민주주의와 시장경제에 대한 신뢰를 공유할 수 있는 국가들끼리 '경제번영네트워크EPN'를 구축하자고 했다. 물론 EPN은 구상 단계에 불과한 것이고, 인도-태평양으로 확대되는 군사동맹과의 연계성도 불분명했다. 중국이 주창하는 인류운명공동체 구상처럼 추상적이었다. 그러나 트럼프가 재선에 실패하면서 동맹외교를 강조하는 바이든이 등장했다.

바이든 동맹외교의 한계

트럼프의 일방주의에서 벗어나 동맹외교를 통해 중국을 압박하려는 바이든 행정부는 민주주의, 인권, 시장경제, 공정경쟁을 강조하고 있다. 여기서 민주주의와 인권과 같은 문제는 트럼프 시대에는 고려되지 않았던 가치이다. 또한, 중국의 국가자본주의는 시장경제와 공정경쟁을 주창하는 바이든 행정부와 계속 마찰을 빚을 소지가 크다. 2020년 11월 15일 15개국 정상들이 RCEP 협정문에 최종 서명함에 따라 탄생한 다자간 FTA에 중국은 큰 자부심을 가진 것으로 보인다. 마치 다자무역 체제의 수호자인 것처럼 중국은 적극적으로 홍보에 나서기도 했다. 그러나 RCEP는 미국의 기준에 비추어볼 때 매우 낮은 수준의 무역협정에 불과하다. 중국이 추구하는 다자주의 규범은 낮은 단계의 다자주의로 개도국형 다자주의이다. 반면에 미국은 높은 단계의 다자주의를 지향한다. 통상규범을 새로운 세계 통상환경에 맞추어 변화시키는 것을 목표로 하고 있다. 당연히 기존의 WTO와 같은 다자무역 체제가 아직 담지 못하고 있는 국유기업, 디지털 무역질서, 노동과 환경 등의 이슈가 통상규범에 포함된다. 이것이 선진국형 다자주의이다.

바이든 시대에 미국의 대중 정책은 중국에 대해 '나 홀로' 압박이 아니라 동맹을 통한 압박을 강조하게 될 것이다. 특히 기존의 동맹관계를 중시하면서 자유민주주의와 인권에 기반을 둔 가치외교를 펼쳐나갈 것으로 기대된다. 바이든은 2021년 2월, 취임 후 첫 메이저 다자외교 무대인 뮌헨 안보회의에서 미국과 유럽 및 아시아 동맹국들이 함께 뭉쳐야만 중국에 가장 효과적으로 맞설 수 있다고 견해를 밝혔다. 같은 날 열린 G7 정상회의에서는 중국과 같은 비시장경제 관련 정책 및 관행을 의제로 다루었다. 그리고 공통의 접근법을 모색했다. 중국을 압박하는 동맹외교를 가동하기 시작한 것이다. 중국을 압박하는 방식도 단순히 동맹 강화라는 진영 논리로 싸우는 것이 아니다. 중국이 시장경제 질서를 훼손하는 비시장경제라는 점, 중국이 민주주의와 인권을 훼손하는 비민주주의 국가라는 점을 구체적으로 지적하면서 중국과 차별성을 둔 동맹 관계를 형성해갈 것이다. 그러나 이러한 동맹외교, 가치외교로 중국을 압박할 수는 있겠지만 변화시키지는 못할 것이다. 중국을 변화시킬 수 있는 힘은 중국 자신에게 있기 때문이다.

3장

미중 간 전략적 경쟁 속 더 커지는 한중 간 거리

1. 서로 다른 자본주의의 교호작용: 잘 관리된 탈동조화

제2차 세계대전이 끝나자 독일, 일본 등 전체주의에 맞서 함께 싸웠던 미국과 소련은 자본주의와 공산주의로 갈라져 새로운 싸움을 벌였다. 이른바 냉전이다. 그렇다면 제2차 세계대전 이후 초강대국으로 부상한 미국은 왜 소련의 도전에도 불구하고 체제경쟁을 벌일 뿐 전쟁은 하지 않았을까? 그레이엄 앨리슨은《예정된 전쟁Destined for War》(2017)에서 냉전은 역사상 투키디데스의 함정을 피한 가장 큰 성공 사례 중 하나라고 말한다. 두 강대국은 무력 이외의 방법으로 경쟁하는 방법을 개발하여 역사상 위험이 가장 컸던 강대국 간의 세력경쟁을 평화롭게 펼쳐나갔다. 가장 중요한 이유는 소련이 1949년 미국의 핵무기 독점을 깨는 데 성공했기 때문이다. 재래식 무기와 달리 핵전쟁이 벌어진다면 인류는 공멸하게 될 것이라는 위기의식이 있었기에 미국과 소련은 1972년 전략무기제한협정Strategic Arms Limitation Talks, SALT을 체결하고 1980년대 레이건-고르바초프의 정상회담에 이르기까지 지루한 협상을 벌였다. 미국의 소련에 대한 봉쇄정책은 마침내 성공을 거두어 소련은 1991년 붕괴했다.[136]

소련에 대한 봉쇄정책의 창안자는 조지 케넌George F. Kennan이다. 1944년부터 모스크바 미국 대사관에 근무했던 그에게 1946년 2월, 미국 재무부는 왜 소련은 새로 창립된 세계은행과 IMF에 참여하지 않는지를 물었다. 이에 대한 대답으로, 케넌은 소련에 대한 자신의 견해를 적은 긴 전보long telegram를 보냈다. 통상 전보는 짧게 쓰는 것이었으나, 그는 사안이 중요한 만큼 전보로서는 긴 내용을 담았다. 그는 국제정치의 영역에서 소련이 보여주는 행태는 주로 스탈린 정권의 국내 정치적 필요에 의한 것이며, 스탈린은 자신의 독재체제를 유지하기 위해 적대적 세계의 존재를 필요로 한다고 주장했다. 1946년 4월 소련 주재 대리대사를 마치고 국무부로 귀임한 케넌은 1947년 'Mr. X'라는 익명으로 미국의 《포린 어페어스》에 〈소련 행동의 연원The Sources of Soviet Conduct〉이라는 제목의 논문을 발표했다. 여기서 그는 스탈린의 소련은 외부 세계의 자본주의 국가들을 파멸시키겠다는 혁명적 목표를 가지고 있으며, 스탈린이 사용하고 있는 '자본주의 국가들의 포위'라는 개념은 소련의 독재체제를 정당화하기 위한 수단이라고 주장했다. 소련에 우호적이었던 미국의 외교정책은 이후 본격적으로 봉쇄정책으로 바뀌기 시작했다.

미중 간 전략적 경쟁도 열전으로 이어질 가능성은 희박하다. 남중국해를 둘러싼 군사적 긴장이 고조되고 있지만, 전면전은 양측 모두 피하려고 할 것이다. 미국과 중국의 전면전은 곧 제3차 세계대전으로 이어져 인류는 공멸할 것이다. 스탠리 큐브릭Stanley Kubrick 감독의 블랙 코미디 영화 〈닥터 스트레인지러브Dr. Strangelove〉를 본 시청자들은 어처구니없게 핵무기 발사 버튼을 누르는 상황에 공포를 느꼈을 것이다. 그렇다면 21세기 미국의 중국 봉쇄정책은 냉전 시대와 같이 자본, 무역, 인적 교류가 완전히 차단된 2개의 블록으로 양분될 것인가? 그 가능성 역시 크지 않다. 미국과 중국의 양상은 과거 미국과 소련의 체제경쟁과는 다르기 때문이다. 미국과 소련은 다른 세계에 존재하는 체제였지만 현재 미국과 중국은 경제적으로 상호의존적 구조를 형성하고 있다. 자본주의 시장경제 내에서 이미 공유하고 있는 부분이 많다. 차이메리카chimerica와 같은 동조화된 구조에서 벗어나려는 원심력이 작동하기도 하지만 서로 벗어나기 힘든 관성의 구심력도 여전히 작동하고 있다. 우리 눈에 보이는 것이 원심력이라면 보이지 않는 구심력을 무시해서도 안 될 것이다.

미국이 원하는 바는 잘 관리된 탈동조화managed decoupling일 것이다. 21세기 전 세계는 세계화의 물결이 지나간 이후 자본주의의 완전한 승리와 톱니바퀴처럼 서로 맞물려 있다. 밀라노비치는 전 세계를 지배하는 자본주의적 생산 방식에 대해서는 논란의 여지가 없고, 다만 다양한 자본주의 체제가 공존하고 있을 뿐이라고 말한다. 그는 21세기 들어 미국식 자유자본주의와 중국식 국가자본주의가 본격적으로 체제경쟁을 벌이고 있는 것으로 인식하고 있다. 그렇다면 2개의 다른 자본주의 체제는 상호 경쟁을 벌이되, 공존이 가능할 것인가? 앞으로 어떻게 교호交互할 것인가?

2. 한국의 선택, 차집합보다 교집합

미국과 중국의 체제경쟁은 현재 벌어지고 있는 탈세계화의 흐름을 가속화할 가능성이 있다. 그러나 중국은 2001년 WTO 가입 이후 너무 깊숙이 세계경제에 통합되었다. 이미 형성된 경제통합의 굳건한 구조를 완전히 바꾼다는 것은 상상하기 힘든 일이다. 그 이유는 첫째, 2개의 블록으로 나뉜 세계경제가 감당해야 할 경제적 손실이 어마어마할 것이기 때문이다. 둘째, 미국과 중국의 체제경쟁도 결국 세계자본주의 내에서의 패권경쟁일 뿐이기 때문이다. 체제의 차이는 이념, 사상, 가치, 규범의 차이에서 비롯된다. 따라서 양국이 공존하는 체제는 낮은 단계의 경제통합과 높은 단계의 경제통합이 중첩되는 구조를 만들어낼 것이다. 미국은 높은 단계의 경제통합을, 중국은 낮은 단계의 경제통합을 지향할 것이다.[137] 각국은 서로 중첩되는 교집합의 영역과 서로 분리된 차집합의 영역 중 어디에 속할지 고민할 것이다. 이때 한국은 교집합을 선택해야 한다. 일본, 오스트레일리아, 뉴질랜드가 바로 교집합을 선택하고 있다. 그러나 일본, 오스트레일리아가 선택한 교집합의 영역이 최근 들어 축소되고 있다는 점에 주의를 기울일 필요가 있다. 특히 FTA의 경우 한중 FTA를 폐기하고 미국의 진영에 설 필요가 없듯이, 한미 FTA를 폐기하고 중국의 진영에 설 필요도 없다. 미국과 중국 두 강대국과 동시에 FTA를 체결했다는 것은 한국이 교집합을 선택했다는 의미이다.

낮은 단계의 경제통합 사례가 바로 중국이 포함된 RCEP이고, 높은 단계의 경제통합 사례가 CPTPP라고 볼 수 있다.[138] 미국이 주도한 USMCA는 CPTPP보다 미국이 원하는 규범이 많이 포함되어 있다. 미국이 빠지면서 원래 추진했던 TPP에 포함되었던 조항들이 삭제되었기 때문이다. 더 높은 단계의 협정이다. 어쨌든 일본, 오스트레일리아, 뉴질랜드 등은 이 2개의 협정에 모두 참여하고 있다. 만약 미국과 중국이 모두 CPTPP에 참여하게 된다면 체제경쟁은 점점 더 높은 단계의 경제통합을 지향하는 방향으로 나가게 될 것이고, 상이한 경제체제는 규범과 제도의 일체화를 통해 수렴될 것이다. 가장 바람직한 시나리오이고, 미국과 중국이 가장 높은 단계의 경제통합을 지향한다면 미중 간 전략적 경쟁은 협력의 공간을 넓혀나갈 수 있을 것이다. 따라서 이미 CPTPP의 참여 가능성을 열어둔 중국에 대해 바이든 행정부가 이를 적극적으로 고려하게 된다면 일단 체제경쟁은 상호 공존의 문을 열어두게 될 것이라고 말할 수 있다. 이 경우 한국의 선택은 비교적 부담이 적을 것이다. 한국으로서는 미국과 중국이 모두 참여하는 경제통합체 합류에 전혀 주저할 이유가 없다. 그러나 미국은 현재의 CPTPP에는 참여하지 않고 보다 높은 단계의 협정을 추진하려고 할 것이다. 그러면 중국은 미국이 주도하는 협정에서 달아나려고 할 것이다.

중국과의 공존이 점점 더 어려워지는 까닭은 중국이 더는 과거의 중국이 아니기 때문이다. 중국의 존재감이 미미했던 상황에서 중국은 미국에 위협이 되지 않았다. 그러나 상황은 완전히 달라졌다. 21세기 초반 글로벌 금융위기로 신자유주의는 막을 내렸다. 그리고 2020년 코로나19 팬데믹은 세계경제의 판도를 완전히 바꿔 놓고 있다. 또한 트럼피즘의 헌법과 의회민주주의 파괴는 민주주의의 위기를 더욱 부추기고 있다. 총량적 경제 규모에 있어 중국이 미국을 제치는 것은 그다지 중요하지 않다. 오히려 중요한 것은 미국식 자유자본주의가 중국식 국가자본주의에 밀리고 있는 것 아니냐는 불안감이다. 〈더 긴 전문〉과 제이크 설리번이 우려하는 것은 중국의 부상이 아니라 미국의 쇠퇴이다. 미국이 쇠퇴를 멈추기 위해 더 큰 노력을 기울여야 한다는 메시지야말로 미국의 진정한 희망이 될 것이다.

3. 한중일 FTA 체결을 서두르는 중국

시진핑의 쌍순환 전략은 미중 무역마찰의 장기화와 같은 대외환경 악화에 따른 위험 회피적 성장전략이다. 무엇보다도 중국을 고립시키려는 탈동조화에 대응해 안정적 공급망의 확보를 위해 과학기술의 자생능력을 확충함과 동시에 대외협력을 강화하려는 전략이다. 특히 중국 정부가 RCEP 체결 이후 '한중일 FTA'의 체결 필요성을 강조하고 있는 것은 일본, 한국과 함께 안정적 지역 공급망을 구축하기 위함이다. 미국의 제재에도 불구하고 일본과 한국이 고부가가치 첨단기술에 협조한다면 중국은 2035년까지 사회주의 현대화를 달성할 것으로 판단하고 있다. 그러나 일본은 확실히 바이든 행정부와 동맹을 형성할 것이다. 중국의 장단에 전혀 춤출 생각이 없다. 따라서 한중일 FTA가 성사될 가능성은 희박하다. 한국 정부는 중국의 요구를 일단 긍정적으로 검토하겠지만, 내심 일본과 얽히는 것을 못마땅하게 생각할 것이다. 한중 FTA와 RCEP를 체결한 상황에서 한중일 FTA는 한국 정부에게 한일 FTA와 다름없기 때문이다. 관세율이 세계에서 가장 낮은 나라인 일본과 FTA를 체결해 보았자 이익이 별로 없다는 것이 한국 정부의 생각이다. 일본이 시큰둥하게 생각하는 한중일 FTA에 대해 한국이 적극적으로 나서는 것은 명분과 실리 두 가지를 모두 잃는 일이다.

4. EU-중국 투자협정이 주는 시사점

유럽연합EU과 중국은 2020년 12월 30일 거의 7년 만에 투자협정Comprehensive Agreement on Investment, CAI 체결에 합의했다. 중국은

미국, 영국에 이어 EU 27개국과 교역을 많이 하는 국가이다. EU 27개국의 중국으로의 수출은 미국 수출의 50% 수준에 불과하다. 중국이 중요하지 않다는 얘기가 아니다. EU-중국의 투자협정을 마치 중국에 대한 EU의 베팅으로 오해해서는 안 된다. EU의 해외 직접투자를 보면 투자처로서 미국이 중국의 15배이다. 중국의 대 EU 직접투자는 15조 유로에 달하는 EU 경제 규모 대비 117억 유로에 불과하다. 투자협정은 직접투자의 환경 개선과 밀접한 관련이 있다. 협정 체결로 유럽 기업들이 관심을 두고 있는 분야(민간병원, 부동산, 광고, 통신 클라우드 등)에서 중국 시장 내 영업활동이 가능하게 되었다. 각종 인허가 규제가 까다로운 서비스 시장에 유럽 기업의 진입이 쉬워진 것이다. 그러나 주의해서 살펴보면 협정문에 나오는 규정 중 상당 부분이 규제 관련 투명성을 높이기 위해 최선의 노력을 기울인다는 약속에 불과할 뿐 중국이 그 약속을 언제 지킬지는 알 수 없다.

한중 FTA 투자·서비스 분야 협상이 지지부진한 상황임을 고려할 때 유럽 기업이 더욱 유리한 고지를 점령했다고 볼 수 있다. EU는 직접투자와 관련하여 완전히 개방된 시장이다. 더 자유화할 것이 거의 없다고 해도 과언이 아니다. 반면에 중국은 직접투자에 관련한 규제가 아직도 많이 남아 있다. 시장접근은 물론이고 내국민대우도 잘 지켜지지 않고 있다. EU가 중국에 줄 것이 거의 없는 상태에서 투자협정은 7년이라는 시간을 끌어왔다. 그런데 2020년 말 전격적으로 투자협정이 체결된 것을 보면 아마도 EU보다 중국이 이번 투자협정을 서둘렀다고 볼 수 있다. 중국은 외국 기업으로부터의 강제기술이전을 금지하고, 보조금 지급을 투명하게 하며, 국영기업과의 각종 사업에 있어서 외국인 투자자에 대한 차별을 금지하겠다고 했다. 그동안 트럼프 행정부가 중국 정부에 요구했던 사항을 일부이기는 하지만 EU와의 투자협정을 통해 보장하겠다는 것이다. 심지어 이번 합의에는 기후변화와 노동권 보호에 대한 내용도 EU 입장에서 보면 만족스러운 수준은 아니겠지만 포함되어 있다. 이러한 중국 정부의 행보는 미중 무역전쟁이 바이든 행정부에서도 상당 기간 지속될 것이라는 점에서 EU와의 경제협력 강화가 절실히 필요하다는 헤징 전략으로 볼 수 있다.

그러나 EU-중국 투자협정이 최종적으로 효력을 발휘하려면 EU 의회의 비준을 받아야 한다. 2021년 3월 EU는 신장웨이우얼 소수민족 강제노동 등에 관여한 혐의로 중국의 공안 계통의 고위 관료 4명을 제재했고, 이에 대한 맞대응으로 중국은 EU 의회 의원 5명을 제재했다. 상황이 꼬이기 시작한 것이다. EU 집행위원회는 투자협정이 비준을 받으려면 종합적인 외교 관계가 함께 고려되어야 한다는 견해를 밝혔다. 현재로서는 비준 프로세스를 진행하기 어렵다는 입장을 밝힌 것이다. 중국 정부는 신장웨이우얼의 인권문제에 대해 계속 부인하고 있고, 앞으로도 인권문제가 개선될 가능성은 희박하다. 중국 정부로서는 7년 만에 어렵게 체결된 투자협정이 의회 비준이라는 문턱을 넘지 못하리라고는 생각하지 못했을 것이다. 결국 중국은 EU에서 가장 중국에 호의적인 이탈리아에 투자협정의 비준을 도와달라는 요청을 한 것으로 알려졌다. 리커창 총리가 이탈리아의 마리오 드라기Mario Draghi 총리와 통화를 하면서 EU와의 투자협정의 조속한 발효를 위해 함께 노력해야 한다고 말했다는 것이다. 도와달라는 말을 에둘러 한 셈이다. 이는 점점 더 고립되어 가는 중국이 그만큼 다급해졌다는 것을 의미한다. 그러나 EU 의회에서 가장 영향력이 큰 국가는 독일이고, 9월 독일 총선에서 중국에 가장 비판적인 녹색당이 약진하고 있다는 점에서 EU의 협정 비준은 점점 더 어려워질 것으로 예상된다.

5. 점점 더 멀어지는 가치의 거리

한국의 입장에서 볼 때 국가자본주의 체제를 강화하는 중국은 점점 더 거리가 멀어지는 국가일 뿐이다. 아직 이익의 거리는 유지되고 있지만, 가치의 거리는 더 멀어질 것이다. 이런 상황에서 중국이 반도체, 배터리 등 한국 기업이 경쟁력을 발휘하는 분야에서 불공정한 정부의 지원으로 추격에 나설 때 과연 어떻게 대응할 것인지 고민에 빠질 수밖에 없다. 우리도 중국처럼 하면 되지 않으냐는 주장이 있을 수 있지만 이는 어불성설이다. 우리 정부가 주력산업을 책임지는 대기업에 대한 지원정책을 펴면 국내적으로 '친재벌 정책'이라는 비난의 목소리가 극성을 부릴 것이다. 다행히 미국 정부가 반도체산업을 적극적으로 지원하는 방향으로 정책(CHIPS for

America Act)을 펼치면서 우리 정부도 지원정책을 마련하고 있다. 그러나 이러한 산업정책이 다자 규범의 원칙을 훼손해서는 안 될 것이다. 그렇다고 중국의 국유기업이 시장경제를 훼손하는 행위를 할 때 이를 수수방관만 할 일도 아니다.

미국의 견제가 강화될수록 중국 정부는 더욱 국가 주도의 경제체제가 살길임을 확신하게 될 것이다. 한국 기업으로서는 공룡처럼 비대해진 중국의 국유기업이 지구상에서 사라지는 것이 아니라, 더욱 활개를 치는 모습을 보아야 할지도 모른다. 미국의 봉쇄정책이 중국의 기술추격을 어느 정도 유효하게 제어할 수 있을지 몰라도 우리 기업에 주어진 시간이 그리 많지 않다는 점을 분명히 인식해야 할 것이다. 쌍순환 전략의 추진 과정에서 2035년까지 새롭게 재편되는 GVC의 변화 속에 중국 내수시장 확대를 공략하고, 중국 중심의 공급망 생태계의 변화에 능동적으로 대응하는 역량을 키우지 않으면 오히려 한국 기업이 도태될 수도 있다. 그렇다고 바이든 시대에 반중 동맹에 적극적으로 참여하는 것 역시 쉬운 결정은 아니다. 이 점이 한국 정부가 처한 딜레마이다. 중국의 부상에 쉽게 올라탈 수도 없고, 미국의 대중국 봉쇄에 동참할 수도 없는 상황에서 고차원의 생존 방정식을 어떻게 풀어나가야 할 것인가?

시진핑 2기에 들어서면서 중국이 연성 권위주의에서 경성 권위주의 체제로 전환하는 모습을 보이는 것은 주지의 사실이다. 이는 현상적 변화일 뿐이다. 본질인 중국공산당 중심의 일당독재는 1949년 이후 한 번도 바뀐 적이 없다. 중국의 정치체제가 본질에서 하나도 바뀐 것이 없다는 주장에 대해 중국정치를 전공하는 학자들은 아마도 동의하지 않을 것이다. 코로나19 사태 이후 미중 전략적 경쟁은 경제적 영역을 넘어서 확전 양상을 보이고 있다. 바이든 행정부가 아무리 동맹외교를 통해 중국을 압박해도 중국은 주권침해에 항변하고, 내정을 간섭하지 말라는 말로 대꾸할 것이다. 체제 전환은 어불성설이다. 그저 중국이 강성 권위주의에서 연성 권위주의로 태도 전환을 보이면 다행일 것이다. 앞으로 중국의 정치체제는 그 본질에 있어서 큰 변화가 없을 것이다. 정경일체의 국가자본주의 체제 역시 더욱 강화된 형태로 유지될 것이다. 가치와 체제 측면에서 점점 거리가 멀어지는 중국과 높은 단계의 깊은 통합은 불가능하다. 단지 낮은 단계의 통합만이 가능할 뿐이다. 낮은 통합은 신뢰를 잃으면 언제든지 떨어져나갈 수 있다. 우리는 그런 낮은 통합이 가져오는 위협을 직시해야 한다.

克中之計

4부

중국 경제와 공생하는 길

1장

미중 간 선택의 압박, 한국의 전략은?

1. 미중 무역마찰의 가장 큰 피해자는 한국일까[139]

중국에 매우 중요한 한국 시장

한국의 대중국 수출이 크게 증가하면서 한국의 전체 수출에서 대중국 수출이 차지하는 비중 역시 크게 증가했다. 1990년 한국은 전체 수출의 절반을 미국(29.9%)과 일본(19.4%)에 수출했다. 하지만 2020년 기준 한국의 중국에 대한 수출의존도는 25.8%로 증가한 반면에 미국과 일본에 대한 수출 비중은 각각 14.5%, 4.9%로 하락했다.

한국의 수출이 이처럼 중국에 크게 의존하고 있다는 것은 수출 다변화를 하지 못했다는 측면에서 한국 무역구조의 취약성으로 이해되기도 한다. 하지만 이런 무역구조는 오히려 중국이 필요로 하는 중간재를 한국이 공급한다는 것을 의미한다. 중국으로서는 한국산을 수입하지 않고서 공급망의 안정성을 확보할 수 없다. 따라서 한국이 지나치게 중국에 의존한다기보다는 중국이 오히려 한국에 의존하고 있다는 것이 적절한 표현이다. 이는 중국 정부가 한국산 중간재의 수입을 줄이기 위해 분투하는 모습에서 확인할 수 있다. 중국은 이런 노력의 결과 디스플레이의 국산화에 성공했지만, 반도체 굴기를 위해 엄청난 자금을 쏟아붓고 있음에도 불구하고 아직은 역부족이다.

중국의 수입대체를 위한 이런 노력을 탓할 수는 없다. 당장 전략물자의 수출에 제동이 걸리게 되면 우리 수출기업도 어렵겠지만, 중국의 많은 공장도 멈추게 될 것이다. 이런 점들을 감안하면 '한국이 안보는 미국, 경제는 중국'에 의존하고 있다는 안미경중이 아니라 오히려 '중국이 안보는 스스로 하더라도 경제는 한국'에 의존하고 있는 현상이라고 볼 수 있다.

일본도 전체 수출의 19.1%를 중국에 의존하고 있고, 현재 중국의 경제보복을 당하고 있는 오스트레일리아의 중국 수출의존도는 무려 38.7%에 달한다. 이런 상황을 이해한다면 한국의 중국 시장에 대한 높은 수출의존성은 오히려 한국의 중간재 생산에서의 경쟁력 우위에서 오는 긍정적 현상이라고 평가된다.

중국의 대외 교역에서 한국 시장은 매우 중요하다. 중국의 주요 수출국은 미국, 홍콩, 일본, 한국 순이다. 중국의 주요 수입국은 한국, 타이완, 일본, 미국 순이다. 중국이 미국에 많은 수출을 하는 것은 미국이 소비재 시장으로서 큰 역할을 하기 때문이다. 중국의

GVC에서 미국 시장은 최종 목적지인 소비시장으로서 위치하는 것이다.

중국의 주요 수입국이 한국, 타이완, 일본이라는 것은 중간재 조달시장으로서의 역할 때문이다. 중국 4위의 주요 수출국으로서 한국의 위상은 1999년 이후 크게 변하지 않고 있다. 중국의 1위 수입국으로서의 지위도 2013년 이후 여전히 유지 중이다. 그 이전에는 일본이 중국의 1위 수입국이었다. 이런 현상은 한국 산업의 경쟁력이 일본을 추월해왔다는 사실을 보여준다. 중국은 필요한 한국산 중간재를 많이 수입함으로써 세계의 공장 역할을 하고 있음을 보여준다.

중국의 교역에 있어서 한국의 위상은 중국의 주요 무역흑자국과 무역적자국을 통해서도 알 수 있다. 중국이 많은 적자를 보고 있는 나라는 타이완, 오스트레일리아, 한국, 브라질, 사우디아라비아, 일본, 독일이다. 주로 원자재 조달 때문에 적자를 보고 있다. 반면 중국이 많은 흑자를 보고 있는 미국, 홍콩, 네덜란드 등은 소비재 시장의 역할을 하는 나라들이다.

중국 성장의 필수품인 한국의 중간재

한중 교역의 특징은 GVC 측면에서 살펴보아야 그 본질을 제대로 파악할 수 있다. 한국은 중국에 많은 원자재와 자본재를 수출한다.

이는 일본, 중국 등 다른 나라의 원자재와 자본재를 이용하여 한국에서 새로이 부가가치가 추가된 중간재들이다.[140] 2020년 기준 한국의 대중국 수출에서 자본재와 원자재가 차지하는 비중은 각각 63.4%, 30.9%, 합계 94.3%이다. 소비재는 불과 5.7%밖에 되지 않는다. 반면 한국 역시 다른 소비재나 중간재를 생산하기 위해 중국산 중간재를 많이 사용하고 있다. 한국의 대중국 수입에서는 자본재가 55.9%, 원자재가 25.6%를 차지한다. 두 나라 모두 GVC로 밀접하게 연관되어 있다.

한국과 중국은 이처럼 밀접한 GVC로 연결되어 세계 여러 나라의 값싼 양질의 중간재를 이용하여 새로운 중간재 또는 최종재를 생산하게 된다. 따라서 세관을 통해 집계되는 수출, 수입은 자국에서 부가된 부가가치뿐만 아니라 외국에서 수입된 중간재의 부가가치를 포함하게 된다. 당연히 이중, 삼중 중복으로 계산되는 문제가 있다. 따라서 이런 GVC를 감안해야 한국과 중국 무역구조의 본질을 제대로 볼 수 있다.

대중국 부가가치 무역수지에 대한 분석

한국과 중국 간의 교역에서 통관기준 수출입과 그 차이인 상품(무역) 수지는 양국에서 순수하게 창출한 부가가치를 정확하게 반영하지 못한다. 따라서 GVC로 복잡하게 얽혀 있는 교역 관계를 각국이 순수하게 생산한 부가가치만의 거래로 집계해보려는 여러 국제기관의 노력이 있었다. 여러 국가들의 산업 간 투입-산출구조를 반영한 국제산업연관표International Input-Output Tables를 작성하여 국가별 부가가치 수출입을 측정하려는 시도이다.

아시아개발은행ADB의 다지역산업연관표분석모형multi-regional input-output, MRIO 데이터를[141] 이용하여 추정한 2007~2018년간 한국과 중국의 부가가치 무역거래로부터 계산된 상품 서비스 수지를 보면[142], 한국의 대중국 부가가치 상품 서비스 수지 흑자의 전반적 추세는 통관기준 또는 경상수지의 추세와 비슷하지만 그 규모는 절반 수준이다. 2018년 기준 부가가치 무역수지 흑자는 통관기준 무역수지 흑자의 53% 정도에 불과하다.[143] 다른 국제 산업연관표 자료, 가령 세계투입산출자료World Input Output Database, WIOD를 이용하여 추정한 한중 간 부가가치 무역수지는 이보다 더 낮아지고, 특히 한국의 외환위기 당시에는 중국산 생활용품의 수입이 급증함으로써 한국이 오히려 무역적자를 본 것으로 나타났다.[144] 그만큼 한국의 대중국 수출에는 한국이 다른 나라로부터 수입한 원자재가 많이 포함되어 있다. 한국의 중국에 대한 수출 집중도가 지나치게 높고 일방적으로 많은 무역수지 흑자를 달성하고 있다는 것은 부가가치 무역으로 볼 때 다소 과장된 것이다.

한국과 중국의 GVC 기여도

한국에서 중국의 중간재가, 반대로 중국에서 한국의 중간재가 사용되는 정도를 몇 개 주요 산업으로 살펴보면 매우 흥미로운 사실을 발견할 수 있다. [그림 10]은 주요 산업별로 한국의 중간재가 중국의 각 산업에 기여한 정도를 나타낸 것이다. 2000년 초반부터 중국 제조업 생산에서 한국산 중간재의 역할이 증가하여, 중국에 있어서 한국의 GVC는 크게 확대되었다. 하지만 이런 가치사슬은 2000년 중반부터 서서히 감소하고 있다. 중국이 점차 한국 등 외국에 의존하던 원자재나 자본재의 자급률을 높이고 있고, 동시에 한

그림 10 중국 주요 산업에서 한국 중간재의 기여도 추이(2007~2019년)

자료: ADB-MRIO(2021)(박승록 재구성)

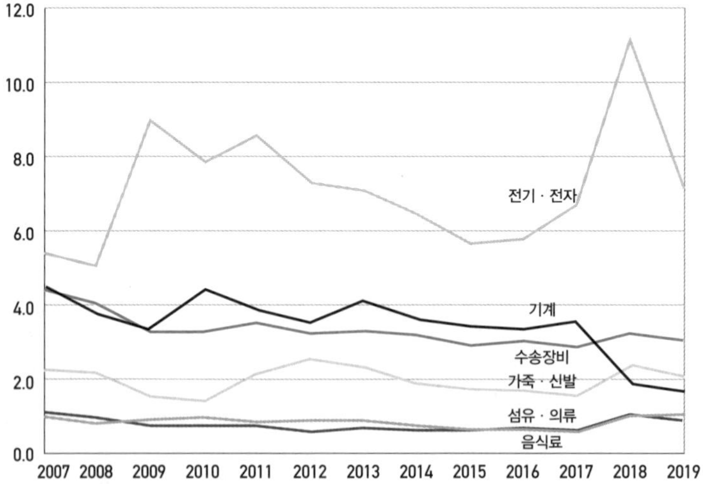

국 기업들이 중국 내수시장을 활용하기 위해 현지 공장을 세우는 등 해외직접투자가 증가했기 때문이다.

2. 미중 무역마찰 대응원칙을 정립하라[145]

중국은 한국, 일본 등 다른 나라에서 많은 중간재를 수입하여 최종재를 생산한 다음 많은 부분을 미국 시장에 수출한다. 당연히 중국의 대미 수출액에는 한국과 일본에서 만들어진 중간재가 포함되어 있다. 미중 관계가 악화될 때 중국에 많은 중간재를 수출하는 한국에 큰 충격이 올 수 있는 이유이다. [그림 11]은 중국의 대미 수출액에서 한국과 일본이 기여한 정도를 보여준다. 2000년대 중반 이후 그 정도가 점차 감소하고 있음을 확인할 수 있다.[146] 미중 무역분쟁이 악화된다면 한국의 대중국 수출의존도가 높기 때문에 한국에 매우 큰 피해가 발생할 것이라는 주장은 일견 그럴듯해 보인다. 마치 상식으로 받아들여지고 있다. 하지만 엄밀한 분석에 의하면 이는 틀릴 수도 있다. 계량분석GVAR 모형을 이용하여[147] 어떤 계기로 인해 중국의 경제성장률이 급속히 하락(하드랜딩)한다고 가정했을 때의 파급효과를 계산해보았다. 그 결과 중국 경제의 충격은 우선 사우디아라비아, 싱가포르, 인도네시아, 타이, 말레이시아, 오스트레일리아 등 원자재 수출국에 큰 영향을 미치고, 그다음 유로, 미국, 일본 경제에 비교적 큰 부정적 영향을 미치며, 한국에는 상대적으로 작은 충격을 주는 것으로 분석되었다.[148] 한국보다 대중 수출 의존도가 높은 국가들과, 중국 중심의 GVC에 대한 기여도가 큰 국가들이 더 많이 영향을 입게 된다. 한국의 중국에서의 GVC 기여도가 줄어들고 있다는 점은 중국발 충격으로부터 한국이 입게 될 피해가 줄어든다는 점을 시사한다.

이번에는 중국에서 생산된 중간재가 한국 제조업의 생산에 기여하는 정도를 보자. [그림 12]에서와 같이 한국의 대부분 산업에서 중국산의 역할이 점차 증가하고 있음을 알 수 있다. 중국과 교역이 본격적으로 시작된 이후 2008년 글로벌 금융위기 때까지 지속해서 증가했으며, 이후 글로벌 금융위기로 다소 감소했지만 다시 증가

그림 11 중국 대미 수출에서 한국과 일본의 부가가치 수출 비중(2001~2019년)

자료: ADB-MRIO(2021) (박승록 재구성)

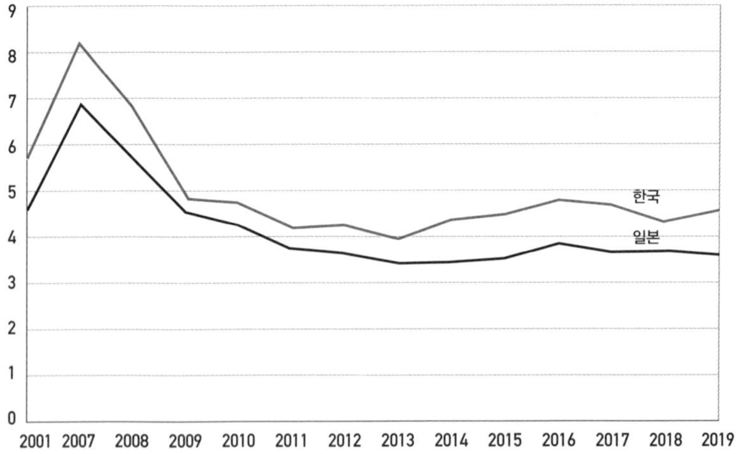

하는 추세를 보여주고 있다.

중국 중간재가 한국의 주요 산업에 많이 사용되고 이런 추세가 지속해서 증가한다는 것은, GVC에서 한국의 중국에 대한 종속 가능성이 증가하고 있다는 것으로 향후 한국 제조업이 극복해야 할 중요한 과제가 될 것이다. 따라서 한중 교역 관계에서는 중국에 대한 한국의 수출의존도가 높은 것이 문제가 아니라, 바로 GVC에서 한국의 중국 의존도가 높아진다는 것이 문제이다. 예를 들어 한국에서 모든 발전소를 폐기하고 중국으로부터 전력을 수입한다고 가정해보자. 모든 생산활동에 필수적 요소인 전력을 전적으로 중국에 의존한다면, 한국 경제의 운명은 중국에 달려 있다고 볼 수 있

그림 12 한국 주요 산업에서 중국 중간재의 기여도 추이

자료: ADB의 MRIO자료(2021.2.3.)를 이용하여 계산

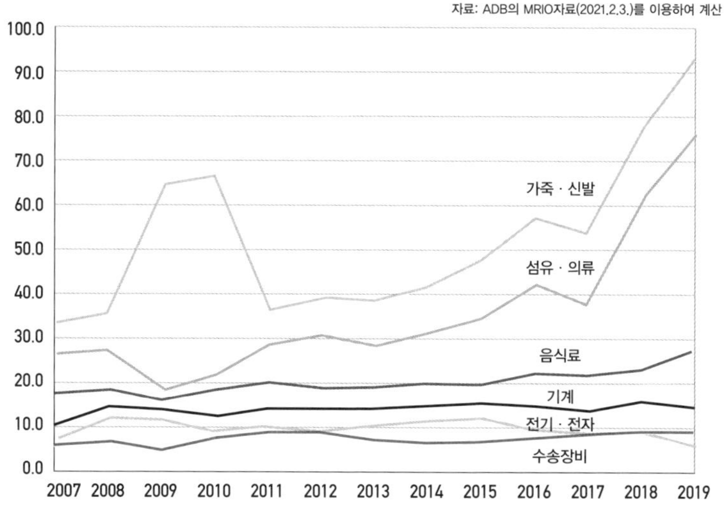

다. 반도체 생산에 필요한 핵심부품을 일본으로부터 수입해야 하는 상황도 마찬가지로 해석할 수 있다.

연대와 선택에 대한 한국 압박 증대

미국은 1차 무역협상 합의에도 불구하고 국가안보와 기술 보호를 근거로 중국의 기술적 굴기에 대한 핀셋형 규제를 강화하고 있다. 미국의 중국에 대한 규제는 반도체, 5G 네트워크 장비, 원자력, 슈퍼컴퓨터, AI 및 감시카메라 장비, 사이버 보안, 로봇 등 광범위한 영역에서 이루어지고 있다. 특히 중국 기업에 의한 미국 기술의 이용 제한, 미국 내 중국산 장비 이용 제한, 공동연구 금지, 중국 기업의 대미 투자 제한을 넘어서 미국 증시에 상장된 중국 기업의 퇴출 압박까지 거세질 것이다.

한국은 ICT 분야에서 중국에 매우 중요한 공급자 역할을 담당하고 있다. ICT 분야의 미중 탈동조화가 현실화할 경우 한국의 대중국 첨단 분야 수출에 상당한 영향을 줄 것이다. 2019년 기준 한국의 대중국 ICT 제품 수출액(한국 통계 기준)은 512억 달러로 전체 대중국 수출액의 37.6%를 차지하고 있으며, 이는 우리의 ICT 수출액의 36.2%에 해당한다. 홍콩을 통한 간접교역 등이 포함될 것으로 추정되는 중국의 수입통계에 따르면 한국의 대중국 ICT 수출액은 817억 달러로 한국으로부터 수입액의 47.1%를 차지하고 있으며,

중국의 ICT 제품 수입액의 17.2%를 차지하고 있다. 특히 미중 간 기술 탈동조화가 전면적으로 확산될 경우 대중국 의존도가 높은 반도체 관련 제품의 대중국 수출이 큰 영향을 받을 것으로 예상된다. 실제로 미국의 중국 기업에 대한 제재로 우리 기업과 중국 기업 간 거래가 직접적 영향을 받고 있다. 중국 화웨이와 거래 관계를 맺고 있는 삼성전자와 SK하이닉스 등이 화웨이와의 거래 중단을 선언하면서 100억 달러 이상의 피해가 예상된다. 더욱이 미국은 청정 네트워크 프로그램을 추진하면서 중국의 통신사는 물론 화웨이의 장비를 사용하고 있는 LG유플러스를 배제했다.

향후 바이든 정부는 대중 압박에서 우방국과의 공조를 강화해갈 것으로 보인다. 특히 미국은 동맹으로서 한국과의 협력을 강화하려는 강한 의지가 있다. 그만큼 미국으로서는 한국의 전략적 가치가 높다는 것을 의미한다. 한미 군사동맹 관계도 고려했겠지만, 한국의 기울어진 중국 편향의 경제적 의존관계는 아직 완성되지 못한 중국 중심의 GVC 붕괴에 결정적 타격을 입힐 수 있는 카드이다. 물론 한국도 피해를 감수해야 하므로 정부가 선뜻 나설 수 없다는 것도 미국은 잘 알고 있다. 우리 정부는 지나친 친중 행보라는 오해를 가져올 행동을 삼가야 할 것이다. 만약 한국산 반도체를 비롯해 핵심부품과 중간재가 중국에 공급되지 못하는 순간 중국의 공장은 문을 닫아야 할 것이다. 따라서 중국도 한국에 공을 들이는 것이다.

바이든 대통령은 미국 대선 후 문재인 대통령과의 통화에서 "한국이 인도·태평양 지역의 안보와 번영에 있어 '린치핀linchpin'(비녀장, 외교적으로 꼭 필요한 동반자)이다"라고 언급했다. 민주당 싱크탱크 중 하나인 신국가안보센터Center for New American Security, CNAS는 2020년 말 발표한 보고서에서 한미 간에 글로벌 공공 위생·기후변화·신기술 분야의 기준 공동 개발, 인도·태평양 지역의 미래 비전 공유, 북한 문제를 포함한 동북아 지역의 지경학적 위험에 대한 공동 대응 협력이 필요하다고 강조했다. 그리고 21세기의 새로운 한미동맹 재구축을 위한 6가지 기둥pillars을 제시했다. 6가지 기둥은 ① 신분야의 정책 협력 강화: 신재생에너지 개발, 민간 우주 개발, 5G 개발, 스마트시티, 차세대 통신 안보, AI 등 ② 무역 관계의 회생: 자본·데이터·인적 자본의 교류에 대한 장벽 제거, WTO 개혁 공동보조, CPTPP 가입 ③ 가치(법의 지배, 인권, 공정무역, 민주 등)에 기반을 둔 외교 협력: 신남방정책과 인도·태평양 비전의 접점 모색, 사이버 보안 규범 개발 등 ④ 안보 분야 협력 활성화: 한미동맹을 비대칭 역량 강화에 초점을 맞추고 한국의 국방개혁 2.0을 활용해 무인 시스템과 기타 선진 군사기술 공동 투자 ⑤ 한일 갈등 우선 관리: 한미일 3자 협력 강화 ⑥ 북한 문제가 한미동맹을 약화시키지 않도록 하는 분업체제 구축이다.

특히 가치에 기초한 외교, WTO 개혁에서의 공동보조, 신남방정책과 인도·태평양 비전의 결합 등의 이슈에 대해서는 다분히 바이든 행정부가 한국의 선택과 참여를 요구할 것이다. 또한 바이든 행정부는 중국을 염두에 두고 법치, 인권, 공정무역, 민주주의 등 자유진영의 가치를 표방한 외교 협력을 강조하고 있으며, 한국이 동맹으로 당연히 참여하리라고 기대하고 있다. 그러나 중국은 한국이 자국을 봉쇄하려는 미국의 동맹 전략에 참여하지 못하도록 다양한 외교 채널을 통해 설득 중이다. 심지어 한국이 미국 편에 설 때 큰 대가를 치를 것이라며 위협하고 있다. 미중 마찰이 변수가 아닌 상수로 작동하는 상황에서 한국이 자칫 어느 한 편을 든다면 그로 인해 입게 될 손실은 클 것이다. 그런데 중요한 점은 미국, 중국 모두 한국이 필요하다는 점이다. 한국을 쉽게 내쳐버릴 수 없다는 점이 한국의 전략적 강점이다. 우리는 국익을 최우선으로 해야 한다. 지켜야 할 원칙과 명분 모두 중요하다. 그러나 동시에 국익에 손상을 줄 섣부른 행동도 지양해야 할 것이다.

미중 마찰에 대한 대응원칙 정립 필요

미중 마찰을 진영 논리로 보지 말고, 사안별로 최대한 객관적으로 위험과 기회를 분석할 필요가 있다. 사실 우리 학계에서도 진영 논리가 우선시되다 보니 객관적 판단을 흐리게 하는 경향이 있어 우려가 된다.

먼저 첫째, 새로운 전략의 수립에 앞서 미중 관계에 대한 우리의 기본 대응원칙을 정하는 것이 매우 중요하다. 미중 양국의 선택 압박으로 전략적 모호성과 침묵으로 버틸 수 없는 상황에 직면하면 이제는 논쟁할 시간도 없게 될 것이다. 이처럼 선택의 갈림길에서 위기십결圍棋+訣이 제시하는 지침은 대단히 유용할 것이다. 그중에서도 ① 이기려거든 욕심을 내지 말아야 하며不得貪勝 ② 상대방의 세력권에 너무 깊이 들어가지 말아야 하며入界宜緩 ⑤ 작은 것은 버리고 큰 것을 취하며捨小就大 ⑦ 경솔하게 움직이지 말 것이며愼勿輕速 ⑨ 상대가 강하면 안전에 힘쓸 것이며彼强自保 ⑩ 고립되었을 때에는 화평책을 쓴다勢孤取和 등 여섯 가지는 전술적 측면에서 도움이 될 것이다. 그러나 이는 어디까지나 전술로서 의미를 지니며, 더 중요한 것은 결국 한국이 지향하고자 하는 가치와 원칙에 비추어 선택해야 할 것이다.

그 원칙은 ① 국익 우선 및 피해 최소화 원칙 ② 공정한 시장경제 원칙 ③ 보편적 가치 존중 ④ 다자주의 원칙 등을 들 수 있다. 특히 미국과 중국의 주장 중 어느 주장이 공평하고 자유로운 무역질서에 기반하고 있는가라는 원칙에서 판단해야 할 것이다. 미국과 시진핑 주석 모두 수차례 공평하고 자유로운 다자무역 질서를 강조해왔다. 다만 그 의미가 다를 뿐이다. 아울러 정부가 판단할 일과 기업이 판단할 일을 분명히 구별해야 한다. 예를 들어 화웨이 제재에 대해 정부가 일일이 기업에 간섭해서 판단을 강요하기보다 기업이 스스로 판단하고 결정하도록 하는 것이 더 바람직할 것이다. 미국 상무부가 구체적 제재를 만들면서 결국 삼성전자와 SK하이닉스를 포함해서 다수의 한국 기업이 화웨이 제재에 동참했다는 사실이 대표적 사례라고 볼 수 있다.

둘째, 급변하는 미중 관계 속에서 새로운 전략이 필요하다. 미중 마찰이 격화되고 있는 상황에서 중국을 극복하기 위한 전략(극중전략), 중국의 변화와 성장에 편승하는 전략(중국편승전략), '안보는 미국, 경제는 중국(안미경중)' 전략의 새로운 버전 2.0, 유럽 등 제3 세력과의 연합을 통한 신서방전략新西方戰略 등 다양한 전략들이 제시되고 있다. 각각은 나름대로 의미가 있지만 가장 중요한 판단 기준을 무시해서는 안 된다. 한국 경제에 대한 중국의 영향력, 중국 시장의 미래 잠재성, 협력 가능성 등을 종합적으로 판단하여 대중국 전략을 재정립할 필요가 있다. 중국 위험론, 중국 위협론에 지나치게 함몰되면 중국의 전략적 가치를 무시할 수 있다. 또한 중국 기회론, 중국 부상론 등 중국을 핑크빛으로만 보아서 편승전략에 함몰되면 중국의 전략적 도전을 놓칠 수 있다. 이제는 중국과 무조건 잘 지내자는 사고는 버려야 한다. 꼼꼼하게 따져보아야 해답이 보일 것이다. 특히 생산기지로서 중국의 가치를 재평가해볼 필요가 있지만, 시장으로서 중국의 가치가 저평가되어서는 안 될 것이다. 시장으로서 중국의 중요성은 코로나19와 미중 마찰은 물론 중국의 경제 체질 변화, 특히 기술 측면에서 새로운 변화에 따라 달라질 것이다. 중국은 미국의 기술 분야 제재에 대한 대응으로 독자적 기술 개발을 선택하고 있다. 중국 시장이 이전과 같이 우리가 가지고 있는 것만으로 편하게 장사할 수 있는 대상이 아니라는 점을 간과해서는 안 된다.

이 밖에 미중 마찰에도 불구하고 시장으로서 중국의 중요성, 안보동맹으로서 미국의 중요성에는 큰 변화가 없을 것이다. 다만 경제적으로 중국이 협력자에서 경쟁자로 빠르게 전환되어가고 있다는 점에서 경제 관계의 성격이 근본적으로 달라지고 있음에 주목해야 한다. 또한 한반도 상황의 변화에 따라 우리의 안보 측면에서 미국의 전략적 가치도 변화될 가능성이 있다. 미중 간 전략적 경쟁이 한반도의 지정학적 역학 관계를 근본적으로 바꾸는 단계까지 도달하려면 상당한 시간이 걸릴 것으로 보인다. 아직은 안보 측면에서 미국이 압도적으로 우위에 있다. 그렇지만 현 단계에서 현상 유지 정책만을 고집하는 것은 현명한 대응이 아닐 것이다. 우리는 기존의 전략적 기조를 수정 및 보완해갈 필요가 있다. 그 과정에서 사안별로 앞서 언급한 기본원칙에 따라 대응하는 것이 필요하다. 이러한 관점에서 현재의 미중 마찰 현안을 극중전략, 중국편승전략, 안미경중전략 2.0, 신서방전략 등 네 가지 전략을 구분하여 한국이 취할 수 있는 입장을 정리해보면 [표 16]과 같다. 이는 철저히 필자 개인의 생각임을 밝힌다.

표 16 미중 마찰 과정에서 선택 압박 가능 현안(예상)

자료: 양평섭 · 최지원(2021)

구분	대응전략	적용원칙
(1) 시스템 경쟁(당-국가 체제)	중국편승전략 신서방전략	보편적 가치
당-국가 체제 제재(반대)		
이데올로기 경쟁(시장경제, 사회주의 경쟁)		
(2) 청정 네트워크와 글로벌 데이터 안전 이니셔티브	안미경중 중국편승전략	시장원칙 피해 최소화 다자주의
(美) 청정 네트워크 참여		
(中) 글로벌 데이터 안전 이니셔티브 참여		
화웨이 통신장비 사용 중단		
對 화웨이 부품(반도체) 공급 중단		
대중국 기술 협력 규제(AI 등 첨단산업)		
중국 앱 사용 중단		
(3) 안보 보호를 위한 대중국 첨단제품 수출 규제	안미경중 극중전략 신서방전략	국익우선
중국의 군민융합전략에 대한 대응		
국가안보를 근거로 한 중국의 투자 규제		
(4) 일대일로와 인태 전략	중국편승전략 신서방전략 극중전략	국익우선 피해 최소화 다자주의
일대일로 제3국 협력		
BRI와 신남방전략 연계 강화		
인도태평양과 신남방전략 연계 강화		
금융 및 인프라(BDN) 협력		
AIIB		
중국의 SWIFT 배제		
CIPS 협력(위안화 결제) 확대		
(5) 표준 협력: 중국표준 2035	극중전략 중국편승전략	다자주의 시장원칙
첨단산업에서 중국 표준화 동참		
6G 기술 및 표준 협력		
중국의 데이터 표준 제정 및 사용		
(6) GVC와 지역경제통합	극중전략 중국편승전략	다자주의 보편적 원칙(개방, 자유무역)
미국의 탈중국화 압박 동참		
새로운 동아시아 GVC 형성 동참		
RCEP, 한중일 타결		
CPTPP 가입		
한중 FTA		

(7) WTO 개혁 문제 중국의 개도국 지위 박탈 중국 국유기업 개혁 및 규제 강화 중국 산업보조금 개혁, 투명성 압력	극중전략 신서방전략	보편적 원칙 (공평무역)
(8) 중국과의 금융 자본시장 협력 위안화 국제화 협력 위안화 디지털화폐 협력 위안화 환율 압박 중국의 자본시장 개방(자본항목 자유태환)	신서방전략 극중전략 중국편승전략	시장원칙 보편적 원칙 (공평무역)
(9) 비경제적 이슈: '하나의 중국' 원칙(준수) 타이완 문제, 국제기구 가입 홍콩 국가안보법 문제(대홍콩 및 대중국 규제) 남중국해 자유 항해 자율권 문제 인권, 종교자유 문제	신서방전략 안미경중 중국편승전략	보편 가치 존중 다자주의

3. '안미경중'에서 '안경일체'로 전환을 모색하라[149]

한국의 아쉬운 단편적 대응

지난 수년간 미중 분쟁에 대처하는 우리나라의 문제점은 무엇이었는가? 돌이켜보면 우리나라가 지난 10여 년간 미중 분쟁이 격화되는 풍향을 감지하고도 그 배경과 원인을 충분히 파악하지 못하고 단편적으로 대응한 것은 아쉬운 부분이다. 시간만 흘러가 버린 셈이다. 특히 미국의 대중 공세를 교역상 불만 표출 정도로 평가하고 중국의 적절한 양보로 양측이 접점을 찾을 것이라 본 것은 잘못된 판단이었다. 양국 분쟁의 구조적 성격을 파악하고 양측의 대립 격화가 불가피하다는 점을 전제하여 우리 정부와 기업의 전략을 수립했더라면 우리의 입지는 지금보다 나을 수 있었을 것이다.

미중 양측 모두로부터 우리 실리를 챙길 수 있고 그래야 한다는 전략을 공개적이고 노골적으로 표출한 것 역시 아쉬운 부분이다. 소위 '안보는 미국, 경제는 중국'이라는 명제가 원칙적으로는 타당하다. 그런데 이를 우리 정부 여러 부처에서 공식적으로 반복함으로써 결국 양측 모두로부터 의구심을 초래하는 상황으로 이어졌다. 안미경중이 우리나라의 기본노선이더라도 이를 굳이 대외적으로 표명할 필요가 있었을까? 차라리 아무 이야기도 하지 않고 "한국은 양국 모두와 관계를 중시하고 양국 갈등이 조속히 해결되기를 바란다"라는 정도의 메시지만 반복하는 편이 나았을 것이다. 안미경중 논리는 양측 모두를 이용만 한다는 오해를 초래하기 쉽다.

미중 갈등을 놓고 그간 우리 정부는 기업들과 국가적·장기적 측면에서 허심탄회한 토론과 논의가 부족했다. 여러 현안에 대한 단기적 처방에만 주력했다. 정부는 미중 갈등은 우리가 어찌할 수 없으니 일단 지켜보고 피해를 최소화해야 한다는 방침만을 제시했을 뿐이다.[150] 기업들은 스스로 현안 해결을 위해 우왕좌왕하며 국내외로 각자도생의 길을 모색했다. 전체적으로 정부와 기업 모두 단기적 교역 성과와 기업 실적 등락에 초점을 두었고, 장기적 이해관계에 대한 엄정한 판단에는 상대적으로 둔감했다.

국제교역 체제의 구조적 변화의 조짐이 여러 경로로 표출되고 있었으나 그 흐름을 정확히 파악하지 못하고 기존의 체제가 계속 유지될 것이라는 전제로 대응방안을 모색했다. 가장 대표적 예가 기존 FTA의 지속적 체결을 통한 '경제영토 확장' 전략이다. 기존의 다자주의와 FTA 체제에서는 경제영토 확장이 중요한 개념이었으나, 이제 다자주의 체제가 무력화되고 가치동맹을 중심으로 새로운 블록화 현상이 추진되는 상황이다. 단순히 FTA 체결국 수를 토대로 한 경제영토 확장 개념은 그 가치가 반감되었다. 그 대신에 우리 내부의 산업생태계 정비와 중장기적 통상환경 변화를 고려한 전략 수립이 더 중요한 과제가 되었다. 숨 고르기와 연착륙을 고민해야 할 시점에 경제영토 확장을 위해 더욱 높이 뛰어오른 것이다.

정부의 미숙한 대응: 소극적 체념과 소통 부재

미중 분쟁의 격화와 그 사이에 낀 우리의 어려운 사정에 대해 지속적으로 우려를 표하면서도 우리가 어떻게 이 상황을 헤쳐나갈 것인지에 대한 장기적 차원의 전략 수립에는 적극적으로 임하지 않았다. 요컨대 미중 분쟁은 우리가 해결할 수 없는 외생변수이고, 우리는 국외자로서 계속 관망할 수밖에 없다는 소극적 체념론이 지배적이었다.[151] 이제 이러한 부분에 대한 재검토가 필요하다.

미중 분쟁에서 우리가 앞으로 어떤 전략적 포지셔닝을 취할 것인가 하는 문제를 다루기 위해서는, 우선 두 강대국의 시각에서 우리를 한번 비추어보는 것이 필요하다. 먼저 중국의 눈으로 우리를 평가해볼 필요가 있다. 중국 관점에서 한국은 필요한 파트너이다. 특히 경제적으로 그렇다. 우리는 주요 산업에서 적절히 앞선 기술 수준을 갖고 있고, 지리적·문화적으로도 가까워 활용가치가 높다. 특히 거대한 중국 시장의 매력에 빠진 한국 기업들이 상당 부분 중국에 의존했다. 한중 FTA의 체결로 이러한 환경은 더욱 가속화되었다. 최소한 교역 측면에서 한국은 중국의 영향권으로 편입되었다. 중국의 정책담당자들은 한국 정부가 알아서 중국에 기는 저자세를 보인다고 판단했을 것이다. 중국은 시진핑 주석의 방한이 무슨 큰 선물이라도 될 것처럼, 조공 시절 황제의 회사품回賜品을 주듯이 한국을 길들이기 시작했다. 혹여 한국이 중국의 뜻을 거스르는 행동을 보일 경우, 압박을 가하면 얼마든지 한국을 움직일 수 있다는 것도 알게 되었다. 사드 보복 조치가 단적인 예이다. 한국이 다른 나라와는 달리 중국에 상대적으로 관대하고 이해심이 많다는 것을 알게 되었을 것이다. 설령 한국 국민은 그러지 않았어도 한국 정부는 그랬다. 이러한 과정에서 중국은 일본은 다루기 쉽지 않지만, 한국은 얼마든지 미국 편에 서는 것을 차단할 수 있을 것이라 생각하도록 만들었다. 우리 정부와 정치인들이 그렇게 만든 것이다.

그렇다면 지금 시점에 미국 눈에 비친 한국은 어떠할까? 교역 문제에서 미국은 한국에 대해 애증이 교차하는 복잡한 심경일 것이다. 한국은 미국의 가장 자랑스러운 성공 사례이다. 미국이 구축한 전후 질서에서 가장 성공적으로 발전한 모범생이다. 그러나 이제는 그러한 지위에서 벗어나 여러 산업 영역에서 미국과 경쟁하는 국가가 되었다. 반도체, 자동차, 전자제품 등을 생산하는 제조업 분야에서는 미국과 격차를 좁혔고, 앞서가기 시작했다. 한미 FTA의 체결로 미국은 이러한 위협을 더욱 실감하게 되었다. 미국의 심기를 더욱 불편하게 만드는 것은 한국 기업들이 여러 형태로 중국과 연결되어 미국과의 교역에 나선다는 점이다. 한국 기업들이 중국 내 공장을 건설하여 대미 수출에 나서는 한편, 한국 중간재가 중국으로 가고, 중국 제품이 한국으로 와 여러 가지 형태로 가공되어 다시 미국으로 향하는 현실이 그러하다. 한국과 중국 간 지리적 인접성을 고려하면 당연한 결과이나 미국은 한국의 이러한 행보가 영 탐탁지 않다는 점을 여러 차례 표시했다. 그런데 미중 갈등이 본격화되는 상황에서 이제 미국은 한국의 도움이 절실한 형편이다. 한국에 대해 미국 편에 설 것을 요구할 수밖에 없다.

이들 양국의 시각에서 우리 자신을 살펴보고 이들에게 우리 입장을 적극적으로 설명하기 위한 노력이 부족하지 않았는지 돌이켜 볼 때이다. 과연 우리는 이들에게 솔직했나? 진짜 동맹이고 파트너인가? 특정 영역에서의 조그만 이득이나 특정 기업의 현안을 해결하기 위해서가 아니라 우리나라와 미국, 그리고 우리나라와 중국 간의 장기적 공동 번영이라는 시각에서 이들을 설득하기 위해 노력하는 부분이 미흡했다. 솔직하지도 않았다. 외교가 아무리 누구나 인정하는 거짓말 경연이라고 하지만, 신뢰를 잃게 되면 국제무대에서 설 자리를 잃게 되는 것이다.

기업의 무모한 베팅: 지정학적 리스크 관리의 중요성

기업 측면에서도 그간의 상황을 평가하고 앞으로 어떤 전략을 수립하는 것이 필요한지 살펴보기로 하자. 무엇보다 우리 기업은 단기적 수출성과나 이윤 극대화 실적에만 급급하지 않고, 장기적 전략을 수립하여 미국과 중국 시장으로의 진출을 도모해야 한다. 미국과 중국 모두 우리 기업으로서는 놓쳐서는 안 되는 중요한 시장이다. 우리 기업의 글로벌 역량이 많이 향상되어 이미 시장 다변화 전략을 수행 중이고, 미국과 중국에서 교두보를 확보했다. 그러나 미국과 중국 시장에 접근함에 있어 거래비용의 관점에서 주의가 필요하다. 미국은 국유기업이 존재하지 않고 철저히 시장원리를 우선시한다. 미국의 법규를 위반하지 않으면서, 공장을 짓고 일자리를 창출하면, 미국의 연방정부나 지방정부 모두 호의적이다. 그러나 중국은 그렇지 않다. 중국 시장에서 경쟁하는 기업 중에는 국유기업이 많다. 국유기업이 아니라도 뒤에는 중국공산당이 있다. 삼성그룹은 중국공산당 교육기관인 중앙당교와 교육프로그램을 같이 운영했다. SK그룹은 베이징대학 및 푸단대학과 매년 학술대회를 개최했다. 그리고 중국공산당 간부가 개회식에 참석해 축사를 전달했다. 현대차와 LG그룹도 공장 하나 짓는데 국무원 승인을 받기 위해 수년이 걸렸다. 우리 대기업이 중국 시장에서 벌이는 눈물겨운 차이나 인사이더 전략은, 달리 말하면 중국 정부에 내야 하는 거래비용이다. 중국 정부의 눈치를 보아야 국무원 승인을 받을 수 있고, 지방정부로부터 위생과 소방시설 점검에서 별 탈 없이 통과될 수 있다. 중국은 한마디로 사업을 하면서 대관 업무에 큰 비용을 치러야 하는 후진적 시장이다. 뇌물을 주어야 한다는 의미가 아니라, 중국 정부의 심기를 거슬러서는 안 된다는 것이다. 마윈과 같은 거물급 기업가도 눈물을 삼켜야 하는 그런 시장이다. 중국의 부당한 조치에 대해 중국 정부는 모르쇠로 일관한다. 시간 끌기로 우리 기업의 비용은 천문학적으로 증가한다. 그리고 언젠가 중국 기업이 똑같은 제품을 모방해서 출시해도 중국 법원이 우리 기업의 손을 들어줄 까닭이 없다. 중국의 국가자본주의 체제는 그야말로 거래비용이 많이 드는 불완전한 시장경제이다. 중국에서 사업해본 사람이라면 충분히 동감할 것이다.

코로나19 이후 새로운 교역 환경에서는 단순히 이윤 극대화 측면만 볼 것이 아니라, 예상치 못한 지정학적 위험에 관한 판단도 기업으로서 중요하다는 점을 인식해야 한다. 개별 기업이 외국 시장에서 직면하는 현안들에 대한 일차적 대응도 일단은 해당 기업이 직접 해결할 수밖에 없다. 정부가 나서서 해결해줄 것으로 기대해서도 안 되고, 사실 별로 도움이 되지도 않는다. 예를 들어 미국, EU, 일본 등의 상공회의소와 같이 한국도 상공회의소를 중심으로 기업의 애로사항을 중국 상무부에 전달하려는 노력을 펴고 있다. 또한 중국에 진출하고자 하는 우리 기업들에게 대한무역투자진흥공사KOTRA가 정보와 자문을 제공하고 있다. 그러나 근본적으로 중국이 투명하고 공정한 시장이 되기까지는 거래비용을 지불해야 함을 직시해야 할 것이다.

미중 분쟁 대응을 위한 향후 전략 모색

그렇다면 앞으로 진행될 미중 무역전쟁 속에서 한국의 독자적 통상정책의 여지는 있는가? 어떤 전략을 모색해야 하는가? 일단 미국 정부의 중국 기업에 대한 제한 강화가 지속될 것이라는 점에서 먼저 중국과의 다양한 연결점을 재검토하여 대안을 모색해야 한다. 중국에 대한 의존도를 무조건 줄이자는 의미가 아니다. 미국 정부가 제재를 가하는 중국 기업과는 거래에서 발생할 수 있는 위험을 줄여야 한다는 의미이다. 중국산 제품을 수입하는 기업은 다른 수입선을 찾으면 가능하다. 일본의 수출규제로 우리나라가 상당한 어려움에 직면할 것이라는 처음의 우려가 있었으나, 결국 '궁하면 통하는' 해결방안을 찾았던 경험이 있다. 그러나 중국 시장에 수출해야 하는 기업은 거래 단절에 따라 어려움을 겪을 것이다. 미국의 제재를 위반할 경우 감수해야 하는 위험은 기업의 사활과 관련된 문제이다.

미중 갈등이 이어지는 한 어떻게든 우리 기업으로서는 단기간의 손실이 불가피하다. 어느 정도 감수할 준비를 해야 한다. 가령 SK 하이닉스 반도체의 경우 영업이익의 절반 정도가 중국 관련 수익이다. 중국 정부의 제한 조치는 직접적 타격을 초래할 것이다. 반대로 SK하이닉스 반도체의 또 다른 주요 수출시장인 미국은 중국과의 관련성을 이유로 미국 내 판매되는 반도체에 대한 고율의 반덤핑 관세와 상계관세를 부과하거나 국가안보를 이유로 한 수입제한을 부과할 수 있다. 따라서 어떤 방식이든 특정 상품에 대한 어느 정도의 피해는 불가피하다. 이를 전제로 전략을 수립하는 것이 필요하다. 어떤 피해도 없이 우리의 이익만 극대화하겠다는 접근법은 현실성이 없다. '현실과 직면하는 순간'만을 계속하여 뒤로 연기할 따름이다.

양국 갈등이 상당 기간 계속되면 일단 단기간에는 우리나라의 몸값이 높아질 가능성이 있다. 미국과 중국은 한국을 자신들의 편에 묶어두기 위해 눈치 보지 않고 사력을 다할 것이기 때문이다. 그러나 이러한 구애와 요청을 양국으로부터 모두 실리만 획득할 수 있다는 신호로 오해해서는 안 된다. 몸값이 오른 것이 아니다. 어느 순간 왕따가 될 수도 있다. 언젠가 다가올 어려운 선택의 순간을 염두에 두고 이들 두 국가로부터의 요청에 의연하게 대응해야 할 것이다.

장기적 대응: 안미경중→안경일체

장기적 측면에서 우리는 어떻게 해야 할 것인가? 먼저 기본적으로 안미경중의 접근방식을 조정해야 할 시점이다. 최근 국제통상 분야의 새로운 논의, 새로운 규범의 발전으로 안보와 경제를 하나로 합쳐 살펴보는 시각이 점차 확대되고 있다. 미중 분쟁 자체가 이제는 국제사회에서 안보와 경제가 하나의 틀 내에서 유기체로 움직이고 있다. 따라서 양자를 구별하여 접근하고 이를 통해 우리 이해관계를 적절히 보호할 수 있다는 기존의 시각은 한계에 도달했다. 과거에는 이러한 접근법이 유효했으나 이제는 양자의 일체성을 전제하고 이 문제에 대처해야 한다.

따라서 이제는 '안미경중'이 아니라 '안경일체' 전략에서 접근할 필요가 있다. 그런데 우리는 '종합적 국익'에 대한 평가에 있어 국내적으로 공감대를 형성하기 어렵다. 요컨대 우리의 국익을 어떻게 규정할 것인지가 그 첫 번째 걸음이다. 일단 우리 국익에 대한 공감대가 형성되면, 다음으로 이를 극대화하기 위해 미중 분쟁에서 우리가 어떻게 자리매김할 것인지에 대한 구체적 그림을 그릴 수 있을 것이다. 정치권이 진영 싸움을 벌이는 한 이러한 논의는 계속 헛바퀴를 돌릴 뿐이다. 무엇이 국익에 도움을 주는 것인지 주장만 있지, 논리적·합리적 토론의 광장이 없다.

단기적 이익의 집착을 벗어나라

무엇보다 교역 분야에서 단기적 이익에 대한 고려를 버려야 할 것이다. 미중 분쟁의 반사적 이익을 본다는 생각을 버리자. 예를 들어 미국 시장에서 중국 기업과 상품이 견제를 받아 우리나라가 반사적 이득을 얻을 수 있다는 점 또는 중국의 지식재산권 및 서비스 개선이 우리나라에도 긍정적 영향을 초래할 수 있다는 점 등이 그러하다. 그런데 지금 상황은 이러한 단계를 넘어섰다. 물론 미중 분쟁 와중에 우리가 반사적 이득을 보는 부분도 없지 않다. 그러나 이득만큼이나 우리는 이미 막대한 비용을 치르고 있거나 앞으로 치르게 될 것이다. 지엽적 이득만을 제시하면서, 미중 분쟁이 우리에게 기회가 된다는 설명을 하기도 한다. 그런데 이 같은 함정에 빠지면, 문제의 본질을 정확하게 보지 못하는 우를 범할 수 있다.

거시적 대응과 미시적 대응의 결합

거시적 대응과 미시적 대응의 결합이 필요하다. 미중 분쟁에 대응하기 위한 국익의 종합적 판단과 정부와 기업의 협업 체제 구축이 거시적 대응이라면, 미중 갈등으로 인해 새로이 대두하는 다양한 수출입 장벽은 미시적 대응을 요구하고 있다. 예를 들어 당장 2020년부터 새롭게 도입된 미국의 외국 환율제도에 대한 상계관세 부과는 중국을 대상으로 하고 있으나 우리나라에도 적용될 가능성이 크다. 이들 조치에 대한 대응은 미시적 대응으로 법적 검토와 논리적 반박이 요구되는 영역이다. 따라서 거시적 대응조치와 미시적 대응조치를 잘 구별하여 서로의 역할분담이 잘 이루어지도록 추진해야 할 것이다.

언젠가는 하나를 선택해야 하는 어려운 상황에 직면하게 될 가능성이 있다. 그때 어떻게 우리의 의사결정을 진행할 것인지에 대한 평가 기준과 선택 방법에 대한 구체적 준비가 되어 있어야 한다. 미래의 상황을 예측하기는 어렵지만, 행동 기준은 먼저 마련해 둘 수 있다. 그러나 이 부분에 대한 심도 있는 국내외 연구는 아직 찾아보기 힘든 실정이다.

단기적 대응: 새로운 교역규범에 대한 기본입장 정리

일단 미중 갈등의 향배와 상관없이 다자주의는 조만간 상당한 변화를 겪을 가능성이 크다. WTO 체제의 기능이 상당히 무력화되었다. 그동안의 통상환경 변화를 전혀 담지 못하고 있다는 한계 때문에 WTO 개혁에 대한 목소리가 높다. 아마도 2021년 11월에 개최되는 WTO 각료이사회가 하나의 분수령이 될 것이다. 미국 바이든 대통령이 약속한 백신 특허의 공유화 문제도 중요한 의제가 될 것이다. 최근 WTO 사무총장 선거 과정 등에서 표출된 바와 같이 우리나라 역시 이 체제에서 적극적으로 중요한 역할을 하겠다는 뜻을 피력하고 있다. 앞으로 3~4년의 과정을 거치며 국제교역 질서는 새롭게 재편될 가능성이 있다.

단기적 측면에서 우리의 기준점을 명확하게 잡아두어야 한다. 예컨대 국제교역에 나서는 우리의 '기본원칙'을 천명하고 이를 토대로 향후 현안에 대처해나가는 전략이다. 지금 우리나라가 표방하고 있는 바는 "자유무역 질서에 기초한 다자주의 체제"이다. 이러한 기준점이 지나치게 추상적이라면 좀 더 구체화하여 정리해둘 수 있다. 가령 시장경제, 자유무역, 다자주의 체제, 비차별주의를 생각해볼 수 있다.[152] 미중 또는 다른 주요국도 대놓고 반대하기는 어려운 원칙들이다.

이러한 정리 작업을 조속히 진행하고 공식적으로 확인한 후, 이를 기준점에 두고 미중의 요구에 대응해야 한다. 불편한 상황을 모면하고자 양쪽 입장을 모두 지지하거나 아무런 기준 없이 매 순간의 이득에 따라 한쪽 입장을 수용하거나 한쪽 편을 들게 되면 우리에게 큰 부담으로 다가올 수 있다. 다른 쪽의 보복은 물론이거니와 그 보복에 대해 우리나라가 내세울 주장도 별로 없다. 가령 미중이 자국 입장에 대한 지지를 요청하거나 우리나라의 미협조 등을 이유로 제재에 나서는 등의 상황이 발생한다면 우리의 핵심 가치와 이미 설정한 기준에 따라 일관된 대응이 필요하다. 기준이 부재한 상황에서 사안별 대응에 나설 때 결국 양국의 압력을 더욱 증폭시키는 촉매제가 될 것이다. 이러한 전략은 물론 때로는 단기적 부담을 초래할 수도 있으나, 장기적으로 우리나라의 입지를 '강소국'으로 자리매김하는 데 중요한 기여를 할 것이다.

특히 미중 이외의 다른 주요 플레이어들의 향배도 유념해야 한다. 세상에는 미국과 중국만 존재하는 것이 아니다. EU, 일본, 캐나다, 오스트레일리아 등의 입장은 조금씩 다르다. 그 속에서 공통분모와 교집합을 찾아야 한다. 이들 국가로부터 심정적 지지를 확보하기 위해서라도 우리의 기준점이 보편성과 객관성, 균형을 지니고 있음을 보여주는 것이 필요하다. 이는 양국 분쟁에서 중립을 유지한다는 것과는 다른 맥락이다. 우리가 채택한 기준점에 따라 당부당이 명백한 사안에 대해서는 우리 입장을 분명히 말하고 올바른 주장을 밝히는 것이 결국에는 우리에게도 이익이다.

단기적으로 현재 추진 중인 협상에 대한 재검토 작업이 필요하다. 가령 한중 FTA 서비스 챕터 개정 문제는 과거 FTA의 연장선에서 논의되는 내용이 주를 이루는데 이는 지금 논의되는 새로운 패러다임과는 거리가 있다. 중국이 추진하는 낮은 단계의 통합전략에서 벗어나 높은 단계의 통합을 위한 전략을 함께 고려해야 한다. 만약 중국이 높은 단계의 통합을 거부한다면 중국을 설득하는 것이 필요하다. 낮은 단계의 협정에 만족해서는 향후 새로운 통상 질서를 창출하는 데 적극적인 임무를 수행할 수 없다.

디지털 경제 및 디지털 교역의 선두로

앞으로 미중 분쟁의 주요 전장은 디지털 경제와 디지털 교역의 주도권 다툼이다. 미중 분쟁의 향배와 승자가 누구이든 상관없이 디지털 경제와 디지털 교역이 새로운 교역 질서의 핵심으로 자리 잡을 것이다.[153] 그렇다면 우리도 이제 이 분야에 관한 연구를 더욱 확대해야 한다. 우리 법령은 새로운 흐름을 따라가지 못하고 있다. 이러한 한계를 빨리 극복하고 국가 차원의 전략으로 새로운 산업에 뛰어들어야 한다.

한 가지 고무적 현상은 우리가 법령과 제도의 미흡함에도 불구하고 디지털 경제의 소프트웨어와 하드웨어 부분에서는 선두그룹에 속하고 있다는 점이다.[154] 반도체 등 세계 최고 수준에 근접한 영역이 적지 않아 앞으로 디지털 경제에서 우리가 경쟁력을 보일 수 있다. 이를 잘 활용해야 한다. 향후 '디지털 국제교역 체제의 핵심부품 기지' 내지 '아이디어 센터'로 자리매김하는 것이 다자주의 체제 재편과 미중 갈등의 파고를 넘어서는 관건이 될 것이다.

내수시장의 한계 극복을 위한 디지털 교역

디지털 교역 시대가 새로운 기회를 부여하는 또 다른 이유는 그간 우리나라의 최대 아킬레스건이었던 작은 내수시장의 한계를 극복할 수 있다는 점 때문이다. 그동안 우리나라는 수출주도형 경제를 운용하면서도 내수시장은 턱없이 작아서 항상 미국, 중국, 일본, EU 등 주요국의 통상 공세와 보복에 일방적으로 당해온 측면이 크다. 지금 미중 분쟁에서 전전긍긍하고 있는 이유도, 일본이 우리나라에 대한 압박을 계속 공언하고 있는 이유도, 미국이 한미 FTA 개정을 요구할 수 있었던 이유도, 상대적으로 내수시장이 작았기 때문이다. 작은 나라의 설움이다. 내수시장은 영토와 인구와 연동되어 있으니 우리가 이를 바꿀 수 없다. 그간 제조업 중심의 교역에서는 내수시장의 차이가 중요한 족쇄로 작용했다.

새롭게 대두하는 디지털 교역 체제에서는 내수시장의 의미가 과거에 비해 약해지고, 전 세계 단일시장의 개념을 더욱 강화하는 추세로 나아갈 것이다. 이러한 체제에서 우리는 더욱 활발한 참여와 이윤 창출을 도모할 수 있다. 미중 갈등의 격화와 다자주의 체제

마비로 어려움이 발생하더라도 어느 정도 그 어려움을 풀어나갈 실마리를 제공할 수 있을 것이다.

4. 아태 지역 주도권 경쟁에 대응하라[155]

다변화 전략으로 확대균형 추구

한국의 수출이 지나치게 중국에 의존하고 있다는 점은 미중 갈등이 심화되는 시점에서 매우 시급히 해결해야 할 과제이다. 여러 통계를 통해 확인할 수 있듯이 우리 수출과 제조업 분야 투자가 상대적으로 중국에 편중된 것은 분명한 사실이다.

우선 중국 시장에 대한 의존도가 적절한지에 대해 고민해볼 필요가 있다. 한국의 대중국 수출의존도는 1992년 수교 당시 3.5%에 불과했으나, 2000년에는 10.7%, 2005년 21.8%, 2018년 26.8%로 높아졌다. 자동차를 제외한 주력 수출상품에서 중국에 대한 의존도가 매우 높다. 반도체의 41.2%, 평판디스플레이 및 센서의 46.8%, 석유화학 중간원료의 81.4%, 반도체 제조 장비의 48.8%가 중국으로 향하고 있다.

우리 수출의 중국에 대한 의존도가 높은 요인은 무엇일까? 두 가지 요인을 지적할 수 있다.

첫째, 중국이 GVC의 허브로 부상하는 과정에서 한국이 중요한 중간재 공급자 역할을 담당해왔다. 2000년대 초반까지만 해도 미국, 독일, 일본이 GVC의 허브 역할을 담당했다. 그러나 2001년 중국이 WTO에 가입한 이후부터 동아시아지역의 새로운 허브로 부상함으로써 현재는 독일, 중국, 미국 중심의 GVC가 형성되었다. 특히 ICT 분야의 GVC는 중국을 중심으로 재편되어 있다. 둘째, 한국의 대중국 수출은 중국에 진출한 한국계 기업에 의해 유발되는 비중이 높은 것으로 추정된다. 2017년을 기준으로 재중 한국 기업의 투자 단위당 대중 수출 유발계수는 1.069이고, 한국의 대중국 투자 잔액은 601억 달러였던 점을 감안하면 당해 연도 한국의 대중국 수출액(1,420억 달러)의 45% 정도가 중국에 진출한 한국 기업이 이루어낸 것으로 추정된다.

이러한 구조적 요인으로 인해 한국의 대중국 수출의존도를 단기간에 낮추기는 쉽지 않다. 인위적으로 특정 국가와의 교역 규모를 줄이기보다는, 다변화 전략이 확대균형을 추구한다는 점에서 바람직하다. 중국은 가장 역동적인 성장잠재력이 있는 시장이다. 하루아침에 미중 마찰로 중국 시장이 빙하기에 진입하지는 않을 것이다. 신남방정책과 신북방정책의 내실화가 필요하며, 동시에 중남미, 아프리카 등 신흥 남방벨트 지역에 대한 수출을 확대해야 한다. 특히 수출시장의 다변화는 우리 기업의 해외투자 지역 다변화로부터 시작해야 한다. 투자 지역의 다변화가 이루어져야 우리 수출의 71.4%를 차지하고 있는 중간재 수출 확대로 이어지기 때문이다. 우리 기업의 해외투자에 따른 수출유발 효과는 ASEAN, 북미지역이 중국보다 높다. 중국은 이미 국산화 정책에 의해 우리 중간재와 경쟁하는 부품을 자체 공급하는 역량이 커졌기 때문이다. 반면에 우리의 베트남 수출이 빠르게 증가하고 있는 점은 베트남의 경우 아직 중간재를 베트남 내에서 공급할 수 있는 역량을 갖추지 못했기 때문이다.

미중 탈동조화에 대비한 가치사슬의 안정화 노력

미국의 탈중국화 대상이 되는 전자제품과 부품산업의 경우 공급사슬을 안정화하기 위한 전략 수립이 시급하다. 미중 마찰과 코로나19 사태로 GVC의 안전성이 위협을 받으면서 중국에 진출한 다국적기업들은 대체로 세 가지 패턴의 대응전략을 구사하고 있다. 중국을 주력 시장으로 하는 산업의 경우 중국 사업의 조달체계를 강화하는 것이며, 제3국 시장을 타깃으로 하는 산업의 경우 지경학적으로 안전한 지역에서 공급망을 강화하는 동시에 국내기업과 중국 내 기업 간의 업무 조정을 통해 대응하는 전략이다.

첫째, 중국의 내수시장을 타깃으로 하는 기업의 경우 중국에 그대로 남아 공급사슬을 안정시키는 노력을 강화하는 전략이 필요하다. 중국은 성장하는 소비시장인 동시에 글로벌 수출을 위한 생산기지로서도 장점이 있다. 중국의 내수시장을 타깃으로 진출한 기업의 경우 성급한 리쇼어링보다는 현지 생산의 공급사슬을 안정화하는 전략이 필요하다.

둘째, 미중 마찰에 대한 대응으로 'China+1' 전략을 구사해야 한다. 즉 공급망을 안정시키기 위해 지경학적으로 안전한 국가로의 생산기지 이전을 추가로 확보할 필요가 있다. 이러한 전략은 미국이 중국산에 대해 추가 관세를 부과하는 전자부품, 컴퓨터 및 관련 제품을 중심으로 이루어지고 있으며, 최대 수혜지역은 베트남이다. 중국 내에서 모듈의 60%를 생산하는 애플의 경우에도 동아시아, 멕시코, 인도에서 제조 협력사 확대를 추진하고 있다. 아울러 2020년에는 중국에서 지경학적으로 안전한 동남아시아의 다른 지역으로 생산의 15~30%를 이동하는 것을 검토하도록 공급업체에 요청한 것으로 알려졌다.

셋째, 전략적 산업에서 리쇼어링도 검토해야 한다. 맥킨지 보고서에서는 미중 마찰과 코로나19에 따른 공급망 충격을 최소화하기 위한 방법으로 이중 소싱dual sourcing, 재고 축적, 공급사슬의 지역화 이외에 40%의 기업이 니어쇼어링을 선택한다는 계획을 세우고 있는 것으로 나타났다. 그러나 전략적 산업의 경우 국내 회귀를 통한 안정적 가치사슬을 강화하는 전략도 나타나고 있다. 바이든 행정부도 의약품과 의료기기 분야의 리쇼어링을 강조하고 있고, 프랑스 역시 의약품 분야에서 유럽 내 생산기지 건설을 확대해야 한다고 강조했다. 다만 리쇼어링은 글로벌기업의 효율성과 경쟁력 저하를 초래할 수 있다는 지적도 있다.

아태 지역 주도권 경쟁 대응: 일대일로와 인태 전략의 병행

21세기 지역경제 구도 재편에 있어 가장 중요한 지역으로 부상하는 인도·태평양 지역에 대한 전략을 구체화하고, 이 지역을 둘러싼 미국과 중국으로부터의 협력 요청에 대비해야 한다. 미중 마찰과 코로나19 팬데믹에 대한 대응으로 탈중국화를 방지해야 하는 중국으로서는 밀접한 경제 관계를 유지하고 있는 일대일로 지역 국가와의 협력을 공고히 하는 것이 중요한 대외경제 및 외교전략의 핵심이 될 것이다. 한편 동맹 및 우방국과의 공조로 중국을 더욱 압박하려는 미국으로서도 인도·태평양 지역과의 협력을 강화해갈 것이다. 이에 우리는 두 전략의 활용이라는 차원에서 협력 방향을 재정립할 필요가 있다.

한국과 중국은 일대일로의 주요 협력 분야인 오통五通(무역창통, 자금융통, 정책소통, 인프라 연결, 민심상통)에서 이미 다양한 협력을 추진해왔다. 2018년 2월에는 '일대일로와 신북방·신남방 정책 연계 MOU'를 교환, 제3국 시장 협력 진출에 관한 MOU 체결, 제3국 공동진출 비즈니스 포럼, AIIB 창립회원 가입 등 다양한 협력프로그램을 운용하고 있다. 물론 가시적 프로젝트에 한국 기업이 직접 참여한 사례는 찾아보기 힘들다. 이는 일대일로 프로젝트의 추진에 있어 소위 돈이 되는 사업은 중국이 독차지하고 있기 때문이다. 과연 중국 정부가 우리 기업들이 참여할 만한 그런 돈이 되는 사업을 같이하자고 할지는 앞으로도 불확실하다.

한편 미국은 트럼프 행정부 시절 한국이 EPN에 참여할 것을 요구한 바 있다. 바이든 행정부에서도 인태 전략에 한국이 적극적으로 참여할 것을 요구했다. 우리 정부도 경제적 측면에서 인태 전략과 한국의 신남방정책과의 연계를 도모하고 있으나, 군사·안보적 협력 분야에 참여하는 것에 대해서는 부정적이다. 이는 문재인 정부가 한미동맹을 넘어서서 한미일 또는 미국 주도의 군사적 대중 봉쇄에는 참여하지 않겠다고 입장을 분명히 밝혔기 때문이다. 물론 중국을 자극하지 않겠다는 것이 이유가 되겠지만, 이로 인해 한국이 미국의 진정한 동맹인가에 대해 트럼프 행정부는 물론이고 바이든 행정부로부터도 의심을 받을 것이다.

문재인 정부는 어느 하나를 선택하기보다는 일대일로와 인태 전략과의 협력을 병행 추진하는 전략을 고려하고 있다. 중국의 일대일로 전략 참여에 있어 한국은 협력의 파트너로 역할을 담당하겠다고 했지만, 실제로 구체적 협력 사업은 진행되지 않고 있다. 한편 인태 전략에서는 협력자인 동시에 수혜자가 될 수도 있다. 그러나 미국이 원하는 것은 한국이 군사적 동맹에 참여하는 것으로 보인다. 비군사적 분야에서의 협력은 이제 막 준비 중이다. 따라서 현재 상황은 사실 어디에도 참여하지 않고 있다고 할 수 있다. 따라서 이와 같은 기회주의적 선택을 지양하고, 양대 전략과의 협력에 대한 기본원칙과 협력 사업의 분야를 결정해야 한다. 신남방 지역에서 일대일로와 동시에 인태 전략과도 연계해나가야 한다. 우리 경제에 도움이 되는 일을 마다할 이유가 없다. 눈치 보지 말고 실익을 챙겨야 한다. 한국은 2020년 11월 12일 제21차 한-아세안 정상회의에서 ASEAN 국가들과 협력 수준을 끌어올리기 위한 '신남방정책 플러스(+)' 전략을 발표했다. 특히 미국 등을 중심으로 이루어지고 있는 BDN(청정 인프라) 분야의 참여를 검토하는 동시에 중국을 중심으로 하는 디지털 실크로드 사업을 모두 이용할 수 있는 전략을 마련해야 한다. 다만 새로운 신남방정책의 추진에 있어 중국의 일대일로 전략과 인태 전략 사이의 갈등 관계가 지속될 것이라는 점에서 우리의 신남방정책이 방향성을 잃어버리지 않고, 우리의 독자적 대외전략으로 자리매김할 수 있도록 다각적 노력이 필요하다.

독일의 경우에서 보듯이 중국에 대한 의존도를 낮추는 동시에 중국을 배제하는 인태 전략 대신에 아태 지역에서 새로운 협력관계를 구축하기 위한 독자적 전략이 필요하다. 2020년 9월 2일 독일은 독일판 〈인도·태평양 지역 전략보고서Indo-Pazifik Leitlinien〉를 채택했다. 이는 독일이 인도·태평양 지역에서 포괄적 분야를 대상으로 다자적 협력 네트워크 구축을 강화함으로써 성장동력 확장 및 국제규범 정립에 기여하는 것을 주요 내용으로 한다. 독일은 단극적·양극적 국제질서를 배제하고 다자주의에 기초한 협력관계를 강조함으로써 대중국 의존도를 낮춤과 동시에, 자국 주도의 체제로 편입을 요구하는 '미국 우선주의'에 대한 비판적 입장을 견지했다. 6월에 개최된 G7 정상회담에서도 앙겔라 메르켈Angela Merkel 독일 총리는, 미 의회가 반대하는 러시아산 가스 수입을 위한 노르

트스트림2 가스관 공사에 대해 바이든 대통령으로부터 제재 면제를 받아냈다. 과연 한국이 유럽의 맹주 독일처럼 자신감 있는 외교력을 보일 수 있을 것인지에 대해서는 회의적이다.

동아시아 경제통합 전략에 대한 대응

중국은 동아시아 경제통합을 통해 탈중국화를 회피하고 GVC의 안정을 달성하려는 전략적 목표를 가지고 있다. 이는 중국의 쌍순환의 한 축인 국제순환의 중요한 정책 가운데 하나이다. 이러한 전략에서 중국은 RCEP의 조기 타결에 성공했다. 그 여세를 몰아 한중일 FTA의 적극적 추진을 통한 동아시아지역의 경제통합을 도모하고 있다. 아태 및 동아시아 지역에서 경제통합은 우리에게 단순한 시장개방의 의미 이상이다. 현재 일본을 제외하고 대부분의 국가와 양자 간 FTA를 체결하고 있는 한국으로서는 동아시아 역내 개방수준의 확대, 공평하고 자유로운 무역과 통상환경 조성이라는 의미가 더욱 크다고 할 수 있다. RCEP에 한중일 3국이 모두 참여함으로써 사실 한국은 간접적으로 일본과 FTA를 체결했다고 볼 수 있다. 그런데 중국이 유독 한중일 FTA 추진을 강하게 도모하는 이유는 미국의 중국 봉쇄로부터 한국과 일본을 떼어놓으려는 외교전략과 맞물려 있다. 일본은 미국과의 핵심 동맹으로 미국이 원하지 않는 한중일 FTA를 체결할 의사가 없다고 본다. 따라서 이런 상황에서 한국이 눈치도 없이 중국의 동참 요구에 나서는 우를 범해서는 안 될 것이다.

한편 CPTPP에 대한 미국의 복귀와 중국의 가입 가능성에 대비해야 한다는 논의가 있다. 미국은 오바마 행정부 시절 아시아 회귀 전략의 하나로 TPP를 추구해왔다. 그러나 2017년 1월 트럼프 행정부는 TPP 탈퇴를 선언했다. 그 결과 미국이 빠진 상태에서 2018년 3월 일본 주도로 CPTPP가 체결되었다. 바이든 행정부는 CPTPP가 오바마 행정부가 추진하려고 했던 TPP의 규범 수준에 비해 낮은 단계의 협정이라는 점에서 당장 CPTPP에 동참할 가능성은 거의 없다. 오히려 CPTPP보다 높은 수준의 규범을 추진하려고 할 것이다. 그런 미국의 속셈을 읽고 중국이 CPTPP 참여 가능성을 언급하는 것으로 볼 수 있다. 그러나 중국이 진정으로 CPTPP에 참여할 가능성은 거의 없다. 하지만 토니 블링컨 미국 국무장관과 제이크 설리번 백악관 국가안보보좌관 모두 TPP의 설계를 담당했고, 협상을 성공시킨 주역들이다. 이들은 분명 아태 지역이 확대된 인태 지역에서 TPP와 같은 경제동맹을 구상할 것이다. 미국이 경제동맹에 나서면 우리는 바로 참여해야 한다.

그렇다면 시진핑 주석이 2020년 제27차 APEC 정상회의 연설에서 중국이 CPTPP 가입을 적극적으로 고려할 것이라고 밝힌 의도는 무엇일까? 이는 미국이 참여하지 않는다는 가정하에 CPTPP 가입에 따른 추가적 부담이 크지 않다고 판단했기 때문이다. 그러나 중국의 CPTPP 가입은 결코 만만한 일이 아니다. 중국이 CPTPP의 참여국 중 일본, 멕시코, 캐나다를 제외하고 대부분 국가와 FTA를 체결하고 있다고 하지만, 당장 캐나다, 멕시코와 FTA를 체결하는 것은 USMCA의 규정을 위반하는 것이다. USMCA에 참가하고 있는 캐나다와 멕시코는 중국과 같은 비시장경제국가와 FTA를 체결하려면 USMCA를 폐기해야 한다. 시진핑의 참모들이 이러한 조항을 모를 리 없다. 중국 지도부는 CPTPP에 가입하는 것이 사실상 불가능하다는 것을 알면서도 중국이 다자주의를 표방하고 있다는 대외적 선언을 한 것에 불과하다.

이러한 아태 지역에서의 경제통합 움직임에 맞추어 문재인 대통령이 신년사에서 "태평양 동맹과의 협상을 가속화하고 CPTPP 가입을 적극 검토하겠다"고 밝혔다. 국내 통상 전문가들도 미국의 복귀와 중국의 가입 이전에 선제적으로 CPTPP 가입을 서둘러야 한다는 주장을 하고 있다. 그러나 현실을 정확히 읽을 필요가 있다. 미국은 현재의 CPTPP에는 가입할 의사가 없으며, 중국의 CPTPP 가입은 사실상 불가능한 일이다.

2장

중국은 한국 산업의 파트너가 될 수 있을까

1. 한국 산업의 생존 방정식, 산업생태계의 복원[156]

미중 무역갈등, 코로나19 팬데믹 확산 등으로 글로벌 산업지형에 대격변이 일어나리라는 전망이 있다. 실제로 일정 부분 변화가 목격되고 있지만, 산업구조조정은 시간이 걸리는 문제이다. 유연하고 신속하게 산업구조조정을 할 수 있는 나라도 있겠지만, 흔하게 발견되는 현상은 아니다. 절박함이 있어야 비로소 가능하다. 기존 산업계의 저항은 물론이고, 노동시장이 경직되고 정부의 각종 규제가 발목을 잡는 나라에서 구조조정이 가능한 경우는 그래도 위기의식을 공유할 때이다. 한국이 처한 지금의 상황을 위기로 본다면 우리에게는 새로운 기회가 주어질 것이다. 그러나 우리 정부에게서는 위기의식을 찾아볼 수가 없다. 중국의 부상과 미국의 견제 속에 한국의 산업생태계를 어떻게 복원하고 미래의 먹거리를 재창출할 것인지 고민이 보이지 않는다.

부동산을 비롯한 자산가격의 상승 속에 영혼까지 끌어다 투기를 벌이는 카지노 자본주의와 한탕주의로 한국의 산업계는 곪아가고 있다. 거대한 산업계의 지형 변화를 간파하지 못하고 온통 지대추구 행위가 판치면서 건강한 산업생태계를 지탱하는 창조적 혁신은 위축되고 있다. 배달의민족은 독일계 배달의영웅(딜리버리 히어로)에 매각되었고, 쿠팡은 뉴욕 증시에 상장되었다. 네이버, 카카오가 삼성전자, SK하이닉스 다음으로 시가총액 3~4위를 기록한다. 그러나 주력산업에 포진한 대기업, 융합 시대의 플랫폼 기업, 서민의 힘겨운 삶의 현장인 자영업이 서로 어우러진 산업생태계는 분절되고 해체되고 있다. 김도훈(2017)이 적절히 진단하듯이, 한국의 산업생태계는 기존 거대기업들이 창업기업들과 협업하며 새로운 산업을 적극적으로 만들어내는 실리콘밸리와는 완전히 다른, 닫힌 생태계이다. 상생과 공생이 아닌 각자도생이다. 경쟁하면서도 서로 이끌어주고 시너지를 만드는 생태계가 아닌 약육강식의 정글의 법칙이 지배하고 있다.[157]

4차 산업혁명과 디지털 전환은 코로나19 사태로 더욱 빨라졌다. 그 결과 승자와 패자의 명암이 갈리고 있다. 반도체 빅 사이클이 도래할 것이라는 기대감이 부풀면서 그나마 한국 산업에 훈풍이 불고 있다. 그러나 중국의 추격이 멈추었다고 생각하면 오산이다. 축적의 시간을 통해 이룩한 우리의 성공 신화는 초격차가 사라지는 어느 한 순간 오히려 무너질 수도 있다. 자만해서도 안 되고,

여유를 부려서도 안 된다. 잘나가는 사업은 더욱 채찍질하고, 잘 안 되는 사업은 뼈를 깎는 노력을 기울여야 한다. 혁신과 융합의 시대에 새로운 산업의 먹거리를 끊임없이 탐색하고 좁은 한국 시장이 아니라 세계시장에서 경쟁해야 한다.

우리에게 주어진 시간은 많지 않다

중국은 모방에서 혁신으로 빠르게 변신하고 있다. 중국의 거대 시장은 규모의 경제를 만들고, 규모의 경제는 전문화를 가능하게 한다. 전문화는 생산성 향상을 이끌어 세계시장을 석권할 수 있게 한다. 똑같은 상품을 만드는 완전경쟁시장이 아니라 차별화된 경쟁력으로 '한계생산 체감의 법칙'으로부터 자유롭게 한다. 규모가 늘어날수록 평균비용이 하락하는 자연독점은 규모의 경제가 가져다주는 무서운 경쟁력의 비밀이다. 튼튼한 재무구조는 끊임없는 혁신의 재원을 마련해주고, 특허를 무기로 독점력을 발휘할 수 있다. 한국이 중국보다 조금 앞선 분야에서 초격차를 계속 유지할 수 있을지는 회의적이다. 그나마 미국의 중국 견제로 시간을 벌었다고 생각할 수 있다. 그러나 그렇지 않다. 중국공산당 지도부는 5년 아니 10년 동안 기술자립을 위한 총력전을 벌일 것이다. 과학기술 중국몽을 실현하는 것이야말로 21세기 중국의 목표이다. 중국 정부가 거의 무한대로 실탄을 공급해주면 사실 불가능이란 없을 것이다. 정부 지원이 비효율적이고, 비시장적이라고 아무리 주장해도 중국은 자신의 길을 걸을 것이다.

미국의 견제도 모든 분야에서 통하지는 않을 것이다. 미국이 강요하는 탈중국화 전략이 과연 성공을 거둘 수 있을까? 천만의 말씀이다. 일부 첨단산업에서는 통할 수 있겠지만, 산업의 영역은 광범위하다. 테슬라가 중국 시장을 탈출하는 일은 없을 것이다. 월가가 중국 주식을 거들떠보지도 않는 일은 있을 수 없다. 수레바퀴는 계속 굴러갈 것이다. 중국의 추격은 멈추지 않을 것이다.

그동안 한국은 주력산업에서 중국의 빠른 추격으로 위기를 경험했고, 경쟁력을 상실했다. 예를 들어 디스플레이 산업에서 범용제품으로는 더 이상 중국 기업에 상대가 되지 않는다. LCD 패널은 중국에 양보해야 했고, 프리미엄 제품인 OLED로 버티고 있다. 중국은 다시 OLED 생산을 늘리며 한국의 아성에 도전하고 있다. 디스플레이의 주요 수요처는 TV, 컴퓨터, 휴대전화 등이었으나, 옥외 광고판인 디지털 사이니지, 차량용 디스플레이 등 새로운 시장이 빠르게 형성되고 있다. 디스플레이 산업은 이제 단지 더 좋은 패널을 더 싼 가격으로 만드는 경쟁이 아니다. 생태계가 얼마나 잘 조성되어 있느냐가 관건이다. 디스플레이 산업의 생태계 하부에는 소재·부품·장비(소부장)가 자리를 잡고 있다. 패널을 만들려면 소부장이 튼튼하게 버텨줘야 한다. 우리나라 대기업이 패널을 생산하려면 중소·중견 소부장 기업과의 협력이 필요하다. 정부는 일본에 의존하는 소부장 산업의 경쟁력 제고를 위해 R&D 지원체계를 혁신하고 특정 제품 위주의 지원보다는 생태계 지원의 관점에서 접근해야 한다. 산업계에서 중국의 추격으로 더는 투자할 곳이 없다는 비명이 나오지 않게 하려면, 특정 산업이 아니라 생태계적 접근에서 해법을 찾아야 한다.

미국의 중국 견제 역시 생태계적 접근이 필요하다. 중국 기업이 생태계에 발을 붙이지 못하도록 만들어야 한다. 예를 들어 중국의 반도체 추격을 봉쇄하려면 반도체 장비를 공급하지 말아야 한다. 또한 반도체 생산에 필요한 소재, 부품 등의 공급도 제한해야 한다. 그러나 이런 극단적 탈중국화 전략은 중국을 이란처럼 만드는 봉쇄전략이다. 사실 미국 입장에서도 이런 식으로 중국을 봉쇄하는 것이 득실 여부를 떠나서 명분이 있는지 불분명하다. 중국 정부가 산업정책을 통해 중국 국유기업에 보조금을 지급하고 공정한 국제무역질서를 훼손하는 행태는 비난할 수 있겠지만, 그렇다고 중국을 세계시장에서 쫓아내겠다고 하는 것은 설득력이 떨어진다. 미국의 봉쇄전략에는 한계가 있다. 중국은 추격의 고삐를 늦추지 않을 것이다. 우리에게 주어진 시간도 그리 많지 않다. 아니 없다고 생각해야 맞는다.

중국 기업의 동태를 주도면밀하게 살펴라

미국의 중국 견제가 유효하게 작동할 것인지 아닌지는 중국의 대응 여하에 달려 있다. 중국으로서는 미국의 압박과 견제가 없는 것이 제일 좋겠지만, 미중 갈등은 이제 상수이다. 트럼프의 미국 우선주의 때문에 미중 갈등이 발생했던 것도 아니다. 거래적 접근을 선호했던 트럼프의 방식과 달리, 바이든 행정부는 민주주의와 인권이라는 가치를 공유하는 국가들과 함께 반중 공동전선을 형성하고자 한다. 군사·안보 동맹의 축은 쿼드이고, 산업·기술동맹의 축은 인태 전략의 연장선에서 모색될 것으로 보인다. 아직 구체적이지는 않다. 중국은 일단 다자주의를 표방하면서 트럼프와 바이든 사이에 차이가 없다고 보고 있다. 중국의 인식은 크게 틀리지 않았다. 그러나 시진핑의 다자주의는 중국을 위한 다자주의일 뿐이다. 세계를 위한 다자주의가 아니다. 다자주의의 원칙도, 표방하는 가치도 없다. 하다못해 경제적으로 개도국 지위를 포기하겠다거나, 비시장경제 지위에서 벗어나기 위해 어떤 노력을 하겠다는 선언도 없다. 국가자본주의의 틀을 계속 강화해나가겠다는 의지만 엿볼 수 있다. 중국은 한편으로 버티면서 반격을 준비할 것이다. 중국의 반격, 특히 산업 분야의 반격은 '중국제조 2025'의 새로운 버전으로 나타날 것이다. 우리는 이 점에 주목해야 한다.

중국의 추격이 일견 주춤하는 것처럼 보일지 몰라도 전혀 그렇지 않다. 메모리반도체 분야에서 중국의 추격을 따돌린 것처럼 보이지만, 여타 장치산업에서 중국의 약진은 계속되고 있다. 대표적 업종이 배터리 산업이다. 특히 전기차에 장착되는 배터리 생산의 최강자는 중국이다. 배터리 산업의 생태계를 보면 알 수 있다. 중국은 이미 세계 1위의 전기차 제조국이다. 국내에서 먼저 탄탄한 수요 기반을 갖추었다. 2020년 기준 중국의 자동차 생산량 3,000만 대 중 전기차 생산이 200만 대이다. 2025년이면 자동차 생산량 3,500만 대 중 전기차 생산이 700만 대에 달하게 된다. 한국의 자동차 생산 대수는 400만 대가 안 된다. 자동차와 배터리를 동시에 생산하는 중국 제1위의 전기차 제조업체인 BYD는 아직 글로벌 시장을 공략하기에는 2% 부족해 보인다. 그러나 배터리 제조에만 주력하는 닝더스다이CATL는 2020년 한국의 배터리 업체보다 앞서 나가고 있다. 점유율도 1위지만, 전망도 좋다. 독일에 배터리 공장을 짓고 폭스바겐 등 독일의 전기차 생산업체와 제휴 관계를 형성하고 있다. 우리가 잘 아는 테슬라의 배터리 공급업체이다. 이미 상장된 기업으로 테슬라 주가와 함께 시가총액이 급상승했다. 1조 위안에 근접하고 있다.

중국 장치산업의 투자가 둔화할 것이라는 우려와 달리 CATL은 2023년까지 3년 만에 배터리 생산능력을 2020년 대비 3배로 키울 계획이다. 정말 감히 엄두를 낼 수 없는 공격적 투자이다. 중국에 진출한 한국의 배터리업체가 전기차 배터리 보조금을 한 푼도 받지 못하는 가운데 중국 정부의 보조금으로 급성장한 기업이 바로 CATL이다. 그야말로 중국공산당이 키운 기업이라는 세간의 말이 틀린 말은 아니다. 2011년에 설립되어 불과 10년 만에 배터리 시장의 최강자가 된 CATL은 국유기업이 아니라, 민영기업이다. 푸젠성 닝더 출신의 청위친曾毓群이 애플에 배터리를 납품하는 회사 ATL

에서 분사해서 설립한 회사이다. 정말 탁월한 선견지명이다. 한국의 산업계는 무섭게 치고 올라오는 중국 기업의 약진을 과소평가해서는 안 될 것이다.

CATL은 상장기업으로 충분한 자본력을 갖추었다. 기술력도 결코 부족하지 않다. 배터리 산업의 생태계에서 중요한 부품인 분리막을 제외하고는 자체 생산능력을 잘 갖춘 기업으로 평가받고 있다. 배터리의 양극과 음극을 분리하는 분리막은 일본이 개발했고, 한국 기업이 후발주자로 개발에 성공한 배터리의 핵심부품이다. 중국이 다 쫓아왔다고 하지만 분리막은 아직 제대로 만들지 못하고 있다. 일본과 한국이 분리막을 동시에 공급하지 않는 순간 CATL은 자체적으로 분리막을 생산하지 못하면 공장을 움직일 수 없을 것이다. 가능성은 크지 않지만 상대방의 약점을 아는 것은 중요하다.

중국 산업의 큰 흐름을 생태계 관점에서 파악하고 그 생태계의 약점을 공략하는 전략이 중요하다. 우리의 산업생태계를 돌이켜보아도 마찬가지이다. 국제무역을 통해 서로 비교우위에 있는 업종을 전문화하는 것이 바람직하지만, 만약 상대방 국가가 수출을 금지하는 극단적 경우에는 우리가 대안을 마련할 수 있다는 점을 전제로 한다. 따라서 망원경으로 산업 전반의 생태계를 살펴보고, 좀 더 미시적으로 특정 업종의 생태계를 관찰하면서 동시에 현미경으로 기업의 동태와 전략을 세밀하게 파악하는 것이 필요하다.

산업 전반의 부가가치를 높여라

제품 100원어치 팔아서 1원을 벌 것인지, 10원을 벌 것인지, 아니면 50원을 벌 것인지는 부가가치 창출 능력에 달려 있다. 마른 수건도 쥐어짜서 비용을 줄이는 방법으로 10%의 비용 절감은 가능할 수 있어도, 획기적으로 부가가치를 창출할 수는 없다. 한국 제조업체의 문제는 부가가치가 낮다는 데 있다. 빅 스리Big Three의 법칙이 적용되는 경쟁 시장에서, 1등이 가져가는 부가가치의 몫이 가장 크다. 그래도 3위까지는 나눠 먹을 몫이 있다. 그러나 3위 밖으로 밀려나면 레드오션에서 고생만 하고 돌아오는 몫은 쥐꼬리만 하다. 우리 산업 전반의 부가가치를 높이는 문제는 GVC에서 어디에 포지셔닝 하느냐의 문제와 직결된다. 제품의 연구개발에서 생산, 마케팅에 이르기까지의 부가가치를 나타내는 스마일 커브smile curve의 양극단이 먹을 게 많다는 것은 잘 알려진 사실이다. 왼쪽 극단에는 제조 이전의 단계에서 기술력을 확보해야 한다는 것이고, 오른쪽 극단에는 브랜드 파워가 경쟁력의 핵심이다. 너무나도 상식적이지만 세계 1등이 되지 않으면 쉬운 일이 아니다.

중국 중심의 GVC에서 한국이 살아남는 길은 바로 1등 전략이다. 소비재가 되었건 중간재인 소부장이 되었건 세분화된 시장에서 1등이 되어야 한다. 그래야 높은 부가가치를 창출할 수 있다. 중국이 중간재 국산화에 일부 성공한다고 해도 1등 제품을 만드는 한국 기업은 대접을 받을 수 있고, 황금알을 낳은 거위를 보유한 셈이다. 기능성 섬유제품에 필요한 스판덱스, 자동차 타이어를 강화하는 핵심 소재인 폴리에스터 타이어코드, 자동차 시트벨트, 자동차 에어백 모두 한국이 세계시장에서 1등을 하는 제품이다. 1등 자동차를 만들려면 1등 부품을 사용해야 한다. 기술력이 없었다면 불가능한 일이었을 것이다. 히든챔피언을 많이 키워야 한다. 중국의 추격에도 우리가 살아남을 수 있는 해법은 세분화된 시장에서 히든챔피언이 1등 자리를 중국에 양보하지 말아야 가능하다. 일단 뺏기면 다시 찾아오기 힘들기 때문이다.

철강, 석유화학, 조선, 자동차, 전기·전자 업종에서 중국의 추격은 숙명적이다. 포스코는 철강 생산 경쟁력에서 세계 1위의 자리를 10년째 유지하고 있다. 조강 생산량 기준 단일 공장으로 세계 1~2위의 지위를 계속 유지하면서 규모의 경제효과를 누리고 있다. 그러나 중국의 대형화 전략에 맞서려면 범용제품에서 다품종 특화제품으로 변신해야 한다. 새로운 수요에 대응하기보다는 새로운 수요를 창출하는 것이 필요하다. 아울러 친환경 스마트공장의 모범을 보이면서 공정혁신과 효율화를 지속해서 추진해나가야 할 것이다.

석유화학도 대표적 장치산업이고 규모의 경제가 중요하다. 석유 한 방울 나지 않는 나라에서 불리함을 극복하고 성공한 불굴의 의지를 보여준 업종이다. 사실 중국보다 더 두려운 존재는 산업화를 서두르는 중동과 셰일 가스로 부활하는 미국이다. 업스트림과 다운스트림으로 긴밀하게 연결된 석유화학의 생태계에서 한국 기업의 살길은 공급과잉 속에 새로운 시장을 개척하는 것이다. 우리가 사용하는 상당히 많은 제품이 사실 석유화학 제품이다. 마스크, 페트병, 의류에서 시작해서 각종 건축 자재, 파이프, 자동차, 항공기 등에 필수적으로 들어가는 제품이 바로 석유화학제품이다. 한국은 범용과 특화된 제품에서 모두 경쟁력을 갖추고 있다. 그러나 정유 부문은 물론이고 화학산업에서도 아직 글로벌 톱 5(미국 화학학회 2020년 기준)에 진입하지 못했다. 독일의 바스프BASF, 중국의 시노펙SINOPEC, 미국의 다우DOW, 사우디아라비아의 사빅SABIC, 영국의 이네오스INEOS가 톱 5이고, 한국의 LG화학이 11위이다. 물론 다른 기준으로는 LG화학이 글로벌 화학기업 4위에 오르기도 했다.

한국의 경제발전 과정은 철강, 석유화학, 조선, 자동차, 전기·전자 등 장치산업에서 전반적인 부가가치를 높이는 노력이었다고 해도 과언이 아니다. 이를 통해 일본이나 독일 등 산업 선진국의 경쟁력을 추격하는 데 성공했다. 중국 정부가 열망하는 '중국제조 2025'를 사실 한국은 이미 달성한 셈이다. 이런 주력산업에서의 경쟁력이 있었기에 중국의 경제성장 과정에서 우리 기업이 중간재를 공급할 수 있었다. 그리고 중국이 우리 제품을 사주었기에 그 덕분으로 역량을 키울 수 있었다. 하지만 앞으로 중국이 한국으로부터 수입하던 많은 중간재를 국산화하고, 한국이 경쟁력을 가진 분야를 위협한다면 어떤 일이 벌어질까? 과거에 한국이 일본, 독일을 추격했던 것처럼 한국 역시 중국에 추격당할 위협에 처해 있다. 가장 원론적 해법은 중국의 추격을 완전히 따돌릴 수 없다면 중국의 등과 머리에 올라타야 한다. 꼬리에 매달려서는 휘둘리게 되고 결국 추락하게 된다. 앞서 논의한 부가가치를 높이는 노력이 계속되어야 한다. 추격하는 기업에서 추격받는 기업이 된 것을 자랑스럽게 생각하고 1등 기업을 유지하기 위한 혁신전략으로 무장해야 한다.

협업의 열린 산업생태계를 구축하자

한 산업의 부가가치를 높이려는 노력이 해당 산업의 경쟁력 강화라면, 산업의 구조전환은 부가가치가 높은 새로운 산업으로 구조를 크게 변화시키는 산업 간 업그레이드를 의미한다. 현재 한국이 경쟁력을 지닌 수출산업은 과거 경공업에서 중공업으로, 중공업 내에서도 저부가가치 산업에서 고부가가치 산업으로의 구조전환을 통해 구축된 것이다. 추격형 산업생태계 속에서 한국 산업은 성과를 거두었다. 그러나 주력산업은 노쇠 현상을 경험하고 있다. 대기업이 주도하는 주력산업의 생태계가 닫힌 생태계이기 때문이다. 신산업을 이끄는 플랫폼 사업의 기수들과 협업 체제를 만들지 못하고 있다. 주력산업이 성장 정체를 극복하려면 시너지를 만들 수 있는 열린 생태계를 구축해야 한다. 열린 생태계에서는 혁신과 융합이 가능하다. 중국의 추격을 따돌릴 수 있는 최선의 전략은 중국과 차별화하는 방법뿐이다. 시장점유율을 놓고 힘겹게 버티는 싸움으로 중국을 이길 수 없다. 규모의 경제를 넘어서 범위의 경제로 시너지를 만들어야 한다. 범위의 경제는 혼자서는 달성할 수 없다. 융합을 통해서만이 가능하다.

산업의 구조조정은 주력산업을 해체하자는 것이 아니다. 주력산업은 여전히 우리 산업의 기둥이다. 철강, 자동차, 석유화학, 전기·전자 산업이 하루아침에 무너지면 한국은 이류 국가로 전락하게 된다. 주력산업이 신산업 분야에서 새로운 신인들의 출현을 응원·지원해야 한다. 그러나 우리 주력산업은 시늉만 할 뿐 속내는 신인들의 등장을 바라지 않고, 오히려 걸림돌이 되고 있다. 김도훈(2017)은 "기존 주력산업들이 새로운 산업이 태어나야 하는 중요한 관문마다 기득권으로서 기존에 있던 주력산업 위주의 질서 유지 세력으로 작용하고 있다. 기존 산업의 틀에서 이익을 향유하는 층은 자신들의 질서를 위협할지 모르는 새로운 산업의 등장을 두려워하며 이를 가로막는 정치적 세력으로 작용하고 있다"라고 지적하고 있다. 그렇다면 어떻게 전환할 것인가? 쉬운 일이었다면 벌써 가능했을 것이다. 정부가 나서서 할 일도 아니다. 정부가 나서면 오히려 일을 그르칠 수도 있다.[158]

김도훈(2017)은 우리나라 기업 문화에서 '이질적 파트너'들과 함께 일하는 협업 정신이 자리를 잡지 못한 점이 문제라고 지적한다. '모난 돌이 정 맞는다'라는 말이 있듯이 오로지 말 잘 듣는 파트너들만 자기편으로 생각하는 그야말로 못난 기업 문화로는 4차 산업혁명의 융합 정신을 구현할 수 없다. 진정한 융합은 개방형 협업 속에서 비로소 가능하다. 배터리 기술의 영업비밀을 둘러싼 LG화학과 SK이노베이션의 추한 공방을 보면 인력의 자유로운 이동을 가로막는 칸막이를 어떻게 허물어야 할지 난감할 뿐이었다. 대기업의 폐쇄적 생산 네트워크는 1~2차 협력업체들을 줄 세우기로 자신들의 울타리 안에서 중소·중견기업들을 길들이고 있다.

울타리를 허물어야 진정한 협업이 가능하다. 새로운 먹거리가 보일 때마다 주력산업의 대표 주자들은 다시 자신의 진영을 형성하고 경쟁할 것이다. 삼성전자가 시스템반도체에서 미래를 보았다고 할 때, SK하이닉스라고 다를 리 없다. 그러나 정작 시스템반도체를 이끌어야 할 인재는 한정되어 있다. 누가 먼저 선점하느냐로 승패를 가른다면 삼성전자가 한발 앞섰다고 볼 수 있다. SK하이닉스는 후발주자로 시스템반도체를 포기해야 할까? 삼성전자나 SK하이닉스 모두 세계시장을 놓고 경쟁한다. 부족한 인재를 어떻게 찾을 것인가? 생태계적 접근법으로 보면, 미래산업을 이끌어갈 인재를 충분히 공급할 수 있어야 한다. 실리콘밸리에는 그런 인재 창고가 잘 형성되어 있다. 그러나 한국은 그렇지 못하다. 미래산업의 전사들을 키우지 못한 생태계에서는 경쟁만 존재할 뿐 협업이 불가능하다. 중국 정부가 백인계획, 천인계획, 만인계획으로 인재를 키워갈 때 우리는 무엇을 했는지 반문하고 싶다.

한국의 반도체는 중국의 추격에서 자유로운가

중국 정부는 반도체 자급률을 2020년 40%, 2025년 70%로 높이겠다는 목표로 반도체산업을 적극 지원해왔다. 2014년 정부 주도로 반도체 전용 펀드인 '국영 반도체산업 투자 기금'을 설립해 매년 300억~600억 위안 규모의 자금을 자국 반도체 기업에 투자해왔다. 특히 기술력을 앞당기기 위해 2015년 미국의 마이크론Micron, 2016년 샌디스크Sandisk에 대한 인수합병을 추진했으나, 미국 정부의 견제로 무산된 바 있다. 미국 정부의 제재로 기술 도입을 통한 반도체산업 육성정책이 사실상 좌절됨에 따라 중국은 자력으로 반도체산업을 육성하겠다는 정책으로 전환했다. 이러한 정부의 지원 정책에 힘입어 2019년 중국의 신설 반도체 관련 기업 수는 5만 3천 개에 달했으며, 2020년 상반기에는 2만 8천 개 기업이 신설되었다. 또한 2020년 8월 4일 '신시대 반도체·소프트웨어 고품질 제품 개발과 산업발전을 위한 정책'을 발표했다.

그러나 중국의 반도체 자급률은 2010년 10.2%에서 2020년 말 현재 15.9%로 정체되어 있다. 이중 중국 기업에 의한 반도체 생산 비중은 5.9%에 불과하고, 외국 기업(삼성전자, SK하이닉스, 인텔, TSMC, UMC)들의 생산 비중이 10%를 차지하고 있다. 2020년 반도체 자급률 15.9%는 '중국제조 2025'의 목표치인 40%의 절반에도 미치지 못하고 있다. 중국의 대표적 반도체 파운드리 제조 기업인 SMIC는 10nm 칩의 생산에 어려움을 겪고 있으며, 2019년 9월 미국 정부가

SMIC를 수출금지 대상에 포함하면서 반도체 장비의 조달에 어려움을 겪고 있다. 중앙정부와 지방정부가 엄청난 자금을 지원하고 있음에도 불구하고 중국의 반도체산업은 여전히 기술개발 부진과 막대한 투자 손실로 심각한 부실화 위기를 맞고 있다. 급기야 중국의 대표적 반도체 기업집단인 칭화유니그룹의 유동성 위기는 중국 반도체산업의 전망을 더욱 어둡게 만들고 있다.

반도체 전문연구기관인 IC 인사이트IC Insight의 발표에 따르면, 2025년까지 중국의 반도체 자급률은 외국 기업체 생산을 포함하여 19.4%에 그칠 것이며, 외국 업체들의 비중이 여전히 50%를 넘어설 것으로 전망했다. 따라서 2025년 자급률 목표치인 70%는 실현 가능성이 매우 낮다. 중국 정부로서는 초조해질 수밖에 없다. 중국 정부가 공을 들인 반도체 굴기가 실패했다는 좌절감도 있지만, 자칫 미국의 압박과 견제로 반도체 수급에 차질이 발생하면 중국 중심의 공급망이 붕괴할 위험이 있기 때문이다. 특히 2020년부터 시작된 반도체 슈퍼 사이클 국면에서 한국과 타이완이 대규모 설비투자를 단행하게 되면 후발자로서 중국의 추격은 더욱 어려워질 것이다.

한국이 강점을 지닌 메모리 반도체 분야에서 중국 기업이 아직도 상용화 단계에 이르지 못했다는 점은 한국에게는 다행스러운 일이다. 그리고 반도체 제조에 필요한 핵심장비의 수출을 미국이 금지하고 있다는 점 역시 중국의 반도체 굴기를 어렵게 만드는 요인이다. 그러나 시스템반도체 분야에서 상황은 녹록지 않다. 조철 외(2020)에 따르면 시스템반도체 설계에 해당하는 팹리스는 중국에 약 2,000여 개가 있으며, 튼튼한 내수시장이 뒷받침해주고 있어 성장 속도가 빠르다.[159] 신산업에 요구되는 다양한 기능을 수행하는 시스템반도체는 4차 산업혁명을 주도하는 빅데이터의 수집 및 활용에 사용되는 AI 역할을 한다. 따라서 메모리 반도체의 우위만으로는 한국의 반도체산업이 세계의 강자가 될 수 없다. 메모리 중심으로 경쟁력을 보였던 일본 반도체산업이 1980년대 미국을 앞섰지만 결국 2000년대 들어서 몰락했다는 점을 상기해야 할 것이다. 반도체산업 역시 생태계를 구성하는 다양한 요소들을 골고루 갖추어야 한다. 메모리와 시스템반도체 간의 균형, 반도체 제조에 필요한 소재-부품-장비, 그리고 무엇보다도 좋은 전문 인력을 확보해야 한다.

중국이 당분간 메모리 분야에서 추격이 힘들다고 판단할 경우, 시스템 분야에서 우선 경쟁력을 확보하려는 전략을 택할 것으로 보인다. 중국 팹리스가 설계한 반도체의 95%는 중국과 타이완에서 공급할 수 있다. 타이완의 TSMC가 중국의 SMIC와 같은 파운드리 기술력을 보유하고 있기 때문이다. 관건은 세계 1위의 파운드리 업체인 타이완의 TSMC가 중국과 어떻게 제휴 관계를 맺어갈 것인가이다. 타이완의 경우 TSMC 말고도 UMC, 파워칩, 뱅가드 등 파운드리 업체가 다수 있다. 세계 파운드리 시장의 65%를 이들이 점유하고 있다. 미국이 이들 타이완 기업을 직접 제재할 명분도 신통치 않다. 파운드리 기업만 존재하는 것이 아니다. 미디어

텍MediaTek, 노바텍Novatek, 리얼텍Realtek 등 세계적 팹리스 기업도 보유하고 있다. 사실 중국의 SMIC 설립 당시 엔지니어들도 대부분 TSMC로부터 데려왔고, 그로 인해 오랜 기간 특허 소송에 시달려야 했다. 타이완의 반도체산업이 시스템 분야에서 경쟁력을 발휘할 수 있었던 것은 초기에는 해외의 우수한 인력을 유입하기 위해 정부가 각종 인센티브를 제공했고, 1990년대 초부터는 반도체 설계 교육기관National Chip Implementation Center, CIC 설립 등을 통해 집중적으로 시스템반도체 분야의 인력을 양성했기 때문에 가능했다. 중국도 타이완의 방식을 그대로 답습하고 있다. 해외의 우수인력을 유치하고, 아울러 대학에 반도체 관련 학과를 신설해서 집중적으로 인력을 양성하고 있다.

한국과학기술기획평가원(2021)은 한국의 반도체 업계가 메모리 분야에서 1차, 2차 협력업체들과의 긴밀한 협력을 통해 안정적으로 장비와 소재를 공급받는 생태계를 형성하고 있다고 평가하고 있다.[160] 그러나 시스템 분야는 설계-생산-패키지&테스트-판매 등으로 연결되는 분업화된 구조인데, 한국이 가장 취약한 부분은 바로 설계에 해당하는 팹리스 기업의 수가 절대적으로 부족하다는 점이다. 150여 개의 국내 팹리스 기업은 세계시장 점유율이 1%에도 이르지 못하고 있다. 삼성전자나 SK하이닉스 모두 시스템반도체 분야에서 어떻게 경쟁력을 키울 것인가가 향후 과제로 남아 있다. 또한 반도체산업의 생태계에서 소재, 부품, 장비의 안정적 공급을 확보하는 것도 한국이 극복해야 할 과제라고 볼 수 있다. 타이완, 중국의 사례에서 배울 수 있듯이 시스템반도체 분야의 전문 인력 양성을 위한 국가 차원의 전폭적 지원이 필요하다. 한국의 대학은 특정 학과의 설립 및 정원을 제약하는 요인이 너무 많다. 또한 특정 학과만 지원하는 것을 용인하지 않는 평등주의적 사고가 지배하고 있다. 그리고 반도체 전문 인력을 집중 양성하면 삼성전자와 SK하이닉스에만 좋은 것 아니냐는 공정성 시비도 제기될 수 있다. 그나마 잘하는 것을 더 잘하기도 힘든 환경인 산업생태계가 안타까울 뿐이다.

선택과 집중이 필요하다

제한된 자원을 투입할 때는 선택과 집중이 필요하다. 한국이 모든 산업을 다 잘하는 자기 완결적 산업체계를 이룰 수는 없다. 한계투자비용과 비교우위라는 경제학 교과서의 이론 측면에서나, GVC라는 현대적 경영 측면에서나 한국은 자신이 가장 잘할 수 있는 것을 선택해야 한다. 중국이라는 거대하고도 민첩한 상대방 앞에서라면 더욱 그렇다. 우리가 육성하는 산업을 중국도 육성하고 있다면 우리가 중국과 물량 대결로 승부를 볼 수는 없기 때문이다.

투자·육성의 우선순위를 판단하기 위한 하나의 진단 도구로 가로줄이 3개, 세로줄이 2개인 3x2 행렬을 이용할 것을 제안한다. 어떤 분야가 향후 얼마나 성장할 것인지를 한 축으로, 그리고 그 분야에서 한국이 우위/경합/열위에 있는지는 다른 한 축으로 판단하는 것이다. [표 17]은 자동차산업을 예로 들어 한국이 우위인 분야, 경합 분야, 중국이 우위인 분야를 행렬로 그려보았다.

표 17 투자·육성 우선순위 진단을 위한 행렬(자동차산업의 예)

자료: 최필수 정리

			향후 성장성		
			小	大	
한국의 대중 경쟁력	우위	3	내연기관	수소차	1
	경합		범용부품	전기차	
	열위	4	상용차	자율주행 시스템 전기버스	2

[표 17]은 다음과 같은 시사점을 제공한다. 한국은 수소차와 내연기관에 우위가 있고, 범용부품과 전기차에서 경합하고 있으며, 상용차와 자율주행·전기버스에서는 중국보다 열위에 처해 있다. 그렇다면 제한된 자원을 어디에 투입해야 최대의 효과를 볼 것인가? 이미 열위에 처한 분야에 자원을 투입해서 중국을 추월하는 것보다 우리가 앞서 있거나 경합 상태인 분야에 자원을 투입해서 격차를 늘이기가 더 쉽다. 우리가 이미 열위에 있는데 중국을 추월하기 위해서는 중국을 능가하는 자원의 투입과 축적의 시간이 필요하다. 중국이 우리를 추격한다면 모를까 우리가 중국을 추격한다는 것은 상상할 수 없는 일이다. 중국의 가성비를 따라가기 위해 우

리나라의 요소가격을 낮춰야 한다는 것은 매우 비현실적이다. 또한 내연기관과 같이 조만간 도태될 분야는 아직 버틸 만하다면, 현금 창출원cash cow으로 가져가면 된다. 그 대신에 신에너지 차량과 같이 새롭게 성장할 분야에 자원을 집중 투입해야 한다. 성장하는 시장이라면 낮은 점유율이라도 유지할 가치가 있지만 축소되는 시장이라면 발을 빼도 좋다. 지금 당장은 아니더라도 언제든지 발을 뺄 준비를 해야 한다. 이러한 행렬을 만드는 일은 그리 어려운 작업이 아니다. 그러나 내부자의 관점에서 보면 현재 자신이 누리는 기득권을 포기해야 하는 것처럼 보인다. 따라서 관점의 전환이 필요하다. 내부자의 관점이 아닌 외부 투자자의 관점에서 객관적으로 성찰해야 한다. 5년 후, 아니 10년 후 자신이 강점을 보일 수 있는 분야에 투자를 집중해야 한다. 그래야 살아남을 수 있다.

정리하면, 한국은 자동차산업에서 1순위로 수소차와 전기차 분야에 집중적으로 자원을 투입해야 한다고 결론을 낼 수 있다. 광동성 선전에 가본 사람이라면 택시는 100% BYD가 만든 전기자동차이다. 서울에서는 상상도 할 수 없는 일이 중국에서는 벌어지고 있다. 서울의 모든 택시를 현대차와 기아차가 만든 전기차로 100% 바꾸는 일은 우리나라와 같은 시장경제에서 가능한 일이 아니다. 그러나 중국에서는 가능한 일이다. 택시 운전사에게 물어보면 BYD 전기자동차에 대해 불만이 많다. 잔고장이 많다는 것이다. 우리 자동차 업계가 할 일은 잔고장을 없애고 소비자의 신뢰를 얻는 일이다. 타이거 우즈가 사고를 내고도 무사했던 우리 현대차는 안전성도 인정받고 있다. 앞으로 전기자동차의 핵심부품은 내연기관이 아니다. 자동차가 단지 도로를 달리는 수송수단이 아니라 자동차 안에서 일상을 즐길 수 있고, 업무를 보는 공간이 되어야 한다. 그러기 위해서는 자동차에 장착된 수많은 반도체야말로 핵심부품이다. 따라서 우리 자동차산업이 발전하려면 자동차산업의 생태계가 새롭게 조성되어야 한다. 전기차 생산에 필요한 공급망이 재편되어야 하고, 충전 인프라가 편리하게 개편되어야 한다. 생태계 조성은 혼자서 할 수 있는 일이 아니다. 정부의 보조금 정책보다 생태계 조성을 위한 협업 체계를 구축하는 일이 훨씬 중요하다.

한편 우리가 현재 열위에 있는 분야라도, 성장성이 매우 크다면 섣불리 포기할 수 없다. 자율주행 시스템이 대표적이다. 자율주행 시스템이야말로 대표적으로 협업이 필요한 영역이다. 또한 자율주행 시스템을 구축하려 하는 선도 업체는 기존 자동차 생산업체가 아니다. 구글이 위치한 실리콘밸리의 마운틴뷰로 가야 자율주행 자동차의 참모습을 볼 수 있다. 구글이 자동차를 만든다는 것을 누가 상상이라도 해봤겠는가? 구글의 웨이모가 1위 기업이다. 그리고 포드와 GM이 그 뒤를 쫓고 있다. 4위는 중국의 바이두이다. 이어서 인텔의 모빌아이와 현대차의 합작기업 모셔널Motional도 이름을 올리고 있다. 현대차는 미국의 자율주행업체 앱티브와 손을 잡았다. 잘한 일이다. 국내에서도 자율주행 시스템을 개발하기 위해 나선 창업자들이 있다. 생태계가 꿈틀거리고 있다는 좋은 징조이다. 자율주행에 대한 특허출원 건수가 세계에서 가장 많은 독일도 앞다투어 투자할 기세이다. 우리 정부는 빈약한 한국의 자율자동차 생태계를 만드는 데 일조해야 한다. 정부는 지자체와 함께 자율자동차를 시범 운행할 수 있도록 인프라를 조성하는 역할을 담당해야 한다. 자율주행 시스템은 가장 먼저 지역 버스에 적용될 것이기 때문이다. 중국에 뒤처져 있지만 2순위로 추진해야 할 분야이다.

향후 20년 안에 내연기관 생산이 종료될 것이라는 전망이 있다. 성장성이 없다는 것이 아니라, 아예 내연기관 중심의 자동차 생태계는 사라진다는 것을 의미한다. 내연기관 차량을 완결적으로 설계하고 제작할 수 있는 몇 안 되는 국가인 한국으로서는 이런 추세가 달갑지만은 않을 것이나, 홀로 거부할 수도 없다. 향후 20년 정도의 생산과 그 후 몇십 년의 유지·보수 수요가 앞으로 내연기관 업종이 가져갈 시장의 전부이다. 여기서라도 중국과의 격차를 확실히 벌리고 싶다면, 이 분야를 지속 육성해야 한다. 이것이 3순위 육성 분야이다. 마지막으로 우리가 열위에 있고 향후 축소될 시장이라면, 굳이 자원을 투입하여 육성할 필요가 없다. 트럭이나 버스와 같은 상용차 부문을 4순위로 지정한 것에 불만이 있는 독자는 조철 외(2020)의 1장 자동차산업을 읽어보기 바란다. 국내 상용차 업계가 살아남으려면 내연기관을 버리고, 전기차 또는 수소차 버스를 생산해야 한다. 그리고 자율주행 버스로 승부를 겨루어야 한다.

이와 같은 방식으로 전 산업에 걸쳐 중국과의 경쟁력을 비교하는 행렬을 만들어볼 수 있다. 굳이 중국과의 경쟁력을 비교한 이유는 중국의 추격이 무섭기 때문이다. 예를 들어 베트남이 중국보다 강한 업종은 베트남과 경쟁력을 비교해도 좋다. 한편 중국과 무관하게 각 업종의 성장성은 전문적 식견과 통찰력이 필요하다. 중국이 성장을 주도하는 업종도 있지만, 반드시 그렇지는 않다. 이러한 시도는 매우 거친 분석일 수 있다. 자동차산업에 대한 전문지식을 갖춘 전문가에 의해 좀 더 날카로운 분석이 완성되기를 희망한다.

중국은 우리 산업의 파트너가 될 수 있을까

중국과의 경쟁을 염두에 두면서도 중국이 우리 기업의 최대 수출시장이라는 점을 잊어서는 안 된다. 물론 시장 규모로는 미국이 중국보다 앞서고 있다. 그러나 관세청 통관기준으로 2020년 우리 기업은 중국에 1,326억 달러, 미국에 742억 달러를 수출했다. 삼성이 5G 운용 칩을 양산하여 판매해야 할 곳도 중국이고, LG가 차세대 2차 전지를 개발하여 판매해야 할 나라도 중국이다. 즉 중국의 공급망에 적절히 녹아드는 것은 불가피한 일이 아니다. 적극적으로 도모해야 할 일이다. '고객이 왕'이기는 하지만 굳이 저자세일 필요는 없다. 중국이 필요하니까 우리 제품을 수입하는 것이다.

그러나 중국의 공급망에 깊숙이 속해 있다는 사실은 미중 무역전쟁, 기술전쟁이 치열하게 전개되면서 우리 기업에 불안감을 주는 것이 사실이다. 제2의 사드 사태로 한국 제품을 수입하지 않으면 어떡하냐는 걱정이 들 수 있다. 그러나 두려워할 일은 아니다. 중국의 보복은 자신이 꼭 필요로 하지 않는 그런 업종에서 벌어질 것이다. 주로 소비재가 대상이 될 것이다. 우리가 정말 걱정해야 할 일은 중국이 자국 중심의 공급망을 완벽하게 갖추어 우리 제품을 수입할 필요가 없어지는 상황이다. 미국의 압력이건 중국의 자발적 개방이건 중국 시장이 더 개방적으로 변모하는 가운데서도 중국 기업이 경쟁력을 갖추면서 오히려 우리 기업이 축출되는 역개방 현상이 나타날 수 있다. 이는 일본 기업이 한국 시장에서 한국 기업의 경쟁력이 강화되면서 경험했던 바이다. 따라서 중국 중심의 공급망에 포섭된 우리 기업은 기술 유출에 특별히 신경을 써야 한다. 중국이 구사하는 '시장으로 기술을 바꾸는以市場換技術' 전략에 철저히 대비해야 한다. 중국을 만만하게 보면 정작 시장도 얻지 못하고 기술만 빼앗길 수 있다. 2020년부터 시행된 '외상투자법'을 보면 중국 정부는 외자기업에 대한 지식재산 보호를 강화하겠다는 내용을 포함했다. 이는 선진기술의 도입이 간절한 중국 정부로서 외자기업이 안심하고 중국 시장에 진출해도 좋다는 신호이다. 그러나 우리 기업의 기술과 특허가 완벽하게 보호받을 수 있으려면 '외상투자법'의 시행 과정에 결점은 없는지 꼼꼼하게 대응책을 마련해야 할 것이다.

완성품을 만드는 과정에 참여하는 중간재 공급업체들은 부품과 소재의 특성에 따라 갑을 관계가 달라진다. 대체재를 쉽게 구할 수 있는 경우에는 을의 위치에 처하게 된다. 그러나 대체재를 찾기 어려운 경우에는 갑이 될 수 있다. 독보적 기술을 보유하고 있으면 갑이 된다는 말이다. 누구나 손쉽게 만들 수 있는 그런 제품으로는 을의 위치를 벗어날 수 없다. IT 산업과 같은 단주기의 기술 사이클은 항상 기술 유출에 위태로울 수밖에 없다. 그러나 생명공학과 같은 장주기의 기술 사이클은 여유가 있다. 우리 기업이 걱정스러운 이유는 아직 장주기의 기술 사이클을 가진 업종에서 확실한 경쟁력을 갖추지 못했기 때문이다.

한중 산업협력은, 한중 수교 이후 한국의 대기업이 중국에 진출하면서 자동차, 석유화학 등의 업종에서 추진했던 전략이다. 단독 지분이 허용되지 않았던 탓이다. 그러나 이제 대부분 업종에서 단독 지분이 허용되고 있다. 삼성전자의 낸드플래시 시안 공장, SK하이닉스의 우시 공장은 단독 지분으로 진출했다. 상대적으로 기술 유출의 우려가 적다. 물론 인력 유출 등을 통해 사람에 체화된 기술이 빠져나가는 것은 어쩔 수 없는 일이다. 영업비밀과 관련한 보호제도가 미흡한 중국에서 알아서 철저히 대비하는 것 말고는 대안이 없다. 지금까지 한국의 반도체 업체들이 기술 유출로 어려움을 겪지 않은 것은 천만다행이다. 따라서 기업 차원의 협력은 기업이 알아서 하도록 하면 된다.

한중 산업협력은 중앙정부 차원보다는 주로 지방정부 차원에서 추진됐다. 한국 기업을 유치하기 위해 지방정부가 충칭, 우한 등에 한중 산업단지를 조성해서 한국 기업에 토지 및 세제 혜택을 부여했다. 한중 FTA 체결 이후에는 인천-웨이하이 간 지방경제협력,

산둥성 옌타이, 장쑤성 옌청, 광둥성 후이저우 등 3곳에 한중 산업단지를 조성했다. 이곳에 진출한 한국 기업들은 클러스터를 형성해서 정보를 교환하고 지방정부로부터 적절한 지원을 받고 있다. 그러나 진정한 의미의 산업협력이라기보다는 지방정부 차원의 한국 기업 투자유치라고 보아야 할 것이다. 한중 양국의 산업발전을 위한 시너지를 발휘하기 위한 목적으로 설계된 것도 아니다. 결론적으로 산업협력만큼 공허한 것은 없다. 한미, 한일 산업협력의 사례가 없는 것과 마찬가지이다.

중국 소비재 시장의 잠재력 활용

중국의 수입 소비재 시장은 독일, 미국, 일본, 영국과 한국이 절반 이상을 차지하고 있다. 소비재 수입시장이 원자재나, 자본재 수입시장보다 빠르게 증가하고 있지만, 이들 국가의 시장점유율은 별로 증가하지 못하고 있다. 자국의 수출 가운데 소비재의 수출 비중이 10%가 넘는 나라는 미국, 일본, 독일, 영국, 프랑스 정도이다. 중국 수입시장이 아직은 협소한 가운데 그나마 이들 선진국의 소비재 시장이 되고 있을 뿐이다. 한국의 대중 소비재 수출 비중이 낮은 상태에서 이를 크게 향상하려면 많은 어려움이 예상되지만 기업의 지속적인 노력이 필요하고, 아울러 비관세장벽의 해소를 위한 정부의 노력이 필요하다.

과거 일본의 비관세장벽에 대해 비판의 목소리가 컸지만, 이제는 중국이다. 중국의 가장 대표적 비관세장벽은 강제성 제품 인증China Compulsory Certificate제도이다. 우리의 대표적 수출상품인 식품, 화장품, 의료기기 등에 대해 중국 식품약품감독관리총국의 심사 및 허가 취득을 의무화하는 제도이다. 우리 상품이 국내에서 안전하다고 인증을 받아도 다시 중국 관련 당국으로부터 인증을 받아야 수출할 수 있다. 문제는 이 인증제도를 중국이 악용하고 있다는 점이다. 인증에 필요한 서류가 미비하다고 심사를 지연시킬 뿐만 아니라, 실제로 모든 서류를 완벽하게 갖춰도 심사 기간이 너무 오래 걸린다. 기업으로서는 신상품을 출시하면 바로 시장에서 판매하는 타이밍이 매우 중요하다. 그러나 중국 시장에서는 중국 인증기관으로부터 CCC 인증서를 획득한 후 CCC 마크를 부착해야 한다. 중국의 경우 대체로 인증에 걸리는 시간이 한국보다 두 배 이상이다. 또한 각종 기술서류를 제출해야 한다. 이로 인해 기술유출의 위험이 있다.

각종 기술 장벽이 새로운 무역장벽, 즉 비관세장벽으로 인식되면서 선진국들의 경우 상호인정제도Mutual Recognition Arrangement, MRA가 확산되고 있다. 대부분의 전기·전자 제품에 대해서는 적합성 평가에 있어 상호인정제도가 적용된다. 한국도 중국과 FTA를 체결하면서 적합성 평가에 상호인정제도가 적용되고 있다. 그러나 모든 품목에 적용되는 것은 아니다. 2017년 12월부터 우리나라의 KC 인증 173개 품목과 중국 CCC 안전인증 104개 품목에만 적용된다. 그리고 화장품, 의약품에는 아직 적용되지 않고 있다. 중국 정부의 소극적 대응으로 한국 공산품 수출이 중국 시장 진출에 어려움을 겪고 있다는 점을 정부는 확실히 파악하고 대응책을 강구해야 할 것이다.

정부의 적극적 역할이 시급하다

중국의 소비재시장 진출을 위해서는 정부의 적극적 역할이 필요하다. 2016년 사드배치와 관련한 중국의 보복 조치로 중국에 진출한 한국의 소비, 유통 관련 기업들은 거의 전멸했다. WTO, 한중 FTA 등 제도적 측면에서 보장되고 있는 무차별주의, 투명성, 호혜주의, 실질적 투자자 보호 등은 전혀 효과를 발휘하지 못했다. 눈물을 머금고 중국 시장에서 아무것도 건지지 못한 채 철수하는 운명을 맞이했다. 하지만 한국 정부는 '침묵'할 뿐이었다.[161] 일본의 한국에 대한 반도체 생산 관련 일부 품목의 수출허가제도에 대해서는 실질적 피해가 없었음에도 호들갑을 떠는 모습과 너무 대조적이다.

중국에 진출한 기업들 특히 소비재의 판매와 관련된 기업들은 현지에서 재산권을 보호받지도 못하고 이런 부당한 대우에 대해 모국으로부터 어떤 도움도 받을 수 없었다.[162] 한국의 한 대기업은 중국에서의 '품위 있는' 철수를 위해 현지 실직 종업원들에게 베푼 호의로 현지에서 많은 칭찬을 받기도 했다. 중국에 진출한 국가 중

유독 한국처럼 이런 보복을 당한 나라는 지금까지 없었다.

이런 상황은 최근 코로나19의 원인 규명과 관련하여 중국이 오스트레일리아에 취한 보복 조치에서 재현되고 있다. 수출의 38.7%를 중국에 의존하는 오스트레일리아도 중국의 석탄 및 각종 원자재 수입금지 조치로 어려움을 겪고 있다. 하지만 오스트레일리아의 의연한 대응은 국제적으로 많은 찬사를 받는다. 오스트레일리아산 석탄 수입을 금지하면서 오히려 중국이 전력난을 겪고 있다. 과거 일본에 대한 희토류 수출금지가 오히려 중국의 희토류 기업과 관련 은행을 망하게 한 전례와 같은 모습이다.

혁신과 창업의 생태계를 만들자

은종학(2019)은 중국의 과학기술 역량을 결코 과소평가해선 안 된다고 강조하고 있다.[163] 중국의 과학기술 역량은 매우 광범위한 영역에서 상당한 수준에 도달했다. 중국의 이러한 성과는 미국을 포함한 여러 선진국과의 협력 연구 속에서 이루어진 것이다. 그렇다고 미국에 절대적으로 의존하고 있지도 않다. 미국을 제외한 연구 네트워크에서도 중국은 높은 성과를 보이고 있다. 미국이 중국 유학생을 받지 않고, 중국과의 연구 네트워크를 단절한다고 해도 중국에 상당한 정도의 버틸 힘이 있음을 시사한다. 중국의 과학기술 역량이 한국보다 앞서가는 분야가 많다. 한국이 중국과 차별화하는 틈새를 찾기도 쉽지 않다. 과학기술 분야의 연구는 창작물이 발표된 이후부터 새로운 사이클이 시작된다. 과학적 연구의 성과물이 상업화 과정을 거쳐 경제적 부가가치를 지니는 성과물로 발전해야 한다. 학술지에 논문을 발표하는 것으로 성과가 끝났다고 생각하는 한국의 연구지원 체제는 그야말로 쉽게 발표될 수 있는 논문만을 양산하게 되고 진정 혁신을 이끄는 연구는 게을리하게 한다. 중국 정부는 실리콘밸리에서 혁신의 생태계를 배우고자 했으나 절반의 성공만을 거두었다. 베이징의 중관춘이 실리콘밸리를 닮으려고 했지만 역부족이었다. 혁신의 생태계와 과학기술 분야의 기초연구가 융합되지 못했기 때문이다. 한국도 마찬가지이다. 산학연 협업을 지난 20년 동안 강조해왔지만 실패했다. 오로지 예산 배분과 예산 관리에만 신경을 쓰는 관리형 혁신체제로는 활용가치가 없는 논문만 양산될 뿐이다.

산학연 협업이 제대로 돌아가지 않다 보니 한국의 창업정책은 중국보다 형편없다. 미국의 실리콘밸리를 배울 것이 아니라, 중국의 창업 생태계부터 먼저 배워야 할 것이다. 중국 대학 졸업생 가운데 8%가 창업에 뛰어든다. 그러나 한국의 대학 졸업생 가운데 창업에 뛰어드는 비중은 0.8%에 불과하다. 대학은 공무원 시험을 준비하는 고시학원이 아니다. 그렇다고 고리타분한 상아탑도 아니다. 대학 졸업생이 모두 창업에 뛰어들라는 말은 아니다. 대학이 기초학문을 연마함과 동시에 혁신의 생태계에 첫발을 내딛는 젊은 학생들에게 희망과 열정을 불어넣어야 한다. 미래산업을 준비하는 전사를 키워야 한다. 기업들은 필요한 인재가 없다고 난리이다. AI가 자동화 시스템을 공장에 도입해도 AI의 소프트웨어를 만드는 일은 사람이 하는 일이다. AI 인력의 부족, 시스템반도체를 설계하는 인력의 부족은 한국 기업이 직면한 가장 큰 난제이다. 대학이 교육부의 눈치만 보느라 할 일을 제대로 못 하고 있다. 이제 바뀌어야 한다.

데이터 플랫폼 분야의 대응전략

21세기 4차 산업혁명 시대에 경쟁력의 관건은 모바일 플랫폼을 장악하는 것이다. 플랫폼은 기차역처럼 다양한 목적지로 떠나는 열차를 타기 위해 끊임없이 유동 인구가 모이는 곳이면서, 다양한 곳에서 출발한 열차가 도착하는 장소이다. 멈추어 있는 공간이 아니라 사람과 상품이 연결되는 접점이다. 출발과 도착이 함께하는 곳이다. 기차, 배, 비행기라는 운송수단을 통해 지리적 거리를 극복하면서 세상은 시장을 형성하기 시작했다. 역, 항만, 공항이 19세기와 20세기의 플랫폼이었다면 21세기의 플랫폼은 정보통신기술로 연결된 모바일 플랫폼이 시장을 만든다. 세계화는 플랫폼의 확장 과정이었다. 제2차 세계대전 이후 미국이 지배하는 금융플랫폼을 이용해서 상품과 서비스무역이 확대되었다. 기축통화 달러는 패권의 상징이었고, 모든 상품거래는 달러로 결제되었다. 그러나 21세기 들어 플랫폼 경쟁은 새롭게 진화하고 있다. 정보통신기술과 빅데이터의 융합으로 플랫폼을 통과하는 양과 질은 이제 상상을 초월하게 되었다. 애플, 아마존, 구글, 페이스북이 미국을 대표하는 플랫폼 기업이고, 알리바바와 텐센트가 중국을 대표하는 플랫폼 기업이다.

정보통신기술과 빅데이터가 융합되어 나타나는 데이터 플랫폼은 중국의 도약이 가능한 분야이다. 미중 패권 전쟁은 미래의 경쟁력을 결정짓는 데이터 플랫폼 분야에서 치열하게 전개될 수밖에 없다. 역시 앞서가는 미국의 견제와 추격하는 중국의 도전이 치열하게 펼쳐지고 있다. AI에서는 미국이, 5G에서는 중국이 한걸음 앞서 있다. 중국의 강점은 14억 인구가 만들어내는 방대한 빅데이터를 정부가 마음대로 주무를 수 있다는 데 있다. 여기에 인터넷 플랫폼을 장악하는 핵심기술인 5G 네트워크 기술을 중국이 보유하게 되었으니, 미국으로서는 중국의 추격을 좌시할 수 없었을 것이다. 한때 트럼프의 책사 역할을 했던 스티브 배넌Steve Bannon은 관세전쟁보다 '화웨이 죽이기'가 훨씬 중요하다고 말하지 않았던가?[164] 화웨이의 5G 네트워크 장비가 전 세계에 깔리면서 중국의 핀테크, 중국의 AI로 전 세계 데이터를 중국공산당 정부가 장악하는 날이 오면 미국의 패권은 하루아침에 사라지게 될 운명에 처할 것이다.

중국의 인터넷 플랫폼은 아무나 이용할 수 없다. 자유와 인권을 탄압하는 중국공산당은 인터넷 안보를 위해 자국 기업에만 허용한다. 구글, 페이스북, 아마존, 넷플릭스 등 미국의 플랫폼 기업들의 진입을 금지하고 있다. 물론 한국의 네이버, 카카오도 진입 불가이다. 이렇게 폐쇄적 플랫폼을 갖고 있기에 중국이 극복해야 할 과제도 많다. 콘텐츠와 애플리케이션의 제약으로 14억 인구가 사용한다고 하지만 무진장 재미없는 플랫폼이다. 그러나 세계의 플랫폼이 중국화 되면, 우리는 재미없는 플랫폼에 익숙해져야 할 것이다.

트럼프 행정부는 가장 먼저 통신장비업체인 화웨이 규제에 나섰다. 그리고 플랫폼 회사인 틱톡, 위챗 등을 규제하기 시작했다. 그러나 틱톡, 위챗에 대한 규제는 처음부터 문제가 많았다. 실익이 없었고, 결국 규제 조치가 해제되었다. 그러나 중국의 아킬레스건을 건드리는 유효한 조치들이 발동되기 시작했다. 초고속 통신기술과 빅데이터 처리에 핵심적인 시스템반도체의 공급을 제한하기 시작한 것이다. 중국은 5G 네트워크와 빅데이터라는 플랫폼의 경쟁력을 좌우하는 핵심역량을 갖추었지만, 재미없는 콘텐츠와 역시 반도체가 약점이다. 타이완의 TSMC가 핵심 칩을 제공하지 않으면 화웨이의 장비, 스마트 폰은 작동하지 못한다. 하나의 중국을 외치면서 타이완 문제를 핵심이익으로 지키려 하는 것도 타이완 없이 중국이 기술적으로 자립할 수 없기 때문이다. 중국 홍색공급망의 핵심은 타이완이다. 바이든 행정부가 타이완 문제를 계속 제기하는 것도 단지 군사안보의 문제만은 아니다. 타이완의 TSMC 없이 중국이 플랫폼 경쟁력을 발휘할 수 없기 때문이다.

그렇다면 데이터 플랫폼을 둘러싼 미중 경쟁 속에서 한국은 어떤 대응전략을 세워야 할까? AI(빅데이터)와 차세대통신기술(5G, 6G)

에 대해 각각 생각해보자. 우선 AI 분야에서 한국이 기술적으로 크게 선도할 여지는 사실 거의 없다. 방대하고 집약적인 데이터를 보유한 미중 양국의 발전 속도를 따라잡는 것은 거의 불가능하다. 한국은 미국·영국·캐나다처럼 효율적 알고리즘도 보유하지 못했고, 미국·중국처럼 데이터의 양과 질도 좋다고 할 수 없다. 자칫하면 "reinvent the wheel(이미 있는 것을 다시 만드느라 시간을 허비하는)" 같은 어리석은 연구개발의 굴레에 빠질 수도 있다.

AI가 알파고나 IBM 왓슨과 같은 협의의 AI 단계에 머물러 있는 동안 지역 AI의 사용은 비교역재의 특징을 지닌다. 즉 우리도 한국어 인식과 같은 AI를 개발해서 사용할 수 있다. 그러나 적용 범위가 넓어지는 광의의 AI 단계에 들어서면 전 세계의 지역 AI들은 경쟁력을 잃을 가능성이 크다. 예를 들자면 한국에서 자체 개발한 자율주행 시스템을 세계적으로 쓰게 될 확률은 거의 없다. 따라서 한국은 세계를 주도하는 AI 개발 과정에 적절히 편승하고 대응할 영역을 찾아야 한다. 세계적으로 효율적인 제조 설비와 노하우를 갖추고 있다는 점이 한국의 궁극적인 경쟁력이기에, AI의 성과를 적용하여 더욱 효율적인 제조업을 갖추는 것이 현실적 목표가 될 수 있다.

장기적으로는 광의의 AI 단계에 돌입한다면 한국이 미국이나 중국의 플랫폼 중 어느 하나를 선택해야 하는 상황이 올 수도 있다. 한국은 좀 더 세계적이고 열려 있는 미국의 플랫폼과, 중국(및 중국의 영향력 아래 있는 개도국) 시장에 접근하기 위한 중국의 플랫폼 사이에서 고민하게 될 것이다. 지금 한국은 윈도와 안드로이드, iOS와 같은 미국의 플랫폼을 사용하는 것을 자연스럽게 받아들이고 있다. 하지만 만약 중국·동남아·중앙아시아·아프리카 등 중국의 영향력이 크고 더 빨리 성장하는 지역에서 화웨이의 훙멍鸿蒙을 쓰고 있다면 한국은 어떤 플랫폼을 선택해야 하는가? 앞으로 훙멍을 쓸 일은 절대로 없을 것이라고 단언할 수 있을까? 선진적 기술·문화로의 접근, 국제적 위상 등을 고려할 때 미국의 플랫폼을 사용할 때 얻는 이점이 분명히 있다. 그러나 시장접근이란 측면에서 한국의 수출 제품에 중국 플랫폼을 탑재해야 하는 상황이 올 수 있다. 중국이 플랫폼을 지배하는 시대가 오면 다른 도리가 없다. 이 과정에서 한국이 살아남으려면 중국식 플랫폼의 가장 큰 약점인 응용소프트웨어APP 생태계 형성에서 답을 찾아야 할 것이다.

반면 미중 양국이 서로 다른 플랫폼을 두고 대립하지 않고 상호 협력하는 상황이라면 역으로 한국의 입지가 더 좁아질 수 있다. 현재 PC에서는 미국이 플랫폼과 소프트웨어를 거의 독식한 가운데 우리나라는 '한글'과 '네이버' 정도가 독자적 생존 공간을 갖고 있을 뿐이다. 모바일에서도 미국의 플랫폼 위에서 다양한 지역 앱들을 운용 중이다. 그러나 미국과 중국이 공통으로 사용하는 글로벌 앱이 등장한다면 우리나라의 공간은 더 좁아질 수도 있다. 방법이 없는 것은 아니다. 핀란드와 에스토니아와 같은 작은 나라들도 글로벌 앱으로 승부를 보고 있다. 우리 기업들도 처음부터 지역 앱이 아닌 글로벌 앱으로 승부를 보아야 한다. 좁은 시장에서 승부를 보면 결코 살아남을 수 없다. 사실 트럼프 행정부가 제재를 가한 틱톡은 중국 시장을 겨냥한 지역 앱이 아니라 글로벌 시장을 겨냥한 글로벌 앱이었다. 다만 창업자가 중국인이고 서버가 중국에 있다는 것이 문제였다.

통신기술 분야의 승부처

통신기술(5G, 6G)에서는 하드웨어에 강한 한국이 영향력을 넓힐 여지가 있다. 5G 기술에서도 상대적으로 저렴하고 쉬운 중간대역인 3.5GHz에서는 화웨이가 독보적이지만 고주파 대역인 28GHz에서는 삼성전자의 활약이 돋보이고 있다. 특히 미중 경제전쟁 이후 5G 통신장비 세계시장 점유율에서 삼성(37%)이 화웨이(28%)에 앞서기 시작했다. AI 분야는 데이터의 양과 질이라는 극복할 수 없는 요인 때문에 한국이 우위에 서기 어렵지만, 통신기술 분야는 집중적 연구개발과 전략적 자리매김이 여전히 통한다고 볼 수 있다. 바로 여기에서 한국 대기업의 경쟁력이 발휘될 수 있다.

앞으로 6G가 어떤 표준으로 어떻게 진행될지 아직 알 수 없지만, 한국이 선도할 영역이 분명히 있을 것으로 보인다. 6G 기술 영역 중 한국이 집중적으로 육성해야 할 모듈을 먼저 파악해야 한다. 이 영역에서도 미중 갈등보다 미중 협력을 오히려 더 경계해야 한다. 만약 미국의 인공위성과 중국의 기지국 기술이 제휴한다면 세계시장에서 한국이 들어갈 틈새시장은 더욱 좁아질 가능성이 크다. 데이터 플랫폼을 두고 미국과 중국이 각자 중심이 되는 양극화된 가치사슬Polarized Value Chain, PVC이 형성될 가능성이 있다. 혹은 모종의 합의를 통해 미중 공통 플랫폼이 형성될 수도 있다. PVC가 형성된다면 화웨이 사례에서 보았듯이, 한국은 미중 양국으로부터 양자택일을 강요받는 상황에 놓일 수 있다. 반면에 미중 컨센서스를 통한 글로벌 표준이 만들어질 경우, 한국을 위한 틈새시장은 더욱 축소될 것이다. 어느 것도 쉬운 상황이 아니기에 이후 데이터 플랫폼을 둘러싼 미중 경쟁에 대한 면밀한 모니터링을 지속하는 동시에 국가 차원에서의 정교한 전략을 마련하는 것이 시급하다.

한국을 글로벌 공급기지로 만들자

미중 간 신냉전 구도가 전개될 가능성이 크고, 이에 따라 무역분쟁이 더욱 악화될 가능성이 있으므로 중국 중심의 글로벌 공급기지 역할에 큰 변화가 생길 것이다. 따라서 글로벌 공급기지로서의 중국의 역할을 한국이 차지할 수도 있다. 미중 간 무역분쟁과 코로나19 이후 지나치게 중국에 의존하고 있는 현재의 공급망에 대해 전 세계가 위협을 느끼게 되면서 리쇼어링, 니어쇼어링 등 공급망 다변화를 모색 중이다. 한국을 글로벌 공급기지로 하는 것이 그 대안이 될 수 있다. 중국은 이제 생산비용 측면에서 특별히 유리한 지역도 아니다. 약간의 격차는 생산의 자동화를 통해 줄일 수 있다. 과거에 조성된 풍부한 공단지역을 저렴하게 활용하는 것도 가능하다. 한국의 지정학적 위치, 경쟁력 있는 한국 산업의 발전수준, 중국과는 다른 안전한 정보통신기술 플랫폼 등을 감안한다면 글로벌 공급기지 역할을 할 수 있는 유리한 환경이 조성되어 있다. 노동시장과 노사관계, 기업규제 환경 등에서 기업 하기 좋은 조건을 만들 필요가 있다.

2. 신성장 산업의 한중 협력 확대 및 협력 플랫폼 강화[165]

신산업, 디지털 경제, 그린 경제 분야에서의 협력 확대

미중 마찰이 중국의 기술적 자립능력을 강화하고 자국의 첨단산업 분야의 공급능력 확대로 이어지면, 그동안 유지되었던 한국과 중국 간 상호 보완적 산업 및 경제협력 구조가 보다 경쟁적으로 변화될 가능성이 크다. 새롭게 한중 협력을 확대하기 위해서는 협력 확대를 위한 제도적 기반의 강화, 협력 방식의 고도화, 미래산업 및 서비스산업에서의 협력 확대, 상호 투자 및 금융 분야 협력 확대, 양국의 발전 전략 및 대외경제 전략 간의 연계 강화 등이 요구된다.

우선 한국과 중국은 그린 경제 분야에서 협력을 확대해야 할 것이다. 중국의 녹색중국 건설과 한국의 '그린뉴딜' 정책의 연계를 통해 청결생산, 기후변화협약, 탄소배출권 거래 분야에서 협력을 확대할 필요가 있다. 함께 탄소배출 제로 시점을 앞당기려는 노력을 기울일 필요가 있다. 중국은 탄소배출 제로의 시점을 한국보다 10년 뒤로 늦추었다. 그러나 탄소배출을 늦추는 것만이 좋은 일은 아니다. 중국의 탄소배출은 한국에 직접 영향을 미친다. 마찬가지로 한국의 탄소배출도 중국에 영향을 미친다. 외부효과가 존재하기 때문이다. 외부효과가 존재할 경우 협력은 제로섬 게임이 아니라 포지티브섬 게임의 결과를 낳을 수 있다.

신산업 분야에서 중국의 기술적 자립에 대한 대비 전략도 철저히 마련되어야 한다. 신산업은 미국과 중국을 중심으로 하는 '승자독식' 체제가 형성될 가능성이 크다. 만약 중국의 기술 자립자강이 이루어지면 한중 간 산업 및 기술 협력 기회는 더욱 위축될 것이다. 중국은 한국을 별 볼 일 없는 나라로 취급할 것이다. 중국은 미중 마찰에 대비해 반도체, AI, 양자정보, 바이오, 뇌과학, 생물육종, 우주과학, 심해 및 지층 분야를 독자적 기술개발의 대상으로 삼고 있다. 특히 반도체 분야에서 2025년 70%에 달하는 기술 자급화를 실현하기 위해 대대적 산업발전기금을 투입하고 있다. 그나마 우리가 반도체 덕에 대접을 받는 현실을 생각하면 반도체 굴기에 나서는 중국을 저지하려고 하는 미국과 협력하는 방안을 강구해야 할 것이다. 미국이 강점을 지닌 설계 부문에서 한국의 경쟁력을 제고하는 방향으로 한미 산업협력이 이루어진다면 설계, 장비, 생산 등 반도체 산업의 종합 역량을 갖출 수 있을 것이다. 반도체 분야는 중국이 아니라 미국이 협력 파트너이다.

독일의 다층적 협력을 배우자

중국과의 협력은 독일이 구사하는 다층적 협력 체계를 참고로 할 필요가 있다. 먼저 정부 차원에서 MOU 체결이나 도시 간 자매결연 등 무해유익한 활동을 펼친다. 실제로 '중국제조 2025'라는 발상 자체가 독일의 인더스트리 4.0Industry 4.0을 벤치마킹한 것임은 잘 알려진 사실이다. 이어 정부 관련 기관이나 대학, 연구기관들은 중국과의 협동 연구, 공동 학위과정, 공동 연구개발 활동 등을 수행한다. 이러한 활동을 통해 중국은 독일이 허용하는 기초과학 분야의 기술을 얻어갈 수 있다. 그러면 독일은 중국으로부터 얻는 것이 하나도 없을까? 그렇지 않다. 독일은 중국이 무엇을 원하는지 알 수 있다. 중국이 아쉬워하는 기술을 그냥 주어서는 안 된다. 공동 연구개발 프로젝트를 통해 기술을 사업화하고, 이를 미래의 중국 시장을 선점하는 기회로 활용해야 한다. 당연히 원천기술은 철저히 보호하고, 적절한 기술료를 받고 판매해야 한다.

이러한 접근방식의 특징은 기업이 전면에 나서지 않고 연구기관과 대학이 활동의 주체가 된다는 것이다. 즉 '연구'와 '개발' 중에서 '연구' 분야의 협력이 더 바람직하다. 연구 분야의 교류는 단기적 상품화로 이어지기 힘들다. 즉 중국을 만족시키는 교류를 하면서도 중국을 견제할 수 있는 여지가 있다. 반면 기업 차원의 '개발' 협력이나 교류는 신속한 상품화가 가능하므로 충분히 신뢰를 쌓지 못했다면 아무 소득 없이 기술만 뺏길 수 있다. 이런 일은 국내에서도 다반사로 발생한다. 독일과 중국의 협력 사례를 참고해서 한국도 대학과 연구기관 위주의 '연구' 단계 협력을 확대해야 할 것이다. 이러한 협력을 위해서는 한국의 기술이 반드시 엄청나게 앞서 있을 필요도 없다. 양국 정부의 지원으로 공동연구를 하는 것만으로 시장접근성과 제품 선도라는 소기의 목적을 이룰 수 있다.

표 18 독일-중국의 다층적 협력 사례

자료: Zenglein and Holzmann(2019)

독일 측 주체	협력 분야	사례	
		중국제조 2025 관련	실제 활동
정부	양자 간 협력	• 스마트 제조, Industry 4.0 • 교통 • 에너지 • 교육 및 연구	• MOU 체결 • 도시자매 결연 등 전략적 파트너십 • 정기적 자문 • 협동연구 자금지원
정부 관련 기관	국제협력 지원 인재교류 연구자금 지원	• 스마트 제조, Industry 4.0 • 엔지니어링 • 자연과학 • 생명과학	• 연구훈련 및 학제 간 연구 지원(멘토링, 상호방문, 워크숍 등) • 협동 학위과정 • 독일연구재단(DFG)과 국가자연과학기금(NSFC)의 연구협력, 중-독 센터(CDZ), 독일 학술교류 서비스(DAAD)의 '전략적 파트너십 및 주제별 네트워크', 연구 프로젝트와 파트너십 발굴
TU9 (독일의 9대 기술 대학)	기초 및 응용연구	• 스마트 제조, Industry 4.0 • 전자제어 시스템 • Cyber-physical system • 기계공학 • 나노과학 • 신에너지 자동차와 배터리 • 신소재	• 중국에 특화된 대학 간 전략적 파트너십 • 중국 현지 사무소, 시장 개척 • 복수학위 프로그램과 공동학위 과정 • 인재교류와 훈련 • 협동 연구 프로젝트, 그룹, 연구실, 센터 연구기관 및 기업 간 협력협정

비대학 연구기관	기초연구	• 화학 • 물리학 • 바이오 의약 • 계산 생물학	• 중국에 특화된 전략, 현지 사무소, 협력 프로젝트 센터 부처 간, 대학 간, 학술기관 및 지방정부 간 전략적 협력 협정 • 로컬 연구 및 파트너 그룹 • 인재 채용, 교환, 훈련 • 산업 파트너십을 위한 시장 개척, 라이선싱, 계약 연구 • Fraunhofer IAO와 중국 국가급 핵심 스마트 제조 연구소와의 협력 • Helmholtz의 'Initiative and Network' Fund 공동연구 지원 활동
	응용연구	• 스마트 제조, Industry 4.0 • 엔지니어링 • 자동화 • 클라우드 컴퓨팅 • 인공지능 로봇 응용	
	기초 및 응용연구	• 항공 • 교통 • 보건	

한중 FTA의 업그레이드

한중 FTA는 양국의 미래지향적 경제동반자 관계 실현에서 핵심적 역할을 담당하는 협력 플랫폼으로서 중요한 의미가 있다. 따라서 한중 경제협력의 제도 환경 정비 과제로서 한중 FTA의 활용도를 제고하기 위한 노력이 필요하다.

한중 수교 23년 만인 2015년 12월 한중 FTA가 발효되었지만, 개방화 정도는 한국이 체결한 FTA 가운데 가장 느린 자유화 속도를 보일 만큼 개방화율이 낮다. EU와는 협정체결 후 3년 내 관세철폐 품목 수가 90%에 달했지만 중국과는 20% 정도에 불과하다. 한국은 농산물, 중국은 자동차 등 경쟁 열위에 있는 품목들을 민감 품목으로 지정하여 개방 시기를 늦추었기 때문이다. 덕분에 한중 FTA 타결 과정에 심각한 갈등은 없었지만, 한중 FTA 발효를 전후로 양국 간 무역의 추세적 상승과 같은 변화는 뚜렷하게 관측되지 않았다. 한국은 주로 중간재를 중국에 수출해왔는데, FTA 체결 전부터 관세가 없거나 관세율이 매우 낮아서 관세인하 효과가 크지 않았기 때문이다. 한국의 한중 FTA 대상 품목의 경우에도 중국 수입시장에서 한국의 점유율이 2018년 9.5%에서 2019년에는 9.0%로 하락했다. 2019년을 기준으로 한중 FTA 관세인하 대상 품목이 한국의 대중국 수출(중국의 대한국 수입 기준)에서 차지하는 비중은 43.6%에 불과하다. 한중 FTA 활용률 역시 우리나라가 주요국과 체결한 FTA 중에서 한중 FTA 활용도가 가장 낮은 수준에 머물러 있다.

오히려 한중 FTA 체결의 존재를 절감한 것은 한국의 북핵에 대한 자위적 조치, 사드 미사일 배치로 인해 촉발된 중국의 경제보복 때문이었다. 중간재는 중국의 필요에 의한 수입이었으니 보복의 대상이 아니었다. 중국에 진출한 서비스산업인 유통업은 아예 망해서 철수했다. 한한령이라고 한국 드라마와 공연은 금지되었다. 한국의 대중 소비재 수출은 관세가 아닌 비관세장벽 때문에 수출에 많은 어려움을 겪어왔다. 한국과 중국이 FTA를 체결한 나라인가를 의심하게 되는 사건이었다.

3장

중국발 금융환경 변화의 위협에서 한국 금융은 자유로운가

1. 중국발 금융위기의 선제 대응전략[166]

중국발 금융위기의 파급경로

중국에서 위기가 발생한다면 한국에 미칠 파급경로는 대체로 네 가지로 파악할 수 있다. 이러한 파급경로는 중국발 위기에 한국이 얼마나 취약한가를 파악하고 대응책을 마련하는 데 도움을 줄 것이다.

첫째, 중국의 한국산 제품에 대한 수입 감소로 실물경제에 영향을 미치게 될 것이다. 실제로 2014~2016년 한국은 중국의 성장세가 급격히 둔화하면서 대중 수출이 마이너스로 급격히 감소한 경험이 있다. 2014년 -0.4%, 2015년 -5.6%, 2016년 -9.3%를 기록했다. 사드 사태가 발생하기 전이다. 2016년 전 세계 수출이 5.9% 증가하고 있는 상황에서 유독 대중 수출이 감소했다. 중국 경기의 둔화와 우리나라 주력제품의 수출단가 하락 등이 주요 요인으로 작용했다고 하지만, -9.3%의 대중 수출 감소는 상당히 심각했다고 볼 수 있다. 2017년 대중 수출이 다시 6.9% 증가로 반전된 이유는 무엇보다도 중국 내 활발한 생산활동과 소비 확대가 주효했다고 볼 수 있다. 또한 미국의 경기 회복세에 따라 중국의 대미 수출이 증가세를 보이면서 중간재 중심으로 우리의 대중 수출이 다시 증가하게 되었다. 이처럼 중국발 위기는 가장 먼저 무역 경로를 통해 우리나라 실물경제에 충격을 줄 것이다.

둘째, 자본 경로를 통해 자본유출이 발생할 수 있다. 물론 중국 금융당국은 자본통제를 통해 중국으로부터 이탈하는 자본유출을 방지하는 특단의 조치를 강구할 수 있다. 그러나 중국 금융시장은 이미 후강퉁, 선강퉁, 채권퉁을 통해 홍콩을 거쳐 자유롭게 자본 유출입이 가능하다. 따라서 대규모 증권자금의 유출이 발생하면 위안화 상승압력이 작동할 것이다. 중국 금융당국은 대규모 자본유출은 최대한 방지하려고 노력하겠지만, 위안화 상승을 어느 정도 용인할 것으로 보인다. 환율상승이 증권자금의 유출 방지에 도움을 줄 수 있기 때문이다. 그러나 시장이 공황 상황에 빠지면 환율상승도 큰 도움이 되지 못한다. 추가적 환율상승이 기대되는 상황에서는 환차손을 피하기 위해 조금이라도 일찍 위안화로 투자한 증권투자를 처분하고 달러로 환수하는 편이 현명한 선택일 것이기 때문이다. 중국은 대규모 자본유출이 발생하는 상황에서 중국 내 금융기관의 달러 유동성 부족이 달러 차입자금에 대한 채무불이행 위험으로 나타나는 것을 방지하기 위해 백방으로 달러 확보에 나설 가능성이 있다. 홍콩이 국제금융센터로서 달러 유동성 확보에 가장 중요한 중국의 전초기지이지만, 홍콩 역시 전염 효과로 인해 제대로 기능을 하지 못하면 서울 외환시장의 문을 두드릴 것이다. 이에 대해서는 별도로 설명할 것이다.

셋째, 한국계 금융기관이 중국발 금융위기의 전파 경로로 작용할 수 있다. 중국 내 한국계 금융회사는 2018년 말 현재 총 42개 금융사가 177개 점포를 개설 운영 중이다. 은행 11개, 보험 9개, 금융투자사 16개, 여신전문 6개 등이며, 자산 규모는 은행 1,833억 위안, 보험 208억 위안, 여전 315억 위안 등 총 2,356억 위안 수준이다. 중국발 위기는 중국에 진출한 한국계 금융기관이 동시에 금융위기에 처할 가능성이 크다는 점을 시사한다. 개별기업에 대한 신용위험을 잘 관리해왔다고 해도, 중국발 위기는 시장위험을 증폭시키기 때문에 개별 금융기관으로서 피하기 어렵다. 중국 내 한국계 금융기관이 파산 사태까지 가지 않더라도 한국 본점의 수익성에 부정적 영향을 끼칠 것이다.

넷째, 중국의 국가신용등급 강등과 같은 국제신용평가기관의 조치가 있게 되면 중국은 금융위기 또는 외환위기의 여파로 최소한 3~5년 동안 국제금융시장에 접근하기 위해 높은 신용 스프레드를 지급해야 할 것이다. 이는 위안화 약세 요인으로도 작용할 것이다. 원-위안화의 동조화 현상이 나타나게 된다면 우리나라 원화도 약세 기조를 유지할 가능성이 크다. 원-위안화 동조화 현상이 반드시 바람직하다고는 볼 수 없다. 중국과의 무역거래에 있어 환율안정이 중요하긴 하지만 중국보다 훨씬 선진화된 금융 및 자본시장을 구축하는 것이 국제자본의 변동성으로부터 안전판을 만드는 확실한 방어수단이 될 수 있다. 이런 점에서 중국과 같은 신흥시장 통화로 분류되기보다는 선진국 통화반열에 참여할 수 있도록 '원화 국제화' 기반을 조성하는 것을 심각하게 고려해야 한다.

한중 통화스와프의 유효성

중국발 금융·외환위기의 방어수단으로 한중 중앙은행 간 통화스와프가 중요한 대안이 될 수 있을 것인지 검토해보자. 2020년 10월 22일 인민은행과 한국은행은 원-위안화 통화스와프 연장계약 체결 내용을 발표했다. 양국 통화 간 스와프 계약의 규모는 기존 3,600억 위안(64조 원)에서 4,000억 위안(70조 원)으로 확대되었다. 아울러 계약 기간도 당초 3년에서 5년으로 확대되었고, 상호합의 시 추가로 연장할 수 있게 되었다. 이러한 한중 중앙은행 간 통화스와프 계약은 금융시장의 안정 유지, 한중 간 달러 의존성 축소 등 긍정적 역할이 기대되는 것으로 양국 금융당국은 발표했다. 그러나 외환위기 발생 시 실제로 양국 통화가 위기 극복에 얼마나 도움을 줄 것인가에 대해서는 기대치만큼의 효과를 거두기가 힘들 것이라는 분석이다. 정작 통화스와프가 실제로 활용되지 못한다면 무슨 소용이 있겠는가? 미국 연준과 체결한 달러 스와프 라인과 달리 한중 간 체결된 스와프 라인은 위안화-원화 스와프 라인으로 양국 통화 모두 글로벌 기축통화로 사용할 수 없는 상황이다. 이 점을 간과해서는 안 된다.

또한 우리나라 정책당국이 유의해야 할 부분이 있다. 우선 중국이 외환위기에 직면했다는 것은 위안화 가치 폭락을 의미한다. 만약에 중국과 함께 우리나라도 외환위기에 직면한 상황이 전개된다면 한국은행이 양자 간 통화스와프를 통해 동원 가능한 위안화는 사실상 위기 극복에 전혀 도움이 되지 못할 것이다. 중국의 사드 보복사태에서 보듯이 우리나라가 외환위기에 처한 상황에서 자동으로 통화스와프가 발동될 수 있을 것인지는 불분명하다. 오히려 미국과의 통화스와프가 더 중요한 상황에서 미국과 중국의 눈치를 동시에 보아야 하는 처지에 놓인다면 중국과의 통화스와프가 실제로 작동하지 못할 수 있다. 양국 간 금융협력의 상징이라고 할 수 있는 통화스와프는 현실적 제약을 충분히 고려해야 할 것이다. 더욱이 중국 당국이 위안화 국제화 성공의 상징적 결과물로 한중 통화스와프를 활용하려는 의도도 감지된다.

이러한 현실적 제약을 고려할 때 한국의 선택은 분명하다. 코로나19 사태 이후인 2020년 3월 19일 미국 연준은 캐나다중앙은행, 영란은행, ECB, 일본은행, 스위스 중앙은행 등 5개국 중앙은행과 체결한 '상설 통화스와프standing bilateral currency swap' 이외에 한국,

덴마크, 노르웨이, 스웨덴, 오스트레일리아, 뉴질랜드, 브라질, 멕시코, 싱가포르 등에도 6개월 시한의 통화스와프 계약을 체결했다. 미국이 총 14개국과 달러 스와프 라인을 개설한 것이다. 미국과의 통화스와프는 시한이 두 차례에 걸쳐 1년 연장되어 2021년 9월까지 유효하다. 그동안 코로나19 팬데믹 초기에는 달러의 수급 불균형으로 달러 강세 기조가 일시적으로 나타났으나, 오히려 달러 유동성이 풍부해지면서 달러는 약세로 반전되었다.[167] 현재 달러 유동성이 비교적 풍부한 상황이기는 하지만, 동맹외교를 중시하는 바이든 행정부와 통화스와프를 영구적으로 체결하는 방안 또는 중국과 마찬가지로 5년 정도 유지하는 방안을 검토하여 제시할 필요가 있다. 외환위기 시 미국 연준과의 통화스와프는 적어도 단기적으로는 금융안전망으로서 가장 효과적인 보증수표이기 때문이다.

우리 정부는 바이든 행정부에 한미 양국 간 상설화된 통화스와프를 제안할 경우 동맹외교의 린치핀이 될 수 있다는 점을 강조할 필요가 있다. 바이든 행정부로서도 대중 관계의 큰 그림을 그리는 과정에서 한국과의 동맹을 대단히 중요시할 것이다. 따라서 양국 간 통화를 맞교환하기로 한 약속은 그것만으로도 상대국에 대한 무한 신뢰를 표현하는 것이다. 외환시장의 위기에 공동 대응한다는 상호 연대의식을 보여주고, 국제금융시장에서 한국의 신인도를 높여주는 중요한 징표이기도 하다. 통화스와프는 경제뿐만 아니라 안보동맹 측면에서도 중요한 의미가 있다. 동맹관계도 아닌 중국과 원-위안화 통화스와프를 맺고 있는데, 정작 혈맹이라는 미국과 상설화된 통화스와프 라인이 없다는 사실은 한미동맹의 관점에서 우려스러운 면이 있다. 바로 이 점을 부각할 필요가 있다. 만일 한국이 외환위기 상황에서 미국의 외면으로 한 번이라도 중국과 맺은 통화스와프를 활용하게 되면, 한국의 중국 의존도와 쏠림 현상이 극심하게 나타나게 될 것이다. 우리 국민은 미국이 안 도와주고 중국이 도와주었다는 인식을 하게 될 것이다. 이는 안보동맹 측면에서 큰 손실이 될 것이 분명하다. 물론 미국도 반대급부를 요구할 것이다. 이는 중국을 주로 안보동맹의 관점에서 견제하는 일이 될 것이다. 중국에 대한 경제적 견제에는 신중하게 대처하되 미국과 안보동맹의 결속력을 강화하는 것은 우리로서 손해 볼 것이 하나도 없다. 미국으로부터 신속하게 백신을 도입하는 것도 중요하지만, 장기적 관점에서 미국과의 상시 통화스와프 체결은 한국 경제의 안전판이 될 것이다.

중국발 위기의 홍콩 전염효과에 대한 대응

홍콩 사태 이전에는, 중국 기업이 홍콩에 있는 글로벌 금융기관에서 달러화 조달 후 본국으로 송금하는 방식이 활용되었다. 그러나 미국이 부여한 홍콩의 특별지위가 철회되면서 홍콩을 대신해서 달러화 조달 경로를 바꿀 가능성이 예견된다. 물론 이는 어디까지나 가능성일 뿐이다. 홍콩에서 달러화 조달이 쉽지 않으면 중국 기업들은 런던, 도쿄, 싱가포르 등 다른 역외시장을 우선 고려할 것이다. 그리고 서울 외환시장도 고려 대상에 포함할 수 있을 것이다. 실제로 코로나19 사태 초기인 2020년 상반기 서울 소재 중국계 외국은행 국내지점(외은 지점)이 서울 외환시장에서 단기로 달러 자금을 차입한 후 중국에 있는 본점에 다시 대출하는 행태가 나타났다. 일부 중국계 은행 서울지점은 홍콩 외환시장에서 달러를 차입하여 본점에 다시 대출하는 방식을 선택하기도 했다. 즉 서울과 홍콩 외환시장의 상황을 보면서, 본점이 요구하는 단기적 달러 자금 수요에 대응하고 있다. 이 중에서 중국계 은행 서울지점이 홍콩에서 달러 단기자금을 조달하게 되면, 통계 편제상 한국의 단기차입이 증가한 것으로 계상된다. 아울러 동 금액을 중국 본토로 보내면, 한국에서 외화자금이 유출된 것으로 기록된다. 실제로 한국계 은행이 외화차입을 한 것이 아닌데, 국제금융시장에서는 중국계 외은 지점의 달러 차입이 한국의 단기외채 증가로 보이기 때문에 왜

그림 13 중국계 서울지점의 외화자금 조달운영 구조

자료: 강태수 정리

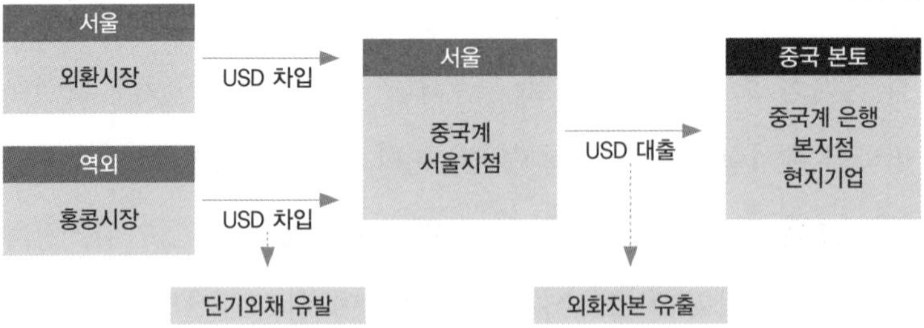

곡된 정보가 시장에 유포될 수 있다. 이에 따라 중국계 외은 지점이 외채를 늘리면, 국내 예금 취급기관 전체의 외채 규모가 늘어나게 된다.

이처럼 중국계 외은 지점의 역외차입 확대는 우리나라 단기외채 비중을 확대하는 등 대외건전성 지표에 부정적 영향을 미친다. 과거 중국계 외은 지점의 역외차입이 급격히 늘어났던 2016년 1월에서 2017년 12월까지의 2년 기간 중 국내 단기외채 비중은 26.3%에서 28.1%로 1.8%포인트 상승한 바 있다. 이러한 상황에서 중국 기업 또는 중국계 은행의 홍콩을 통한 달러화 자금조달이 어려워지면, 서울 외환시장과 홍콩 등의 역외시장이 대용 채널로 활용될 가능성이 크다. 따라서 우리에게는 편익이 아니라, 비용으로 작동할 가능성이 있다. 즉 국내 금융시장이 새로운 형태의 시스템 리스크에 직면할 우려가 크다. 예컨대 중국 본토 은행과 기업이 외화대출금 상환을 제대로 못 하면, 서울 소재 중국계 지점이 채무불이행 위험에 노출되는 문제가 우려된다. 단기 역외부채, 대외부채 규모가 큰 중국계 외은 지점은 미국계 또는 유럽계보다 달러화 유동성 부족 문제에 노출될 우려가 큰 실정이다. 2008년 글로벌 금융위기 당시 외은 지점 단기외채는 기축통화 보유국인 미국계와 유럽계 외은 지점에 쏠려 있었다는 점에서 채무불이행 위험이 상대적으로 낮았다는 점과 대비된다.

그렇다면 미국계, 유럽계, 일본계, 중국계 등과 관계없이 외은 지점의 해외로부터의 단기차입을 국내 금융당국은 어떻게 대처해야 하는가? 미국계, 유럽계는 괜찮고 중국계만 문제 삼을 수는 없기 때문이다. 2011년 상황을 돌이켜보면 한국은행은 국내에 진출한 외은 지점이 국내 금융기관이 국내에서 발행하는 외화표시채권을 사지 못하도록 규제한 바 있다. 당시 일본계 외은 지점이, 국내 금융기관이 원화조달을 목적으로 발행한 외화표시채권을 50% 이상 매입하면서 벌어진 문제였다. 일본계 외은 지점의 단기차입이 증가한 것이고, 이는 금리차익을 노린 투자로 볼 수 있다. 중국계만 문제 삼을 수는 없다. 외은 지점 전반에 대한 위험 관리 차원에서, 한국은행이 외은 지점을 통한 자본이동에 제동을 걸 수 있다. 그러나 자본이동 자체에 대한 제한보다는 외은 지점의 위험이 국내 금융시장에 미칠 영향을 고려해서 세심하게 규제조치가 마련되어야 할 것이다.

한편 홍콩은 중국, 미국, 베트남에 이어 한국의 4위 수출 대상국이다. 홍콩을 통한 자금조달 규모도 아시아 국가 중 가장 많다. 아울러 국내 투자자들의 해외 주식투자에 있어서 홍콩 지수를 기초로 한 주가연계증권ELS 잔액은 전체 ELS 잔액의 60%를 줄곧 상회하고 있다. '홍콩H지수'가 급격하게 하락하면, 언제든지 원금손실 구간에 진입하게 된다. 우리나라가 홍콩발 금융위기로부터 자유롭지 못한 이유이다. 따라서 해외 포트폴리오투자 자유화가 진행된 이후 개인투자자들을 중심으로 해외주식투자에 관심을 보이는 것은 바람직한 측면이 많지만, ELS를 파는 금융기관들은 위험에 대해서도 충분한 정보를 제공하는 의무를 게을리하지 않아야 할 것이다. 물론 불완전판매는 해외주식투자에만 해당되는 것은 아니고, 여타 파생금융상품을 포함한 모든 금융상품에 공히 적용되어야 한다.

국내 금융기관의 중국발 위험 관리 능력 배양

한국 금융기관의 달러화 자금조달 능력이 중국발 위기를 극복할 수 있는 가장 중요한 수단임은 분명하다. 평상시에는 국내 금융기관의 신용도를 감안할 때 달러 조달 능력에 큰 어려움이 없다. 코로나19 팬데믹 이후 달러 유동성이 넘치는 상황이기 때문에 당분간 우려할 만한 상황은 아니다. 그러나 미국을 포함한 선진국의 경제 상황이 정상화되는 시점에는 금리가 다시 상승할 것이다. 위험자산을 선호하여 신흥시장에 유입된 글로벌 자금이 다시 선진국 시장으로 회귀되는 시기가 가장 위험하다. 이제 신흥시장의 대표 격인 중국이 자본시장의 개방 확대로 풍부한 글로벌 유동성을 흡수했던 상황이 급반전하게 되면 달러는 강세 기조를 보일 것이다. 글로벌 자금 이동은 수익률을 결정하는 두 가지 요소에 좌우된다. 하나는 개별 국가의 금리, 주식시장의 자본이득 등 자산 고유의 투자수익률이고 다른 하나는 환율이다. 달러가 약세에서 강세로 반전되면 신흥시장국 투자는 환차손을 입게 된다. 환위험에 노출된 글로벌 자금은 환차손을 줄이기 위해 신흥시장을 이탈하게 될 것이다. 중국의 외환당국이 위안화 가치를 유지하기 위해 환율방어에 나설 가능성도 있다. 그러나 중국 외환당국은 위안화 약세를 용인할 가능성이 크다. 따라서 중국으로부터 이탈하는 글로벌 자금이동은 중국에만 그치는 것이 아니라 신흥시장국 일반으로 확산될 것이다. 전염 효과가 나타나는 것이다. 아시아 외환위기 당시에도 나타났던 현상이고, 글로벌 자금이동에서도 일반적으로 관찰된다. 이와 같은 상황이 전개되면 국내 금융기관들이 달러 유동성을 충분히 확보하는 것이 단기적으로 제일 중요한 과제가 될 것이다.

우리나라의 경우 아시아 외환위기와 글로벌 금융위기를 경험하면서 외환시장의 안정성이 대단히 중요하다는 것을 충분히 인식했다. 대비책도 충분히 마련되었다고 볼 수 있다. 특히 개별 시중은행의 경우 바젤 유동성 가이드라인에 따른 외화 유동성 커버리지 비율Liquidity Coverage Ratio, LCR 한도를 대폭 강화했다. 동 비율은 바젤 Ⅲ에서 권고하는 대표적 외환 건전성 규제조치이다. 1개월 내 순유출이 예상되는 외화자금 대비 고유동성 자산을 일정 비율 이상 확보하라는 것으로 비율이 높을수록 외화자금 유출에 따른 외화 유동성 수요에 충분히 대응할 수 있게 된다. 2020년 3월 코로나19 사태로 국내 금융기관들이 일시적으로 달러 유동성 확보에 어려움이 가중되자, 이 비율을 80%에서 70%로 3개월간 낮추는 조치를 취했다. 이제 달러 유동성이 풍부해졌다. 다시 80% 수준으로 복귀할 필요가 있다. 아울러 개별 금융기관 차원에서 중국에 대한 위험 노출 정도를 면밀히 검토하는 체계적 노력이 강구되어야 할 것이다. 주기적으로 스트레스 테스트를 통해 중국발 위험에 대비하는 위험 관리 시스템을 구축해야 한다.

2. 원화의 국제화 추진으로 위안화 블록 편입 예방[168]

중국발 트릴레마 충격에 대비

원화 국제화가 충분히 진전되지 않은 상황에서, 한국 경제는 경상 및 자본수지 등 대외거래에 따른 외환 수급 변동에 따라 해외부문을 통한 통화공급이 불규칙적으로 영향을 받고 있다. 특히 금융위기 이후 외환수급은 경상수지보다 자본수지 변동을 결정하는 환율, 금리, 주가 등 금융변수의 영향을 많이 받는다. 이러한 상황에서 중국 정책당국의 거시경제적 트릴레마(삼위일체 불가능성) 회피전략은, 무역의존도가 높고 신흥국 통화군에 속한 한국의 거시경제정책 운영에 상당한 부담으로 전가될 가능성이 있다. 중국은 금융개방과 제도개혁에도 불구하고, 여전히 환율, 금리 등 가격변수에 정부의 입김이 작용한다. 중국 정부의 외환시장 개입과 자본통제 등을 통한 인위적 조정이 시장을 안정화하기도 하지만, 반대로 불안정하게 만들기도 한다. 한국의 중국에 대한 과도한 무역의존도는 금융부문에도 영향을 미치고 있다.

예를 들어 미중 무역전쟁이 벌어지자 전문가들은 미중 무역전쟁으로 피해를 볼 국가들을 지목하면서 한국을 들었다. 중국이 어려워지면 무역 경로를 통해 한국도 어려워질 것이라는 이유였다. 물론 오스트레일리아와 같이 중국에 원자재를 수출해야 하는 나라도 같은 이유로 피해를 볼 것으로 지목되었다. 그러나 오스트레일리아와 한국은 한 가지가 크게 다르다. 한국은 경상수지 흑자를 보고 있고, 오스트레일리아는 경상수지 적자를 보는 국가인데도 국제금융시장에서 한국은 신흥국, 오스트레일리아는 선진국으로 대접받는다는 것이다. 그 결과 중국과 같은 신흥국 그룹에 속한 한국이 중국발 충격에 함께 영향을 받는 대표적 국가가 된 것이다. 그러나 오스트레일리아는 중국발 충격에 영향은 받지만 환율, 금리 등 주요 금융변수의 움직임이 중국과는 완전히 다르게 움직인다. 이유는 간단하다. 오스트레일리아는 금융부문에서 선진국이고, 오스트레일리아 달러도 국제화되어 있기 때문이다. 한국이 원화 국제화를 서둘러야 하는 이유도 바로 이와 같은 불이익을 떨쳐버리기 위함이다.

한국은 금융 및 자본시장 개방도가 높은 나라이다. 그리고 삼성전자, 현대자동차 등 세계적 기업을 많이 보유한 나라이다. 덩치는 작지만, 충분히 선진국 대열에 합류할 수 있다. 그러나 원화 국제화를 가로막는 금융규제 탓에 여전히 중국과 같은 신흥국에 머물고 있다. 따라서 중국의 트릴레마 관리에서 오는 전이효과로 인해 원화와 위안화는 동조화되고 있다. 특히 한중 간 채권시장의 금리 동조화, 신흥국 통화로 취급되는 원화가 위안화의 환헤지 수단으로 이용되면서 이에 따른 환율의 동조화 현상이 나타나고 있다. 이처럼 중국의 금융·외환정책은 한국의 실물경기뿐 아니라 금융 불안을 가중함으로써 거시건전성을 훼손시키는 요인으로 작용할 가능성이 더욱 커지고 있다. 중국이 직면한 거시경제정책의 트릴레마로 인해 한중 간 위기전파 경로의 접점이 금융 측면에까지 확대되고 있음을 의미한다.

트릴레마 문제는 글로벌 자금 유출입의 변동성이 심화되는 시기에 증폭된다. 중국이 위안화 가치의 안정을 위해 외환시장에 개입하여 미국으로부터 환율조작국으로 지정되면, 한국은 외환시장 개입이 전혀 없어도 단지 원화와 위안화가 동조화되고 있는 이유로 환율조작국으로 지정될 위험이 있다. 스위스프랑이 유로화와 동조화되는 까닭에 스위스가 미국으로부터 환율조작국으로 지정된 것과 같은 맥락이다. 중국의 금융시스템이 선진화된다면 문제가 없다. 그러나 중국 금융시스템의 선진화는 요원한 일이다. 따라서 원화가 위안화와 같이 움직이는 위안화 블록에 속한다는 것은 한국경제에 치명적 위험으로 작용한다는 점을 직시해야 할 것이다.

중국발 트릴레마 충격에서 벗어나려면, 한국은 경제 위상에 걸맞게 원화 국제화를 서둘러야 한다. 왜 선진국 대열에 합류하기 위한 노력을 게을리하고, 굳이 중국과 같은 신흥국 그룹에 안주하려 하는지 우리 정책당국은 이 문제를 심각히 고민해야 한다. 한국은 국제자본의 불규칙한 변동성에 노출된 만큼 거시건전성 유지를 위한 정책적 노력을 게을리해서는 안 된다. 설령 한국이 신흥국 그룹에서 선진국 그룹으로 옮겨간다고 해도 거시건전성이 확보되지 않으면 외환시장의 불안정성은 계속될 것이다. 거시건전성 확보에 들어가는 비용은 외환위기 예방을 위한 보험료라고 보아야 한다.

국제통화체제의 다극화를 이용한 원화 지위 향상

미국이 위안화 국제화에 민감하게 반응하는 이유는, 위안화가 무역 결제통화로 쓰임새가 확장되는 것에 대한 우려라기보다 자칫 달러 중심의 국제통화체제에 맞서는 파괴력을 지닐지 모른다는 패권적 인식이 작동하고 있기 때문이다. 물론 기우에 그칠 수 있다. 아직 위안화가 상식적 수준에서는 통화 국제화의 초급 단계에 머물고 있기 때문이다. 그러나 위안화 국제화는 중국의 부상과 함께 점진적으로 확대될 것으로 전망된다. 중국 정부의 시계time horizon는 우리가 생각하는 것보다 훨씬 장기이다. 중국 정부는 10년, 아니 20년을 내다보고 준비한다고 보면 된다.

국제통화체제가 다극화하면서 신흥국 통화인 위안화의 국제적 위상이 높아지는 상황이다. 우리가 걱정해야 할 일은 위안화 국제화의 속도가 너무 빠르게 추진될 경우이다. 현재로서는 그럴 가능성이 낮다고 본다. 관성의 법칙이 여전히 작용할 것이고, 중국 금융당국도 자칫 위안화 국제화가 중국 경제에 부메랑으로 돌아올 위험이 있음을 잘 알고 있기 때문이다. 오히려 위안화의 국제적 위상 제고 과정에서 원화는 세 가지 과제에 직면할 것으로 보인다. 위안화 블록 참여 여부, 서울을 국제금융센터로 육성할지의 문제, 그리고 원화 국제화에 대한 발상의 전환이 중요한 과제가 될 것이다.

위안화 블록 참여 문제

브레턴우즈 체제 붕괴 이후, 일본을 제외하고 동아시아 국가의 환율은 달러에 고정되었다. 1994년 아시아 금융위기가 발생하기 전에 제프리 프랑켈Jeffrey A. Frankel과 웨이샹진魏尚进은 동아시아에서 일본의 엔 블록의 형성 가능성을 점검했다.[169] 대상국의 환율이 미국 달러 및 일본 엔화와 얼마만큼 동조성을 갖는지 확인하려는 것이었다. 2개의 통화 조합이 동조성을 보인다는 것은 환율의 안정성을 의미한다. 환율이 안정되면 그만큼 환위험이 줄어들어 무역 및 자본거래에서 거래비용을 줄일 수 있다. 유럽이 유로화 채택 이전에 환율 안정장치를 도입하여 환위험을 회피하려고 했던 것과 일맥상통하는 것으로 해석할 수 있다.

프랑켈-웨이의 엔 블록 가능성에 대한 분석에서 발견된 실증분석 결과는, 일본 엔화가 동아시아 국가에서 환율변동을 설명하는 설득력이 높지 않다는 것이었다. 이들은 엔 블록 형성 가능성을 일축했다. 이는 1994년의 상황에서 대부분의 동아시아 국가들이 달러에 자국통화를 고정시키는 달러 페그peg 제도를 운영한 것과 밀접한 관련이 있다고 볼 수 있다. 이후 동아시아 국가들이 1997년 외환위기를 경험하면서 변동환율제도로 이행하게 되지만, 여전히 엔 블록 가능성은 희박한 것으로 나타났다. 엔화가 국제통화이긴 하지만, 일본 경제가 거품 붕괴 이후 장기 침체를 경험했다는 점과 엔화가 강세 통화에서 약세 통화로 반전되었다는 점에 기인한다고 볼 수 있다.

최근의 관심사는 위안화의 국제화 이후 동아시아 국가의 환율이 위안화와 얼마나 동조화를 보이는가 하는 것이다. 동아시아 국가의 통화가 위안화와 동조화되고 있다는 실증분석 결과는 어떤 데이터를 사용하고 어떤 방법을 사용하느냐에 따라 달라진다. 김창식 외(2018)의 연구에 따르면 동아시아 국가들의 경우 2008년 글로벌 금융위기 이후 위안화 블록에 가깝게 가는 국가군과 그렇지 않은 국가군으로 나뉜 것으로 나타났다. 글로벌 금융위기 이후 말레이시아, 인도네시아, 한국, 필리핀의 경우 위안화의 가중치가 증가하는 것으로 나타나 점차 이들 국가의 환율변동에 있어서 위안화와 동조성이 증가했다. 반면에 타이와 싱가포르의 경우 오히려 감소하고 있는 것으로 나타났다.[170] 그렇다면 위안화와의 동조성을 설명하는 요인은 무엇일까?

박복영·안지연(2020)의 분석은 동아시아 각국의 환율과 위안화의 동조성을 설명하면서 무역과 금융 연계성을 직접 설명변수로 채택했다는 점에서 의의가 있다.[171] 이는 중국과의 무역 및 금융 연계성이 높은 국가일수록 환율의 동조성이 증가한다는 점을 시사한다. 기존의 최적통화이론과도 이론적 정합성을 갖는 설명이라고 볼 수 있다. 우리나라 원화가 달러보다 위안화와 동조성을 보인다면, 이는 우리나라가 무역 및 금융 측면에서 점점 더 연계성이 증가한다는 것과 밀접한 관련이 있다고 볼 수 있다. 이는 우리나라와 중국이 명시적으로 위안화 블록을 형성하지 않더라도 외환시장에서 상당히 큰 안정성을 보인다는 점과 밀접한 관련이 있다. 동아시아 금융위기 이후 우리나라 원화와 일본 엔화가 한동안 1대 10의 안정성을 보였던 것과 같은 맥락에서 이해할 수 있다. 예를 들어 달러 대비 원화가 높은 변동성을 보이고, 반면에 1위안이 170~180원의 박스권에서 안정적으로 움직인다면 원화는 위안화 블록에 속한 것으로 해석될 수 있다.

이상의 분석이 우리나라가 위안화 블록에 명시적으로 참여한다는 것을 의미하지는 않는다. 명시적인 위안화 블록이 형성되어 있지 않더라도, 우리나라와 중국 사이의 무역과 금융의 연계성이 증가하면, 외환시장에서 자연스럽게 환율의 동조화 현상이 나타나게 된다. 이는 경제적으로 바람직한 측면이 있다. 무역과 금융의 연계성이 높다는 것은 그만큼 무역과 금융결제에 있어서 환위험에 노출될 위험이 크기 때문에 환율 안정성이 중요해진다는 것이다. 그런데 문제가 있다. 만약 우리나라 원화와 중국의 위안화가 높은 동조성을 보인다면 경제주체들은 환위험을 줄이기 위해 당연히 위안화 또는 원화를 결제수단으로 사용하는 것이 현명한 선택이다. 그러나 달러를 결제수단으로 선택한다면 오히려 환위험이 증가하게 될 것이다. 따라서 향후 원화와 위안화의 동조성이 강화될수록 경제주체들은 달러 대신에 위안화를 사용하려고 하는 인센티브가 커질 것으로 예상할 수 있다. 반면에 한중 간 무역과 금융의 연계성이 줄어들게 된다면 상황은 달라질 수 있다. 오히려 한중 간 무역 및 금융거래에 있어서 원화-위안화 환율의 변동성이 커지게 될 것이다. 물론 환위험을 헤지할 수 있는 방법이 있지만, 이 역시 비용이 발생한다. 따라서 이런 상황에서는 오히려 위안화 블록이 해체될 수 있다. 각국 모두 달러 결제 비중을 증가시키려는 경향을 보일 수 있다.

우리 정부는 명시적으로 위안화 블록에 참여하지 않을 것이다. 위안화 블록에 참여한다는 것은 통화주권과 통화정책의 포기를 의미하기 때문이다. 홍콩은 달러 블록에 속해 있다. 아마도 홍콩은 언젠가 위안화 블록에 포함될 가능성이 크다. 그러나 아직은 달러 블록에 속해 있는 것이 전략적으로 달러 자금조달 측면에서 중국에 유리하기 때문에 당장은 위안화 블록으로 이행하지는 않을 것이다. 타이완 역시 위안화 블록에 포함될 대상으로 고려할 수 있으나, 타이완이 독립적 민주주의 국가로 존속하는 한 위안화 블록에 참여하는 것은 상상할 수 없다. 따라서 명시적 위안화 블록의 가능성은 중국과 밀접한 경제적 관계가 있는 홍콩, 타이완조차도 낮다고 볼 수 있다. 물론 한국도 마찬가지이다.

서울 국제금융 중심지 구축을 위한 제언

2020년 7월 중국의 홍콩 국가보안법 제정, 미국의 홍콩 특별지위 박탈 등으로 홍콩의 '금융허브'로서의 위상이 흔들리자 세계 각국이 금융회사를 유치하기 위해 나섰지만, 국제금융경쟁력이 낮은 한국은 이를 활용하기 위한 노력이 여전히 미흡하다. 서울의 2020년 3월 현재 국제금융센터지수GFCI는 세계 108개 도시 중 33위에 그쳤다. 2019년 9월 조사(36위) 때보다는 3계단 올라갔지만, 최고 순위였던 2015년 9월(6위)에 비해서는 27계단이나 미끄러졌다. 부산은 2020년 3월 현재 51위로 2019년 9월의 43위에서 8계단 하락했고, 2015년(24위)에 비해서도 크게 떨어졌다. '국경 간 금융거래 활성화 지표'로 보면 우리의 국제화 수준은 주요국 중 중국 다음으로 낮다. 지표는 대외금융자산과 금융부채의 합을 GDP로 나눈 것으로, 2018년 홍콩이 2,641%로 가장 높았고 중국이 92%로 제일 낮았다. 하지만 중국은 자본시장 개방과 상하이 지역 금융중심지 전략 추진, 경제 규모 등을 감안할 때 국제적인 금융 활성화 순위는 빠르게 상승할 것으로 예상된다.

하지만 지역균형발전 차원에서 추진된 국민연금공단NPS 등 자산운용사 이전에 이어 국책은행의 지방이전 계획 등은 금융경쟁력 강화의 흐름을 거슬러가는 것이다. 실제 국제금융센터의 〈홍콩의 비즈니스 허브 기능 위축 가능성 및 영향〉(2020.6) 보고서에서 HSBC 등은 "한국의 외국 금융회사 여건이 여타 금융허브 도시에 비해 상대적으로 취약한 점을 감안할 때 수익이 홍콩보다 3~5배는 커야 투자 유인이 발생할 것"이라고 지적했다.

중국 정부는 제조업에 이어 서비스산업의 핵심인 금융업에서 IT 기술을 융합하여 양질의 일자리를 창출하고 높은 부가가치를 창출함으로써 국제금융경쟁력을 한층 강화하겠다는 전략을 세우고 있다. 위안화 국제화가 성공적으로 진행되면 홍콩보다도 상하이가 국제금융 중심지로 부각될 것이다. 자본시장이 충분히 개방되면 홍콩의 금융중개기능이 약화될 것이고, 그 대신에 인프라가 잘 갖추어진 상하이가 더욱 매력적인 금융허브가 될 것이다. 상하이는 주식시장 규모 면에서 이미 세계 2위의 지위를 갖고 있다. 상하이에 직접 주식투자를 할 수 있게 되면 굳이 홍콩을 경유할 필요가 없기 때문이다. 실제로 2019년 6월 중국과 영국은 상하이-런던 주식교차거래Shanghai and London Stock Connect를 허용했다. 홍콩을 경유하지 않고 런던과 상하이 주식시장에 상장된 주식들의 교차거래를 가능하게 한 조치이다.

물론 상장된 모든 기업이 직거래 대상이 되지는 않는다. 상하이 주식시장에 상장된 약 1,500여 개의 기업 중 260여 개가 런던에서 교차거래 대상이 된다. 이 경우 양국은 주식예탁증서를 발행하여 교차거래를 성사시키게 된다. 홍콩의 후강퉁에 이어 런던의 후룬퉁沪伦通이 출범하게 된 것이다. 그러나 홍콩의 시위사태와 홍콩 보안법 문제 등으로 영국과 중국 사이에 정치·외교적 갈등이 고조되면서 2020년 1월 후룬퉁은 잠정적으로 중지되었다. 그러다가 다시 6월부터 재개되었다. 한편 2019년 5월 중국과 일본 금융당국은 상하이와 도쿄에 상장된 주식연계증권Exchange-Traded Fund, ETF의 교차거래를 허용하는 조치를 취했다. 앞으로 중국은 싱가포르와도 ETF 직거래를 허용할 방침으로 보인다. 이처럼 상하이를 중심으로 홍콩은 물론이고 런던, 도쿄, 싱가포르 등과 주식거래의 교차거래가 허용되고 있다는 점을 감안할 때 서울은 외톨이가 되는 실정이다.

한편 당장 벌어질 일은 아니지만 언젠가 세계 각국의 금융사가 홍콩을 떠날 가능성을 고려해서, 각국은 자국의 금융허브 기능을 강화하는 방안을 모색 중인 것으로 나타나고 있다. 대표적으로 일본 정부는 2020년 8월 '경제재정 운영과 개혁의 기본방침'을 통해 국제금융도시 구상을 발표하고 핵심과제로 '감세'를 제시했다. 집권 자민당 역시 2020년 8월부터 프로젝트팀을 가동해 세제 우대, 관련 외국인 체류자격 완화, 자녀 교육환경 정비 등을 검토하고 있다. 싱가포르, 타이완, 오스트레일리아 등도 홍콩의 국제금융기능 약화를 기회로 삼아 자국의 금융허브를 한 단계 도약시키는 기회로 삼고 있다. 그렇다면 한국은 제대로 준비하고 있는가?

금융위원회는 2020년 5월 '제42차 금융중심지추진위원회'를 서면으로 열고, 2020년부터 오는 2022년까지 3년간 적용할 '금융중심지 조성과 발전에 관한 기본계획안'을 의결했다. 한국을 금융허브로 키우겠다는 정책은 노무현 정부 때인 2003년의 '동북아 금융허브 로드맵' 수립 이후 17년째 계속돼왔다. 이번 계획에는 '3대 중점전략'으로 적극적 규제 개선을 통한 민간중심 혁신 유도, 데이터 활용 등 금융 혁신성장 인프라 구축, 글로벌 역량의 선택과 집중이 담겼다. 하지만 실제 이러한 전략을 구사하기 위해서는 상대적으로 높은 한국의 법인세 및 소득세, 경직적 노동 시장, 불투명한 금융규제 등이 여전히 걸림돌로 작용하고 있다. 그러나 금융허브라는 국가 정책목표만을 위해 법인세를 홍콩, 싱가포르 수준으로 내리거나 주 52시간제를 수정하는 등의 조치를 하기는 현실적으로 불가능해 보인다. 시늉은 했지만 결국 안 하겠다는 것과 별반 다르지 않다.

더 심각한 문제는 금융기관의 지방이전 계획이다. 서울에 금융중심지를 만들어 선진화하는 것도 어려운 일이다. 그런데 한국을 대표하는 거대 기관투자자인 NPS의 지방 이전 의지는 그야말로 금융허브의 육성은 안중에도 없다는 뜻이다. 이는 국가 자산운용업을 하는 NPS의 실적으로 여실히 나타나고 있다. 초저금리에 대규모의 양적완화 정책이 상당 기간 진행될 수밖에 없는 상황에서 금융업을 관리 감독의 영역으로 보는 관치금융의 뿌리가 아직도 남아 있음을 보여주는 것이다. 심지어 한국투자공사KIC의 지방 이전 가능성도 논의되고 있다. 이제는 정말 금융업을 새로운 부가가치와 부의 효율적 축적, 중요한 일자리를 창출하는 신기술정보산업으로 인식해야 한다. 서울을 금융허브로 육성하는 것은 포기하더라도 우리나라 금융 행태의 선진화와 전문 금융인력의 양성, 금융업과 연계된 정보데이터산업의 육성 등은 반드시 도모해야 한다.

MSCI 선진지수 편입 필요성

중국이 지금보다 더 개방되면 한국은 대중 금융투자(포트폴리오 투자)의 비중을 더욱 적극적으로 늘리는 것이 바람직하다는 주장이 있었다. 그러나 중국 금융시장의 폭과 깊이가 충분히 선진화되어 있지 못하고, 관치금융이 여전히 남아 있는 상황에서 중국 금융시장

투자는 수익률 측면에서 기회 요인이지만 리스크가 큰 시장이다.

더욱 중요한 것은 한국 금융시장이 중국 금융시장과 동조화되기보다는 중국과 차별화된 금융시장이 되는 것이다. 이를 위해서는 한국이 신흥시장국가 그룹이 아닌 선진국 시장 그룹에 포함되어야 할 것이다. 우리 정부는 국제금융시장에서 한국 금융시장이 선진국 금융시장으로 대접받도록 취해야 할 조치를 제대로 실행에 옮기지 못하는 것으로 보인다. 노력을 기울이고 있다고 하지만 실상은 핵심적 조치가 취해지지 못하고 있다. 한국 시장이 신흥국 시장에 계속 편입되어 있으면 중국의 비중이 워낙 크다 보니 국제금융시장에서 제대로 된 대접을 받지 못할 뿐만 아니라 중국과 같은 그룹에 속해 있다는 점에서 동조화 경향이 더욱 커질 수밖에 없다. 한국 시장에 대한 디스카운트 요인을 해소하려면 즉시 선진국 시장에 편입하려는 조치를 취해야 한다.

가장 우선으로 한국이 MSCI 지수Morgan Stanley Capital International Index에 편입될 필요가 있다. 현재 한국이 포함된 지수는 '신흥시장지수'를 포함해 '아시아지수' '극동지수' 등이다. 여기서 '신흥시장지수' 대신에 '선진국지수'로 포함되기 위해 수차례 노력을 기울였지만, 연속 실패하고 있다. 한국의 경제발전 수준과 증시 규모 및 유동성 그리고 시장 운영 실태 등에서 한국은 선진지수 편입 기준을 대체로 충족한다고 평가받고 있다. 이러한 평가에도 불구하고 외국인 투자자들의 시장 접근성에 대해 여전히 시비가 엇갈리고 있다. 부정적 판정의 근거는 원화 국제화가 충분히 진전되지 못했다는 것이다. 원화의 역외시장 부재, 역내 외환시장의 제한적 거래 시간 등 원화조달의 어려움이 한국 시장에 대한 접근을 어렵게 하는 걸림돌이라는 것이다. 따라서 중국과 함께 편입된 신흥시장지수에서 하루라도 빨리 벗어나려면 원화 국제화에 시동을 걸어야 하고, 국내 외환시장에서 외국인의 원화조달을 위한 환경을 만들어줄 필요가 있다. 물론 원화 국제화와 외국인의 원화조달 편의를 제공하는 것은 원화에 대한 투기적 공격에 노출될 위험을 일부 증가시킬 가능성을 제공한다. 그러나 경상수지 적자를 지속해서 경험하고 있는 오스트레일리아도 '오스트레일리아 달러의 국제화'에 성공했다. 오스트레일리아의 사례를 본보기로 삼아 '원화 국제화'를 추진할 필요가 있다. 이는 중국의 위안화 국제화보다 한 걸음 앞서 한국 정부가 추진해야 할 급선무 과제라고 볼 수 있다.

원화 국제화 추진을 위한 발상의 전환

우리나라는 자본시장의 개방도가 높은 상황에서 사실상 원화 국제화를 위한 기반이 충분히 마련되었다고 볼 수 있다. 문제는 아직도 원화 국제화를 위해 마지막 남은 규제를 완화하게 될 경우, 자칫 외환 관리가 취약해질 수 있다는 우려의 목소리가 원화 국제화의 발목을 잡고 있다. 외환시장의 환투기 가능성은 오히려 고정환율제도를 운영하거나, 지나칠 정도로 외환당국이 시장개입을 할 때 커진다. 자유변동환율제도를 운영하면 외환시장의 환투기 가능성은 사라진다. 반면에 걱정해야 하는 바는 외환시장의 변동성이다.

원화 국제화가 얼마나 외환시장의 변동성을 키울 것인가의 문제는 원화 국제화를 위한 제도적 변화에도 영향을 받지만, 거시경제의 기초여건이 훨씬 중요하다. 외환시장 자체만 놓고 보면 외환시장 규모와 관련이 있다. 외환시장의 규모가 충분히 크게 되면 특정 투기세력의 작전으로 환율이 변동할 가능성은 차단된다. 원화 국제화는 그 자체로 외환시장의 규모를 획기적으로 키울 수 있는 정책이다. 정책의 내생성endogeneity이 존재한다는 뜻이다. 아울러 대외 개방도가 높은 우리나라의 경우 외부의 충격에 환율이 민감하게 반응하는 것을 크게 문제 삼을 필요가 없다. 오히려 환율변동은 한국 경제가 신속하게 외부의 충격에 대응하는 방식이다. 환위험 헤지 기능을 갖추면 환율변동은 일상의 가격조정 기능으로 보면 된다.

한국 경제는 GDP 규모와 주식시장을 포함한 금융시장의 규모 면에서 선진국에 비해 작은 것이 사실이다. 외환시장의 경우 세계 시장에서 차지하는 비중이 2019년 기준 0.7%로 세계 15위 수준이다. 금융 선진국 대비 우리의 위상이 낮은 것이 사실이지만, 제약 요인이라기보다는 남아 있는 규제를 대폭 완화할 경우 우리 금융시장이 충분히 선진화될 수 있는 잠재력이 있음을 의미한다. 따라서 실물경제의 성숙도, 양호한 국제신용도 등 대외적 건전성, 위기 경험을 통한 금융시스템의 복원력, 높은 자본시장 개방도 등에서 볼 때 위안화 국제화 흐름에 맞추어 우리도 원화 국제화를 추진할 능력과 시점이 되었다고 본다. 만약 원화 국제화를 추진하지 않는다면 외환시장의 발전도 기대할 수 없고, 국제금융시장에서 계속 신흥국 시장으로 평가받을 수밖에 없을 것이다.

더욱 큰 문제는 대표적 신흥국 통화인 위안화의 국제화가 계속 진행 중인 가운데 우리 정부가 원화 국제화에 대해 아무런 관심도 쏟지 않는다면 한국은 금융 선진화를 포기하는 것과 다르지 않다는 점이다. 특히 글로벌 금융위기 이후 달러에 대한 원화 환율이 위안화 환율과 동조화되는 현상이 더욱 심화되고 있다. 우리나라 금융시장이 중국 시장과 동조화된다는 것을 의미한다. 중국이 선진국 시장지수에 편입되기 전까지 우리나라는 계속 신흥국 시장으로 간주될 것이다. 메이저 리그에 진입할 자격이 있는데도 환율 변동성을 두려워하고, 외환 관리의 어려움을 호소하면서 신흥국에 남겠다는 낡은 생각을 떨쳐버려야 한다.

주지하듯이 중국은 2001년 WTO에 가입한 이래 한국의 최대 수출시장으로 부상했고, 중국은 한국 부품산업에 대한 의존도가 높다. 동시에 양국이 제조업 부문에서 공급 가치사슬로 강하게 묶이면서 원화와 위안화의 동조화 현상은 무역 채널을 통해 두드러지게 되었다. 여기에 더해 외국인들의 중국 주식·채권에 대한 투자가 늘어나면서 원화를 통한 환위험 헤지가 위안화를 통한 헤지보다 수월하고 비용도 적게 드는 여건이 양국 통화의 동조화를 가속화했다. 실제로 위안화 자산에 투자한 외국인 투자자들이 환위험을 헤지할 때 원화파생상품을 통해 헤지에 나서는 사례가 적지 않다. 즉 원화가 위안화의 대리proxy 통화가 되고 있다는 뜻이다. 특히 원-달러 차액결제 선물환NDF 시장의 유동성이 풍부하다 보니 위안화 채권에 투자하면서 원화로 원-달러 NDF 시장에서 헤지를 하는 것이다.[172] 또한 서울과 상하이에 개설된 원-위안화 직거래 시장에서는 오로지 현물환만 거래될 뿐이다. 따라서 역외에서 원화를 달러화와 거래할 수 있는 수단은 차액결제 선물환뿐이다.[173]

이제 우리는 중국과의 금융시장 동조화를 짐burden으로 생각해야 한다. 글로벌 투자자들은 한국 시장을 여전히 중국과 마찬가지로 신흥시장국 그룹으로 분류하고 있다. 글로벌 자금이동이 신흥시장으로 움직일 때 한국은 중국과 같이 분류된 신흥시장국 그룹 내에서 포트폴리오 조정이 함께 이루어진다. 한국이 중국과 차별화된 시장, 즉 선진시장지수에 포함되면 원화와 위안화의 동조화 현상은 상당히 약화될 것이다. 중국에 대한 교역의존도가 높은 오스트레일리아를 보면, 오스트레일리아 달러는 위안화와 동조화되지 않고 있다. 또한 위안화 환율을 관리하는 인민은행은 원-위안화의 동조화 현상이 나타나게 되면서 CFETS 위안화 환율지수CFETS RMB Index[174]에 원화 비중을 높게 편성하고 있다. 이 역시 동조화를 가져오는 요인이다. 이와 같은 원-위안화 동조화 심화는 역외 외환시장인 NDF 시장에서 원-달러 환율의 변동성을 더욱 확대하는 현상으로 나타나고 있다. 홍콩 사태 이후 중국계 은행의 달러화 자금조달이 홍콩에서 서울 외환시장으로 바뀔 경우 더욱 심화되는 조짐을 보였다는 점에서 확인할 수 있다.

한편 '달러→위안화→원화'로 이어지는 3국 통화 간 연계성은 앞으로 중국의 자본시장 개방이 확대될수록 더욱 심화될 것이며,

위안화의 국제적 위상이 커질수록 그 방향도 '원화←위안화→달러'로 나타날 수 있다. 이러한 통화 간 연계경로의 전환은 원화 가치가 원-달러 시장과 달러-위안화, 원-위안화 시장을 통해 충격(시장의 변동성)이 증폭될 수 있음을 의미한다. 이는 아시아 역내 경제의 연계성과 통합성의 측면에서 볼 때 원-위안화 동조화는 양국 간 경기순환이 일치하지 않을 경우, 오히려 한국에는 통화정책의 안정화 손실stability loss이 확대될 수 있음을 시사한다. 반면에 중국 정부가 외환정책과 통화정책의 통제권을 여전히 유지해나가고 반시장정책을 강화할수록 한국의 정책조정 비용이 더욱 커질 수 있다는 점에 유의해야 할 것이다.

원화의 국제화를 통해 원화의 국제적 교환성을 확대하게 된다고 해서 당장 신흥국의 원죄로부터 탈피하는 것은 아니다.[175] 원화 국제화는 제도적 제약 요인을 해소하는 것이 첫걸음이지만, 결국은 시장이 만드는 것이다. 원화 국제화를 추진하면서 해야 할 일은 제도 개선과 함께 원화가 국제금융시장에서 제대로 통용될 수 있도록 인프라를 구축하는 것이다. 원화 국제화 지수를 만들어 원화가 과연 시장에서 결제통화, 투자통화, 준비통화로서 어떤 기능을 하는지를 주도면밀하게 분석할 필요가 있다. 그리고 원화의 역외 거래가 24시간 가능하도록 하는 제도적 기반을 구축해야 하고, 현재 운영 중인 다양한 외환 파생상품 거래가 더욱 활성화되도록 해야 할 것이다. 즉 장외자본거래와 원화 차입 제한 등 남아 있는 외환규제를 풀어야 한다. 외국인의 원화 조달이 편리해지는 만큼 외국인 투자자들의 한국 자본시장에 대한 관심도가 커질 것이다. 비거주자에 대한 원화 거래의 자유로운 허용문제는 외환 자유화 계획상 마지막으로 남은 제한조치이며 10년 이상 묵혀두었던 규제이다.

그동안의 경험을 보면 경제주체들의 합리적 결정에도 불구하고 한국 경제는 원화 국제화가 미흡하여 소규모 개방경제에서 겪는 대외충격에 급격한 자본유출과 높은 환율 변동성을 보이는 등 취약한 모습이었다. 경제 규모와 자유로운 환율변동, 개방도가 높은 자본시장 등을 고려할 때 원화 국제화는 문턱에 도달해 있다고 판단된다. 이제 다른 신흥국들과는 달리 높은 수준의 외환거래 자유화가 이루어지는 등 신흥국 통화의 굴레에서 벗어나야 할 것이다. 오히려 선진국 통화대열에 합류할 수 있다면 우리나라 금융자산은 안전자산으로 인정될 수 있다. 즉 원화 국제화를 통해 신흥시장국의 원죄에서 벗어나 국제금융시장에 '정상국가'로 참여할 수 있게 될 것이다. 이를 위해서는 조치가 필요하다.

첫째, 위안화 결제에서 나타나는 애로사항을 참고할 필요가 있다. 위안화 자금조달에 있어 중국 본토보다 홍콩 역외시장의 금리가 높다. 이는 그만큼 역외에서 위안화 자금을 조달하는 비용이 높다는 것이다. 원화는 아예 역외에서 본격적으로 거래되는 통화가 아니다. 우리도 역외 원화 시장을 만들어야 한다. 이 경우 역외시장에서 원화 조달 금리가 한국보다 높게 되면 역외 원화 시장이 제대로 형성될 수가 없다. 충분한 유동성을 공급해야 한다는 것이다. 이를 위해서는 원화가 무역거래의 결제통화로 사용되도록 하고, 무역거래의 잉여 자금을 비거주자들이 자유롭게 활용할 수 있도록, 관련 외환거래규제를 대폭 완화해야 할 것이다.

둘째, 중국처럼 역내 국가들과 양자 간 원화 통화스와프를 통해 원화의 사용영역을 다양한 협력국으로 확대할 필요가 있다. 한미 통화스와프와 달리 양자 간 원화 통화스와프는 외환위기 시 환율 안정화에 도움을 줄 수 있는 실탄이 아니다. 한중 통화스와프는 외환시장 방어기제가 아니라 양국 통화의 국제화에 활용해야 한다. 예를 들어 중국에 투자하고 싶은 한국 기업이 서울에서 위안화 채권을 발행할 경우 부족한 위안화 유동성을 확보하는 기제로 양자 간 통화스와프가 활용될 수 있다. 마찬가지로 한국에 투자를 원하는 중국 기업이 상하이에서 원화 채권을 발행할 수 있도록 하기 위해서는 원화 유동성이 충분히 공급되어야 한다. 통화스와프의 용도를 외환위기 방지용이 아닌 통화 국제화에 활용하도록 해야 한다. 따라서 양자 간 통화스와프의 발동 요건을 위기 상황에 한정하는 것은 통화 국제화에 전혀 도움을 주지 못하게 된다. 그리고 위기 발생 시에 얼마나 유효하게 작동할 것인지도 아직 불분명하다. 글로벌 금융위기 당시 한국은행이 미국 이외의 국가와 체결한 통화스와프는 무용지물이었다. 오로지 유효하게 작동한 통화스와프는 미국 재무부가 임시로 개설한 달러 통화스와프였다. 이런 점들을 모두 고려하여 통화스와프를 통화 국제화의 수단으로 활용할 수 있는 방안을 모색해야 할 것이다.

셋째, 원화의 국제화는 다른 한편으로 위안화와 경쟁하는 구도를 만들어낼 수 있다. 중국이 한국만큼 통화의 태환성을 보장하지 못할 것이므로 오히려 위안화 국제화에 방해가 되는 것으로 중국 금융당국이 인식할 수도 있다. 그러나 이러한 오해를 불식시키는 것이 중요하다. 오스트레일리아가 오스트레일리아 달러의 국제화를 추진하면서 오히려 일본계 자본의 시장 참여를 유도했고, 일본 엔화와 함께 자유롭게 거래되는 오스트레일리아 달러는 선진국 국제통화로 인정받고 있다. 오히려 위안화 국제화와 시너지를 낼 수 있는 영역이 있을 것이다. 즉 원-위안화가 동시에 자유롭게 거래될 수 있도록 함으로써 양국 금융시장에서 교차 투자가 이루어지도록 할 수 있다. 가장 대표적으로 현재 중국 금융당국이 홍콩, 런던 등에만 허용한 주식 및 채권 직거래 루트를 서울에 개설하도록 함으로써 쌍방향으로 달러의 중개 없이 원-위안화가 투자통화로서 역할을 할 수 있는 방안을 모색할 수 있다.

중국 금융당국의 입장에서 보면 홍콩은 비록 일국양제를 유지하고 있지만, 중국의 일부이기 때문에 주식 및 채권의 직거래 시장이라는 특혜를 주었다고 볼 수 있다. 그러나 런던에 허용한 점은 대단히 전략적이라고 볼 수 있다. 미중 무역전쟁으로 뉴욕에 교차거래시장을 개설하는 것이 현실적으로 불가능한 상황에서 홍콩 이외에 위안화 국제화에 가장 적극적으로 협조하는 런던 시장이 중국의 정책당국자에게 고려 대상이 되었다. 그러나 홍콩 사태가 복병으로 작용했다. 일시적으로 상하이-런던 교차거래시장이 중단되기도 했다. 경제적 이익을 고려한 양국은 교차거래시장을 재개했다. 앞으로 중국 금융당국은 굳이 서울에 그런 특혜를 주어야 하는가에 대해 고민할 것이다. 중국과의 주식 및 채권 직거래 시장을 형성하려면 한국 금융기관들이 중국 시장에 대한 이해도가 높아야 한다는 점에서 아직 우리가 충분히 준비되었다고 볼 수는 없다. 그러나 동북아의 금융시장이 언젠가 통합되리라는 점을 고려할 때 적어도 유로시장에서 자본시장이 통합된 선례를 참고하여 교차거래시장의 활성화를 위한 방안을 한중일 3국이 함께 고민해보는 것도 미래 지향적으로 의미 있는 일일 것이다.

넷째, 원화 국제화는 장기적으로 위안화 블록에 포함되는 것을 방지할 수 있는 가장 중요한 선제적 조치가 될 수 있을 것이다. 우리 금융당국이 원화 국제화를 게을리하는 동안 중국이 위안화 국제화를 상당히 진척시키면 결국 우리 원화가 위안화 블록에 포함되는 결과를 가져올 수밖에 없다. 위안화 결제시스템과 다양한 위안화 파생상품, 풍부한 위안화 유동성에 원화가 대적할 방법이 없을 수도 있다. 따라서 원화 국제화는 중국과 차별화된 독자적 금융시장과 자본시장을 발전시킬 수 있는 혁신전략이 될 수 있다. 이를 위해서는 무엇보다도 잔존 규제를 푸는 것에 대한 공포심을 버려야 한다. 비거주자의 원화조달을 완전히 자유화하고, 아울러 매력적인 원화표시 금융상품을 개발한다면 서울은 동아시아의 새로운 국제금융센터로 각광을 받을 수 있다. 주변국이 모두 유로화를 사용하는 상황에서도 스위스가 여전히 꿋꿋하게 글로벌 금융허브로서의 위상을 지키는 것을 부러워만 하지 말고 실행에 옮겨야 할 것이다.

3. 디지털금융의 표준화와 국경 간 지급결제시스템의 대비[176]

빅테크 기업의 개인정보 활용에 대한 규제

디지털 플랫폼을 통한 금융서비스 제공에 있어서 현재 논의되는 가장 중요한 이슈는 개인정보 보호 문제이다. 중국은 개인정보 보호보다는 빅데이터의 활용에 중점을 두고 있다. 반면에 플랫폼을 보유한 빅테크 기업의 금융진출이 가속화되면서 정보 구축 및 활용에 대해 규제가 필요하다는 논의도 제기되고 있다. 빅테크 기업은 플랫폼 사용자의 검색기록, 학력, 소득수준, 구매내역, 인맥 등 방대한 정보를 바탕으로 개인화 추천 시스템을 구축한다. 플랫폼을 활용한 빅테크 기업의 개인정보 활용에 대해 규제가 필요한가를 둘러싸고 유럽과 중국 정부의 대응은 판이하다. EU는 2018년 개인정보보호규정GDPR 방안을 발효하고 엄격하게 테크 기업에 대한 규제를 시행하고 있다. 반면에 중국은 경제발전을 목표로 자국 테크 기업이 수십만 또는 수억 개 신용정보를 충분히 활용하도록 허용하고 있다. 더구나 이들 중국의 테크 기업이 수집한 개인정보는 국가가 얼마든지 직간접으로 활용할 수 있다. 즉 개인정보 보호 문제를 놓고 유럽과 중국이 규범 경쟁을 벌일 가능성이 있다. 한국은 유럽과 같은 방향으로 가고 있다. 그러나 지나칠 정도로 개인정보 보호에 치중할 경우 디지털 플랫폼을 활용한 각종 서비스의 출시가 제약될 수도 있다.

디지털통화의 표준경쟁과 선택

우리도 중앙은행 간 디지털화폐 발행과 관련한 정보교환에 참여해야 한다. 주요국 중에서는 인민은행이 가장 빠르게 움직이고 있다. 홍콩도 디지털 위안화의 사용 범위에 포함될 예정이다.[177] 민간의 디지털화폐 발행을 불허하고 중앙은행에 법정화폐의 발행 지위를 부여하는 법 개정도 추진 중이라고 한다. 그동안 알리바바의 알리페이와 텐센트의 위챗페이가 구축한 제3자 방식의 결제시스템이 확대되면서 사실상 중국은 현금 없는 사회로 옮겨가고 있다. 그런데 중국 디지털통화 시장의 중심축은 이미 시장을 장악한 민간 결제기업에서 바야흐로 중앙은행이 발행하는 디지털화폐로 옮겨갈 가능성이 커지고 있다. 관치가 지배하는 중국 금융시스템하에서 중국의 민간 결제기업은 결제수단의 옵션에 디지털 위안화를 포함할 수밖에 없을 것이다. 인민은행은 일대일로가 뻗어 있는 국가에 디지털 위안화 사용을 강제함으로써 지리적 영역을 국제적으로 넓혀갈 가능성도 있다.

인민은행의 디지털화폐 발행을 통해 중국의 디지털 결제시장의 95%를 차지하는 위챗페이, 알리페이 등 민간 모바일결제시스템을 정부가 직접 관리 및 통제하겠다는 구상으로 분석된다. 나아가 디지털화폐 표준화를 선점하여 결제 중심의 위안화 국제화를 추진하겠다는 의도도 있어 보인다. 여기에 홍콩에 이어 한국을 디지털 위안화의 첫 적용대상으로 삼고 싶을 수도 있다. 2020년 5월에 일부 전국인민대표회의 위원들이 한중일+홍콩을 묶어 디지털 지역공동화폐를 만들자고 한 제안을 쉽게 넘어갈 일로 보아서는 안 될 것이다. 선진 기축통화국들보다 먼저 디지털화폐를 상용화하여 미래의 모바일결제 시장을 선점하려는 중국의 숨은 전략을 놓쳐서는 안 된다.

디지털 플랫폼을 둘러싼 미중 기술패권 다툼은 향후 디지털 위안화가 본격적으로 상용화될 경우 디지털 화폐전쟁으로 확산될 가능성도 있다. 중국 정부는 미국이 손 놓고 있는 디지털화폐의 상용화에서 선도적 위치를 차지하고 디지털화폐의 중국형 모델을 표준화하려는 의도가 없지 않다. 한국은 중국형 모델이 세계적으로 표준화되기 전에 중국의 중앙은행 전자결제 관련 기술을 충분히 검토하되 표준화에는 신중할 필요가 있다. 향후 중국형 모델에 동참하기보다는 대다수 선진국이 참여하는 BIS를 중심으로 한 디지털 통화 협력 플랫폼에 참여하여 표준화 이슈를 공론화해나가는 것이 바람직할 것이다.

좌고우면하는 한국

2021년 2월 한국은행은 디지털화폐를 법정통화에 추가하는 방안을 검토하기로 했다. 그러나 구체적 도입 시기는 전혀 결정되지 않았다. 민간 차원의 블록체인 기술을 활용한 디지털화폐와 달리 중앙은행 디지털화폐CBDC는 여러 국가에서 도입을 이미 결정하거나 도입을 검토하고 있다. 이 같은 흐름을 고려해서 우리의 여건에 맞게 도입되어야 할 것이다. CBDC가 소액결제뿐만 아니라 거액결제에도 도입될 가능성이 있다는 점에서 국제결제시스템에 획기적 변화가 일어날 수 있다. 우리도 디지털 금융거래의 인프라 구축을 통해 4차 산업 시대에 부응한다는 자세로 CBDC의 도입을 적극적으로 검토해야 할 것이다.

한국은행도 CBDC의 다양한 이슈에 효과적으로 대응하고 관련 이론 및 기술적 역량을 축적하기 위해 CBDC 전담조직을 마련하고 있다. 아직 중국은 소액결제용 CBDC에 초점이 맞추어져 있으며, 실제 시험운용도 소액결제로 한정된다. 따라서 위안화 국제화에 직접 활용하기까지는 상당한 시간이 소요될 것으로 볼 수 있다. 다만 중국이 2022년 이후 CBDC의 활용을 본격화할 경우 디지털 위안화는 현금을 대신해 점점 더 많이 사용될 것으로 보인다. 2022년 이후 전국 단위에서 모바일결제 수단으로 디지털 위안화가 알리페이와 위챗페이의 경쟁자로 부상할 것인지 주목해야 할 것이다. 우리나라의 경우 알리페이나 위챗페이와 같은 제3자 결제방식이 아닌 신용카드가 널리 사용되고 있다. 모바일결제에서도 신용카드와 연계된 방식이 사용되고 있지만, 아직 중국에 뒤처져 있다. 우리나라 신용카드 회사의 기득권이 너무 크기 때문이다. 미국과 대단히 유사하다고 볼 수 있다. 이제 한국은행도 CBDC의 도입을 조심스럽게 준비하고 있다. 아직 본격적 시범 운용까지는 아니더라도 다양한 방식으로 모의 테스트를 시행하는 중이다.

중국 주도 국경 간 지급결제시스템의 참여 문제

중국식 국경 간 지급결제시스템 사용과 규범에 관한 문제도 중요한 사안이다. 중국은 EU, 러시아와 함께 미국의 달러화 연계 결제시스템의 정치적 활용 등에 대응하여 의존도를 낮춰가기 위한 노력을 활발히 전개 중이다. 중국은 2018년 5월 위안화 국제거래 거액 결제망인 CIPS를 24시간 운영체제로 전환하는 가운데 일부 해외 소재 중국계 은행에 여기에 참여할 것을 요구하고 있다. 해외 소재 중국계 은행이 결제업무 처리 시 CIPS 자체 통신망을 사용함에 따라 SWIFT를 통한 중국 내 본점 경유 단계가 생략되어 처리 절차 및 시간이 단축되고, 이들의 고객인 해외 금융기관도 간접적으로 CIPS 통신망에 참가함으로써 결제업무 처리의 편리성을 높이고 있다.

이처럼 중국의 위안화 결제인프라 강화는 위안화 국제화의 일환으로 추진하면서도 향후 미국이 주도권을 갖고 있는 국제결제망(CHIPS 또는 SWIFT)에서 중국 기업을 배제할 위험에 대비하는 측면도 있다. 만약 미국이 중국과 금융결제망에서 완전한 탈동조화를 추구한다면 한국의 선택은 결국 2개의 결제망을 동시에 사용해야 하는 불편함을 감수해야 할 것이다. 중국과의 결제에는 CIPS를 사용하고, 그 외의 국제결제에는 SWIFT를 사용해야 한다.

위안화 국제결제인프라 구축에 있어서의 쟁점은 한국에 진출한 중국계 은행이 달러 결제시스템을 우회하는 위안화 결제시스템의 사용을 우리 은행들에 강요할 수 있다는 점이다. 지금까지 미국은 국제자금세탁방지기구Financial Action Task Force, FATF 등과 연계하여 특정 국가나 기업과의 거래를 자금세탁방지 대상으로 정하고, 미국 달러화 국제거래 거액결제망인 CHIPS나 미국 영향력 아래에 있는 국가 간 자금 송금 통신망인 SWIFT 이용을 제한하는 방식으로 영향력을 행사하면서 위반 시 거액의 벌금을 부과하고 있다. 이러한 상황에서 중국의 CIPS가 미국이 주도하는 CHIPS와 다른 기준의 거래 필터링을 나름 갖췄다고는 하나, 중국 은행들과 거래하는 우리 은행이 CIPS 자체 통신망을 사용하게 되면, 나중에 혹시라도 자금세탁방지 누락 회피거래가 발견될 경우 달러 중심의 미국 결제시스템에서 배제될 위험에 특별히 주의를 기울여야 한다.

이 문제는 중국의 CIPS가 현재 인민은행이 발행을 추진하는 디지털 위안화를 지원하는 지급결제인프라로 활용될 것이라는 점에서, 결제시스템의 선택은 두 단계를 거쳐 접근할 것으로 보인다. 우선 중국은 CIPS에 직접 참가하는 해외소재 중국계 은행을 더욱 확대하여 SWIFT에 대한 의존도를 낮춰갈 가능성이 있다. 두 번째 단계로는 중국이 위안화의 국제적 위상을 높이기 위해 국경 간 디지털 위안화 상용화를 본격화할 무렵 국경 간 결제인프라의 선택에 있어서 양자택일을 요구할 가능성이 있다. 사실상 반강제적으로 선택을 강요할 수도 있다. 이러한 선택의 기로에서 미국은 자금세탁방지 회피거래가 기술적으로 용이해질 수 있다는 이유로 CIPS의 이용 확산을 저지하려고 할 가능성이 있다. 나아가 중국은 현재 G20에서 논의 중인 국가 간 지급결제서비스 개선방안 중 혁신기술을 이용한 글로벌 복수통화 결제시스템 도입 이슈를 주변국을 중심으로 적극적으로 개진해나갈 것으로 보인다.

한편 민간 소액 간편결제시스템의 진전 상황을 보면, 국내 중국 관광객을 상대로 영업을 해온 알리페이가 국내 소비자를 대상으로 간편결제 서비스를 열어나가고 있으며, 알리바바는 국내 온라인 쇼핑몰에도 진출할 계획을 세우고 있다. 문제는 여기에 그치지 않는다. 알리페이는 막대한 거래량을 결제 처리하는 데 중국에 기반을 둔 자체 클라우드 서비스센터를 운영함으로써 데이터 거버넌스에 있어 보안성을 유지하기도 어렵게 만들고 있다.

이처럼 온라인 결제시스템의 단일화 작업을 앞두고 한중일 간 치열한 협상경쟁이 벌어질 것으로 예측된다. 하루 10억 건이 넘는 거래 규모를 앞세우면서 단일 전자화폐 표준화에 중국식 표준을 강조할 가능성이 크다. 한중일 디지털 단일시장digital single market, DSM 구축은 3국 간 디지털 금융산업 협력에서도 점점 더 중국으로 무게중심이 옮겨갈 가능성이 있다는 점에 주의를 기울여야 할 것이다.

4. 한중 금융협력의 새로운 의제[178]

유럽에 비해 연대의식이 결여된 동아시아

동아시아 외환위기가 발생할 당시만 해도 아시아는 무력했다. 타이, 인도네시아, 말레이시아 그리고 홍콩을 거쳐 한국에 상륙한 외환위기의 전염효과는 코로나를 방불케 했다. 타이, 인도네시아, 한국은 결국 IMF로부터 구제금융을 받아야 했고, 일본이 주창했던 아시아통화기금AMF은 허언에 불과했다. 미국의 승인 없이는 동아시아의 자구적 지역방어체제는 생각할 수 없었다. 그리고 당시 중국은 일본이 주도하는 금융협력체에 관심이 없었다. 한중일 3국과 ASEAN의 10개국이 양자 간 통화스와프와 다자간 통화스와프 체제를 구축하고자 했던 치앙마이 구상Chiang Mai Initiative은 아직도 IMF와 독립적으로 운용될 수 없는 불완전한 금융협력체에 불과하다. IMF의 승인 없이 자유롭게 자금을 활용하는 데 한계가 있기 때문이다.

앞으로 중국에서 금융위기, 외환위기가 발생한다고 해도 중국 스스로 버티지 못하면 동아시아의 어떤 국가도 중국을 도울 수 없을 것이다. 동아시아의 금융협력체는 양자 간이건 다자간이건 효과가 의심될 수밖에 없는 유동성 지원장치에 불과하다. 그렇다면 별로 효과도 없어 보이는 동아시아의 금융협력체에 대해 아직도 미련이 남아서 ASEAN+3 금융협력이라는 명색을 유지하고 있을까? 그것이 바로 아시아의 현실이다. 동아시아를 결속해줄 수 있는 정치적, 외교적 동맹의식도 없고, 마지못해 협력이라는 대의명분에 매달려 언젠가 동아시아의 새로운 리더십이 출현하지 않을까 하는 타는 목마름만 있을 뿐이다.

단일통화 유로를 탄생시킨 유럽의 절절한 연대의식을 동아시아에서는 기대할 수 없다. 유럽이 EU에 이르기까지 각종 기구를 설립해서 제도를 정비해가는 지역주의의 움직임과 기능주의적 접근법도 동아시아에서는 기대하기 힘들다. 중국의 부상은 동아시아를 결속시키는 것이 아니고, 편 가르기에 이를 뿐이다. 중국과 일본은 상극이다. 일본은 미국과의 동맹에서 벗어나지 못할 것이고, 미국의 영향력이 약화 또는 사라진 이후에도 동아시아에서 중국을 견제하는 균형추 구실을 하려고 할 것이다. 한국은 일본과 협력하기보다는 오히려 중국과 협력하는 것이 편해진 지 벌써 오래전이고, 앞으로도 그럴 것이다. 진정성을 갖고 일본과 협력하려는 모습을 보이는 정치인도 찾아볼 수 없다. 친일 프레임에 갇혀 있거나 일본을 조금이라도 두둔하면 왕따를 당한다. 한중 FTA보다 먼저 시작했던 한일 FTA는 지루한 협상 끝에 성사되지 못했지만, 한중 FTA는 전광석화와 같이 추진되었다. 금융 분야의 협력도 크게 다르지 않다. 일본과 중국이 ADB와 AIIB로 경쟁하고 동아시아 국가의 연대의식에 호소하는 비전과 리더십을 보일 가능성은 전혀 없다고 해도 과언이 아니다. 그게 동아시아의 현실이다.

금융협력과 금융동맹

트럼프 시대의 미국은 중국을 직접 상대했다. 그러나 바이든 시대의 미국은 동맹을 활용할 것이다. 바이든 행정부는 오바마 행정부와 마찬가지로 한일 관계가 개선되기를 희망하고 있다. 그리고 한국이 중국과 거리를 두기를 바라고 있다. 금융 분야에 있어서 중국이 추진하는 위안화 국제화, 일대일로, 디지털금융 협력 등에 한국이 동조하는 모습을 보이면 미국은 한국을 좋게 바라볼 이유가 없다. 미국이 원하는 동맹외교에 대해 한국이 주권국가로서 국익을 지키겠다고 아무리 설명해도 미국으로서는 이해가 안 될 것이다. 그것이 외교이다. 방위비 협상에서 덜컥 미국에 선물을 주었다고 생각할 수도 있겠지만, 착각이다. 한국 정부는 금융 분야에 있어서 중국과의 협력에 정말 신중한 자세를 보여야 한다.

한중 금융협력은 미중 관계가 극단적 선택을 강요하지 않는 한 외교적 이해관계보다는 철저히 경제적 이익에 따라야 할 것이다. 예를 들어 한중 통화스와프를 미국과의 동맹관계를 고려해서 폐기하거나, 또는 AIIB를 탈퇴하는 것과 같은 우둔한 선택은 일절 고려

대상이 아니어야 한다. 이유는 너무나도 명백하다. 중국은 여러 국가와 통화스와프를 체결했다. 한국은 홍콩 다음으로 큰 규모로 체결한 국가이긴 하나 교역국 중 하나에 불과하다. AIIB에 참여한 국가 중에는 미국과 동맹을 형성한 서방 국가들이 다수 있다. 한중 금융협력에서 더 중요한 것은 정말 의미 있는 의제가 있느냐 하는 것이다. 현재로서는 2014년 12월과 2016년 6월에 서울과 상하이에 개설된 원-위안화 직거래 시장의 발전 문제를 '위안화 국제화'에만 초점을 맞출 것이 아니라, '원화 국제화'와 관련하여 발전시키는 문제와 연계하며 고민해야 한다. 그동안은 금융위기에 대한 대응수단을 공동으로 마련한다는 차원에서 소극적 협력에 치우쳤다면 이제는 양국 금융 및 외환시장을 보다 적극적으로 발전시키기 위한 차원에서 협력 방안을 모색해야 할 것이다.

한국 정부는 미국과 금융동맹을 추진해야 한다. 한중 통화스와프와 달리 한미 통화스와프는 우리에게 정말 쓸모 있는 금융 안전판이다. 그러나 한미 통화스와프는 현재 코로나19 사태로 임시적 조치에 그쳐 있다. 한국 정부는 이를 영구화하는 작업에 매달려야 할 것이다. 한미동맹이 군사적 동맹을 넘어 금융동맹으로 가야 한다. 그리고 미국이 자국의 동맹이라고 여기는 국가들에게만 부여하는 통화스와프를 한국은 당연히 받아야 한다. 우리 정부가 노력을 게을리한다면 한미동맹에 대한 의지가 없다고밖에 말할 수 없다.

한중 간 공존을 위한 금융협력 방안

한중 간 금융 면의 충돌을 피하면서 공존하기 위해서는 협력이 필요하다. 이를 위해 다양한 노력이 수반되어야 한다.

첫째, 코로나19 팬데믹 이후 사회안전망, 기후변화 등에 대한 국가의 역할과 금융 측면에서의 지원방안 논의가 활발하다. 특히 바이든 행정부의 출범은 미국의 파리 기후변화협약 재가입과 함께 탄소배출 저감을 위한 탄소세 도입을 포함해 신흥개도국에 부담이 되는 글로벌 규범제정으로 현실화될 수 있다. 중국 역시 세계은행과 같은 국제개발금융기관과 기후변화, 환경보호 등 공동투자 정책을 수립하고 있다. 특히 프로젝트 투자자로 참여함과 동시에 자원 동원에 관한 국제사회의 원칙을 수립하는 데 목소리를 내고 있다. 중국은 개발투자의 연속성 관점에서 환경위험관리, 녹색금융 등과 같은 새로운 국제금융협력 분야에서 적극적 노력을 기울이고 있다. 무엇보다 중국은 환경오염 방지를 위해 녹색금융에 대한 표준화를 구축하는 일에서 방관자가 아니라 책임 있는 이해관계자로서 협력 의지가 매우 강한 편이다. 중국의 행보는 대단히 바람직하다. 한국 역시 기후변화협약의 이행을 위해 적극적 참여가 필요하다.

둘째, 글로벌 투자자들의 환경, 사회, 거버넌스에 대한 관심 증대는 ESG Environmental · Social · Governance 기준을 잘 충족하는 기업들에 투자가 집중되는 트렌드를 정착시킬 것으로 보인다. 한중 양국 국부펀드들(KIC, CIC) 역시 ESG 분야에 자산 배분을 늘리는 방안을 고려할 것이다. 예를 들어 한중 양국 국부펀드들이 환경 관련 채권을 장기 자산배분 전략 차원에서 공동투자를 할 때 정보의 교환 등 협력을 모색할 수 있을 것이다. 코로나19 사태 이후 양국 모두 정부 부채가 급증하면서 글로벌 국채 발행시장이 비대해지는 상황에서 이를 처리할 시장조성자가 절실히 필요한 시기이다. 국내 국채딜러의 중개능력은 한계에 봉착하고 있다. 기관투자자로서 큰손 역할을 하는 양국 국부펀드가 해외 기관투자자들과 함께 역내 통화표시 그린뉴딜Green New Deal 채권 인수에 참여하는 것도 역내 통화표시 채권시장 활성화 측면에서 바람직할 것이다.

아시아 금융위기 이후 동아시아 역내 국가들은 국채와 회사채를 포함하여 채권시장의 규모가 꾸준히 확대됐다. 특히 역내 채권시장에 새로운 투자자들이 채권발행을 통해 장기자금을 조달하기 시작했으며, 국채시장 또한 코로나19 사태 등을 극복하는 과정에서 정부의 재정확대에 따라 규모 면에서 크게 성장했다. 하지만 홍콩, 싱가포르를 제외하고는 여전히 자국 통화 위주로 채권을 발행하고 있어, 채권시장의 국제화는 아직 낮은 수준이다. 그러나 글로벌 유동성이 급증하면서 아시아 신흥국 채권에 대한 외국인 투자가 늘어나는 등 역내 채권 활성화가 빠르게 진행되고 있다. 외국인 투자자가 아시아 채권투자를 늘려나가기 위해서는 환율변동에 따른 위험을 감수해야 하므로 환위험 헤지수단의 제공은 역내 채권시장 참여 유인을 늘리는 주요한 요인으로 작용하고 있다. 따라서 금융시장 개방 이후 외환위기를 경험하고 유연한 환율제도를 갖춘 한국은 이러한 금융 선진화의 길을 걷는 중국에 특별한 의미가 있을 것이다. 아직 자국 통화의 국제화를 만족할 만한 수준으로 이루지 못한 한국과 중국은 아시아 역내 채권시장의 발전을 도모하는 데 더욱 필요성을 공감할 수 있다.

셋째, 국제금융시장에서 인정받는 안전자산은 미국, 일본 등 기축통화국이 독점하고 있다. 중국 등 신흥국 국채는 안전자산으로 대접받지 못한다. 기축통화국만이 안전자산을 공급하는 현실에서 신흥국은 원죄를 안고 사는 셈이다. 환율변동의 파급효과가 기축통화국과 신흥개도국에 전혀 다른 함의를 보이기 때문이다. 미국 등 기축통화국의 통화정책은 신흥국 환율에 직간접적으로 영향을 미치기 때문에 신흥국은 일상적으로 환율 불안정에 직면하게 된다. 특히 외화부채가 많은 신흥국은 환위험 증가에 따른 대응책에 골몰해야 한다. 중국이 위안화 국제화를 추진하게 된 배경도 근본적으로 기축통화국의 대열에 합류하기 위한 것이다. 마찬가지로 한국 역시 신흥국의 원죄에서 벗어나려면 원화 국제화의 시동을 걸어야 한다.

글로벌 금융위기 이후 각국은 안전자산을 다변화하는 경향을 보였다. IMF가 분기별로 발표하는 회원국 외화준비금의 통화 구성을 보면, 글로벌 금융위기 전에는 완만하나 달러화 비중이 줄어드는 대신 유로, 엔, 파운드화 비중은 늘어나는 추세였다. 한편 기타 통화는 눈에 띄게 증가하는 모습을 보였다. 안전자산이 부족하자 새로운 대안을 찾고자 하는 시장의 속성을 반영한 것이다. 원화는 중요한 기타 통화의 하나로 인정받기 시작했다. 우리나라 원화 국채가 안전자산으로서 손색이 없다는 사실은 분명하다.[179] 지난 20년간 우리 경제는 활력을 잃어버렸으나 그 대신 안정을 얻었다. 이로써 세계경제의 중심부로 진입할 기회를 찾았다. 그 첫 단추가 바로 '원화 국제화'이다. 이를 통해 우리 국채가 국제금융시장에서 안전자산으로 인정받을 수 있다.

넷째, 한중 양국은 국제기구에서의 신흥국 파워 확대를 도모할 필요가 있다. 물론 IMF의 지분율 조정 등에서 미국을 굳이 자극할 필요는 없다. 미국은 브레턴우즈 체제를 창출한 국가이다. 과거의 유산이 현재까지 이어지는 것에 대해 불만이 있을 수 있다. 왜 미국만 거부권을 행사할 수 있는가? 그러나 미국은 국제금융체제의 마지막 보루로서 중요한 책임자 역할을 해왔다. 다만 중국과 한국 모두 IMF 쿼터에서 과소 배분되고 있는 것은 분명한 사실이다. 양국 모두 국제금융기구에서 영향력 확대를 위한 노력을 펼쳐야 할 것이다. 특히 중국은 AIIB의 부총재직을 한국에 다시 부여하도록 검토해야 한다. 한국 정부도 정말 실력 있는 금융전문가를 부총재직에 추천해야 할 것이다.

중국과 한국이 진정 국제금융기구에서 신흥국을 대표한다는 책임의식이 있다면, "새로운 브레턴우즈 순간a new Bretton Woods moment"이 왔다는 크리스탈리나 게오르기에바Kristalina Georgieva IMF 총재의 주장에 귀 기울여야 할 것이다. 코로나19 사태 이후 저소득국가에 닥친 부채위기는 심각하다. 2020년 G20 회의를 통해 채무상환이 2021년 6월까지 유예되기도 했다. 그러나 문제가 해결된 것은 아니다. 특히 중국의 일대일로 관련 사업을 하면서 쌍무적으로 차입한 돈을 해결하지 못하는 저소득국가의 문제를 그대로 방치할 수는 없다. 미국이 다자기구를 통해 이 문제를 해결하려고 하면 채권국 중국만 혜택을 받는 것 아니냐는 반론이 비등했다. 그러나 해결책이 없는 것은 아니다. 중국은 채권국으로서 파리 클럽에 정식 회원국으로 가입해 책임 있는 역할을 해야 한다. 필요하다면 채무탕감에 적극적으로 나서야 한다. 일대일로 사업의 실패로 채무불이행에 빠진 국가로부터 담보 잡힌 항만을 군사적 목적으로 인수하는 것이 아니라, 채권자로서 사업을 꼼꼼하게 검토하지 못하고 대출한 책임도 져야 한다. 그리고 새롭게 배분되는 IMF의 SDR 배정을 통해 저소득국가들이 IMF의 빈곤퇴치기금을 활용할 수 있도록 목소리를 높여야 한다. 미국도 트럼프 시대의 리더십과 달리 바이든 시대로 들어오면서 국제기구를 통한 역할을 강조하고 있다. 특히 재닛 옐런 재무장관이 코로나19 이후 저소득국가의 빈곤퇴치를 위해 IMF와 세계은행의 역할이 강화되어야 한다고 말한 것은 매우 적절하다. 실제로 코로나19 사태로 어려움을 겪고 있는 저소득국가의 실정에 공감하고, 행동에 옮기는 일에도 나서야 할 때이다.

중국 경제의 용틀임과 한국의 생존 방정식을 풀어나가는 이 책은 복잡하고 난해할 수 있다. 독자들의 종합적인 이해를 돕기 위해 10개의 주제를 중심으로 1만 자로 요약·정리하면 다음과 같다.

미중 충돌, 한국 경제에 약인가 독인가

한국 경제에는 새로운 전기가 필요하다. 기로에 선 한국 경제에 미중 충돌은 기회일까, 위기일까? 중국은 한국의 미래에 가상의 적인가 아니면 공존의 동반자인가? 중국의 경제·과학기술 굴기 그리고 힘의 비대칭성 확대 속에서 한국은 어떻게 스스로 주권과 생존권을 지켜갈 것인가? 특히 과학기술이 안보전략과 직접 연결된 현실에서 한국의 지경학·지정학적 위치를 감안할 때 우리는 어떤 선택을 받고 있나? 미중 충돌 속에서 국가와 정부의 역할은 무엇이고 정치와 경제의 관계는 어떻게 뒤얽혀갈 것인가?

이제 중국 경제에 예속되지도 충돌하지도 않으며, 그들과 공존할 수 있는 생존 방정식을 그려내려고 분투해야 한다. 이와 함께 전환기적 상황 속에서 침식되고 있는 한국 경제의 생태계를 건강하게 복원하는 작업을 병행해야 한다.

중국은 글로벌 경제대국으로 성장할 수 있을까

중국의 GDP는 2020년 추산, 미국의 거의 70%에 도달할 것으로 예상된다. 주요 국제 전망기관들은 대체로 2030년대 초중반에 미중 간 역전이 나타날 것으로 내다보고 있다. 그렇다고 해서 중국이 투키디데스 함정을 극복하고 바로 미국을 대체하는 세계 제1의 패권국이 되는 것은 아니다. 중국 경제가 안고 있는 다양한 문제점이 일거에 해소되지도 않았다. 중국이 미국을 추월하는 시점은 향후 미국 경제력의 약화 속도와 중국의 성장률 둔화에 달렸다.

중국은 미국을 추월하는 데 필요한 물적 기반을 갖추어가고 있다. 하지만 아직도 정경분리가 되지 않고 있는 데다 전문 서비스 분야와 첨단산업 등에서 미중 간에 질적 격차가 여전히 존재한다. 여기에 미국의 대중 압박과 견제가 다방면에서 진행되면서 중국의 미국에 대한 기술추격은 상당한 타격을 받고 있다. 특히 중국이 두려워하는 일은 중국의 공급망이 해체 또는 고립되는 일이다. 이러한 대중 압박과 견제가 성공한다면 중국이 10여 년 후 미국을 추월하여 팍스 시니카 세상을 열게 되리라는 꿈은 모두 물거품이 될 것이다.

추격만 해서는 추격할 수 없다는 '추격의 역설'이 중국에도 적용된다. 중국이 세계 일등 국가가 되려면 체제 개선 및 초일류의 기술을 주도하는 혁신경제로 전환해야 한다. 그리고 투키디데스 함정, 중진국 함정에다 타키투스 함정과 킨들버거 함정 등 체제적 위험을 이겨내야 한다. 특히 중국이 10년 내 1인당 국민소득에서 미국의 40% 수준을 돌파하여 양적·질적으로 명실상부한 선진 중진국으로 등장할지 여부는 그들의 미래뿐만 아니라 세계경제의 새로운 질서를 형성하는 데 있어서도 관건이 될 것이다.

시진핑식 중국 특색 사회주의 체제, 그 불편한 진실은?

중국은 2013년 시진핑 등장 이후 '중국 특색 사회주의' 노선을 내세우면서 체제·이념·수단 면에서 미국 등 서방세계와 다른 그들만의 길을 찾아 나서기 시작했다. 정치적으로 강성 권위주의 체제를 유지하고 국가자본주의 체제를 강화하고 있다. 그리고 이념적으로 시진핑식 중국 특색 사회주의 노선을 체계화하고 있다. 그 수단으로서 대외정책은 일대일로로 표현되고 미중 경제패권에서 승자가 되기 위해 과학기술 중국몽을 당-국가 차원에서 돌관적으로 추진하고 있다. 이 국가주의 시스템의 밑바닥에는 중화민족주의 부흥의 '중국몽' 실현이라는 국가목표가 깔려 있다. 자유와 민주주의, 인권 등의 보편적 가치가 경시되고 국가의 단결과 안정이라는 이른바 '대일통'이 최고의 가치로 작동하고 있다. 경제영역에서는 시장경제의 발전을 통해 세계화를 추진하지만 동시에 국유기업의 주도적 역할과 권위주의 체제의 경제적 개입을 결합한 이른바 정경일체를 추구한다. 이런 '국가주의 체제'는 대내적으로 정부 통제의 강화에도 불구하고 부패 심화와 분배 악화를 가져오는 한편, 대외적으로 미국 등 서방국들의 대중국 견제를 유발하고 있다.

미국은 트럼프 행정부가 들어선 이후 시진핑식 국가주의 체제하의 중국을 글로벌 통상질서의 교란자로 규정하고 전면적 견제에 나섰다. 중국공산당의 장기집권과 시장경제를 조화시키기 위해 중국이 선택한 '중국 특색의 길'이 미중 간 체제경쟁의 촉매제가 되고 있다. 이는 세계경제에 막대한 영향력을 행사하는 중국의 사회주의 체제를 기존의 글로벌 시장경제 질서가 어떤 방식으로 수용할 것인가라는 근본적 질문을 던지고 있다. 경제하는 자는 새장 밖으로 날아갈 자유가 없다는 중국의 국가자본주의는 국가가 심판을 통제하고 있다. 국유기업과 같은 선수들이 승률을 높일 수 있도록 각종 지원을 하는 공정하지 못하고 기울어진 운동장 위에 서 있다.

비스듬해진 운동장은 글로벌 시장경제의 질서 자체를 위협하기 시작했다. 이에 따라 미국은 시진핑식 중국 특색 사회주의 노선에 기반한 중국과의 가치전쟁뿐 아니라 과학기술 중국몽을 저지하기 위해 기술패권 전쟁을 불사하고 있다. 이 과정에서 시진핑이 추구하는 길은 매우 험난해 보인다. 아직 독자 생존력이 약한 중국은 돌파구를 찾으려 할 것이고, 주변국들을 우군으로 끌어넣으려 할 것이다. 한국은 미중 사이에 낀 존재가 될 수밖에 없다. 이것이 재앙의 길로 연결될 수도 있지만, 한국 경제에 기회의 창이 될 수도 있다. 한중 간 경제적 이익의 거리는 유지할지 모르겠으나, 가치와 인식의 거리는 점점 멀어져간다.

중국의 과학기술 중국몽은 미래 문명충돌의 단초가 될 것인가

시진핑 집권 이후 중국의 도광양회韜光養晦 태도는 찾아보기 힘들다. 강력한 국가주의 체제와 과학기술 중국몽을 바탕으로 한 좌고우면 없는 대국굴기 드라이브가 거세지고 있다. 한국을 비롯한 세계는 중국의 굴기에 대해 증폭된 두려움에 빠져들고 있다. 이는 중국 경제의 양적 급성장 때문만이 아니다. 욱일승천하고 있는 중국몽 중화제국주의가 추구하는 가치가 시진핑 시대 중국 특색 사회주의 사상 체제에서 작동하고 있는 현실 때문이다. 중국의 자세가 대국굴기를 넘어 공격적이고 파괴적 도전의 양상을 보이면서 결과적으로 세계사적 문명충돌로 이행되지 않을까 하는 두려움까지 갖게 된다.

지금 진행되는 미중 충돌은 과학기술 신냉전 시대를 예고하고 있다. 중국은 분명하고 확고하게 과학기술을 국가운영의 중심에 두고 있다. 우려되는 것은 시진핑이 지닌 과학기술관에도 있다. 4차 디지털 산업혁명과 AI 혁명이 민주주의와 독재 간, 자유시장경제와 국가중심경제 간 상대적 효율 관계를 변화시켜, 20세기 민주주의의 우월성에 반문을 제기하고 과학기술의 윤리성 약화로 이어질까 우려된다. 미국 등 서방세계는 시진핑식 과학기술 중국몽의 성공이 가져올 파장이 휴머니즘, 인본주의를 파괴하고 초휴머니즘,

비인간주의, 탈인간주의로 이행되지 않을까 하는 점을 심각히 경계하고 있다. 칭화대 화학과 출신인 시진핑은 과학기술적 사고에 기반을 두고 군사, 산업 분야뿐 아니라 국가관리, 국내정치 통제수단으로서 소프트웨어 기술을 최대한 활용하고 있다. 21세기 첨단 과학기술을 정치, 경제, 금융, 사회, 문화, 통치, 통제, 사상관리의 영역에까지 확대 활용하고 발전시키고 있다. 또한 디지털 빅데이터 정치가 정보 커뮤니케이션의 동원, 분배에 있어서 대의민주주의보다 더 효율적이고 우월하다는 확신을 키우고 있다. 과학기술을 통치의 수단으로 삼아 국가의 모든 자원과 역량을 총집중하고 있다.

앞으로 이러한 중국의 기술발전 모형이 세계 정치·경제의 흐름을 어떻게 바꿀 것인지, 그리고 이것으로 중국이 세계경제 패권을 장악할 수 있을 것인지가 최대의 관심이 아닐 수 없다. 시진핑의 과학기술 중국몽이 성공하든 실패하든 그의 시도는 세계경제에 거대한 파도를 일으킬 것이다. 아울러 문명사적, 인류생존의 실존적 문제를 제기할 것이다. 앞으로 한국이 자유민주진영과 중국 특색 사회주의 사이의 문명충돌 과정에서 어떤 입장을 취할 것인지 그 대답은 자못 분명하다.

미국이 중국과 한판 붙을 수밖에 없는 이유

관세전쟁으로 시작된 미중 간 무역분쟁이 최근 들어 과학기술 패권경쟁의 양상을 보이면서 중국 중심의 글로벌 가치사슬GVC에 충격을 주고 있다. 국제무역의 황금기라고 할 수 있었던 1990년대 이후 세계화의 열풍 속에 중국은 2000년대 초부터 세계의 공장으로 등장했다. 이는 중국 중심의 GVC를 만들었고, 이 사슬 안에서 중국은 지속적으로 영향력을 확대해왔다. 중국은 과학기술 중국몽을 국시國是로 내걸고, 미국 등 선진국이 점하던 세계경제 패권 지위에 도전하여 마침내 이들을 위협하는 위치로까지 성장했다.

시진핑 정부가 국가 주도의 경제체제를 강화하는 방향으로 정책을 전환하자 이 GVC 내에서 중국의 기업들이 과연 공정한 경쟁을 하고 있느냐 하는 의문이 제기되었다. 그러다 트럼프 행정부가 등장하면서 미중 무역전쟁을 통해 미국은 경제·안보적 측면에서 중국을 배제하는 새로운 가치사슬을 목표로 글로벌 공급망을 재구성하기 시작했다. 미중 간 대결은 바로 이 GVC의 주도권 확보를 놓고 돌입하는 경제전쟁과 같다.

중국 정부는 GVC의 정체 현상을 돌파하는 동시에 자국 경제의 새로운 성장동력을 확보하기 위해 전략전환을 도모하고 있다. 그동안 일대일로를 통해 중국 중심의 가치사슬 구축을 모색하는 한편 '중국제조 2025'를 통한 기술 굴기를 내세웠다. 그리고 국산화율 확대 정책과 자국 산업에 대한 지원을 강화했다. 그 결과 중국 시장을 겨냥했던 기업 중 일부가 철수하는 현상이 나타나기도 했다. 하지만 중국 내수시장의 규모와 성장잠재력 등을 고려할 때 미국을 포함한 글로벌기업들이 중국 시장을 쉽게 포기할 것으로 기대하기는 어렵다. 그렇다 하더라도 현 상황에서 중국 중심의 GVC가 지속되는 것은 미국의 이익에 부합하지 않는다. 차세대 성장동력은 물론 안보와 직결되는 기술패권 경쟁에서 물러설 수 없기 때문이다.

동맹국을 중시하는 다자체제에는 많은 변수가 존재한다. 더구나 다자체제에서의 대립은 미중 간에만 존재하는 것이 아니고, 미국과 EU 간에도 이견이 있다. 복잡한 고차방정식을 풀어야 하는 문제가 남아 있다. 미중 분쟁이 현재진행형인 가운데 중국은 선진국과의 투자 및 기술 협력이 절실하다. 또한 EU 역시 중국 시장에 대한 접근성 확대가 필요하기 때문에 중국과 EU는 투자협정을 체결하기에 이르렀다. 이것은 미국과의 경쟁에서 중국이 이점을 확보할 수 있는 부분이다. EU는 바이든 정부가 대중국 정책을 함께 추진할 최선의 파트너라 할 수 있지만, 다자체제에서의 경쟁과 협력 구도에는 다원적 요인이 작용한다는 것을 보여주는 사례이다.

한국은 미래산업에서 중국과의 경쟁을 감당할 수 있을까

중국이 한국을 추격하고 있다는 경종의 메시지가 여러 차례 울렸다. 전문가들은 한목소리로 중국의 산업경쟁력이 5년 후면 일부 산업을 제외하고는 완전히 한국을 넘어설 것으로 보고 있다. 우리 정부와 기업이 경계심을 가질 수밖에 없다.

중국은 2001년 WTO에 가입하면서 글로벌 가치사슬 체계 속에 편입되어 자국의 생산설비를 세계에서 가장 최신의 것으로 유지할 수 있었다. 혁신과 시장 창출의 선두에 설 수 있었다. 이렇게 되자 미국은 '중국제조 2025'를 불공정한 무역관행으로 단정하고 공격에 나섰다. 그러나 중국 정부는 산업정책의 본질을 바꾸지 않고 있다. 여전히 '산업 강국'과 '제조 강국'을 도모하기 위한 정부의 정책과 지원이 꾸준히 이어져오고 있다. '제14차 5개년 규획'(이하 14.5 규획)에서도 매우 구체적으로 첨단산업 육성계획이 제시되어 있다.

중국 정부의 지원은 금융 지원의 형태로 이루어진다. 각종 국가급 산업기금을 조성해서 미래산업의 자금을 지원한다. 자금 규모도 대단하다. 지방정부도 자기 나름대로 핵심산업을 설정하고 기술력 향상의 기준으로 특허 관련 지표를 관리하고 있다. 중복 과잉투자의 문제가 발생할 수밖에 없음에도 불구하고 그만큼 중국 정부는 기술력 향상에 매달리고 있다.

데이터에 기반한 플랫폼 사업은 미래산업의 경쟁력에서 중요한 역할을 차지한다. AI, 빅데이터, 클라우드 컴퓨팅 등 디지털 전환의 핵심 ABC 분야에서 중국은 미국까지 넘보려 하고 있다. 이미 5세대 통신(5G) 통신장비에서 화웨이의 승승장구는 기정사실화 되고 있다. 데이터 플랫폼 분야는 전통산업과 같이 서서히 경쟁력의 축적이 이뤄지는 것이 아니라, 단기간 내에 도약이 가능하다. 게임 체인저가 될 수 있다. 미중 기술전쟁은 AI, 제5세대 통신, 빅데이터 등 핵심 분야에서 이미 시작되었다. 데이터 플랫폼 산업 분야에서 미국이 중국의 추격을 따돌리기 위해 내놓은 방안은 매우 다양하다. 통신장비업체인 화웨이에 대한 직접 제재가 이루어졌다. 또한 미국과의 동맹국에 중국의 통신장비가 침투하는 것을 막기 위해 청정 네트워크 프로그램을 가동하고 있다. 현재 50여 개국과 180개

통신회사들이 이 네트워크에 참여하고 있다. 한편 한국은 참여하고 있지 않다.

2021년 3월 쿼드 정상회의에서 미국, 일본, 오스트레일리아, 인도 네 나라 정상들은 첨단기술 분야에서 중국을 견제하기 위해 QTN을 출범시키고 관련 정보를 공유하기 시작했다. 쿼드 가입은 외교안보적 차원에서 제약이 있다 하더라도 한국은 미래산업을 발굴하고 경쟁력을 확보하기 위해 과학기술동맹인 QTN에 반드시 참여해야 할 것이다.

한국 경제의 대중 의존도는 계속 줄여나가야 하는가

길게 보아 한 나라에 대한 집중도가 너무 높은 것은 외교·안보 차원을 떠나 경제 내적 효율성 면에서도 바람직하지 않다. 다변화의 길은 우리가 추구해야 할 바른길이다. 그러나 한국의 높은 대중국 비중은 한국 기업의 과잉투자나 리스크 관리의 실패로 볼 일은 아니다. 산업구조 면에서 중국과 한국이 일정 격차를 갖고 보완적 생존관계를 유지해왔기 때문이다. 하지만 앞으로 양국 산업구조는 보완성보다 경쟁관계가 더욱 심화될 것으로 보인다. 따라서 지나친 대중국 집중도를 심각하게 우려할 필요는 없다.

이런 면에서 한국의 대중국 수출의존도가 높다는 사실에 대해 역발상이 필요하다. 한국이 지나치게 중국에 의존한다기보다는 중국이 오히려 한국에 의존하고 있다고 볼 수 있는 것이다. 이는 중국 정부가 한국산 중간재의 수입을 줄이기 위해 분투하는 모습에서 확인할 수 있다. 이런 점들을 감안하면 중국이 경제 면에서 아직도 한국에 상당히 의존하고 있음을 알 수 있다.

한중 교역의 특징은 두 나라 모두 GVC로 밀접하게 연관되어 있다는 점에 있다. 한국은 중국에 많은 원자재와 자본재를 수출한다. 일본, 중국 등 다른 나라의 원자재와 자본재를 이용하여 한국에서 새로이 부가가치가 추가된 중간재들이다. 2020년 기준 한국의 대중국 수출에서 자본재와 원자재가 차지하는 비중은 무려 94.3%이다. 반면에 한국 역시 다른 소비재나 중간재를 생산하기 위해 중국산 자본재나 원자재를 81.5%나 사용하고 있다. 한중 교역에서 중국에 대한 한국의 수출의존도가 높은 것이 문제가 아니라, 바로 GVC에서 한국의 중국 의존도가 높아진다는 것에 주목해야 한다.

한국과 중국은 밀접한 GVC로 연결되어 있고 세계 여러 나라에서 생산요소를 쇼핑하듯 값싼 양질의 중간재를 이용하여 새로운 중간재 또는 최종재를 생산한다. 세관을 통해 집계되는 수출, 수입은 자국에서 형성된 부가가치뿐만 아니라 외국에서 수입된 중간재의 부가가치를 포함하게 된다. 당연히 이중, 삼중으로 중복 계산되는 문제가 있다. 따라서 이런 GVC의 속성을 감안해야 한국과 중국 무역구조의 본질을 제대로 볼 수 있다. 부가가치로 계산한 무역수지는 통관기준의 절반에 불과하다. 한국의 중국에 대한 수출에, 한국이 다른 나라로부터 수입한 원자재가 많이 포함되어 있기 때문이다. 또한 한국의 중간재가 중국의 최종재 생산에 기여하는 비중이 2000년대 중반부터 감소하고 있으나 일본보다는 높다. 미중 무역마찰로 한국이 큰 피해를 볼 수 있다는 것은 다소 과장되어 있다. 반면에 중국에서 생산된 중간재가 한국 제조업 생산에 기여하는 정도는 오히려 증가하는 추세이다. 중국산 중간재에 대한 의존도를 줄이는 것이 한국의 안정적 공급망 관리 차원에서 필요하다.

이러한 점에서 중국에 대한 의존도를 무조건 줄이기보다 우리 경제의 구조전환을 위한 대전략을 수립해야 한다. 미국 정부의 중국 기업에 대한 제재 강화가 지속될 것이라는 점에서 일단 중국과의 다양한 연결점을 재검토하여 대안을 모색해야 할 것이다. 미국 정부가 제재를 가하는 중국 기업과의 거래에서 발생할 수 있는 위험을 줄여야 한다는 의미이다. 이 경우 중국산 제품을 수입하는 기업은 스스로 다른 수입선을 적극적으로 찾아 나서게 될 것이다. 일본의 수출규제에 대해 우리나라가 상당한 어려움에 직면할 것이라는 우려가 처음에는 있었으나, 결국 '궁하면 통하듯이' 기업 스스로 해결방안을 찾아 나섰던 경험이 이를 증명한다.

'편자의 못'이 된 반도체, 우리의 영원한 구세주인가

메모리반도체 강국, 한국이 '관성의 저주' 앞에서 몸부림을 치고 있다. 이 저주에 빠지지 않으려면 경제 생태계의 혁신과 담금질이 필요하다. 기술패권주의 신냉전 체제에서 삼성전자만 사활을 걸고 있는 것이 아니다. 대한민국의 미래도 여기에 함께 걸려 있다. 미중간 무역분쟁은 체제경쟁을 넘어 국가안보 차원으로 확대되고 있다. '국가 기술주의'에 기반하여 글로벌 반도체 기술패권 전쟁으로까지 번져가고 있다.

'21세기 편자의 못'이 되고 있는 반도체는 자동차뿐 아니라 스마트폰에 이르기까지 현대생활의 많은 부분을 가능케 하는 경이로운 혁신의 결과물이다. 그런데 반도체의 공급망을 둘러싸고 미국은 경제와 안보 양면에서 위기의식을 갖고 있다. 미중 간 기술 신냉전의 대립관계가 심화되면서 안정적인 반도체 공급사슬 확보가 중요해진 것이다. 특히 미국은 반도체 공급사슬이 과도하게 동아시아에 의존하는 구조적 문제에 주목하고 있다. 자동차 핵심부품으로 사용되는 차량용 반도체의 공급 부족이 미국 자동차회사의 생산 감축에까지 영향을 미치고 있기 때문이다. 미국은 이를 계기로 반도체산업에 대한 정부지원 정책 등 국가 차원의 산업정책을 부활시키고 있다.

반도체 공급 면에서 보면, 타이완이 미국에 대한 안보의존을 강화하는 상황에서, 중국에게는 우리나라의 반도체 공급망이 더욱 중요해지고 있다. 미중 양국의 공급사슬 속에서 우리나라 국산 반도체는 없어서는 안 될 핵심적 필요자산으로 부각된다. 그러나 미중 간 기술국가주의와 안보대립으로 한국 반도체산업은 위협을 받고 있다. 반도체 장비와 지식재산권의 절반 이상을 확보하고 있는 미국의 국가 주도 추격과 중국으로부터의 수출 보복은 우리에게 큰 위험 요인이다. 특히 미중의 반도체 갈등 심화는 한국 기업에게 미중 양국의 동시적 협력을 위한 공간을 축소시키면서 선택을 강요하는 위기로 전개될 가능성이 있다.

게다가 미국 메모리반도체 마이크론과 중국 업체의 기술력이 점차 강해지는 추세이다. 이에 따라 반도체 분야의 초격차 유지와 유망 분야에서의 추가적 전략자산의 확보가 절실하다. 못nail(반도체)이 없어서 편자horseshoe(핵심전략산업)가 사라지고, 편자가 없다 보니 말horse(국가경쟁력)까지 잃는 우를 범하지 말아야 한다. 이를 위해서는 ① 산학연이 협력하는 생산모델을 만들어가야 한다. 특히 탁월한 핵심인재를 양성해내기 위해 교육체계를 개혁해야 한다. ② 이제 한국은 신산업 지형에서 강자로 부상하기 위한 국가 차원의 전략이 필요하고, 정부 역할이 더욱 적극적이어야 한다. ③ 나아가 5G, AI, 반도체 사물인터넷IOT 등 4차 산업 관련 부문에서 열린 산업생태계를 구축해나가야 한다. 이는 국가발전전략 차원에서 통합적이고 유기적으로 재설계되고 입체적으로 추진되어야 한다. ④ 중국이 우리 기업의 최대 수출시장이라는 점을 잊어서는 안 된다. 중국과의 협력은 독일이 구사하는 다층적 협력 체계를 참고로 할 필요가 있다. 일본과도 상호보완하고 협력할 제3의 기술축을 구축하는 방안을 적극적으로 모색해나가야 할 것이다. ⑤ 한국 기업을 반도체 동맹에서 제외한다면 한국은 수세적 상황을 그냥 받아들이기보다 때로는 미중을 상대로 우리의 입장을 피력하고 적극적으로 대응방안을 마련해나가야 할 것이다.

중국의 홍색금융망 덫에 걸린 한국 원화의 운명

미중 간 경쟁은 무역·기술 영역을 넘어 금융패권을 향해 한 발자국씩 나아가고 있다. 최근에는 국제금융시장에서 달러에 대해 중국의 위안화와 한국의 원화가 동조화 현상을 보이고 있다. 이것은 한국과 중국이 실물부문에 이어 금융부문에 이르기까지 상호 연결고리가 강화되어 위험 요소가 커지고 있음을 보여주는 것이다.

중국은 글로벌 금융위기 직후 위안화 국제화를 국가프로젝트로 추진했다. 여전히 관치금융이 작동하고 금융시장 개방도 미흡한 나라가 정말 용감하게 추진한 프로젝트이다. 중국 위안화의 국제화는 아직 크게 진전을 보지 못하고 있다. 결제통화 국제화 단계에서 출발해 준비통화Reserve Currency까지 이행하는 5단계의 단계마다 중국이 선택하기 쉽지 않은 부대조건과 여건의 충족이 전제되고 있다.

그런데 중국은 급속한 국제화 기초조건의 충족과정에서 번번이 주춤거리고 있다. 금융은 네트워크 산업이고 신뢰가 가장 중요하다. 신뢰가 깨지면 금융시스템이 붕괴하는 것은 순식간이다. 중국이 국제무대에서 금융시스템에 대한 신뢰를 쌓아나가려면 아직도 갈 길이 멀다. 거대 중국의 금융부문은 이미 덩치로는 골리앗이다. 규모로 대결해서는 한국 금융의 살길을 찾을 수 없다. 한국 금융업은 각종 규제의 덫에 빠져 헤어나지 못하고 있다. 더욱이 질적 경쟁 부재로 인하여 석고처럼 굳어가고 있다. 금융 선진화를 위한 규제완화와 경쟁촉진 등의 내용을 담은 제도 개선이, 기득권 보호와 공정의 담론 속에 묻혀 거의 진전이 없다.

한중 간 금융 분야의 경쟁이 격화되는 과정에서 우리 금융업은 무엇을 준비해야 하는가? 무엇보다도 중국 금융의 양적 우월성을 질적 수준으로 대응해야 하는데, 한국 금융은 아직도 우물 안 개구리처럼 국내용이다. 국제금융시장에서 경쟁력을 키워야 한다. 한국 금융기관들은 중국 시장 공략에 적극적으로 나서야 한다.

그러면 국제통화체제의 다극화를 이용하여, 국제금융시장에서 우리 원화의 지위를 어떻게 높일 것인가? 이제 원화 국제화의 필요성에 대한 발상의 전환이 필요하다. 대표적 신흥국 통화인 위안화의 국제화가 계속 진행 중인 가운데 우리 정부가 원화 국제화에 아무런 관심도 쏟지 않는다면 한국은 금융 선진화를 포기하는 것과 다르지 않다.

바이든 시대에 미국은 동맹을 활용하고 있다. 금융 분야에 있어서 한국이, 중국이 추진하는 위안화 국제화, 일대일로, 디지털 금융 협력 등에 동조하는 모습을 보이면, 한국을 좋게 바라볼 이유가 없다. 한국 정부는 금융 분야에 있어서 중국과의 협력에 극도로 신중한 자세를 보여야 할 것이다. 한중 금융협력은 미중 관계가 극단적 선택을 강요하지 않는 한 철저히 경제적 이익에 맞춰져야 한다. 한중 금융협력에 있어서 무엇보다 중요한 것은, '원화 국제화'를 미중 금융갈등 추이를 감안하면서 큰 틀 속에서 추진해야 한다는 점이다.

기로에 선 한국 경제: 자강론의 허실과 한국 경제의 혁신 생태계

잠재성장률과 국가경쟁력이 하락하는 가운데 한국 경제가 강대국들 속에서 스스로 살아남기 위해 자강론을 외친다고 해서 거저 이를 이룰 수 있는 것은 아니다. 강점을 보강하고 약점을 제거하면서 스스로 체제를 정비해야 한다. 외과수술과 내과적 처치를 병행하면서 우리 경제 생태계의 대변혁을 이루어야 한다. 지금 무엇을 바꾸고 새롭게 만들 것인지 국가 차원의 그랜드디자인이 필요하다. 이 과정에서 정치가 비용요소가 되고 있다. 정치체제도 재정비가 필수적이다. 정치 프로세스의 생산성을 높이지 않으면 아무것도 이룰 수 없다. 반기업정서, 인재 육성 경시, 보편적 교육체제 등도 시급히 고쳐나가야 한다.

한국과 중국은 역사적으로 기울어진 비대칭관계를 오랫동안 유지했다. 20세기 말 한국이 중국에 대해 경제력의 우위를 누렸던 기록은 잠시였다. 이제 한때의 추억이 되었다. 지금 우리는 미국, 일본, 유럽의 성장 정체와 중국의 급부상을 경이로움과 두려움 속에서 바라보고 있다. 그동안 한국은 미중 분쟁의 격화와 그 사이에 낀 어려운 현실에 우려를 표시하면서도 어떻게 이 상황을 헤쳐나갈 것인지에 대한 장기전략 수립에는 적극적으로 나서지 않았다. 우리가 미중 분쟁을 해결할 수 없으므로, 국외자적 관망 속에 있었다. 중국의 잠복된 복속주의나 중국에 대한 잠재된 사대주의적 운명론에 갇혀 소극적 체념론에 빠져 있었다. 그러나 작금의 상황은 만만치 않게 진행되고 있다. 우리가 어떤 선택을 하든지 높은 리스크가 따르는 고난도 게임이 기다리고 있다.

이제 지난 30년의 관점과 상황 인식에서 벗어나 중국의 급부상에 대한 상황인식을 바로 세우고 우리들만의 생존 방정식을 새롭게 전면적으로 재구성해야 할 때이다. 한국을 둘러싸고 있는 동북아시아의 지정학, 지경학적 환경과 여건은 한국으로 하여금 새로운 인식과 대응 자세를 추동하며 견인하고 있다. 장기전에 돌입한 미중 경쟁은 세계의 모습을 크게 바꾸어놓을 것이다. 특히 미중 충돌은 한국을 자강론의 길로 나서게 하고 있다. 우리는 중국과 공존으로 가려고 하나 중국의 빠른 추월 추세 속에서 그 길도 쉽지 않다.

전환기적 충돌 상황, 그리고 전운이 감돌고 있는 이때, 한국은 주권과 생존권을 지키기 위한 새로운 인식과 대응 태세로 무장해야 할 위기 상황에 있다. 크게 보아 한국은 21세기 미중 갈등에 그대로 노출되고 있다. 중국의 강대국 부상이 한국과 한반도 지정학에 끼칠 영향에 대한 인식 부족과 상상력 부족에 빠져 있다가는 다시 한번 어려운 시기를 맞을 수도 있다.

고난도 과제가 2022년 새 정부의 숙제로 기다리고 있다. 새 정부가 출범하는 2022년은 한중 관계의 회복과 비대칭화가 동시에 진행되는 한 해가 될 것이다. 중국은 강력하게 한국을 중국 쪽으로 견인하려 할 것이다. 성패가 없는 장기전에 돌입할 가능성이 큰 미중 간 전략적 경쟁에서 한국 정부는 중국에 당당해졌으면 한다. 우리는 강대국은 아닐지언정 충분히 강중국이 될 수 있다. 모든 분야에서 한국의 산업이 1등을 할 수는 없다. 유망 핵심 분야를 발굴하여 남들이 넘볼 수 없도록 경제 생태계를 혁신해야 한다. 그리고 강국과의 협력관계를 공고히 해야 한다. 위협적인 중국에 단단한 국민통합력을 보인다면 미국과 일본도 한국을 존중할 것이다.

앞으로도 세계 산업무역 구조상 한국의 장점은 제조업에 있고, 원천 틈새에 관한 기술 축적은 미래기술의 핵심 분야라는 점을 명심해야 한다. 양극화·저출산·고령화로 인해 한국 경제는 축소 불균형 추세가 이어지고 있다. 세계의 넓은 시장에서 핵심공급자가 되어 고용을 증대하고 이를 통해 경제 활력을 회복하는 것이 유일한 활로이다.

우리는 한국전쟁의 고난을 딛고 1960년대 이후 아시아에서 놀라운 경제성장을 통해 선진국에 진입하는 기적을 창출했다. 무엇보다도 소중한 자유민주주의를 우리 힘으로 만들어냈다. 중국은 민주주의 없는 국가자본주의의 길을 걷고 있지만, 우리는 자유민주주의에 기반을 둔 자유자본주의의 길을 걷고 있다는 점에 자부심을 가져야 한다. 그리고 중국에 대해 도덕적·윤리적 우월성을 계속 유지하는 것이 또 하나의 자강의 길이다.

- AEI(American Enterprise Institute): 미국기업연구소
- AGI(Artificial General Intelligence): 일반인공지능
- AIIB(Asian Infrastructure Investment Bank): 아시아인프라투자은행
- ANI(Artificial Narrow Intelligence): 전문인공지능
- APEC(Asia Pacific Economic Cooperation): 아시아태평양경제협력체
- ASEAN(Association of South-East Asian Nations): 동남아시아국가연합
- ASI(Artificial Super-Intelligence): 초인공지능
- BCBS(Basel Committee on Banking Supervision): 바젤은행감독위원회
- CBDC(Central Bank Digital Currency): 중앙은행 디지털화폐
- CFIUS(Committee on Foreign Investment in the United States): 외국인투자심의위원회
- CIPS(Cross-Border Interbank Payment System): 위안화국제결제시스템
- CNAS(Center for New American Security): 신국가안보센터
- CNP(Clean Network Program): 청정 네트워크 프로그램
- CPTPP(Comprehensive and Progressive Agreement for Trans-Pacific Partnership): 포괄적 · 점진적 환태평양경제동반자협정
- DARPA(Defense Advanced Research Projects Agency): 방위고등연구계획국
- EPN(Economic Prosperity Network): 경제번영네트워크
- ETF(Exchange-Traded Fund): 주식연계증권
- FATF(Financial Action Task Force): 국제자금세탁방지기구

- FIRRMA(Foreign Investment Risk Review Modernization Act): 외국인 투자 위험심사 현대화법
- FSB(Financial Stability Board): 금융안정위원회
- FTA (Free Trade Agreement): 자유무역협정
- GATS(General Agreement on Trade in Services): 서비스교역에관한일반협정
- GATT(General Agreement on Tariffs and Trade): 관세및무역에관한일반협정
- GBDEX(Global BigData Exchange Center): 빅데이터거래센터
- GDP(Gross Domestic Product): 국내총생산
- GSMA(Global System for Mobile communications Association): 세계이동통신사업자연합회
- GVC(Global Value Chain): 글로벌 가치사슬
- IBRD(International Bank for Reconstruction and Development): 세계은행
- IEEPA(International Emergency Economic Powers Act): 국제비상경제권한법
- IMF(International Monetary Fund): 국제통화기금
- LCR(Liquidity Coverage Ratio): 유동성 커버리지 비율
- LGFVs(Local Government Financing Vehicles): 지방정부투자기관
- MBO(Management By Objectives): 목표관리경영
- MCF(Military-Civil Fusion): 군민융합
- MOU(Memorandum of Understanding): 양해각서
- NAFTA(North American Free Trade Agreement): 북미자유무역협정
- NATO(North Atlantic Treaty Organization): 북대서양조약기구
- NDAA(National Defense Authorization Act): 국방수권법
- OFAC(Office of Foreign Assets Control): 해외자산통제국
- PVC(Polarized Value Chain): 양극화된 가치사슬

- QFII(Qualified Foreign Institutional Investors): 적격외국인기관투자자
- RCEP(Regional Comprehensive Economic Partnership): 역내포괄적경제동반자협정
- RQFII(RMB Qualified Foreign Institutional Investor): 위안화적격기관투자자
- SDR(Special Drawing Rights): 특별인출권
- SWIFT(Society for Worldwide Interbank Financial Telecommunication): 국제은행간통신협회
- TFP(Total Factor Productivity): 총요소생산성
- THAAD(Terminal High Altitude Area Defense): 고고도미사일방어체계
- TPP(Trans-Pacific Strategic Economic Partnership): 환태평양경제동반자협정
- USITC(United States International Trade Commission): 미국국제무역위원회
- USMCA(US-Mexico-Canada Agreement): 미국-멕시코-캐나다협정
- WGBI(World Government Bond Index): 글로벌채권지수
- WIOD(World Input Output Database): 세계투입산출자료
- WTO(World Trade Organization): 세계무역기구

- Adam Segal, "The Right Way to Deal With Huawei", *Foreign Affairs*, July, 11, 2019.
- Amy Webb, *The Big Nine*, Public Affairs, 2019.
- Antonio Varas and Raj Varadarajan, "How Restrictions to Trade with China Could End US Leadership in Semiconductors", Boston Consulting Group, March, 2020.
- Associated Press, "How an exposed Chinese database gave a glimpse of real-time monitoring in Xinjiang", *South China Morning Post*, February, 2, 2019.
- Atlantic Council, "The Longer Telegram: Toward A New American China Strategy", Scowcroft Center for Strategy and Security, February, 2021.
- Bokyeong Park, and Jiyoun An, "What Drives Growing Currency Comovements with the Renminbi?", *East Asian Economic Review*, Vol. 24, No. 1, pp. 31-59, 2020.
- Clete Willems, "Revitalizing the World Trade Organization", Atlantic Council Geoeconomics Center, October, 2020.
- Chang Sik Kim, Sunghyun Kim, and Yunjong Wang, "RMB Bloc in East Asia: Too Early to Talk About It?", *Asian Economic Papers*, Vol. 17, No. 3, pp. 31-48, 2018.

- Christopher A. McNally, "China's Changing Guanxi Capitalism: Private Entrepreneurs Between Lennist Control and Relentless Accumulation", *Business and Politics*, Vol. 13, No. 2, pp. 1-29, 2011.
- Christopher Darby and Sarah Sewall, "The Innovation Wars", *Foreign Affairs*, March/April 2021.
- Codruta Boar, Henry Holden, and Amber Wadsworth, "Impending Arrival: A Sequel to the Survey on Central Bank Digital Currency", BIS Papers, No. 107, January, 23, 2020.
- David Dollar, "China's Evolving Role in the International Economic Institutions", in *China 2049: Economic Challenges of A Rising Global Power*, edited by David Dollar, Yiping Huang, and Yang Yao, Brookings Institution, 2020.
- Dino Patti Djalal, "Why Trump's Anti-China Policy Falls on Deaf Ears in Southeast Asia", *the Diplomat*, October, 15, 2020
- Doshi, Rush, "China's Ten-Year Struggle against U.S. Financial Power", *National Bureau of Asian Research*, January, 6, 2020.
- Elena Lazarou and Jana Titievskaia, "US foreign policy after the 2020 presidential election", European Parliamentary Research Service, December, 2020.
- Frankel, Jeffrey A., and Wei Shang-Jin, "Yen Bloc or Dollar Bloc? Exchange Rate Policies of the East Asian Economies", in *Macroeconomic Linkages: Savings, Exchange Rates and Capital Flows*, edited by Takatoshi Ito and Anne Krueger, pp. 295-334, University of Chicago Press, 1994.
- Hung Tran, "'One World, Two Systems' Takes Shape During the

Pandemic", Atlantic Council Geoeconomics Center, September, 2020.

- Iñaki Aldasoro, Christian Cabanilla, Piti Disyatat, Torsten Ehlers, Patrick McGuire and Goetz von Peter, "Central Bank Swap Lines and Cross-border Bank Flows", *BIS Bulletins*, No. 34, December, 14, 2020.
- James McBride and Andrew Chatzky, "Is 'Made in China 2025' a Threat to Global Trade?", *Council on Foreign Relations*, May, 13, 2019.
- Jonathan Stromseth, "US-China rivalry after COVID-19: Clues and early indications from Southeast Asia", *Brookings*, May, 14, 2020.
- Jost Wübbeke, Mirjam Meissner, Max J. Zenglein, Jaqueline Ives, and Björn Conrad, "Made in China 2025", Mercator Institute for China Studies, December, 2016.
- Katharina Buchholz, "Who Is Leading the 5G Patent Race?", *Statista*, February, 25 2021.
- Keith Johnson and Elias Groll, "The Improbable Rise of Huawei", *Foreign Policy*, April, 3. 2019.
- Kenneth G. Lieberthal, *Managing the China Challenges*, Brookings Institution, 2011.
- Kenneth Rogoff, "The Dollar's Fragile Hegemony", *Project Syndicate*, March, 30, 2021.
- Keun Lee and Shi Li, "Possibility of a Middle Income Trap in China: Assessment in Terms of the Literature on Innovation, Big Business and Inequality", *Frontiers of Economics in China, Higher Education Press*, Vol. 9, No. 3, pp. 370-397, 2014
- Keun Lee, Marina Szapiro, and Zhuqing Mao, "From Global Value Chains (GVC) to Innovation Systems for Local Value Chains and

Knowledge Creation", *The European Journal of Development Research*, Vol. 30, No. 3, pp. 424-441, 2018.

- MacroPolo, "China's AI Dream", July, 19, 2019.
- Marianne Schneider-Petsinger, "Reforming the World Trade Organization", Chatham House, September, 2020.
- Matt Sheehan, "Chinese AI Talent in Six Charts", MacroPolo, May, 28, 2019.
- Matt Sheehan, "Much Ado About Data: How America and China Stack Up", MacroPolo, July, 16, 2019.
- Max J. Zenglein and Anna Holzmann, "Evolving Made in China 2025: China's Industrial Policy in the Quest for Global Tech Leadership", Merics, July, 2, 2019.
- Michael D. Swaine, "A Relationship Under Extreme Duress: U.S.-China Relations at a Crossroads", *Carnegie Endowment for International Peace*, January, 16, 2019.
- Nicholas R. Lardy and Tianlei Huang, "China's Financial Opening Accelerates", Peterson Institute for International Economics, December, 2020.
- Oliver Reynolds and Arne Pohlman, "What Will the U.S.-China Relationship Look Like in the Biden Era?", *Harvard Business Review*, January, 7, 2021.
- Patricia Alves Dias et al., "China: Challenges and Prospects from an Industrial and Innovation Powerhouse", edited by Nadir Preziosi et al., Publications Office of the European Union, February. 2019.
- Paul Triolo, "U.S.-China Supply Chains And Innovation: The Risks

The Huawei Hawks Don't Understand", *Supchina*, June, 18, 2019.

- Scott Kennedy, "A Complex Inheritance: Transitioning to a New Approach in China", *Center for Strategic and International Studies*, January, 19, 2021.
- Soumitra Dutta, Bruno Lanvin, and Sacha Wunsch-Vincent (Eds.), "Global Innovation Index 2020", Cornell University, INSEAD, and the World Intellectual Property Organization, 2020.
- Stefan Halper, *The Beijing Consensus: How China's Authoritarian Model Will Dominate the Twenty-First Century*, Basic Books, 2010.
- Susan Lund, James Manyika, Jonathan Woetzel, Edward Barriball, Mekala Krishnan, Knut Alicke, Michael Birshan, Katy George, Sven Smit, Daniel Swan, and Kyle Hutzler, "Risk, resilience, and rebalancing in global value chains", McKinsey Global Institute (MGI), August, 2020.
- Tang Siew Mun et al., "The State of Southeast Asia: 2020 Survey Report", *ISEAS Yusof Ishak Institute*, January, 16, 2020.
- The World Bank, *The East Asian Miracle*, Oxford University Press, 1993.
- UNIDO, "Competitive Industrial Performance Index", 3rd, July. 2020.
- Vogle, Ezra, *Deng Xiaoping and the Transformation of China*, Belknap Press of Harvard University Press, 2011.
- White House, "How China's Economic Aggression Threatens the Technologies and Intellectual Property of the United States and the World", *White House Office of Trade and Manufacturing Policy*, June, 2018.

- Yukon Huang, "China is Hostage to a Rules-Based Multilateral System", *Carnegie Endowment for International Peace*, September, 10, 2020.
- Yuval Noah Harari, "Why Technology Favors Tyranny", *The Atlantic*, October, 2018.
- 吳曉求, 改革開放四十年: 中國金融的變革与發展, 《經濟理論与經濟管理》第11期, 2018.
- 국회입법조사처, 〈2020년 동북아 정세와 한국의 대응방향〉, 2020.
- 그레이엄 앨리슨, 정혜윤 옮김, 《예정된 전쟁》, 세종서적, 2018.
- 김도훈, 〈산업생태계의 정체 현상과 개선을 위한 제언〉, NEAR재단 지음, 《한국의 경제생태계》, 21세기북스, 2017.
- 김성옥, 〈알리바바: 전자상거래에서 중국 혁신 플랫폼으로〉, 《성균차이나브리프》(제7권 제1호), pp. 94-99, 성균중국연구소, 2019.
- 김재덕, 〈중국 빅데이터 산업의 성과와 시사점〉, 《성균차이나브리프》(제6권 제2호), pp. 113-120, 성균중국연구소, 2018.
- 김진현, 〈21세기 중화주의 과학기술정책과 한국의 자강〉, 한국과학기술기획평가원 지음, 《기술패권 시대의 대중국 혁신 전략》, 한국과학기술기획평가원, 2021.
- 김현욱, 〈현 미중 경쟁 분석과 한국의 선택〉, 국립외교원 외교안보연구소, 정책연구시리즈 2020-09, 2021.
- 남수중 외, 《한·중 경제협력의 새로운 도약을 위한 정책과 비전》(연구보고서 18-30), 대외경제정책연구원, 2018.
- 디니 맥마흔, 유강은 옮김, 《빚의 만리장성》, 미지북스, 2018.
- 리카이푸, 박세정·조성숙 옮김, 《AI 슈퍼파워》, 이콘, 2018.
- 매들린 올브라이트, 타일러 라쉬·김정호 옮김, 《파시즘》, 인간희극,

2018.

- 무역협회 베이징 지부, 〈중국 지식재산권 정책 동향 및 시사점〉, 무역협회, 2019.
- 박성훈 · 한홍열 · 송유철 · 강문성 · 송백훈, 《최근 국제통상 환경의 변화에 따른 한국의 새로운 통상정책 방향》(중장기통상전략연구 17-4), 대외경제정책연구원, 2017.
- 박소영, 〈중국 AI 시장의 주요 트렌드〉, 《성균차이나브리프》(제7권 제2호), pp. 98-103, 성균중국연구소, 2019.
- 박승록 · 최두열 · 함선미, 《부가가치 기준 통계를 활용한 통상정책 추진 방안》, 산업통상자원부, 2014.
- 박승록 · 최두열, 〈중국 위안화 절하의 세계경제 파급효과 분석-GVAR 접근법〉, 《동북아경제연구》(제27권 제4호), pp. 59-102, 한국동북아경제학회, 2015.
- 박승찬, 《더 차이나》, 한국능률협회컨설팅, 2020.
- 백서인, 〈중국형 혁신의 선두주자 텐센트 Tencent〉, 《성균차이나브리프》(제7권 제1호), pp. 100~104, 성균중국연구소, 2019.
- 브랑코 밀라노비치, 정승욱 옮김, 《홀로 선 자본주의》, 세종서적, 2020.
- 비웨이닝 · 남수중, 〈중국의 인민폐와 주요 국가의 통화국제화 비교 및 함의〉, 《중국사회과학논총》(제2권 제2호), pp. 56-89, 성균중국연구소, 2020.
- 산업연구원, 《미래전략산업브리프》(제14호), 2020년 8월.
- 서진교 · 박지현 · 김민성, 〈최근 WTO 체제 개편 논의와 정책 시사점〉, 《오늘의 세계경제》(연구보고서 18-40), 대외경제정책연구원, 2018.
- 심혜정 · 이준명 · 박기임, 〈코로나 공존 시대, 글로벌 공급망 안정화 방안〉, 《Trade Focus》(제45호), 한국무역협회 국제무역통상연구원, 2020.

- 안유화, 〈신외상투자법 실행이 중국 금융업에 미치는 영향〉, 《성균차이나브리프》(제8권 제2호), pp. 113-119, 성균중국연구소, 2020.
- 양갑용, 〈중국 당국가체제의 역사적 맥락과 함의〉, 《중국사회과학논총》(제1권 제2호), pp. 44-83, 성균중국연구소, 2019.
- 양쥔 楊軍, 〈저장성 스마트시티 모델-시티브레인 City Brain 의 도시 관리 사례분석, 중국의 지역별 4차 산업혁명 대응전략과 한중협력〉, KIEP 세미나 발표자료, 2018.
- 연원호·나수엽·박민숙·김영선, 《미·중 간 기술패권 경쟁과 시사점》(연구보고서 20-04), 대외경제정책연구원, 2020.
- 오종혁, 〈중국 인공지능 AI 산업 현황 및 발전전망〉, KIEP 북경사무소 브리핑, 2018.
- 왕윤종, 〈경제협력의 제도적 기반 구축방안〉, 남수중 외 지음, 《한중 경제협력의 새로운 도약을 위한 정책과 비전》(연구보고서 18-30), 대외경제정책연구원, 2018.
- 왕윤종, 《달러 패권: G2 시대, 3대 기축통화의 미래》, 프리이코노미북스, 2016.
- 왕윤종, 〈미중 경제전쟁의 전개와 전망〉, 《미래성장연구》(제5권 제2호), pp. 139-160, 고려대학교 미래 성장연구소, 2019.
- 왕윤종, 〈미중 통상분쟁이 동북아 통상질서에 미치는 영향과 전망〉, 《동북아경제연구》(제31권 제1호), pp. 1-40, 한국동북아경제학회, 2019.
- 왕윤종, 〈신창타이 시대 홍색자본주의의 진화에 대한 고찰〉, 《현대중국연구》(제18권 제3호), pp. 99-154, 현대중국학회, 2016.
- 왕윤종, 〈중국경제: 2020년 평가와 2021년 전망〉, 《성균차이나브리프》(제9권 제1호), pp. 121-128, 성균중국연구소, 2020.
- 왕윤종 외, 《중국산업, 얼마나 강한가?: 중국 산업경쟁력의 미시적 토

대 분석》(연구보고서 19-25), 대외경제정책연구원, 2019.

- 왕윤종·이치훈, 〈중국 금융시스템의 취약성과 개혁 딜레마〉, 《한중사회 과학연구》(제15권 제3호), pp. 25-55 한중사회과학학회, 2017.
- 은종학, 〈중국의 과학역량 분석〉, 왕윤종 외 지음, 《중국산업, 얼마나 강한가?》(연구보고서 19-25), 대외경제정책연구원, 2019.
- 이상현(편저), 〈미중 패권경쟁 시대 한국의 대외전략〉, 세종연구소 세종정책총서, 2020.
- 이왕휘, 〈중국의 AI 굴기: 미국의 평가와 대응〉, 《성균차이나브리프》(제7권 제2호), pp. 92-97, 성균중국연구소, 2019.
- 이율빈, 〈미중 전략경쟁과 공산당의 리더십 강화〉, 《성균차이나브리프》(제9권 제1호), pp. 34-41, 성균중국연구소, 2020.
- 이홍규, 〈2020년 중국정치 평가와 전망〉, 현대중국학회 동계학술대회 발표문.
- 인민은행, 〈2020년 인민폐국제화보고(2020 RMB Internationalization Report)〉, 2020.
- 정보통신기획평가원, 〈ICT 기술수준조사 보고서〉, 2019.
- 정상은, 〈중국의 창업 광풍, 계속될까?〉, 《성균차이나브리프》(제6권 제2호), pp. 102-107, 성균중국연구소, 2018.
- 조영남, 〈2019년 중국 정치의 현황과 전망〉, 국립외교원 중국연구센터 지음, 《2019 중국정세보고》, 국립외교원 중국연구센터, 2020.
- 조은교, 〈중국 5G 산업의 발전 동향 및 시사점〉, 《인차이나브리프》(제370권), 인천연구원, 2019.
- 조지프 슘페터, 변상진 옮김, 《자본주의 사회주의 민주주의》, 한길사, 2011.
- 조지프 스티글리츠 외, 김진공·류준필 옮김, 《베이징 컨센서스》, 소명

출판, 2016.

- 조철 · 정은미 · 김종기 · 이준 · 남상욱 · 이재윤 · 이은창 · 조용원 · 김양팽 · 심우중 · 윤자영 · 이고은 · 이자연 · 전수경, 《중국 산업구조 고도화에 따른 한중 경쟁력 변화와 대응전략》(연구보고서 20-01), 대외경제정책연구원, 2020.
- 중화인민공화국 국무원, 성균중국연구소 옮김, 《무역백서: 중미 무역협상에 관한 중국의 입장》, 커뮤니케이션북스, 2019.
- 최중경, 《워싱턴에서는 한국이 보이지 않는다》, 한국경제신문, 2016.
- 최필수 · 이현태, 〈쌍순환 구상과 14.5계획에 나타난 중국의 산업정책과 한국의 대응방안〉, 《중소연구》(제44권 제4호), pp. 151-195, 한양대학교 아태지역연구센터, 2021.
- 최필수 · 이희옥 · 이현태, 〈데이터 플랫폼에서의 중국의 경쟁력과 미중 갈등〉, 《중국과 중국학》(제39권), pp. 55-87, 영남대학교 중국연구센터, 2020.
- 추형석, 〈미중 기술패권 경쟁 – 인공지능과 슈퍼컴퓨팅을 중심으로〉, 중국의 AI와 미래변화 세미나 발표자료, 2019.
- 프랜시스 후쿠야마, 이상훈 옮김, 《역사의 종말》, 한마음사, 1997.
- 한국과학기술기획평가원, 《기술패권 시대의 대중국 혁신전략》, 2021.
- 한국은행 금융결제국, 〈주요국의 중앙은행 디지털화폐 CBDC 대응 현황〉, 2020. 2.
- 한국은행 금융안정국, 〈IMF 금융발전지수를 이용한 우리나라 금융발전 수준 평가〉, 2016. 3.
- 한국은행 북경사무소, 〈인민은행의 디지털화폐 추진 현황 및 전망〉, 2020. 7.
- 현상백 · 최원석 · 문지영 · 이효진 · 오윤미, 〈중국 14차 5개년 규획 (2021

~25)의 경제정책 방향과 시사점〉, 《오늘의 세계경제》(20-29), 대외경제정책연구원, 2020.

인터넷 자료

• https://www.cnbc.com/2018/04/09/trumps-war-on-immigration-causingsilicon-valley-brain-drain.html
• https://www.scmp.com/tech/start-ups/article/3032160/chinese-aiproject-under-review-mit-after-us-blacklists-tech-unicorn

1 그레이엄 앨리슨, 정혜윤 옮김, 《예정된 전쟁》, 세종서적, 2018.

2 집필자: 양평섭, 왕윤종, 이근, 이재민, 지만수, 홍승제.

3 왕윤종, 〈미중 통상분쟁이 동북아 통상질서에 미치는 영향과 전망〉, 《동북아경제연구》(제31권 제1호), pp. 1-40, 한국동북아경제학회, 2019.

4 바이든 행정부 미국무역대표부 대표로 임명된 캐서린 타이(Katherine Tai)는 트럼프 행정 부에서 체결된 미중 무역협정을 폐기하기보다는 지렛대로 활용하겠다고 공식 입장을 밝혔다.

5 이런 추격론의 명제는 이근(Keun Lee), *The Art of Economic Catch-up* (Cambridge Univ. Press, 2019)에서 제기된 바 있다. 미국과 중국 간의 GDP 추세는 Keun Lee, *China's Technological Leapfrogging and Economic Catch-up* (Oxford Univ. Press, 2021 forthcoming)의 10장을 참조.

6 Xun Wang, "Convergence and Prospects", in *China 2049*, edited by David Dollar, Yiping Huang, and Yao Yang, Brookings Institution, 2020.

7 CEBR의 경우 미국의 성장률도 2024년 이후 1.6% 수준으로 하락한다는 가정을 추가하여 2028년에 미중 경제 규모 역전이 일어날 수 있다고 분석한다. (Fortune, 2021.01.18.)

8 《월 스트리트 저널The Wall Street Journal》, 2021.01.25.

9 Keun Lee(2021, 전게서), 10장 인용.

10 왕윤종(2019, 전게서), p. 11. 참고.

11 중국은 미국 대비 1인당 국민소득이 30%에 불과한 수준이어서 중진국 함정을 벗어나는 기준인 40%에 아직 못 미치고 있다.

12 Xun Wang(2020, 전게서), p. 53.

13 다음 저서를 참조. Keun Lee, *Schumpeterian Analysis of Economic Catch-up*, Cambridge Univ. Press, 2013.

14 중진국 함정을 이 세 가지 기준으로 분석하는 내용은 다음 저널 페이퍼를 참조했다. Keun Lee and Shi Li, "Possibility of a Middle Income Trap in China", *Frontiers of Economics in China, Higher Education Press*, Vol. 9, No. 3, pp. 370-397, 2014.

15 BRICS는 2010년부터 급속한 경제성장을 이루고 있는 5개의 신흥경제국인 브라질(Brazil), 러시아(Russia), 인도(India), 중화인민공화국(China), 남아프리카공화국(South Africa)을 통칭하여 부르는 명칭이다.

16 Keun Lee(2019, 전게서), 1장 참고.

17 자세한 내용은 왕윤종(2019)을 참고하기 바란다.

18 Keun Lee(2021, 전게서). 민주화를 최후의 함정으로 지목한 바 있다.

19 브랑코 밀라노비치, 정승욱 옮김, 《홀로 선 자본주의》, 세종서적, 2020.

20 이명박 정부 시절 지식경제부 장관을 역임했던 최중경은 "한국은 사드배치를 반대한다"는 기대감을 중국이 갖지 않도록 초기부터 명쾌한 입장을 견지했어야 한다고 지적한다. 그러나 박근혜 정부는 '협상 여지가 없는 군사 보안 이슈'를 '협상 가능한 공개적 외교 이슈'로 잘못 정의한 결과 중국에 결국 엄청난 배신감을 느끼게 만들었다고 지적하고 있다. 최중경(2016), p. 237.

21 한중 FTA 후속 협상의 주요 쟁점에 대한 분석으로 자세한 내용은 다음 자료를 참조하기 바란다. 왕윤종, 〈중국-홍콩 간 서비스무역 자

유화협정이 한중 FTA 서비스무역 후속 협상에 주는 시사점〉,《현대 중국연구》(제19집 제4호), 현대중국학회, 2018.

22 미국의 국제개발금융공사(Development Finance Corporation), 일본의 국제건설은행(Bank for International Construction), 오스트레일리아의 외교무역부(Department of Foreign Affairs and Trade) 등 3개 기관이 공동으로 추진하고 있다. 이는 2019년 6월에 개최되었던 오사카 G20 정상회의에서 제시된 '고품질 인프라 투자를 위한 원칙'의 결과물이기도 하다.

23 매일경제(2019.06.09.), "靑 '中 화웨이와 거래는 기업 자율로 결정할 일'". https://www.mk.co.kr/news/politics/view/2019/06/398182/

24 조선일보(2019.06.13.), "美 '靑의 화웨이 발언, 동의 안 한다'". https://www.chosun.com/site/data/html_dir/2019/06/13/2019061300145.html

25 저자의 중국 측 인사들과의 인터뷰, 2019.

26 연합뉴스(2020.09.25.), "강경화 '다른 국가 배제 좋지 않아'…'쿼드' 가입에 부정적". https://www.yna.co.kr/view/AKR20200925075000504

27 Hung Tran, "'One World, Two Systems' Takes Shape During the Pandemic", Atlantic Council, September, 2020.

28 집필자: 이재민.

29 European Parliament, "US foreign policy after the 2020 presidential election", *Briefing*, p. 8, December. 2020; Scott Kennedy, "A Complex Inheritance", Center for Strategic and International Studies, Jan, 19, 2021.

30 Yukon Huang, "China is Hostage to a Rules-Based Multilateral

System", *Carnegie Endowment for International Peace*, September, 10, 2020.

31 Clete Willems, "Revitalizing the World Trade Organization", Atlantic Council, pp. 1-4, Oct. 2020; Marianne Schneider-Petsinger, "Reforming the World Trade Organization", Chatham House, September, 11, 2020.

32 James McBride and Andrew Chatzky, "Is 'Made in China 2025' a Threat to Global Trade?", *Council on Foreign Relations*, May, 13, 2019.

33 Clete Willems, supra note, 27, p. 11; Schneider-Petsinger, supra note 27.

34 Patricia Alves Dias et al., "China: Challenges and Prospects from an Industrial and Innovation Powerhouse", edited by Nadir Preziosi et al., Publications Office of the European Union, p. 15, February, 2019.

35 Oliver Reynolds and Arne Pohlman, "What Will the U.S.-China Relationship Look Like in the Biden Era?", *Harvard Business Review*, Jan. 7, 2021; Michael D. Swaine, "A Relationship Under Extreme Duress: U.S.-China Relations at a Crossroads", *Carnegie Endowment for International Peace*, January, 16, 2019.

36 Dino Patti Djalal, "Why Trump's Anti-China Policy Falls on Deaf Ears in Southeast Asia", *the Diplomat*, Oct. 15, 2020; Jonathan Stromseth, "US-China rivalry after COVID-19: Clues and early indications from Southeast Asia", *Brooking*, May, 14, 2020.

37 집필자: 이근, 정철, 지만수.

38 IMF의 교역통계 데이터베이스(IMF DOTS: Direction of Trade Statistics Database)를 활용하여 로위연구소(Lowy Institute)에서 추산.

39 다음 논문 참조. Keun Lee, Marina Szapiro, and Zhuqing Mao, "From Global Value Chains (GVC) to Innovation Systems for Local Value Chains and Knowledge Creation", *The European Journal of Development Research*, Vol. 30, No. 3, pp. 424-441, 2018.

40 연원호·나수엽·박민숙·김영선, 《미중 간 기술패권 경쟁과 시사점》(연구보고서 20-04), 대외경제정책연구원, 2020. 미국 피터슨경제연구소(PIIE)의 평균관세율 수치도 유사하게 나타난다. Chad Bown, "US-China Trade War Tariffs: An Up-to-Date Chart", Peterson Institute for International Economics, March, 16, 2020.

41 USMCA는 트럼프 정부가 기존의 NAFTA를 재협상한 결과 탄생한 무역협정이다.

42 Scissors(2020). p. 1.

43 대표적 예로, 미국은 '외국인투자심의위원회(Committee on Foreign Investment in the United States, CFIUS)'의 심사 권한을 강화하고 2018년에는 '외국인투자 위험심사 현대화법(Foreign Investment Risk Review Modernization Act, FIRRMA)'을 도입했다.

44 Susan Lund, James Manyika, Jonathan Woetzel, Edward Barriball, Mekala Krishnan, Knut Alicke, Michael Birshan, Katy George, Sven Smit, Daniel Swan, and Kyle Hutzler, "Risk, resilience, and rebalancing in global value chains", McKinsey Global Institute (MGI), August, 6, 2020.

45 류주한, 〈리쇼어링은 탈출구가 아닌 '재편 모델' 유연하게 '넥스트쇼어링'을 준비하자〉, 《동아비즈니스리뷰》(제303호 Issue. 2), 2020.08.

46 Coase의 거래비용이론에 따르면 기업이 외주를 많이 줄수록 계약 체결에 따른 거래비용, 관리비용, 조정비용 등이 커지고 따라서 기업은 이들 비용을 비교하여 합리적 선택을 한다는 것이다. Ronald H. Coase, "The Nature of the Firm, Economica", Vol. 4, No. 16, pp. 386-405. November, 1937.

47 전술한 세계은행의 분석에 따르면 기업들은 이미 일부 발생빈도가 높은 외부 충격을 간접 비용으로 효율성 계산에 포함하고 있다.

48 David Dollar and Mary E. Lovely. "What do we know about the Biden administration's emerging trade policy?", Brookings Institute Podcast, February, 16, 2021. (검색일: 2021년 2월 21일)

49 희토류 생산 점유율은 2020년 기준. Roger Strange, "The 2020 Covid-19 pandemic and global value chains," Journal of Industrial and Business Economics, Vol. 47, Issue 3, No. 7, pp. 455- 465, 2020.

50 Susan Lund 외(2020, 전게서).

51 심혜정 · 이준명 · 박기임, 〈코로나 공존 시대, 글로벌 공급망 안정화 방안〉, 《Trade Focus》(제45호), p. 6, 한국무역협회 국제무역통상연구원, 2020.

52 집필자: 양평섭.

53 中共中央關于制定國民經濟和社會發展第十四个五年規划和二 三五年遠景目標的建議, 2020.11.03.

54 집필자: 이근, 정철, 지만수.

55 이홍식 · 왕윤종에 따르면 경제적 측면에서 한중일 FTA는 3국 간 산업 내 무역을 통한 역내 분업구조를 강화하여 경제성장에 기여하는 효과가 있다. 이홍식 · 왕윤종, 〈한중일 FTA 체결에 따른 무역구조의 변화가 경제성장에 미치는 영향 분석〉, 《국제경제연구》(제10권 제3호),

pp. 33-61, 한국국제경제학회, 2004.

56 최필수(세종대학교)가 대표 집필자이다. 김동원(전 고려대학교 초빙교수)은 반도체 분야 집필에 참여했다.

57 Global Innovation Index.

58 Competitive Industrial Performance Index.

59 Max J. Zenglein and Anna Holzmann, "Evolving Made in China 2025: China's Industrial Policy in the Quest for Global Tech Leadership", Merics, July, 2, 2019.

60 CNBC(2018.04.09.), "Silicon Valley is fighting a brain-drain war with Trump that it may lose", https://www.cnbc.com/2018/04/09/trumps-war-on-immigration-causing-silicon-valley-brain-drain.html (검색일: 2019년 10월 15일)

61 "新一代人工智能發展規划推進辦公室成立 建設四大國家級開放創新平台".

62 工業和信息化部關于印發《促進新一代人工智能産業發展三年行動計划(2018-2020年)》的通知.

63 Multiple Input Multiple Output.

64 IMT-2020은 국제전기통신연합(ITU)에서 채택한 5세대 이동통신의 공식 명칭이다.

65 최고 속도, 체감 속도, 평균 속도 등 다양한 기준이 있을 수 있다. 5G의 속도가 얼마나에 대해서도 전문가마다 다양한 수치를 제시하고 있다.

66 White House Office of Trade and Manufacturing Policy.

67 보고서는 다음 네 가지 사항에 대해서는 다루지 않을 것이라고 선언한다. ① 관세 및 비관세 장벽을 동원한 중국 국내시장 보호, ② 국유

기업 등에 대한 금융지원과 육성을 통한 중국의 세계시장 점유율 증대, ③ 부채의 덫을 통한 자원 획득, ④ 특혜 금융과 인위적으로 낮은 요소가격 및 낮은 환경 보건 기준을 통한 전통 제조업 분야의 우위 창출이 그것이다.

68 Christopher Darby and Sarah Sewall, "The Innovation Wars", *Foreign Affairs*, March/April 2021.

69 "지식재산권 침해행위에 대해 엄격히 법에 따라 법률책임을 추궁한다. 국가는 외상투자 과정에서 원칙과 규칙에 따라 기술합작을 진행하는 것을 장려하며 기술합작의 조건은 투자 양측이 공정원칙 및 평등협상의 기초에서 확정한다. 행정수단을 통해 기술양도에 대해 강요할 수 없다."(무역협회, 2019)

70 이는 2018년 중국 측 보고서에 자세히 나타나 있다.

71 김진현, 〈21세기 중화주의 과학기술정책과 한국의 자강〉, 《기술패권 시대의 대중국 혁신전략》, 한국과학기술기획평가원, 2021.

72 Darby Christopher 외(전게서, 2021).

73 연원호 외(전게서, 2020).

74 은종학, 〈중국의 과학역량 분석〉, 왕윤종 외 지음, 《중국산업, 얼마나 강한가?》(연구보고서 19-25), 대외경제정책연구원, 2019.

75 Yuval Noah Harari, "Why Technology Favors Tyranny", *The Atlantic*, October, 2018.

76 Matt Sheehan, "Chinese AI Talent in Six Charts", MacroPolo, May, 28, 2019.

77 Adam Segal, "The Right Way to Deal With Huawei", *Foreign Affairs*, July, 11, 2019.

78 Paul Triolo, "U.S.-China Supply Chains And Innovation: The Risks

The Huawei Hawks Don't Understand", *Supchina*, June, 18, 2019.

79 집필자: 김동원.

80 이효영, "미국 바이든 행정부의 반도체 공급망 정책 현황과 전망", 광장통상연구원-한국반도체산업협회 공동세미나 주제 발표자료, 2021.06.24.

81 이어질 내용은 최필수·이현태(2021)의 일부 내용을 담고 있다.

82 加快形成以國內大循环爲主体, 國內國際双循环相互促進的新發展格局.

83 保居民就業, 保基本民生, 保市場主体, 保粮食能源安全, 保産業鏈供應鏈穩定, 保基層運轉.

84 中國網(2021.03.05.), "2021년, '제14차 5개년 규획'의 첫걸음을 내딛다".

85 保持制造業比重基本穩定, 鞏固壯大實体經濟根基.

86 집필자: 남수중.

87 참고로 2019년 말 자산 기준 상위 100대 은행 중에 중국 21개, 미국 12개, 영국 6개, 캐나다 5개, 프랑스 6개, 일본 9개, 한국 7개가 포함되었다. 한국 금융기관 중에서 가장 높은 신한은행 그룹이 68위이다.

88 2020년《더 뱅커The Banker》의 발표 기준.

89 《더 뱅커》 편집인 브라이언 캐플런(Brian Caplen)은 중국의 은행들 역시 코로나19와 관련된 세계경기 침체로 인해 도전에 직면해 있으나, 높은 수준의 자본과 이익, 상위 25개 중국계 은행들의 2% 이하의 낮은 부실대출 비율이 강점이라고 강조했다.

90 금융채권은 금융기관이 발행하는 채권이며, 중국개발은행 금융채, 정책성 금융채, 상업은행 보통채, 상업은행 후순위채, 상업은행 자본혼합채, 자산 담보증권, 증권회사 채권, 증권회사 단기융자채, 자산관리공사 금융채, 은행 간 예금증서를 포함한다. 또한 통계시스템 조

정으로 인해 2012년부터 '기업채(企業債)'는 '회사신용채권(公司信用類債券)'으로 대체되었고 비금융기업의 융자 수단, 기업채권 및 회사채, 전환사채, 신주인수권부 사채, 중소기업사모채를 포함하고 있다.

91 吳曉求, 改革開放四十年: 中國金融的變革与發展,《經濟理論与經濟管理》第11期, 2018.

92 집필자: 남수중, 왕윤종.

93 왕윤종,《달러 패권: G2 시대, 3대 기축통화의 미래》, 프리이코노미북스, 2016. 94 中共中央辦公廳 國務院辦公廳印發《關于促進中小企業健康發展的指導意見》; 劉鶴主持召開國務院促進中小企業發展工作領導小組第一次會議 등을 참고할 수 있다.

95 아래 내용을 참조. BIS, "Credit to the Non-Financial Sector", March, 1, 2019. https://www.bis.org/statistics/totcredit.htm; Michael Taylor, Lillian Li, and Zedric Cheung, "Quarterly China Shadow Banking Monitor", Moody's Investor Service, December, 2019.

96 중국의 부실채권 처리 및 금융체제 리스크에 대한 심도 있는 논의는 미중경제안보검토위원회(US-China Economic and Security Review Commission)의 Staff Research Report(May, 27, 2020)의 pp. 9-16을 참고할 수 있다.

97 2019년 중국 주식과 채권의 외국인 소유는 4조 위안에 달했다. 미국 다국적 기업들이 중국 직접투자에 적극 나서면서 2018년 129억 달러에서 2019년 141억 달러를 투자했다. 그리고 미국 기업들의 가치사슬 다변화에 대한 많은 이야기가 있었지만, 2020년 3월 중국 상공회의소가 실시한 조사에서 미국 기업의 80% 이상이 중국 내에서의 제조업 재배치를 고려하고 있지 않다는 사실이 밝혀졌다(Lardy and Huang, 2020).

98 왕윤종·이치훈, 〈중국 금융시스템의 취약성과 개혁 딜레마〉, 《한중사회 과학연구》(제15권 제3호), pp. 25-55 한중사회과학학회, 2017.

99 Kenneth Rogoff, "The Dollar's Fragile Hegemony", *Project Syndicate*, March, 30, 2021.

100 2019년 8월 전국 18개 은행이 매월 보고한 가격을 기초로 산출하여 공표하는 LPR을 도입했으나 2020년 8월 이래 1년 기한 LPR 금리는 4.31%에서 3.85%로 하락하는 수준에 그쳤다. 그런데도 기업 대출 가중평균금리의 하락 폭이 LPR 하락 폭을 상회함으로써 기업의 자금조달 비용은 크게 경감된 것으로 나타났다. 인민은행은 향후 시중금리가 중앙은행의 정책금리를 중심으로 더욱 밀접하게 변동하도록 금리의 시장화를 지속적으로 추진하겠다고 천명하고 있다.

101 집필자: 강태수, 왕윤종, 홍승제.

102 안유화, 〈신외상투자법 실행이 중국 금융업에 미치는 영향〉, 《성균차이나브리프》(제8권 제2호), pp. 113-119, 성균중국연구소, 2020.

103 Lardy and Huang, 2020.

104 중국의 외국 금융기관에 대한 지분제한 완화 조치는 미중 1단계 무역협정에 포함되었다. 그러나 이미 2019년 3월 전인대에서 통과된 것으로 미중 무역협상의 전리품이라고 볼 수는 없다. 중국 정부가 선제적으로 취한 조치의 성격이 강하다고 볼 수 있다.

105 개별 기업에 대해서는 지분총액의 10%, QFII 또는 역외투자자의 총지분 상한은 30%이다.

106 한국의 경우 외국인 투자자의 채권보유 비중은 6.8% 수준이다.

107 BBGA 지수(Bloomberg Barclays Global Aggregate Index)는 가장 대표적인 WGBI로 중국 채권을 종합지수 및 신흥시장국지수에 편입했다. 중국 채권의 비중은 전체 채권시장 총액의 약 6% 수준이다. JP Morgan

GBI-EM(글로벌신흥시장 정부채지수)도 2020년 2월부터 지수편입을 시작했고, 마지막으로 FTSE(Financial Times Stock Exchange)의 WGBI도 중국을 포함할 계획이다.

108 왕윤종 외, 《중국산업, 얼마나 강한가?: 중국 산업경쟁력의 미시적 토대 분석》(연구보고서 19-25), 대외경제정책연구원, 2019.

109 집필자: 강태수, 왕윤종.

110 디니 맥마흔, 유강은 옮김, 《빚의 만리장성》, 미지북스, 2018.

111 바오상은행은 네이멍구 지역의 중소 지방은행으로 2019년 5월 중국 인민은행 산하 예금보험기금관리유한공사가 인수했다. 네이멍구 지역의 난개발에 참여했던 바오상은행은 무분별한 대출로 결국 파산 위기에 처했던 것이다. 2020년 11월 중국 금융당국은 공적관리로 회생이 불가능하다고 생각하고 파산을 최종 결정했다.

112 화천기차는 중국과 독일의 산업협력을 소개할 때 가장 성공한 사례로 인용되었다. 랴오닝성 선양에 위치한 '중국·독일 첨단장비산업 제조단지'는 '중국제조 2025'와 독일의 '인더스트리 4.0'의 협력 시험구로 주목받았다. 독일의 BMW가 중국을 세계 최대의 신에너지차 수출기지로 만들겠다는 포부가 담긴 스마트공장 프로젝트를 바로 화천기차와 추진해왔기 때문이다. 산업구조가 낙후한 랴오닝성은 신에너지자동차 분야에서 새로운 도약의 기회를 모색해왔다는 점에서 화천기차의 채무불이행에 이은 파산 결정은 가뜩이나 어려운 동북3성 경제에 타격을 줄 것으로 보인다.

113 인민은행이 보유한 외화보유액의 구성에 대한 상세 내역은 공개되지 않고 있다. 다만 미국 국채 비중을 8,000억 달러 수준인 25%로 줄여나갈 것이라는 전망이 나온다. 특히 미국 국채 대신에 일본 국채의 비중이 꾸준히 늘어나고 있는 것으로 추정되고 있다.

114 집필자: 왕윤종, 홍승제.

115 비웨이닝·남수중, 〈중국의 인민폐와 주요 국가의 통화국제화 비교 및 함의〉, 《중국사회과학논총》(제2권 제2호), pp. 56-89, 성균중국연구소, 2020.

116 자세한 내용은 중국인민은행 홈페이지를 통해 파악할 수 있다.

117 위안화 수취(receipt)가 10.02조 위안, 지급(payment)이 9.65조 위안. 수취가 지급보다 조금 많은 편으로 대체로 균형을 이루고 있다.

118 인민은행, 〈2020년 인민폐국제화보고(2020 RMB Internationalization Report)〉, 2020.

119 홍콩이 위안화 국경 간 결제에서 차지하는 비중이 44.9%로 압도적으로 높고, 싱가포르 10.3%, 독일 3.4%, 타이완 3.3%, 마카오 3.2%, 일본 3.1%, 영국 3.0%, 한국 2.3%, 미국 1.7%, 네덜란드 1.3%, 스위스 1.3%, 아일랜드 1.0%의 순서를 기록하고 있다. 싱가포르를 제외하고는 일대일로 연선(沿線) 국가와의 결제는 아직 1%를 넘는 경우를 찾아보기 쉽지 않다.

120 집필자: 왕윤종, 홍승제.

121 Codruta Boar, Henry Holden, and Amber Wadsworth, "Impending Arrival: A Sequel to the Survey on Central Bank Digital Currency", BIS Papers, No. 107, January, 23, 2020.

122 각국 중앙은행의 디지털화폐 추진에 대한 내용은 다음 자료를 참조하기 바란다. 왕윤종, 〈디지털 위안화 추진의 주요 쟁점 및 시사점〉, 《동북아경제연구》(제33권 제1호), pp. 1-31, 한국동북아경제학회, 2021.

123 집필자: 왕윤종.

124 양갑용, 〈중국 당국가 체제의 역사적 맥락과 함의〉, 《중국사회과학논총》(제1권 제2호), pp. 44-83, 성균관대학교 성균중국연구소, 2019.

125 Christopher A. McNally, "China's Changing Guanxi Capitalism: Private Entrepreneurs Between Leninist Control and Relentless Accumulation", *Business and Politics*, Vol. 13, No. 2, pp. 1-29, 2011.

126 이홍규, 〈2020년 중국정치 평가와 전망〉, 현대중국학회 동계학술대회 발표문.

127 The World Bank, *The East Asian Miracle*, Oxford University Press, New York, 1993.

128 중국 사회과학문헌출판사가 발간한《베이징 컨센서스》는 조지프 스티글리츠 등 서구 경제학자와 중국 학자의 담론을 소개하고 있다.

129 Stefan Halper, *The Beijing Consensus: How China's Authoritarian Model Will Dominate the Twenty-First Century*, Basic Books, 2010.

130 워싱턴 컨센서스와 베이징 컨센서스에 대한 비교로는 다음 자료를 참조하기 바란다. 왕윤종, 〈신창타이 시대 홍색자본주의의 진화에 대한 고찰〉, 《현대중국연구》(제18권 3호), pp. 99-154, 현대중국학회, 2016.

131 조지프 스티글리츠, 〈워싱턴 컨센서스 이후의 컨센서스〉, 《베이징 컨센서스》, 소명출판, 2016.

132 EU는 빅테크 기업의 시장지배력에 대한 규제로 디지털 시장법(Digital Market Act)을 마련 중이다. 미국 연방거래위원회 역시 구글과 페이스북에 대해 독점금지(antitrust) 소송을 제기했다.

133 《求是》에 발표된(2020. 10. 31) 시진핑 주석의 연설문(國家中長期經濟社會發展戰略若干重大問題) 중에서 국유기업에 대한 그의 언급을 보면 알 수 있다. 즉 "국유기업은 중국 특색 사회주의의 중요한 물질적 기초이자 정치적 기초이다. 당은 국가발전의 중요한 지주이자 역량을 집정하고, 반드시 강하고, 우수하고, 크게 만들어야 한다(國有企業是中國

特色社會主義的重要物質基础和政治基础, 是党執政興國的重要支柱和依靠力量, 必須做强做优做大)"고 강조하고 있다.

134 Kenneth G. Lieberthal, *Managing the China Challenge: How to Achieve Corporate Success in the People's Republic*, rookings Institution, 2011.

135 조영남, 〈2019년 중국 정치의 현황과 전망〉, 국립외교원 중국연구센터 지음, 《2019 중국 정세보고》, 국립외교원 중국연구센터, 2020.

136 그레이엄 앨리슨(2018, 전게서).

137 경제통합은 단순하게 2개의 블록으로만 형성되지 않을 것이다. 자본 자유화, 통화체제, 국유기업 규제, 지식재산권과 기술이전, 환경, 인권 등 다차원의 블록이 형성될 수 있다.

138 중국이 주도하는 일대일로 역시 인프라 건설을 고리로 한 낮은 단계의 경제 통합을 지향하는 것으로 볼 수 있다.

139 집필자: 박승록.

140 수출상품을 구분하는 방법에는 세분화된 무역분류 코드(SITC, HS, BEC, MTI)로 나누는 방법이 있지만 소비재, 원자재, 자본재로 크게 구분하기도 한다. 무역협회의 무역통계는 소비재, 원자재, 자본재, 기타로 구분한다. 관세청의 신성질별 분류에 따르면 소비재, 원자재, 자본재로 구분한다. UN Comtrade의 BEC 코드에 의하면 소비재, 자본재와 원자재에 속하는 여러 항목(음식료, 연료 등)으로 구분한다. 본 원고에서 중간재라고 함은 소비재를 제외한 원자재와 자본재를 의미한다.

141 https://mrio.adbx.online/downloads/

142 David Hummels, Jun Ishii, and Kei-MuYi(2001)의 방법론을 이용했다.

143 WIOD에서 두 번째로 작성된 산업연관표를 사용하면 2014년 기준

50% 정도로 비슷한 결과를 보여준다.

144 박승록, 《부가가치 기준 통계를 활용한 통상정책 추진방안》, 산업통상자원부, 2014.

145 집필자: 박승록, 양평섭.

146 Borin Alessandro, Mancini Michele(2019)의 방법론을 활용했다.

147 https://sites.google.com/site/gvarmodelling/gvar-toolbox

148 박승록·최두열, 〈중국 위안화 절하의 세계경제 파급효과 분석-GVAR접근법〉, 《동북아경제연구》(제27권 4호), pp. 59-102, 한국동북아경제학회, 2015.

149 집필자: 이재민, 왕윤종.

150 국회입법조사처, 〈2020년 동북아 정세와 한국의 대응 방향〉, pp. 16-17, 2020.

151 김현욱, 〈현 미중 경쟁 분석과 한국의 선택〉, 국립외교원 외교안보연구소, 정책연구시리즈 2020-09, p. 32, 2021; 이상현 편저, 《미중 패권경쟁 시대 한국의 대외전략》(세종연구소 세종정책총서 2020-2), p. 49, 세종연구소, 2020.

152 박성훈 외, 《최근 국제통상 환경의 변화에 따른 한국의 새로운 통상정책 방향》(중장기통상전략연구 17-4), p. 169, 대외경제정책연구원, 2017.

153 Congressional Research Service, "Digital Trade and U.S. Trade Policy", pp. 24-31, May, 21, 2019. https://crsreports.congress.gov/product/pdf/R/R44565 (검색일: 2021년 1월 25일)

154 손창우·박소영, 〈디지털 무역의 한중 비교와 무역 규범의 글로벌 쟁점〉, 《Trade Focus》(제41호), pp. 7, 12, 한국무역협회 국제무역통상연구원, 2020; 정귀일, 〈코로나19 시대, 새로운 마케팅 무기: 제품에 디

지털(digital)을 입혀라〉, 《Trade Focus》(제52호), p. 1, 한국무역협회 국제무역통상연구원, 2020.

155 집필자: 양평섭, 왕윤종.

156 집필자: 김동원, 김도훈, 박승록, 왕윤종, 최필수.

157 김도훈, 〈산업생태계의 정체 현상과 개선을 위한 제언〉, NEAR재단 지음, 《한국의 경제생태계》, 21세기북스, 2017.

158 상게서.

159 조철 외, 《중국 산업구조 고도화에 따른 한중 경쟁력 변화와 대응전략》(연구보고서 20-01), 대외경제정책연구원, 2020.

160 한국과학기술기획평가원, 《기술패권 시대의 대중국 혁신전략》, 2021.

161 그럼에도 불구하고 2017년 10월에는 중국에 ① 사드 추가 배치 ② 한미일 군사동맹 ③ 미국 미사일방어체제(MD) 편입 없음이라는, 소위 '3불(不)'의 굴욕적 약속을 하기도 했다. 하지만 2020년 11월 21일 중국과의 소위 '3불 합의'를 주도했던 한국의 당사자는 "중국에 당시 언급한 세 가지는 약속도 합의도 아니다"라며 이에 구애받을 필요가 없다는 입장을 밝힌 바 있다.

162 지해범, 《중국은 북한을 어떻게 다루나》, p. 289, 기파랑, 2020.

163 은종학(2019, 전게서).

164 왕윤종, 〈미중 경제전쟁의 전개와 전망〉, 《미래성장연구》(제5권 제2호), pp. 139-160, 고려대학교 미래 성장연구소, 2019.

165 집필자: 최필수, 왕윤종.

166 집필자: 강태수, 남수중, 왕윤종.

167 미국 연준과 14개국이 체결한 중앙은행 달러스와프와 국경 간 은행 자금의 이동에 대해서는 BIS의 최근 연구(BIS Bulletin, No. 34, 2020)를

참조하기 바란다.

168 집필자: 왕윤종, 홍승제.

169 Frankel, Jeffrey A., and Wei Shang-Jin, "Yen Bloc or Dollar Bloc? Exchange Rate Policies of the East Asian Economies", in *Macroeconomic Linkages: Savings, Exchange Rates and Capital Flows*, edited by Takatoshi Ito and Anne Krueger, pp. 295-334, University of Chicago Press, 1994.

170 Chang Sik Kim, Sunghyun Kim, and Yunjong Wang, "RMB Bloc in East Asia: Too Early to Talk About It?", *Asian Economic Papers*, Vol. 17, No. 3, pp. 31-48, 2018.

171 Bokyeong Park, and Jiyoun An, "What Drives Growing Currency Comovements with the Renminbi?", *East Asian Economic Review*, Vol. 24, No. 1, pp. 31-59, 대외경제정책연구원, 2020.

172 위안화는 역외에서 현물환 거래가 가능하여 선물환이나 NDF로 헤지를 하기에는 NDF 시장에서 유동성이 부족하고 비용도 많이 들어간다. 원화는 위안화와 같은 방향으로 움직이면서 헤지가 더 쉽고 비용도 적다. 그렇다보니 위안화 자산을 매입하는 투자자들이 원-달러 선물환이나 NDF로 헤지를 하게 된다.

173 선물환 거래에서도 중국 시장이 완전히 개방돼 있지 않아 거래도 적고 유출입이 원활하지 않다. 따라서 원-달러 선물환의 유동성이 더 풍부하다. 하지만 선물환은 현물환 거래를 수반하기 때문에 한국에 투자계정을 보유한 외국인이 아니면 위안화 헤지를 위한 원-달러 선물환 거래에 나서기 어렵다.

174 CFETS 바스켓지수는 24개 통화(종전 13개 통화), BIS 바스켓지수는 32개 통화, SDR 바스켓지수는 4개 통화로 구성되어 있으며, CFETS

지수와 BIS 지수에는 우리나라 원화가 포함(각각 가중치 10.77%, 8.50%) 되어 있다.

175 신흥국의 원죄는 신흥국이 해외에서 채권을 발행할 경우 자국통화로 발행하지 못하고 기축통화로 표시된 채권만 발행할 수 있다는 것을 의미한다.

176 집필자: 왕윤종, 홍승제.

177 2020년 12월 4일 홍콩통화청(HKMA)은 공식 발표를 통해 "홍콩통화청과 중국인민은행 디지털화폐연구소가 국경을 초월한 디지털 위안의 지불 결제를 위해 시범 테스트를 논의하고 있다"라고 밝혔다. 또한 "디지털 위안화는 이미 홍콩에서 사용되고 있다"며 "국경 간 소비가 필요한 홍콩과 중국인들에게 추가적 결제수단을 제공할 것"이라고 덧붙였다.

178 집필자: 왕윤종, 홍승제.

179 과연 우리나라 국채는 세계경제의 안전자산으로서 자격을 갖추고 있을까? 이 의문에 대한 답은 낮은 신용위험과 시장위험, 높은 시장유동성, 안정된 물가와 높지 않은 지정학적 위험 등 안전자산의 자격요건에서 찾을 수 있다. 신용위험과 물가, 지정학적 위험은 외화표시 장기국채의 신용등급에 반영되며 안전자산은 국제신용평가사 S&P 기준으로 AAA에서 AA 등급이 이에 해당한다. 우리나라는 AA로서 이 기준에 부합한다. 다른 신용평가사의 경우도 별차이가 없다. 중심국 다수가 신용이 강등된 것과 반대로 우리나라는 상향된 결과이다.

ㄱ

ㅈ

ㅊ

ㅋ

ㅌ

ㅍ

ㅎ